Geschlecht und Gesellschaft
Band 52

Herausgegeben von
B. Kortendiek, Duisburg-Essen, Deutschland
I. Lenz, Bochum, Deutschland
H. Lutz, Frankfurt/Main, Deutschland
M. Mae, Düsseldorf, Deutschland
S. Metz-Göckel, Dortmund, Deutschland
M. Meuser, Dortmund, Deutschland
U. Müller, Bielefeld, Deutschland
M. Oechsle, Bielefeld, Deutschland
B. Riegraf, Paderborn, Deutschland
P.-I. Villa, München, Deutschland

GW00760575

Geschlechterfragen sind Gesellschaftsfragen. Damit gehören sie zu den zentralen Fragen der Sozial-und Kulturwissenschaften; sie spielen auf der Ebene von Subjekten und Interaktionen, von Institutionen und Organisationen, von Diskursen und Policies, von Kultur und Medien sowie auf globaler wie lokaler Ebene eine prominente Rolle. Die Reihe „Geschlecht & Gesellschaft" veröffentlicht herausragende wissenschaftliche Beiträge aus der Frauen- und Geschlechterforschung, die Impulse für die Sozial- und Kulturwissenschaften geben. Zu den Veröffentlichungen in der Reihe gehören neben Monografien empirischen und theoretischen Zuschnitts Hand- und Lehrbücher sowie Sammelbände. Zudem erscheinen in dieser Buchreihe zentrale Beiträge aus der internationalen Geschlechterforschung in deutschsprachiger Übersetzung.

Herausgegeben von

Dr. Beate Kortendiek,
Universität Duisburg-Essen

Prof. Dr. Michael Meuser,
TU Dortmund

Prof. Dr. Ilse Lenz,
Ruhr-Universität Bochum

Prof. Dr. Ursula Müller,
Universität Bielefeld

Prof. Dr. Helma Lutz,
Johann-Wolfgang-Goethe Universität
Frankfurt/Main

Prof. Dr. Mechtild Oechsle,
Universität Bielefeld

Prof. Dr. Michiko Mae,
Heinrich-Heine Universität Düsseldorf

Prof. Dr. Birgit Riegraf,
Universität Paderborn

Prof. Dr. Sigrid Metz-Göckel,
TU Dortmund

Prof. Dr. Paula-Irene Villa,
LMU München

Koordination der Buchreihe:
Dr. Beate Kortendiek,
Netzwerk Frauen-
und Geschlechterforschung NRW,
Universität Duisburg-Essen

Anna Buschmeyer

Zwischen Vorbild und Verdacht

Wie Männer im Erzieherberuf Männlichkeit konstruieren

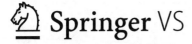 Springer VS

Anna Buschmeyer
München, Deutschland

Zgl. Dissertation an der Ludwig-Maximilians-Universität München, 2011

ISBN 978-3-658-00989-2   ISBN 978-3-658-00990-8 (eBook)
DOI 10.1007/978-3-658-00990-8

Die Deutsche Nationalbibliothek verzeichnet diese Publikation in der Deutschen National-
bibliografie; detaillierte bibliografische Daten sind im Internet über http://dnb.d-nb.de
abrufbar.

Springer VS
© Springer Fachmedien Wiesbaden 2013
Springer VS ist eine Marke von Springer DE. Springer DE ist Teil der Fachverlagsgruppe
Springer Science+Business Media
www.springer-vs.de

Danksagung

Das vorliegende Buch stellt eine leicht überarbeitete Fassung meiner von der Ludwig-Maximilians-Universität München angenommenen Dissertation dar, die den Titel „Zwischen Vorbild und Verdacht – eine soziologische Studie über das ‚Doing Masculinity' von Männern im Erzieherberuf" trägt. Die Arbeit wurde am Institut für Soziologie von Prof. Dr. Paula-Irene Villa und Prof. Dr. Hans J. Pongratz betreut und begutachtet.

Ich hätte diese Arbeit nicht so schreiben können, wenn mich nicht zahlreiche Menschen in den vergangenen Jahren dabei unterstützt hätten. Ich möchte mich bei ihnen allen ganz herzlich bedanken. Dies sind zuallererst die Erzieher, die sich bereit erklärt haben, mich für einen Tag in ihrer Einrichtung aufzunehmen, sich bei ihrer Arbeit beobachten ließen und sich – häufig in ihren Pausen – auf zwei lange Interviewphasen eingelassen haben. Ohne sie und die zahlreichen beteiligten Leitungen, Träger und Kinder, hätte diese Arbeit nicht entstehen können. Die vier von mir befragten Expert/-innen haben mit ihrer Zeit und ihrem Wissen wesentlich dazu beigetragen, der Arbeit eine Richtung zu geben und die richtigen Fragen an die Erzieher zu stellen. Dafür danke ich ihnen sehr, ebenso wie der Stadt München, die mich bei der Suche nach Interviewpartnern unterstützt hat.

Von ganzem Herzen möchte ich mich bei meinen beiden betreuenden Professor/-innen bedanken. Paula Villa danke ich dafür, mir in ihrem Kolloquium die Möglichkeit gegeben zu haben, die Arbeit regelmäßig zur Diskussion zu stellen. Über dieses Kolloquium konnte ich viele Mitstreiterinnen kennenlernen, die durch ihr Mitdenken und den inhaltlichen Austausch wesentlich zur Fertigstellung dieser Arbeit beigetragen haben. Ganz besonders danke ich Eva Tolasch-Marzahn, Nadine Sanitter, Carolin Küppers, Gabi Fischer und Imke Schmincke für Rückmeldungen, Nachfragen und gemeinsames auswerten. Ich danke Paula Villa außerdem für ihr Engagement mich weit über die inhaltliche Betreuung hinaus zu unterstützen. Durch die Einbindung in ihren Lehrstuhl, die gleichzeitig die große Freiheit bedeutet, dort an meinen Themen arbeiten zu dürfen, konnte ich auch die Zeit ‚nach der Diss' einigermaßen entspannt angehen.

Hans Pongratz hat mir mit seinem Stellenangebot die Arbeit an dieser Dissertation erst ermöglicht und mich an seinem Lehrstuhl und über sein Kolloquium mit Kolleginnen und jetzigen Freundinnen zusammengebracht. Ich danke ihm dafür mindestens genauso, wie für die inhaltliche und fachliche Unterstützung, seine kritischen Anmerkungen und sein regelmäßiges Motivieren, weiter zu machen. Ich freue mich sehr, in ihm einen Ansprechpartner gefunden zu haben, der auch über die Phase der Promotion hinaus, meistens genau richtig einschätzen kann, wo es gerade hakt, und wie der Haken zu lösen sein könnte.

Unter den zahlreichen Kolleginnen und Kollegen, mit denen ich im Laufe der Jahre meine Arbeit besprochen und weiterentwickelt habe, die Korrektur gelesen und Interviews mit mir ausgewertet haben und die ich hier nicht alle im Einzelnen nennen kann, möchte ich mich stellvertretend ganz besonders bei Laura Zeitler bedanken, die als studentische Hilfskraft fast alle Interviews transkribiert und mir damit einen ganz großen und lästigen Teil der Arbeit abgenommen hat. Herzlichen Dank dafür!

Neben fachlichem Austausch und kollegialen Ratschlägen hat es die Zeit der Promotion deutlich erleichtert, dass viele liebe Freunde und Freundinnen, meine Eltern Rosemarie Möhle-Buschmeyer und Hermann Buschmeyer und meine Schwester Frauke Buschmeyer in den letzten Jahren immer wieder interessiert nachgefragt und Anteil daran genommen haben, wie es voran geht und welche Hürden zu nehmen sind. Ich bin sehr froh und glücklich, euch alle zu haben. Ganz besonders bedanke ich mich bei Jost Wagner. Ohne ihn, seine Ruhe und Gelassenheit, seine Fähigkeit, mit mir zu lachen und zu weinen, mit mir zu diskutieren, meine Texte in Frage zu stellen, mich zu erden und zu motivieren, wäre der Sommer 2011 sicherlich sehr viel anstrengender geworden. Danke!

Inhaltsverzeichnis

1 Einleitung

‚Wie konstruieren Männer im Erzieherberuf Männlichkeit?' ist die Ausgangsfrage für die vorliegende Untersuchung. In dieser Fragestellung sind bereits verschiedene theoretische Überlegungen enthalten. Wesentlich ist dabei die Annahme, dass Männlichkeit etwas ist, das hergestellt werden kann, vielleicht sogar muss. Männlichkeit wird als Konstrukt verstanden, nicht als eine ‚natürliche' Tatsache, die man(n) ‚einfach so' hat. Sie scheint ein Konstrukt zu sein, an dessen Konstruktion Männer aktiv beteiligt sind. Sie selbst stellen Männlichkeit her – aber was machen sie dabei eigentlich genau? Wie sie dies im Erzieher/-innenberuf tun, ist deshalb so spannend zu untersuchen, weil dieser Beruf seit seiner Entstehung als sogenannter ‚Frauenberuf' gilt und dieses Image nie abgelegt hat. Männer, die Erzieher werden möchten, irritieren gängige Vorstellungen von Männlichkeit. Männlich sein, das bedeutet auch im 21. Jahrhundert noch, stark, aggressiv oder durchsetzungsfähig, körperlos und unemotional zu sein. Männlich sein bedeutet nicht, oder sehr viel weniger, empathisch zu sein, körperliche Nähe zuzulassen, Kinder zu betreuen, zu versorgen und zu erziehen. Auch heute wird die Annahme, dass Erziehung eine ‚natürliche Gabe der Frauen' sei, sichtbar, wenn etwa beim Bankrott einer großen deutschen Drogeriekette 40.000 Mitarbeiter/-innen entlassen werden, von denen der Großteil Frauen sind, und plötzlich zwei Ministerinnen auf die Idee kommen, man könnte diese Frauen doch zu Erzieherinnen umschulen (vgl. kritisch: Denkler 10.06.2012). Wenn im selben Jahr 500 Manager bei einem großen Automobilkonzern entlassen werden sollen, liegt die Idee, diese (Männer) zu Erziehern umzuschulen, wohl doch sehr fern. Dies hängt mit Sicherheit in erster Linie mit dem Geschlecht zusammen. Frauen wird zugesprochen, dass sie ‚von Natur aus' die Fähigkeit hätten, Kinder zu betreuen und zu erziehen und mit einer kurzen Umschulung auch die Professionalität erhalten können, dies nicht nur an den eigenen, sondern auch an fremden Kindern zu beweisen. Auf der anderen Seite zeigt dieser Vorschlag (der genauso schnell wie er ausgesprochen war, auch wieder fallen gelassen wurde) auch, welche Qualifikation von Erziehern und Erzieherinnen erwartet wird. Die Idee, Frauen, die in der besagten Drogeriekette bisher als ungelernte oder angelernte Verkäuferinnen gearbeitet haben, schnell zu Erzieherinnen umschulen zu wollen, zeugt davon, dass in dem Moment, in dem ein großer Mangel an Erzieher/-innen droht, die Qualität der Ausbildung plötzlich nur noch eine untergeordnete Rolle zu spielen scheint. Nicht die Besten (z. B. die Manager) sollen zu Erziehern werden, sondern diejenigen, die am schnellsten zur Verfügung stehen – und leider wohl

auch diejenigen, die mit dem wenigsten Gehalt zufrieden wären. Im Erzie-
her/innenberuf scheint nämlich ein wesentlicher Mechanismus des Marktes nicht
zu funktionieren: Sie werden auch dann nicht besser bezahlt, wenn die Not groß
und die Suche nach neuem Personal dringend ist. Möglichst schnell und möglichst
billig, das scheint die Devise zu sein, mit der versucht wird, den drohenden und
immer stärker wachsenden Personalmangel vor allem im Bereich der Betreuung von
unter dreijährigen Kindern auszugleichen.

Dies steht im Widerspruch zu einem anderen Anliegen, das derzeit in Bezug
auf Kinderbetreuung formuliert wird: Im Zuge des schlechten Abschneidens deutscher Schulkinder in den PISA-Studien wird seit Jahren auch eine bessere Kinderbetreuung angemahnt. Dafür wäre wohl eher eine Diskussion über eine ‚bessere‘ Ausbildung angeraten als eine über schnelle Umschulungen. In den PISA-Ergebnissen
wurden Jungen als neue ‚Bildungsverlierer‘ identifiziert und nach Erklärungen für
dieses Problem bereits im Kindergartenalter gesucht (vgl. für eine ausführliche
Diskussion Quenzel et al. 2010, darin besonders Diefenbach 2010). In dieser Debatte kommen dann doch plötzlich die Männer als mögliche (bessere?) Erzieher ins
Spiel. Nicht zuletzt bei der Frage, ob Jungen genügend männliche Vorbilder haben,
oder ob sie nicht vor allem deswegen so viel schlechter in der Schule abschneiden
als die Mädchen, weil ihnen die vielen Frauen nicht als Vorbilder dienen können,
ertönt der Ruf nach „Mehr Männer(n) in Kitas"[1]. In den letzten Jahren wurde davon ausgehend eine Reihe von Forschungsprojekten initiiert, die die Auswirkungen
des Einsatzes von Männern in Kinderbetreuungseinrichtungen auf Kinder erfor-
schen. Die Frage, ob es für die Kinder Vor- oder Nachteile bringt, wenn sie von
Männern *und* Frauen erzogen werden, ist bis heute nicht eindeutig beantwortet
worden.[2]

Männer sollen also als männliche Vorbilder dienen, um die schulischen Leistungen von Jungen zu steigern. Aber als Vorbilder für was? Dafür, dass mehr Jungen pflegen, wickeln, trösten und erziehen? Oder dafür, dass Jungen ‚endlich‘ wieder lernen, wie man mit einer Bohrmaschine umgeht, bereits im Kindergarten ihre
Fußballleidenschaft ausleben können und von Männern gesagt bekommen, was sie
tun sollen und was besser nicht? Auch mit diesen Fragen befasst sich das vorliegende Buch. Was bedeutet es, in einem von Frauen dominierten Arbeitsfeld ‚männlich‘
zu sein? Welche Erwartungen werden an Männer im Erzieherberuf geknüpft? Welche Vorstellungen von Männlichkeit werden auf Erzieher übertragen? Was wün-

---

1 So der Titel eines entsprechenden Modellprogramms des Bundesfamilienministeriums.
2 Die wissenschaftliche Auseinandersetzung in der Frühpädagogik (vgl. u. a. Rabe-Kleberg 2005) und
   der Entwicklungspsychologie (vgl. u. a. Rendtorff 2003; Rohrmann 2008) fragt aktuell danach, ob
   Kindern im Kindergarten und Grundschulalter männliche Bezugspersonen fehlen und besonders
   die Jungen in der Entwicklung ihrer ‚Männlichkeit‘ gestört oder behindert werden, wenn sie beinahe
   ausschließlich von Frauen erzogen und betreut werden (vgl. Koch et al. 2010). Für einen Überblick
   über aktuelle Forschungsprojekte vgl. das Kapitel 3.1.

schen sich Eltern, Kolleginnen und Kinder von ihrem männlichen Kollegen? Und
was ist überhaupt ‚männlich' an einem Erzieher, der gerne Kinder auf dem Weg ins
Leben begleitet, ihnen vorliest und sie in den Schlaf wiegt? Wie stellen Erzieher
Männlichkeit her, wenn sie selbst nur wenige männliche Vorbilder haben? Eines
wird bereits jetzt deutlich: Männer im Erzieherberuf konstruieren Männlichkeit
nicht alleine. Viele andere Interaktionspartner/-innen sind an diesem Prozess des
‚doing masculinity' beteiligt, indem sie Erwartungen und Zuschreibungen formulieren. Die Wahrnehmungen und die Auswirkungen solcher Zuschreibungen auf das
‚doing masculinity' werden im Folgenden beleuchtet. Dass diese Zuschreibungen
nicht immer positiv sind, macht bereits der Titel des Buches deutlich: „Zwischen
Vorbild und Verdacht". Männer, die sich für den Erzieherberuf entscheiden, bewegen sich auf einem schmalen Grad: Mit Kindern zu kuscheln, kann als ein Vorbild
für eine ‚neue' oder – um ein zentrales Konzept der folgenden Untersuchung vor-
weg zu nehmen – ‚alternative' Männlichkeit verstanden werden. Es kann aber auch,
und dies passiert bei Männern unmittelbar und sehr viel schneller als bei ihren Kolleginnen, als verdächtig gelten. Ein Mann, der gerne mit Kindern kuschelt? Ob da
nicht doch vielleicht eher sexuelle Neigungen dahinter stecken als die reine fürsorgliche Nähe? Dieser Generalverdacht ist ein wesentlicher Punkt einer Untersuchung
über Männer und Männlichkeit im Erzieherberuf. Er kann und soll daher im Folgenden nicht ausgespart bleiben.

Und dennoch, oder gerade deshalb: „Mehr Männer in Kitas" (BMFSFJ 2010)
ist in den letzten drei bis fünf Jahren zu einer zentralen Forderung des Bundesfamilienministeriums und nicht erst dadurch zu einem viel diskutierten Thema in der
Politik, in der Pädagogik, der Entwicklungspsychologie und unter Erzie-
hern/Erzieherinnen und Eltern geworden. Ausgangspunkt für das wachsende For-
schungs- und Handlungsinteresse ist die Tatsache, dass ca. 97 Prozent aller Erzie-
her/-innen in Deutschland Frauen sind, und sich der Anteil der Männer in den
letzten Jahrzehnten nur unwesentlich erhöht hat.[3] Hinzu kommt, dass mit einem
zunehmenden Ausbau von Kinderbetreuungsplätzen für Kinder unter drei Jahren[4]
ein Mangel an Fachkräften droht, der durch die zusätzliche Anwerbung von Männern für den Erzieher-/-innenberuf eingegrenzt werden soll. Es geht also auch um
eine arbeitsmarkt- und gleichstellungspolitische Dimension (vgl. Icken 2012). Die
Frage ist, wie mehr Männer für soziale Arbeitsbereiche gewonnen werden können,
für die sie sich nach wie vor nur selten entscheiden. Aus gleichstellungspolitischem
Interesse heraus werden Aktionen ins Leben gerufen, die Männer und Frauen zu
gleichen Teilen in die verschiedenen, bisher häufig nach Geschlechtern getrennten,
Felder des Arbeitsmarktes integrieren sollen. Der sogenannte ‚Girls' Day'[5], der seit

---

3   Vgl. für genauere Zahlen das Kapitel 2.5.
4   So soll bis zum Jahr 2013 für jedes dritte Kind unter drei Jahren in Deutschland ein Betreuungsplatz
    geschaffen werden (vgl. BMFSFJ 2011).
5   http://www.girls-day.de

2001 Mädchen für technische und andere männlich konnotierte Berufe interessieren soll, wird seit einigen Jahren von der Initiative des ‚Boys' Day'[6] begleitet, der im Jahr 2011 zum ersten Mal bundesweit stattfand und Jungen an pflegerische und fürsorgende Berufe heranführen soll. Neben der ersten Berufswahl wird der Erzieherberuf auch für ältere Arbeitnehmer als Alternative zu männlich dominierten Arbeitsplätzen beworben. Langzeitarbeitslose Männer sollen eine Zukunftsperspektive in einem – zumindest in einigen Regionen Deutschlands – relativ sicheren Berufsfeld bekommen. Sie werden dazu in speziellen Programmen umgeschult und zu Erziehern ausgebildet. Auch hier wird vor allem auf diejenigen zugegangen, die im bestehenden Arbeitsmarkt wenige Chancen haben.[7]

Was die verschiedenen politischen Interventionen nur selten berücksichtigen, ist die Frage danach, welche Männer für den Erzieherberuf geeignet sind und ausgewählt werden sollen. Die Diskussion um ‚mehr Männer in Kitas' vernachlässigt häufig die Frage, welche Qualifikationen für den Beruf erforderlich sind und welche Anforderungen an Erzieher in der Einrichtung gestellt werden. Kritische Stimmen weisen darauf hin, dass sich nicht jeder langzeitarbeitslose Mann – ebenso wenig wie jede langzeitarbeitslose Frau – für den Erzieherberuf eignet, nur weil es in einigen Regionen einen Erziehermangel gibt.[8] Und auch bei der von vielen Eltern, Erziehern/Erzieherinnen und Pädagogen/Pädagoginnen vorgebrachten Vermutung, dass die ‚männliche' Seite im Kindergarten zu wenig berücksichtigt wird (vgl. Blase-Geiger 2000), bleibt meistens völlig unklar, was mit dieser ‚männlichen' Seite genau gemeint ist, und wie ‚männlich' die in den Kitas eingesetzten Männer sein sollen, oder wodurch sich diese ‚Männlichkeit' von der ‚Weiblichkeit' der Kolleginnen unterscheidet (vgl. u. a. Rohrmann 2012). Es ist zu vermuten, dass Männlichkeit dabei als etwas verstanden wird, das sich an hegemonialen[9] Vorstellungen orientiert, wobei dies der Berufswahl genau entgegenstehen würde.

An diesem Punkt kann die Männer- und Männlichkeitsforschung die Diskussion um mehr Männer in Kitas bereichern. Ein Anliegen dieser Forschungsrichtung ist es, zu einem differenzierten Bild von Männlichkeit beizutragen und in empirischen Arbeiten zu untersuchen, wodurch sich Männlichkeit auszeichnet, was warum als männlich gilt, wie sich Männlichkeit von Weiblichkeit unterscheidet, und wie sich Männlichkeiten untereinander in Beziehung setzen lassen. Das Berufsfeld der Erzieher/-innen[10] eignet sich für solche Fragestellungen besonders, da sich Männer

---

6 http://www.boys-day.de
7 Eines der bekanntesten entsprechenden Projekte wurde in Brandenburg durchgeführt und von der Freien Universität Berlin begleitend evaluiert (vgl. Gralla-Hoffmann et al. 2010).
8 Vgl. zur kritischen Auseinandersetzung aus der Gewerkschaftsperspektive GEW 2010.
9 Zur Diskussion des Hegemoniebegriffs und der Theorie der hegemonialen Männlichkeit vgl. Kap. 4.2.1.
10 Im Folgenden wird vom Erzieher/-innenberuf gesprochen, wenn Erzieherinnen und Erzieher gemeinsam gemeint sind. Geht es ausdrücklich um Männer in diesem Beruf, wird häufig auch von Erzieherberuf gesprochen.

und Männlichkeiten hier in einem weiblich konnotierten und von Frauen dominierten Kontext untersuchen lassen. Es wird im Folgenden davon ausgegangen, dass diese Minderheitenposition dazu führt, dass das Geschlecht für die untersuchten Erzieher eine wichtige Bedeutung hat, sei es, weil sie von anderen darauf angesprochen werden, sei es, weil sie sich selber damit auseinandergesetzt haben, warum sie als Mann einen solchen Beruf wählen, oder weil sie sich in einer Interviewsituation befinden, in der sie zu dem Thema befragt werden.

Ausgehend von diesen Annahmen wurden für die vorliegende Studie verschiedene Fragestellungen erarbeitet, die anhand der Untersuchung von Männern im Erzieherberuf beantwortet werden sollen. Übergeordnet steht die Frage:

- Wie stellen Erzieher in der Interaktion im Kontext eines weiblich konnotierten Feldes Männlichkeit her?

Die für diese Untersuchung grundlegende Annahme der Frauen- und Geschlechterforschung, dass Geschlecht keine Tatsache ist, die aufgrund von Hormonen, Chromosomen, Genen oder ähnlichen Merkmalen feststeht, sondern dass Geschlecht interaktiv und ständig hergestellt wird, wird im sozialkonstruktivistischen Konzept des ‚doing gender‘ formuliert. Daraus ergibt sich, dass in der Interpretation die Herstellung von Männlichkeit als etwas verstanden wird, das in Interaktionen geschieht.

Diese übergeordnete Fragestellung wird mithilfe von Interviews und Beobachtungen von und mit Erziehern untersucht. Dabei wird die Auswertung aus verschiedenen Perspektiven geschehen, die unterschiedliche Dimensionen des ‚doing masculinity‘ in den Fokus rücken. Untersucht wird die Perspektive der Erzieher, nicht die ihrer Interaktionspartner/-innen, um die folgenden Fragen zu beantworten:

1. Warum und auf welchen Wegen entscheiden sich Männer für den Erzieherberuf, und welches Berufsverständnis liegt ihrem beruflichen Handeln zugrunde?

2. Welche Erwartungen, Zuschreibungen und sogenannten „Geschlechtsattributionen" (vgl. Hirschauer 1989, siehe Kapitel 4.1.4) nehmen die Erzieher von ihren Interaktionspartnern/-partnerinnen wahr? Wie gehen sie mit ihnen um?

3. Wie stellen die Erzieher durch ihre Erzählungen im Interview Männlichkeit dar und her?

4. Und schließlich: Wie stellen sie Geschlecht im Sinne des ‚doing masculinity‘ im körpernahen Handeln mit Kindern her?

Um diese Fragen zu beantworten, sind folgende Forschungsschritte vorgenommen worden:

Zunächst werden der Erzieher-/-innenberuf und das Feld der außerhäuslichen Kinderbetreuung ausführlich vorgestellt. Dabei geht es vor allem darum, die historische Entwicklung des Berufs nachzuverfolgen (Kap. 2.2). Es wird deutlich, dass der Erzieher-/-innenberuf bereits seit seiner Entstehung für Frauen konzipiert und

,weiblich' konnotiert war. Junge Frauen sollten lernen, sich auf die Aufgaben als Mutter vorzubereiten. Gleichzeitig war der Erzieher-/-innenberuf für viele Frauen die einzige Möglichkeit, überhaupt einen Beruf zu erlernen. Der historische Überblick wird durch aktuelle Daten zur Ausbildung, zu den Arbeitsbedingungen, zu den Männer- und Frauenanteilen und zur Vergütung ergänzt. Außerdem wird auf politische und praxisrelevante Fragestellungen zum Thema ,Mehr Männer in Kitas' eingegangen (Kap. 2.3 bis 2.5).

Im Anschluss an die Feldbeschreibung werden in Kapitel 3 bestehende Studien und theoretische Annahmen zum Thema ,Arbeit und Geschlecht' vorgestellt. Dabei geht es um eine Auseinandersetzung mit Fragen der Geschlechtersegregation im Arbeitsmarkt und den daraus entstehenden Vor- und Nachteilen für Geschlechtsminderheiten. Da dies bisher vor allem aus der Perspektive der Benachteiligung von Frauen in männerdominierten Berufen geschehen ist, werden dazu einige Studien herangezogen, die für die Analyse des umgekehrten Falls, d. h. Männer in frauendominierten Berufen, hilfreich sein können. Zu dem konkreten Thema ,Männer im Erzieherberuf' gibt es einige wenige Untersuchungen. Diese werden in diesem Abschnitt zusammengefasst, um die eigene Fragestellung davon abzugrenzen. Einige der bestehenden Studien haben sich besonders mit der Biografie von Erziehern auseinandergesetzt und herausgearbeitet, dass nur wenige Männer sich für diesen Beruf direkt nach der Schule entscheiden. Viele wählen ihn als Zweitberuf oder gelangen erst über den Zivildienst in dieses Feld. Die Biografie war auch in den für die vorliegende Untersuchung geführten Interviews ein Thema, steht jedoch nicht im Mittelpunkt. Vielmehr bietet sie in der Auswertung nur einen Ansatzpunkt, um die Erzieher in ihrer Vorstellung von Männlichkeit besser verstehen und einordnen zu können.

Um der Frage von Männlichkeit, Männlichkeitskonstruktion und ,doing masculinity' nachzugehen, findet im Anschluss eine theoretische Auseinandersetzung mit dem Thema Konstruktion von Geschlecht und Männlichkeit(en) statt, die die spätere Auswertung der empirischen Daten ermöglichen und leiten soll (Kap. 4). Zunächst wird dort ein ausführlicher Überblick über die Entstehung der Frauen- und Geschlechterforschung mit einem Schwerpunkt auf sozialkonstruktivistische Perspektiven und besonders das Konzept ,doing gender' gegeben. Mit der Frage, wie dieses ,doing' und die Konstruktionsleistung funktionieren, haben sich Theoretiker/-innen aus unterschiedlichen Perspektiven beschäftigt. Im Folgenden werden die Ansätze von Pierre Bourdieu, Irene Dölling, Erving Goffman, Stefan Hirschauer, Paula-Irene Villa, Raewyn Connell und Michael Meuser diskutiert. Den Theoretikern/Theoretikerinnen ist die Annahme gemeinsam, dass Geschlecht in (körperlichen) Interaktionen, also unter Beteiligung von mindestens zwei Personen (und ihren Körpern), produziert und reproduziert wird.

Bourdieu entwickelt den geschlechtsspezifischen Habitus als zentrales Konzept zum besseren Verständnis des Geschlechterverhältnisses. Individuen lernen in

Sozialisationsprozessen, Männer und Frauen zu sein, und ihren Körper und ihr Handeln den kulturellen Ansprüchen an ihr Geschlecht entsprechend zu bewegen und einzusetzen. Sie inkorporieren, auf geschlechtsspezifische Art zu denken oder einen Beruf zu ergreifen und verinnerlichen gesellschaftliche Vorstellungen. Dadurch reproduzieren sie gleichzeitig das Geschlechterverhältnis. Im Kapitel 4.1.1 wird der Frage nachgegangen, welche Bedeutung diese Annahme für die Herstellung von Männlichkeit hat, und warum alle Beteiligten, die herrschenden Männer genauso wie die beherrschten Frauen, das Geschlechterverhältnis als ‚natürlich' anerkennen.

Auf Bourdieus Arbeiten aufbauend hat Dölling das Konzept des Geschlechter-Wissens entwickelt. Sie beschreibt, wie gesellschaftliches und biografisch erworbenes Wissen über Geschlecht und Geschlechterverhältnisse zur Konstruktion von Geschlecht beitragen, indem sie Teil des Habitus werden (s. Kap. 4.1.2). Das Wissen über Geschlecht reproduziert damit eine scheinbare Natürlichkeit des Geschlechterverhältnisses, das dadurch zur sozialen Wirklichkeit wird.

Goffman untersucht vor allem die Interaktionen, die zur Konstruktion von Geschlecht beitragen. Im Handeln mit anderen werden Vorstellungen darüber weitergegeben, was als passend für männliche oder weibliche Interaktionspartner/-innen angesehen werden kann, und wie sich dadurch das geschlechtliche Selbst konstruiert. Dies wird in Kap. 4.1.3 dargestellt.

Der Ansatz wird von Hirschauer (s. Kap. 4.1.4) aufgegriffen, der die Interaktion genauer analysiert, indem er sie in die ‚Geschlechtsattribution' und die ‚Geschlechtsdarstellung' unterteilt und eine allgemeine ‚Geschlechtszuständigkeit' feststellt, die dazu führt, dass in jeder Situation Eindeutigkeit über die Geschlechtszugehörigkeit aller Interaktionspartner/-innen besteht.

Villa bringt wiederum die körperliche Dimension in die Konstruktionsprozesse von Geschlecht mit ein. Sie versteht die Entwicklung geschlechtlicher Körper als mimetische Prozesse, die zu einer körperlichen Ausprägung des geschlechtlichen Habitus beitragen. Der geschlechtliche Körper ist damit immer im Sein begriffen, auch er wird in Interaktionsprozessen hergestellt (s. Kap. 4.1.5)

Connell und Meuser beschäftigen sich explizit mit Männlichkeiten (s. Kap. 4.2). Das von Connell entwickelte Modell der hegemonialen Männlichkeit beschreibt, wie Männlichkeiten in Hierarchie zueinander zu denken sind. Sie geht davon aus, dass es eine hegemoniale Männlichkeit gibt, die sich dadurch reproduziert, dass auch diejenigen sie für nachahmenswert halten und damit das System unterstützen, die ihr selbst nicht entsprechen. Andere Männlichkeitstypen wie die untergeordnete, die marginalisierte und die komplizenhafte Männlichkeit orientieren sich an der hegemonialen Männlichkeit. Gleichzeitig geht Connell von einer Hegemonie der Männer über die Frauen aus. Meuser setzt sich kritisch mit dem Modell der hegemonialen Männlichkeit als einer Leitkategorie der Männer- und Männlichkeitsforschung auseinander. Er beschreibt die hegemoniale Männlichkeit als Orientierungsmuster für die Entwicklung männlicher Habitus.

In einer Weiterentwicklung dieses Konzepts wird im Anschluss an die theoretische Auseinandersetzung ein Modell von Männlichkeiten entwickelt, das den empirischen Teil dieser Untersuchung leiten wird (Kap. 4.2.3). Dabei wird der Frage nachgegangen, wie Männlichkeiten anders als in den Kategorien von Hegemonie und Unterordnung bzw. Komplizenschaft gedacht werden können, um zu verstehen, wie Männer, die nicht den Ansprüchen der hegemonialen Männlichkeit entsprechen (wollen), andere Formen von Männlichkeit leben. Hierzu wird der Typus der ‚alternativen Männlichkeit' entwickelt, der im Weiteren als wichtigste Grundlage für die empirische Untersuchung dient und sich dort als wertvolles Konzept für eine differenzierte Analyse des ‚doing masculinity' erweist.

Neben den theoretischen Grundlagen werden empirische Grundlagen als Ergänzung zum Stand der Auseinandersetzung mit Männlichkeit benötigt. Um Anhaltspunkte für die Auswertung von ‚Männlichkeit' zu gewinnen, werden im fünften Kapitel zahlreiche empirische Studien vorgestellt, die sich mit Männlichkeit im Sinne des ‚doing masculinity' auseinandergesetzt haben. Dort werden die folgenden Themen behandelt, die im Kontext des Erzieherberufs eine Bedeutung für ‚doing masculinity' haben: Erwerbsarbeit, Fürsorgearbeit, Wettbewerb, körperliche Nähe und Gewalt. Das wichtige Thema ‚Männlichkeit und sexuelle Gewalt' wird ebenfalls in diesem Kapitel ausführlich diskutiert.

Den zweiten Hauptteil dieses Buches bildet die empirische Untersuchung, zu deren Beginn methodologische Fragen diskutiert werden (Kap. 6). Die Studie orientiert sich in ihrer Herangehensweise an ethnografischer Methodologie, legt jedoch ein Hauptaugenmerk auf der Auswertung von qualitativen, leitfadengestützten Interviews. Es werden verschiedene Datenformen und Methoden kombiniert, um so zu einem möglichst umfassenden Bild von ‚doing masculinity' im Erzieherberuf zu gelangen: Zunächst wurden Expert/-inneninterviews mit vier Personen geführt (s. Kap. 6.1), die im Bereich der Kinderbetreuung arbeiten. Zwei Befragte sind in der Ausbildung von Erziehern/Erzieherinnen tätig, zwei in der Personalentwicklung bei einem großen Träger. Die Expert/-inneninterviews dienten vor allem der Überprüfung der Fragestellung und der Erweiterung der Perspektiven auf das Thema. Das Experten-/Expertinnenwissen, das herausgearbeitet wurde, floss in die Gestaltung der Leitfäden für die Erzieher und in die Interpretation der Einzelinterviews ein.

Das wichtigste Material für die Untersuchung von Männlichkeitskonstruktionen und ‚doing masculinity' im Erzieherberuf bilden die Interviews mit Erziehern und die Beobachtungsprotokolle. Zehn Erzieher aus unterschiedlichen Einrichtungen wurden jeweils einen Tag lang begleitet und in zwei Interviewphasen ausführlich über ihre Berufswahl, ihr Berufsverständnis, das Erleben ihrer Berufstätigkeit, einzelne Arbeitstätigkeiten und die Wahrnehmung ihrer Position als Mann im Erzieherberuf befragt.

Zur Beantwortung der oben genannten vier Fragen werden folgende Auswertungsschritte vorgenommen:

Im ersten Schritt werden die Biografien der Erzieher als Einzelfälle rekonstruiert und mit ihrem Berufsverständnis und ihrem Geschlechter-Wissen verknüpft, um darauf aufbauend fallvergleichend Typenzuordnungen vornehmen zu können (Kap. 7). Diese Typenzuordnungen dienen in der weiteren Auswertung dem Vergleich ihres Arbeitshandelns.

Der zweite Untersuchungsschritt richtet sich darauf, was die Erzieher über ihre Interaktionspartner/-innen erzählen, und legt einen Schwerpunkt auf die Interpretationen der Wahrnehmung der von außen an die Erzieher herangetragenen Geschlechtsattributionen (s. Kap. 8.1). Dabei geht es darum zu verstehen, ob und wie sich die Erzieher je nach Männlichkeitstypus darin unterscheiden, welche Geschlechtsattributionen sie wahrnehmen und wie sie diese in ihre eigene Männlichkeitskonstruktion integrieren bzw. welche Auswirkungen die Zuschreibungen auf ihr ‚doing masculinity‘ haben. Viele Zuschreibungen sind dabei positiv bewertet, so fühlen sich die Erzieher von Eltern, Kolleginnen und Kindern als ‚Hahn im Korb‘ und als männliches Vorbild angesprochen. Was dabei unter ‚männlich‘ verstanden wird, ist meistens nicht klar formuliert und fließt als Frage mit in diesen Teil der Auswertung ein. Dass viele Männer sich für den Erzieherberuf entschieden haben, weil sie gerade nicht in männlich konnotierten Arbeitsfeldern arbeiten möchten, führt zu unterschiedlichen Formen der Auseinandersetzung mit der eigenen Männlichkeit, die mit den vorher ausgearbeiteten Typisierungen von Männlichkeit korrespondieren.

Viele Erzieher haben außerdem in ihrem Sonderstatus bereits negative Zuschreibungen erlebt. Dies soll am Beispiel des Generalverdachts der Pädophilie näher untersucht werden. Der Verdacht der Pädophilie wurde in fast allen Interviews zum Thema gemacht, es zeigt sich jedoch, dass die Erzieher typenspezifische Strategien entwickeln, mit ihm umzugehen.

Die unterschiedlichen Zuschreibungen spiegeln die Ambivalenz, denen sich die Erzieher häufig gegenübersehen: Einerseits ist ihr Handeln – außerhalb der Einrichtung – mit Weiblichkeit verknüpft, und sie laufen ‚Gefahr‘, als nichtmännlich zu gelten, weil sie einen sogenannten ‚Frauenberuf‘ ausüben. Auf der anderen Seite sollen sie – innerhalb der Einrichtung – all das verkörpern, was gemeinhin unter ‚männlich‘ verstanden wird. Wie Erzieher mit diesen Ambivalenzen umgehen, ist eine weitere Frage, die die vorliegende Untersuchung leitet.

Im Anschluss an die Zuschreibungen werden im dritten Schritt die in der Interviewsituation erzählten Geschlechtsdarstellungen ausgewertet (s. Kap. 8.2). Die Auswertung orientiert sich an Themen, die sich teilweise aus der Literatur, teilweise aus dem Interviewmaterial selbst ergeben und als für die Konstruktion von Männlichkeit bedeutsam angenommen werden. Dabei sind die Darstellungen als ‚Beson-

derer', als ‚Vorbild', als ‚mächtig' und als ‚unterschätzt', von zentraler Bedeutung.
Sie werden vor dem Hintergrund der verschiedenen Männlichkeitstypen analysiert.
Zum Abschluss des empirischen Teils wird schließlich viertens das ‚doing
masculinity' im körpernahen Handeln ausgewertet (s. Kap. 8.3). Dazu werden die
Beobachtungsprotokolle sowie die Interviews zueinander in Beziehung gesetzt. Es
werden Schlüsselsituationen untersucht, die weiblich konnotiert sind. Dabei steht
das Herstellen und Zulassen von körperlicher Nähe im Mittelpunkt und wird über
die Interviews und über die Beobachtungsprotokolle ausgewertet. Für die genauere
Untersuchung wurden drei verschiedene Tätigkeitsbereiche ausgewählt: ‚Nähe und
Zärtlichkeit herstellen', ‚Pflegen und Versorgen' und ‚Trösten'. In diesem Untersuchungsschritt wird analysiert, inwiefern sich auf Grundlage der unterschiedlichen
Männlichkeitstypen spezifische Handlungsweisen beschreiben lassen.

Die verschiedenen Auswertungsschritte weisen auf die bereits erwähnten Ambivalenzen hin, denen sich die Erzieher gegenübersehen. In ihrem Handeln und in
ihrer Darstellung bewegen sie sich zwischen Vorbild und Verdacht. Ihr berufliches
Handeln wird von beiden Zuschreibungen beeinflusst, und je nach Männlichkeitstypus finden sie unterschiedliche Formen, mit diesen Zuschreibungen umzugehen.
Den Abschluss des Buches bildet ein Ergebniskapitel, in dem die theoretischen
Überlegungen und die empirischen Ergebnisse zusammengeführt werden. Anschließend werden die Ergebnisse ausgehend von übergreifenden Fragestellungen
noch einmal diskutiert (Kap. 9). Am Ende steht eine kritische Auseinandersetzung
mit der Forderung nach ‚mehr Männern in Kitas'. Auch wenn diese Frage nicht im
Mittelpunkt der Untersuchung steht, lassen sich für diese aktuelle Diskussion Hinweise dazu liefern, welche Kriterien es zu berücksichtigen gilt, wenn eine solche
Forderung politisch formuliert wird.

2 Das Feld „Außerhäusliche Kinderbetreuung und -erziehung"

In diesem Kapitel wird die außerhäusliche Kinderbetreuung als Forschungsfeld vorgestellt. Der Feld-Begriff wird dabei von Pierre Bourdieu übernommen, der ihn zur Beschreibung von unterschiedlichen ‚Bereichen' der Gesellschaft nutzt. Die Gesellschaft besteht aus vielen verschiedenen Feldern, die gemeinsam den sozialen Raum bilden. Felder sind dabei wie ‚Spielräume' zu verstehen, in denen bestimmte Regeln gelten, die in anderen Feldern möglicherweise nicht (so) gelten (Fuchs-Heinritz/König 2005, S. 143 f.). Diese Regeln bilden gleichzeitig die Rahmen und Grenzen des Feldes, denn wenn sie nicht mehr gelten, hat man das Feld verlassen. Häufig bedingen sie vor allem den Zutritt, so ist eine bestimmte Ausbildung notwendig, um einem Feld anzugehören, wie Bourdieu am Beispiel der Wissenschaft verdeutlicht (vgl. Bourdieu 1998; Bourdieu 1991). Die Regeln, die einen dazu befähigen, in einem Feld zu agieren, sich wohlzufühlen und als Mitglied zu handeln, müssen gelernt werden. Sie werden als Teil des Habitus inkorporiert (vgl. Kap. 4.1.1).

Ein Feld besteht in erster Linie aus den Akteuren/Akteurinnen, die das Feld gestalten. Diese bestimmen die Zugangsbedingungen, die das Feld begrenzen und die ‚Spielregeln', die innerhalb des Feldes gelten (vgl. Papilloud 2003, S. 60 ff.). Im Feld der Kinderbetreuung sind dies zunächst die Erzieher/-innen und die Kinder, außerdem zu bestimmten Zeiten deren Eltern, weiterhin die Träger der Betreuungseinrichtungen. Neben den Erziehern/Erzieherinnen sind im Feld auch Kinderpfleger/-innen und andere Angestellte der Einrichtung, wie etwa freigestellte Leitungen, Hausmeister, Putz- und Kochhilfen und andere Personen anwesend. Ihnen allen ist gemeinsam, dass sie die Regeln des Feldes kennen und verfolgen, um im Feld bleiben zu können. Zu solchen Regeln gehört im Feld der Kinderbetreuung etwa die Ansicht, dass Kinder in Gruppen mit einer bestimmten Größe von einer bestimmten Anzahl Personen betreut werden oder dass ein Erzieher eine Ausbildung durchlaufen sollte, in der er lernt, Kinder altersangemessen zu erziehen, zu versorgen und zu pflegen. Außerdem gehören im Feld bestimmte Regeln zum Wissen dazu, beispielsweise, dass Kinder nicht geschlagen werden und man regelmäßig mit ihnen ins Freie geht.

Diese Regeln können je nach Einrichtung in Details variieren, so gelten möglicherweise bezüglich der Gruppengröße in kommunalen Einrichtungen andere

Regeln als in Elterninitiativen. Möglicherweise kristallisieren sich hier sogar mehrere Unterfelder heraus.

2.1   Der Beruf Erzieher/-in

Der Beruf des Erziehers oder der Erzieherin wird von der Bundesagentur für Arbeit als ein pädagogischer, pflegender Beruf dargestellt.

> „Erzieher/innen beobachten das Verhalten und Befinden der Kinder, die sie fördern und betreuen, analysieren die Ergebnisse nach pädagogischen Grundsätzen und beurteilen Entwicklungsstand, Motivation oder Sozialverhalten. Auf dieser Grundlage erstellen sie langfristige Erziehungspläne und bereiten Aktivitäten sowie pädagogische Maßnahmen vor, die z.b. soziales Verhalten oder die individuelle Entwicklung unterstützen. Sie fördern die körperliche und geistige Entwicklung der Betreuten, indem sie diese zu kreativer - z.b. musisch-künstlerischer - Betätigung sowie zu freiem oder gelenktem Spielen anregen. Sie dokumentieren Maßnahmen und deren Ergebnisse, führen Gespräche, unterstützen und beraten bei schulischen Aufgaben und privaten Problemen. Darüber hinaus bereiten sie Speisen zu, behandeln leichte Erkrankungen und Verletzungen und halten zu Körperpflege und Hygiene an. Sie reflektieren die erzieherische Arbeit im Team, gegebenenfalls auch zusammen mit Vorgesetzten oder Fachleuten aus Medizin, Psychologie und Therapie, und arbeiten mit anderen sozialpädagogischen Fachkräften zusammen. Zu Eltern bzw. Erziehungsberechtigten halten sie engen Kontakt und stehen diesen informierend und beratend zur Seite" (Bundesagentur für Arbeit 2010).

Aufgabe von Erziehern/Erzieherinnen ist demnach sowohl die Erziehung und Bildung von Kindern und Jugendlichen als auch deren Pflege und Fürsorge. Wichtige Voraussetzungen sind für den Umgang mit Kindern daher, die Bereitschaft zu Köperkontakt und Körperpflege auf der einen sowie zur inhaltlichen Gestaltung von Lern- und Entwicklungsplänen und individuellen Fördermaßnahmen auf der anderen Seite. Der Beruf wird damit als sehr vielseitig vorgestellt. Zentral ist nicht nur die Arbeit mit Kindern, sondern auch mit anderen Akteuren/Akteurinnen der Kinderbetreuung, also den Eltern, Ärztinnen, Therapeuten usw. Insgesamt wird deutlich, dass man sich in diesem Beruf auf die Bedürfnisse anderer Menschen einstellen können muss und sich von ihnen in seinem Handeln leiten lässt. Damit wird der Erzieher/-innenberuf zu einem typischen Dienstleistungsberuf und fordert eine entsprechende Dienstleistungsorientierung.

Die Thematisierung der Bildungsaufgaben in die Berufsbeschreibung ist relativ neu. Erst seit etwa 2004 gibt es in vielen Bundesländern sogenannte „Bildungspläne für die Arbeit in Kindertagesstätten" (Ebert 2006, S. 250), an denen sich Erzieher/-innen orientieren sollen.

Der Erzieher/-innenberuf in Deutschland ist im Vergleich zum europäischen Ausland durch eine große Breite an Einsatzbereichen geprägt. Die Ausbildung berechtigt und befähigt zu der Arbeit mit Kindern von 0–16 Jahren, mit Jugendlichen, die bis weit über 20 sein könnten, mit behinderten Menschen verschiedener Altersgruppen, mit sozial benachteiligten Gruppen, mit Kindern/Jugendlichen

/behinderten Menschen mit Migrationshintergrund und anderen Gruppen mehr.
Laut Ursula Rabe-Kleberg führt dies zu völlig unterschiedlichen Arbeitserfahrungen, Berufsprofilen und Tätigkeitsschwerpunkten, was es relativ schwierig macht,
einheitliche Beschreibungen und Standards des Berufsbilds Erzieher/-in zu schaffen oder den Beruf professionssoziologisch zu beschreiben. Auch Fortbildungsan-
gebote oder die Bereitschaft, sich auf neuere pädagogische Ansätze einzulassen,
werden von dieser Vielfalt beeinflusst (Rabe-Kleberg 1999). Die Vielfalt hat damit
Vor- und Nachteile für die einzelnen Erzieher/-innen, aber auch für die Professionalisierung eines Berufs, der sich zukünftig an noch mehr Anforderungen orientieren müssen wird (als Stichworte sei hier auf den demografischen Wandel, einen
stetig wachsenden Bildungsauftrag im Kindergarten und die zunehmende Bedeutung von Migrationserfahrung der betreuten Kinder verwiesen). Bis heute scheint es
– möglicherweise aufgrund dieser Vielfalt – schwer zu sein, eine einheitliche berufliche Interessenvertretung zu etablieren, die sich für die Belange der Erzieher und
Erzieherinnen einsetzt; viele Absolventen/Absolventinnen der entsprechenden
Fachschulen halten eine solche Einrichtung außerdem für unnötig (vgl. Ebert 2006,
S. 249).

Heidi Colberg-Schrader beschreibt, wie die Ansprüche an die Tätigkeiten von
Erziehern/Erzieherinnen mit einem zunehmenden Bildungsauftrag in der Klein-
kinderziehung wachsen. Sie versteht die Funktion von Kindertageseinrichtungen
darin, beim Aufwachsen von Kindern und der Gestaltung einer kinderfreundlichen
Umwelt „unterstützend tätig zu sein, und die damit verbundene Arbeit von Erzieherinnen, nämlich soziale Zusammenhänge für Kinder und Eltern zu inszenieren"
zu gewährleisten (vgl. Colberg-Schrader 1999, S. 129). In diesen Anforderungen
sieht Colberg-Schrader die Möglichkeit, den Erzieher/-innenberuf grundlegend zu
verändern und neuen Bedingungen anzupassen, um zu einer stärkeren Wertschätzung des Berufsbilds Erzieher/-in beizutragen. Dazu gehört ihrer Meinung nach
auch, dass Erzieher/-innen ein neues Selbstbild ihres Tätigkeitsfeldes entwickeln.
Die veränderten Anforderungen spiegeln sich nämlich bisher nicht in der finanziellen und qualitativen Ausstattung von Kinderbetreuungseinrichtungen wider (vgl.
ebd., S. 124).

2.2   Die historische Entwicklung des Erzieher-/-innenberufs

Sigrid Ebert (2006) beschreibt die historische Entwicklung des Erzieher/-
innenberufs und die Tendenzen einer zunehmenden Professionalisierung.
Bis weit ins 18. Jahrhundert hinein wurde Kindererziehung nicht institutionalisiert
oder wissenschaftlich betrachtet, sondern geschah im Miteinander-Leben von Kindern und Erwachsenen sozusagen ‚nebenbei'. Erst mit zunehmender Aufklärung im
18. Jahrhundert brachte die Idee, Kinder zur ‚Mündigkeit' zu erziehen, einen neuen
Aspekt in die Kindererziehung ein. Dabei wurde zunächst den Vätern „oder ande-

ren männlichen Autoritätspersonen" (Ebert 2006, S. 18) die Hauptrolle in der Erziehung zugeschrieben, während die Mütter für das gesundheitliche Wohl und die Pflege der Kinder zuständig waren. Johann Heinrich Pestalozzi (1746–1827) beschrieb die ‚natürliche Gabe' der Frau, Kindern Dinge beizubringen, die in ihrem Umfeld passierten und dabei besonders auf das soziale und moralische Miteinander einzugehen (vgl. ebd., S. 20). Diese Gabe sollten auch Kinder erfahren, die öffentlich betreut wurden.

1811 wurde in Berlin die erste Einrichtung gegründet, die Mädchen zu Erzieherinnen ausbilden sollte. Sie ist damit als erste Berufsschule für Frauen überhaupt zu verstehen. Der Beruf unterteilte sich zunächst in zwei Ausprägungen, die abhängig von der Schicht der Mädchen gelehrt wurden – so lernten die Töchter des Bürgertums den Beruf der Erzieherin, diejenigen unterer sozialer Schichten wurden als „Wärterinnen" für Kinder ausgebildet (vgl. ebd., S. 23). Der Unterschied bestand darin, dass Wärterinnen für einen Erwerbsberuf ausgebildet wurden, Erzieherinnen dagegen auf ihr Leben als Mutter vorbereitet werden sollten. Beide Gruppen wurden in Theorie und Praxis gelehrt, wobei die theoretischen Fächer von Männern unterrichtet wurden und vor allem der Vermittlung von Allgemeinwissen dienten. Öffentliche Einrichtungen zur außerhäuslichen Kinderbetreuung und -erziehung, in denen dieses Wissen angewendet werden konnte, entstanden jedoch erst rund zwanzig Jahre später mit den sogenannten „Kinderbewahranstalten" (vgl. ebd., S. 28). Deren Ziel war zum einen, die Kinder aus Fabrikarbeiterfamilien zu ‚verwahren', während die Eltern arbeiteten, zum anderen konnte der Staat auf diese Weise zum ersten Mal Einfluss auf die Erziehung von Kindern nehmen – und hier besonders von Kindern aus Arbeiterfamilien. Grundsätzlich war es die Aufgabe der ‚Wärterinnen', die Kinder ihrem Stand entsprechend zu erziehen: So sollten arme Kinder auf ein Leben in armen Verhältnissen und als Fabrikarbeiter/-innen vorbereitet werden und lernen, den Reichtum der anderen zu akzeptieren und keine Wünsche zu entwickeln, die sich ihnen im späteren Leben nicht erfüllen würden (vgl. ebd., S. 29). Die Verwahranstalten waren nicht Teil des Erziehungs- und Bildungssystems, sondern der Armenfürsorge. Ausnahmen bildeten die „Kleinkinderschulen", die zur religiösen Erziehung von Kindern des verarmten Bürgertums beitragen sollten und von Julius Fölsing (1818–1882) erfunden wurden (vgl. ebd., S. 33). Friedrich Fröbel (1782–1852) gründete schließlich die ersten Kindergärten, deren Ziel darin bestand, Müttern Materialien und Anregung für die Erziehung ihrer Kinder zu geben. Mit dem Begriff „Kindergarten" wollte er sich deutlich von schulischer Bildung abgrenzen. Fröbel ging von Pestalozzis Bildungsbegriff aus, „wonach das Leben selbst, die unmittelbare, ganzheitliche Erfahrung mit Kopf, Herz und Hand bildet" (zitiert in Ebert 2006, S. 33). Dabei verstand Fröbel Demokratie nicht nur als politische Form, sondern als Lebensform, die bereits im Kindergarten gelernt werden sollte.

Fröbel hatte zunächst die Idee, dass sich Männer an der außerhäuslichen Kindererziehung beteiligten. Dies lag zum einen daran, dass es um 1840 schwer war,

Frauen aus dem Bürgertum für den Erzieherberuf zu gewinnen, da es als ungewöhnlich galt, dass Frauen eine Ausbildung absolvierten. Erst durch die Revolution
um 1848 wurde es einfacher, Frauen aus liberalen Elternhäusern für die Idee zu
gewinnen, sich geistig und beruflich zu bilden (vgl. ebd., S. 39). Zum anderen wollte
Fröbel, dass Volksschullehrer – und damit Männer, durch eine Zusatzausbildung
qualifiziert – als Erzieher arbeiteten, da er ihnen das nötige Wissen eher zutraute als
Frauen. Diese Idee konnte jedoch in der Realität nicht umgesetzt werden, vor allem,
da sich kaum Männer für die Zusatzausbildung fanden (vgl. ebd., S. 39; Rabe-
Kleberg 2005, S. 44). Auch Alice Salomon, die als Begründerin der Sozialarbeit und
Sozialpädagogik in Deutschland gilt, begründete ihre Ausbildungsideen darauf, dass
besonders Frauen durch ihr persönliches Engagement für soziale Berufe befähigt
waren. Ihre „natürliche Mütterlichkeit" und Mutterliebe sollten auf die Kinder übertragen werden (vgl. Rudlof 2005, S. 84).

Fröbel hatte als Erster die Ausbildung zur Kindergärtnerin/Erzieherin strukturiert und beschrieben. Sie fand ab ca. 1850 in den von Fröbel gegründeten Berufs-
schulen („Frauenhochschule") und im Kindergarten statt und dauerte zunächst ein
halbes Jahr. Im Anschluss daran arbeiteten die Auszubildenden einige Wochen im
Kindergarten und durften dann selbstständig einen Kindergarten leiten (vgl. Ebert
2006, S. 41). Die hohen Kosten für die Ausbildung konnten sich nur bürgerliche
Familien leisten. Ab 1851 wurden die auf Fröbels Pädagogik beruhenden Kindergärten ebenso wie die Hochschule verboten[11] und erst zehn Jahre später wieder
zugelassen. 1885 wurden zum ersten Mal die Standards für die einjährige Ausbildung im Sinne Fröbels zur Kindergärtnerin beschrieben:

> „Ziel der Ausbildung sollte es sein, ‚die Schülerinnen mit denjenigen Kenntnissen und Fähigkeiten
> zu entlassen, die zur Leitung eines Fröbelschen Kindergartens nötig sind'. Ohne eine Ausbildung
> sollte keine Kindergärtnerin tätig sein. Abgesehen von einem Mindestalter von 16 Jahren
> bei Aufnahme der Ausbildung werden ‚körperliche Gesundheit, Unbescholtenheit, weiblicher Sinn
> und weibliches Benehmen' gefordert und eine schulische Vorbildung, wie sie die höhere Töchter-
> schule (...) vermittelt" (zitiert nach Pestalozzi-Fröbel-Verband 1998 in Ebert 2006, S. 55).

Es wird deutlich, dass der Beruf der Kindergärtnerin damit nur Frauen und vor
allem nur Frauen aus dem Bürgertum offen stand, die ihre ‚Weiblichkeit' in den
Beruf einfließen ließen. Die Ausbildung wurde als Teil der höheren Bildung angesehen und diente nicht in erster Linie zum Erwerb eines eigenen Einkommens (vgl

---

11 Warum ist nicht ganz klar, möglicherweise gab es Ängste, dass dort Kinder zum Atheismus erzogen
    wurden. Eventuell bezog sich das Verbot auch auf Fröbels Sympathie mit der Revolution 1848. Ra-
    be-Kleberg beschreibt: „Wie sehr die von Fröbel beeinflusste Kindergartenbewegung mit den de-
    mokratischen Bestrebungen des fortschrittlichen Bürgertums verbunden war, kann an dem Schicksal
    des Kindergartens und der Kindergärtnerinnen in der Zeit der Reaktion nach dem Scheitern der
    48er Revolution festgemacht werden. Der Kindergarten wurde verboten und die Kindergärtnerin-
    nen gerieten teilweise in große Bedrängnis. Viele wanderten aus und verbreiteten die Ideen vor allem
    in England und in den USA" (Rabe-Kleberg 2005, S. 44).

ebd., S. 56). Dadurch, dass Frauen so erstmals die Möglichkeit erhielten, überhaupt einen Beruf zu erlernen, war die Entwicklung des Berufsbildes eng verknüpft mit der Frauenbewegung (vgl. Rudlof 2005, S. 82).

An der Weiterentwicklung der fröbelschen Kindergärten war Henriette Schrader-Breymann (1827–1899) maßgeblich beteiligt. Sie formulierte die Idee der „geistigen Mütterlichkeit" als ein Berufskonzept des pädagogischen Handelns der Erzieherinnen. Erzieherinnen sollten, ähnlich wie eine Mutter, eine Beziehung zu den betreuten Kindern aufbauen, gleichzeitig aber auf der Grundlage von pädagogischem Wissen bewusst handeln (vgl. Ebert 2006, S. 64). Schrader-Breymann, die den Begriff der „Erzieherin" anstelle von „Kindergärtnerin" bevorzugte, brachte die Idee der Kleingruppen in die Kindergärten. Diese bestanden aus zwölf bis 15 Kindern zwischen drei und sechs Jahren. Im Kindergarten sollten sie anhand von Anschauung, lernen, die Welt zu verstehen (vgl. ebd., S. 70).

Bis zum Ende des 19. Jahrhunderts war das Berufsbild der Erzieherin von dem Ziel geprägt, Frauen auf die eigenen Aufgaben als Mutter vorzubereiten. Gleichzeitig sollten auch solche Kinder, deren Mütter erwerbstätig sein ,mussten', in den Kindergärten einen ,Aufbewahrungsort' finden, an den ein geregeltes Mittagessen oder regelmäßiges Baden geknüpft waren. Von Anfang an waren damit Kindergärten – anders als Schulen – Teil der sozialen Versorgung und nicht als Bildungsinstitution konzipiert (vgl. auch Stuve et al. o.J., S. 17).

Erst 1895 gab es einen ersten ,Normallehrplan' für die Ausbildung zur Kindergärtnerin, allerdings ohne staatliche Anerkennung und Abschlussprüfungen (vgl. Ebert 2006, S. 109). Etwa gleichzeitig mit der Möglichkeit für Mädchen in Preußen an staatlichen Schulen Abitur zu machen (ab 1908), wurde ab 1911 ein staatlicher Abschluss als Kindergärtnerin eingeführt. Die Ausbildung dauerte damals 18 Monate. Grundsätzlich galt der Beruf weiterhin als ,Vorbereitung' auf die eigene Familiengründung, was bedeutete.

1929 wurden die Ausbildungen zur Wärterin/Hortnerin und zur Kindergärtnerin zusammengelegt und dauerten nun insgesamt zwei Jahre (vgl. ebd., S. 118). Der Zugang wurde Frauen mit mittlerer Schulbildung, in Ausnahmefällen auch Abgängerinnen von Volksschulen gewährt. Auch und gerade im nationalsozialistischen Deutschland der Jahre 1933–1945 blieb die Tätigkeit der Kindergärtnerin mit dem weiblichen Geschlecht verbunden. Die Kindergärtnerin sollte mütterlich sein und zur Bildung des deutschen Volkes beitragen. Die Ausbildung umfasste während dieser Jahre politische Schulungsveranstaltungen, da es Teil der Erziehungsaufgaben war, den Kindern die Gesinnung der Nationalsozialistischen Partei beizubringen (vgl. ebd., S. 162). Nach wie vor blieb der Beruf einer, der nur so lange ausgeführt wurde, bis die Erzieherinnen heirateten und eigene Kinder bekamen.

Diese politische Ideologie nach 1945 aus der Erziehung wieder zu entfernen, war eine der Aufgaben des Wiederaufbaus des Kindergarten- und Erziehungssystems in Deutschland, was allerdings häufig nicht mit einem Personalwechsel einherging. Die Verbände, die den Wiederaufbau übernahmen, orientierten sich dabei an den Regeln und Ideen, die während der Weimarer Republik gegolten hatten, inklusive eines patriarchalen Gesellschaftsbildes und der Idee der ‚Mütterlichkeit‘ der Erzieherinnen. Die Kindergärten in Westdeutschland blieben Teil der Jugendhilfe, während sie in der DDR Teil des Bildungswesens wurden (vgl. ebd., S. 176). Immer noch galt der Beruf als Vorbereitung auf die eigene Mutterschaft, so waren 1951 50 Prozent der Kindergärtnerinnen unter 25 Jahren, 93 Prozent von ihnen ledig und die Verweildauer im Beruf betrug durchschnittlich fünf Jahre. Kindergärtnerinnen, die nicht heirateten, ließen sich zur Jugendleiterin weiterbilden, ein Beruf, der zur Leitung eines Kindergartens oder zur Lehre in einem Kindergärtnerinnenseminar befähigte (vgl. ebd., S. 179). Die Frage, ob auch Männer Erzieher würden, stellte sich damit bis in die 1950er-Jahre nicht. Gegen Ende der 1950er-Jahre absolvierten „fast ausschließlich solche Frauen, die in ihrer Familienplanung nicht mehr davon ausgingen, eine eigene Familie zu gründen" (ebd., S. 183) die Weiterbildung zur Jugendleiterin.

1967 wurden die sozialpädagogischen Berufe und deren Ausbildungsgänge neu geordnet. Die Ausbildung von Kindergärtnern/-gärtnerinnen, Hortnern/Hortnerinnen und Heimerziehern/-erzieherinnen wurden zur Erzieher-/-innenausbildung zusammengefasst und auf Fachschulniveau angehoben. Sie dauerte drei Jahre und endete mit einem einjährigen Berufspraktikum. Zugelassen wurden Frauen und Männer, die mindestens achtzehn Jahre alt waren und die mittlere Reife oder eine Berufsausbildung bzw. ein längeres Vorpraktikum abgeschlossen hatten (vgl. ebd., S. 206f.). Die Neuordnung führte zu einer Lohnanpassung und Einstufung in die Vergütungsgruppen des öffentlichen Dienstes. Mit der gleichzeitigen Aufwertung des Berufs der Jugendleiterin zu einem Fachhochschulstudium wurde allerdings den Erzieherinnen die Möglichkeit des beruflichen Aufstiegs genommen. Bisher konnten sie nach mehrjähriger Berufserfahrung diese Weiterbildung absolvieren, ab Ende der 1960er-Jahre war dazu eine zusätzliche Prüfung, die ihnen die Befähigung zum Fachhochschulstudium bescheinigte, nötig (vgl. ebd., S. 208). Die Praxisorientierung des Berufsbilds ‚Jugendleiterin‘ ging mit der Übernahme in den Beruf der ‚Sozialpädagogin‘ verloren.

In der DDR wurde die Vielfalt der Erziehungsberufe (Kindergärtner/-in, Erzieher/-in, Hortner/-in, Heimerzieher/-in und Krippenerzieher/-in) beibehalten und mit jeweils eigenen Aufgabenfeldern versehen. Kindergärtnerinnen waren in der DDR ihrem Verdienst nach Grundschullehrerinnen gleichgestellt, was zu einem deutlich höheren Ansehen führte. Sie waren verpflichtet, staatlich vorgegebene Erziehungsziele umzusetzen und marxistisch-leninistische Schulungen zu besuchen.

Bis weit in die 1970er-Jahre hinein wurde der Beruf der Erzieherin vor allem durch die ehe- und familienähnliche Art des Arbeitens beschrieben und von den Arbeitsämtern beworben. In der Ausbildung ging es vor allem darum, die Frauen dazu zu befähigen, sich gut auf Kinder einzulassen und mit ihnen Zeit verbringen zu können. Pädagogisches Wissen und theoretische Kenntnisse wurden nur am Rande als Kompetenzen aufgefasst, wichtiger war nach wie vor die ‚Mütterlichkeit' und Empathiefähigkeit, die Männern abgesprochen wurde (vgl. ebd., S. 187).

Im Zuge der politischen Wende und dem Ende der DDR mussten die ostdeutschen Erzieherinnen an sogenannten „Anpassungsqualifizierungen" teilnehmen, um ihre staatliche Anerkennung auch in der ‚neuen' Bundesrepublik zu erhalten. Viele fühlten sich in ihrer Anerkennung und Selbstwahrnehmung dadurch diskriminiert (vgl. ebd., S. 234 ff.).

Erst seit den 1980er-Jahren wird der Beruf nicht mehr als Übergang und Vorbereitung auf das eigene Familienleben wahrgenommen und ausgeübt. In Statistiken aus den Jahren 1998 bis 2002 zeigt sich, dass „die Hälfte aller berufstätigen Erzieherinnen in Deutschland mittlerweile über 40 Jahre alt ist, und (…)eigene Kinder zu versorgen [hat]" (ebd., S. 252 f.). Die Erzieher/-innen von heute müssen sich damit um die Vereinbarkeit von Beruf und Familie ebenso bemühen wie andere Arbeitnehmer/-innen auch. Die Bedeutung des Berufs als Vorbereitung auf die eigene Mutterschaft gilt heute nur noch als ein mögliches Auswahlkriterium bei der Entscheidung für den Erzieher/-innenberuf.

2.3   Ausbildung zum/zur Erzieher/-in

Heute ist die Ausbildung zum Erzieher/zur Erzieherin nach Bundesländern unterschiedlich geregelt. Sie erfolgt meist an staatlichen oder kirchlichen Schulen oder Fachakademien und umfasst in der Regel drei Teile, eine praxisorientierte Vorbereitung (Vorpraktika in verschiedenen Einrichtungen), einen theoretischen Teil (Schule mit kurzen Praktika) und einen praktischen Teil (Anerkennungsjahr oder Berufspraktikum in einer Einrichtung), der in der Berufsfähigkeit mündet.[12]

In Bayern findet zunächst eine zweijährige Vorbereitungsphase in Form des sozialpädagogischen Seminars statt. Hier werden wöchentlich acht bis zehn Stunden theoretischer Unterricht in einer schulischen Ausbildungsstätte besucht, parallel zur Praxis in einer Betreuungseinrichtung. Diese erste Ausbildungsphase schließt mit einer Abschlussprüfung zur/zum staatlich geprüften Kinderpfleger/-in ab. In vielen, vor allem kommunalen, Einrichtungen arbeiten ein/-e Kinderpfleger/-in gemeinsam mit einem/-r Erzieher/-in als Team. Dabei hat der/die Erzieher/-in die Gruppenleitung inne und übernimmt auch administrative Aufgaben, während

---

12 Die folgenden Darstellungen beziehen sich auf die Ausbildung im Freistaat Bayern, weil dort die Mehrzahl der im Folgenden befragten Erzieher die Ausbildung absolviert hat und alle befragten Experten/Expertinnen tätig sind. In anderen Bundesländern werden sich Abweichungen zu diesem Lehrplan zeigen. Da auch Umschulungen, berufsbegleitende Ausbildungen etc., die in der Praxis der Interviewpartner eine wichtige Bedeutung haben, eine Abweichung von dem vorgestellten Schema darstellen, dient die Beschreibung als Beispiel dafür, wie die Ausbildung regelgerecht ablaufen kann – aber längst nicht immer abläuft.

der/die Kinderpfleger/-in weniger administrativ arbeitet und verstärkt für die pflegenden und versorgenden Tätigkeiten zuständig ist. Der Abschluss zum/zur Kinderpfleger/-in ermöglicht einen Berufseinstieg auf einem relativ niedrigen Niveau.[13]

Aufbauend auf diesen ersten Abschluss[14] beginnt die Ausbildung zum/zur staatlich geprüften Erzieher/-in. Diese kann in Vollzeit oder Teilzeit stattfinden und wird an Fachschulen, Fachoberschulen, Fachakademien, Berufskollegs oder anderen Ausbildungseinrichtungen angeboten. Sie umfasst in der Regel drei Jahre. Während der ersten beiden Jahre werden theoretische Fächer unterrichtet sowie im Rahmen von Übungen, Gruppenspielen etc. Situationen der Kinderbetreuung erlernt. Ein wichtiges Element dieser Ausbildungsphase ist die Entwicklung der eigenen Persönlichkeit und die Auseinandersetzung mit den eigenen Fähigkeiten, Stärken und Schwächen. Neben den theoretischen Fächern absolvieren die Auszubildenden verschiedene Praktika. Nach zwei Jahren gibt es eine Prüfung, die dazu berechtigt, ein einjähriges Berufsanerkennungsjahr zu beginnen. Nach Abschluss dieses Jahres erfolgen die Abschlussprüfungen und die Anfertigung einer Facharbeit. Werden diese Prüfungen bestanden, wird das Zeugnis zum/zur staatlich anerkannten Erzieher/-in verliehen. Deutschland und Österreich sind die einzigen europäischen Länder, in denen die Erzieherinnenausbildung nicht auf Hochschulniveau erfolgt (vgl. Oberhuemer 1999, S. 10; Oberhuemer/Ulich 1997).

Im Vergleich zu vielen anderen Ausbildungsberufen ist die Ausbildung zum/zur Erzieher/-in mit insgesamt fünf Jahren relativ lang. Da es sich um eine größtenteils schulische Vollzeit-Ausbildung handelt, gibt es nur wenig Möglichkeit, bereits während der Ausbildung Geld zu verdienen. An den Schulen und Fachakademien wird außerdem ein Schulgeld verlangt. Das heißt, die Auszubildenden sind während dieser Zeit von ihren Eltern, ihren Lebenspartnern/-partnerinnen oder von staatlichen Zuschüssen abhängig. Dies ist bereits in der Entwicklung des Berufsbildes so angelegt (vgl. Kap. 2.2).

---

13 Diese und die folgende Darstellung der Ausbildung ist eine Zusammenfassung der Informationen aus Internetdokumenten der Caritas (Caritas 2011), der Inneren Mission (Innere Mission München 2011), der Arbeitsagentur (Agentur für Arbeit 2011) sowie der Schulordnung für die Fachakademien für Sozialpädagogik in Bayern (abrufbar unter http://berufenet.arbeitsagentur.de/berufe /docroot/r2/blobs/pdf/recht/r_00210.pdf, zuletzt geprüft am 5.9.2011). Außerdem wurden Informationen aus den Experten-/Expertinneninterviews mit aufgenommen.

14 Der Abschluss befähigt Schulabgänger/-innen mit der mittleren Reife zur Ausbildung zum/zur Erzieher/-in; die Zulassung zur Erzieherausbildung kann jedoch auch durch einen höheren Schulabschluss oder mehrjährige Berufserfahrung in einem verwandten Beruf erfolgen.

2.4   Bezahlung

Die geringe Bezahlung setzt sich in der Berufstätigkeit fort. Beides – die historische Entwicklung und die schlechte Bezahlung sowie die Wechselwirkung daraus – bekräftigt das Image eines ‚Frauenberufs'. Als solcher scheint er für diejenigen Männer, die in der Berufswahl auch auf finanzielle Anreize Wert legen, nicht attraktiv (vgl. auch das Kap. 3). In den letzten Jahren ist viel über die schlechte Bezahlung von Erziehern/Erzieherinnen diskutiert worden, besonders als diese im Mai 2009 zu flächendeckenden Streiks aufgerufen hatten, um ihre Einkommenssituation zu verbessern (vgl. Ver.di 19.05.2009).[15] Laut Statistischem Bundesamt betrug im Jahr 2009 das Mindestgehalt für Erzieher/-innen 2.130 Euro brutto im Monat (vgl. BMFSFJ 2010b, S. 13). Das Einstiegsgehalt für eine/-n in Vollzeit arbeitende/-n Erzieher/-in beträgt seit Januar 2011 im Geltungsbereich des TVöD ca. 2.060 Euro brutto und steigert sich in mehreren Entwicklungsstufen auf maximal rund 2.900 Euro. Freigestellte Leitungen von sehr großen Einrichtungen (über 130 Kinder) können bis zu 4.180 Euro brutto verdienen. Diese Positionen sind jedoch relativ selten, da viele Einrichtungen nicht so groß sind und nur wenige Leitungsstellen frei werden (vgl. GEW 2011).

Eine aktuelle Studie zeigt, dass es durchaus auch ‚Männerberufe' gibt, die ähnlich schlecht oder sogar schlechter bezahlt werden, wie zum Beispiel Bäcker/-in (80% Männeranteil, 2.019 Euro Mindestgehalt) oder Kfz-Mechatroniker/-in (97 % Männeranteil, 2.169 Euro Mindestgehalt) (vgl. BMFSFJ 2010b, S. 13). Allerdings sind dies meist Berufe, in denen die Ausbildung in einem Betrieb stattfindet, das heißt, die Auszubildenden verdienen bereits während der Ausbildung etwas und die Ausbildung dauert meistens zwei bis drei Jahre. Außerdem bezieht sich das Mindestgehalt auf eine volle Stelle. Viele Erzieher/innen arbeiten jedoch in Teilzeit, da die meisten Kindergärten gar keine Vollzeitstellen bieten. Hinzu kommt, dass es in diesem Beruf wenige Aufstiegschancen gibt, das Mindestgehalt also häufig nicht deutlich überschritten werden kann. Korrekterweise müsste also das Einkommen mit einem Beruf verglichen werden, in dem die Ausbildung ähnlich lange dauert (bis fünf Jahre) und zu einer gleichen fachlichen Qualifikation führt, also zum Beispiel mit einem Handwerksmeister (Fachschulabschluss). Laut Gewerkschaft für Erziehung und Wissenschaft „verdienen z. B. Frauen mit einem Fachschulabschluss im Beruf der Erzieherin monatlich bis zu 900 Euro weniger als Männer im Fachschulberuf eines Technikers" (GEW 2010).

---

15 Vgl. das Medienecho im Mai 2009. In den meisten Zeitungen wurde mit viel Verständnis auf den Streik reagiert. Die Frankfurter Rundschau kommentiert, dass Erzieherinnen fast 300 Euro weniger im Monat verdienen als Facharbeiter in der Metallindustrie (Roth 06.05.2009); der Focus titelt: „Kita macht krank" (Hartwig 15.05.2009) und die Zeit schreibt: „Erzieherinnen werden selbstbewusster. Sie streiken zu Recht für bessere Arbeitsbedingungen und mehr Geld" (Rudzio 26.05.2009).

2.5 Männeranteile im Erzieherberuf in Deutschland

Der Überblick über die historische Entwicklung hat bereits darauf hingedeutet, dass es für Männer relativ ungewöhnlich ist, sich für den Erzieherberuf zu entscheiden. Im Folgenden sollen dazu einige aktuelle Zahlen präsentiert werden.

In Deutschland gibt es mehr als 50.000 Einrichtungen zur Kinderbetreuung. Laut statistischem Bundesamt arbeiteten 2010 331.362 Männer und Frauen als Gruppenleitungen oder Zweit-/Ergänzungskraft[16] in Kinderbetreuungseinrichtungen. Von diesen Mitarbeitern/Mitarbeiterinnen waren rund 10.200 Männer, das sind etwas über drei Prozent.[17] Hinzu kommen 877 männliche und 14.091 weibliche Leitungen von Einrichtungen, das bedeutet, dass 5,8 Prozent der Leitungsstellen von Männern besetzt werden (vgl. Deutsches Statistisches Bundesamt 2010, Tabelle 7, eigene Berechnungen).[18]

Lediglich in den Horten, also Betreuungseinrichtungen für Kinder im Schulalter, lag der Prozentsatz der betreuenden Männer bereits im Jahr 2004 mit zehn Prozent auffallend höher (vgl. BMFSFJ 2010b, S. 16). Dabei unterscheiden sich die Zahlen je nach Bundesland und auch zwischen ländlichen und städtischen Regionen Deutschlands. Während es in den Stadtstaaten Hamburg und Bremen acht bis zehn Prozent männliche Erzieher für Kinder unter sechs Jahren gibt, sind es in Bayern und Baden-Württemberg teilweise unter zwei Prozent (vgl. ebd., S. 15). In Ostdeutschland ist der Männeranteil, besonders bei den älteren Erziehern/Erzieherinnen auffallend niedrig. Dies ist darauf zurückzuführen, dass in der DDR der Beruf der Erzieherin deutlich stärker als ‚Frauenberuf' bewertet wurde als in der alten Bundesrepublik. In Elterninitiativen liegt der Anteil männlicher Erzieher mit 6,6 Prozent häufig höher als der Durchschnittswert, was auch den Wert in Großstädten, in denen solche Initiativen besonders häufig sind, ansteigen lässt (vgl. ebd., S. 18).

Olaf Stuve et al. zeigen, dass es schwierig ist, an verlässliche Zahlen zu gelangen. Dies hat verschiedenen Gründe: Zählt man die Männer in Kindertageseinrichtungen, werden häufig auch Hausmeister, Zivildienstleistende[19], Praktikanten etc.

---

16 Von den rund 165.000 Zweit- und Ergänzungskräften sind ca. 16.000 Praktikanten/-innen, Menschen im freiwilligen sozialen Jahr oder sonstige Beschäftigte ohne ‚normalen' Angestellten- oder Beamtenstatus. Es geht aus den Tabellen nicht hervor, welche Berufsausbildung die ‚normalen' Angestellten abgeschlossen haben.

17 Aktuellere Zahlen aus dem Jahr 2011 gehen von etwa gleichen Prozentsätzen aus, auch wenn die absoluten Zahlen leicht angestiegen sind (vgl. www.koordination-maennerinkitas.de/fileadmin /company/pdf/Maenneranteil_BL-07-11.pdf, letzter Zugriff 20.6.2012).

18 Zum Thema „Männer in Leitungsfunktionen" vgl. Kap. 5 und 8.2.3. dieser Arbeit. Auch in den Experten-/Expertinneninterviews wird auf den relativ hohen Anteil von Männern in Leitungspositionen eingegangen.

19 Der Zivildienst wurde zum 1. Juli 2011 ausgesetzt. Der Männeranteil in Betreuungseinrichtungen dürfte dadurch weiter gesunken sein. Es stellt sich die Frage, wie sich diese Entscheidung auf die zu-

mitgezählt, es handelt sich also nicht nur um Erzieher. Zählt man stattdessen nur Erzieher im Kindergarten, ist nicht klar, ob diese auch im erzieherischen Bereich arbeiten, oder z. B. als freigestellte Leitung in sehr großen Einrichtungen. Außerdem werden dann die Praktikanten/-innen oder Kinderpfleger/-innen, die wie Erzieher/-innen arbeiten, nicht hinzugezählt. Eine genaue Zahl zu bekommen, ist also nicht einfach, eine Aussage bleibt jedoch bestehen: Egal, wie viele Männer mitgezählt werden, der Anteil von Männern in der Betreuung von Kindern unter sechs Jahren bleibt vergleichsweise gering und überschreitet nie zehn Prozent (vgl. Stuve et al. o.J., S. 6 ff.; aktuelle Zahlen unter://www.koordination-maenner inkitas.de/forschung/zahlen/).

---

künftigen Bewerberzahlen von Männern in sozialen Berufen auswirken wird, da der Zivildienst als eine wichtige ‚Rekrutierungsmöglichkeit' für neue Erzieher diente.

3   Arbeit und Geschlecht

Die Entwicklung der Frauen- und der Geschlechterforschung ist eng mit der Auseinandersetzung über Geschlecht und (Erwerbs-)Arbeit verknüpft. Die Ungleichbehandlung von Frauen und Männern auf dem Arbeitsmarkt, die geschlechtsspezifische Aufteilung von Erwerbs- und Reproduktionsarbeit[20] und die Arbeitsteilung innerhalb von Berufen anhand von Geschlechterstereotypen werden als wesentliche Elemente der Verfestigung, aber auch der Veränderung des Geschlechterverhältnisses angesehen (vgl. z. B. Aulenbacher et al. 2007b, S. 9 sowie den Sammelband Aulenbacher et al. 2007a; Gottschall 1998; Marburger Gender-Kolleg 2008; Wetterer 1992; Wetterer 2002). Die Teilhabe am Erwerbsarbeitsmarkt kann als eine wesentliche Voraussetzung für die Teilhabe an einer Gesellschaft gesehen werden, in der sich Individuen stark über Erwerbsarbeit identifizieren. Sie ermöglicht den Zugang zu finanziellen Ressourcen und damit zur Selbstständigkeit und Teilhabe am öffentlichen Leben (vgl. Beck-Gernsheim 2008; Achatz 2008, S. 106).

Viele Untersuchungen, die sich mit Arbeit und Geschlecht auseinandersetzen, stellen fest, dass Frauen hinsichtlich der Teilhabe am Erwerbsarbeitsmarkt benachteiligt wurden und werden. Während es der Frauenforschung zunächst vor allem um die gleichen Zugänge von Frauen und Männern zum Arbeitsmarkt ging (vgl. Beck-Gernsheim 2008; Wetterer 1992; Gottschall 1995)[21], fragen die Studien heute vor allem danach, wie sich trotz (formal) gleicher Zugangsvoraussetzungen die Geschlechtersegregation am Arbeitsmarkt aufrecht hält und reproduziert. Mit Geschlechtersegregation ist gemeint, dass nach wie vor viele Berufe entweder mehrheitlich von Frauen oder von Männern ausgeübt werden (die sogenannte ‚horizontale Segregation') und es innerhalb der Berufe eine geschlechtsspezifische Hierarchisierung (die sogenannte ‚vertikale Segregation') gibt, dass also Männer häufiger höhere Positionen einnehmen als Frauen (vgl. Achatz 2008, S. 113; Wilz 2002, S. 60; Gottschall 1995, S. 125). Die Segregation wird auf unterschiedliche Ursachen zurückgeführt, zum Beispiel auf eine ‚soziale Schließung', d. h. mehr oder weniger unsichtbare Ausschlusskriterien für das eine oder andere Geschlecht (vgl. u. a. Gottschall 2000; Höyng/Puchert 1998) oder auf die schlechte Vereinbarkeit von Familie und Beruf, die vor allem für Mütter als Ausschlusskriterium für eine berufliche Karriere bewertet wird (vgl. u. a. Ihsen et al. 2008). Nach wie vor wird Männern ein größeres berufliches Engagement unterstellt, während Frauen die Übernahme

---

20   Zur Einordnung dieser Arbeitsteilung in Modernisierungsdebatten vgl. Jurczyk 2008.
21   Zur Entwicklung der Frauen- und Geschlechterforschung vgl. Kap. 4.

der Reproduktionsarbeit implizit zugeschrieben bekommen (vgl. u. a. Jurczyk 2008, S. 84 f.; Klammer/Klenner 2004). Daneben wird die geschlechtsspezifische Berufswahl als eine Ursache für die Segregation am Arbeitsmarkt gesehen (vgl. Girls' Day 2011).

Nur selten haben sich soziologische Studien zum Thema Arbeit explizit mit Männern und männlichen Lebens- und Arbeitsbedingungen auseinandergesetzt. Dies liegt vor allem daran, dass Männer häufig als ‚normale' Arbeitnehmer angesehen wurden und werden, deren Geschlecht für die Arbeit keine Bedeutung zu haben scheint. Jahrzehntelang wurde das ‚Normalarbeitsverhältnis' mit einem ‚männlichen Normalarbeitsverhältnis' gleichgesetzt, womit ein ‚normaler' Arbeitnehmer ein von Familienpflichten befreiter Arbeitnehmer zu sein hat, der vom Berufseintritt bis zum Rentenbeginn ununterbrochen Vollzeit arbeiten kann und dabei idealerweise einen beruflichen Aufstieg erlebt. Frauen und Männer mit anderen Arbeitsbedingungen wurden als ‚Abweichung' behandelt (vgl. Scholz 2007, S. 62; Voß/Weiss 2005). Außerdem zählte die Reproduktionsarbeit nicht zum Arbeitsbegriff. Die Frauen- und die Geschlechterforschung kritisiert diese Defizite seit Langem (vgl. Gottschall 1995, S. 136).

Mit einer Perspektiverweiterung der Untersuchungen auf Männer und Männlichkeit(en) entstanden in den letzten Jahren unter dem Stichwort ‚Neue Väter' einige Forschungsarbeiten, die die gleichberechtigte Teilhabe von Männern und Frauen an der Familien- und Fürsorgearbeit untersuchten (vgl. Hank 2005; Tölke et al. 2005; Kassner 2008; Matzner 2004). Weiterhin werden Männer und Männlichkeit in Forschungsarbeiten um Erwerbsarbeit vor allem dann betrachtet, wenn das ‚männliche' Normalarbeitsverhältnis brüchig zu werden scheint und es um die ‚Krise von Erwerbsarbeit' (im Sinne ‚prekarisierter' Arbeitsbedingungen für Männer) und die damit in Zusammenhang gebrachte ‚Krise von Männlichkeit' geht (vgl. z. B. Meuser 2010 und die Repliken auf seinen Beitrag; Scholz 2004). Meuser weist darauf hin, dass ein solcher Krisendiskurs um Männer und Männlichkeiten immer dann auftritt, wenn Umbrüche in Erwerbsleben und Familienkonstellationen festgestellt werden, da die Erwerbsarbeit als „zentrale institutionelle Stütze hegemonialer Männlichkeit"[22] gilt (Meuser 2010, S. 326). Bereits im 17. Jahrhundert wurde auf eine Krise von Männlichkeit verwiesen (vgl. ebd.). Neben der Tatsache, dass auch Männer ein Geschlecht haben, weisen Geschlechterforscher/-innen in der Diskussion um den Wandel von Erwerbsarbeit darauf hin, dass Frauen tendenziell schon immer vermehrt in prekären Beschäftigungsverhältnissen und ohne Aufstiegsperspektiven beschäftigt waren, dies jedoch nicht wahrnehmbar war, so lange Arbeitnehmer als ‚geschlechtslos' angesehen wurden (vgl. u. a. Hark/Völker 2010; Ernst 2010).

---

22 Das Konzept hegemonialer Männlichkeit wird in Kap. 4.2 diskutiert.

Durch die Arbeitsteilung zwischen den Geschlechtern wird ein bestimmtes Geschlechterverhältnis reproduziert, in dem zwei Geschlechter unterschiedlich konstruiert werden. Dies geschieht vor allem deshalb, weil es immer eine Unterscheidung geben *muss*, um die Zweigeschlechtlichkeit zu bewahren. Dieses ‚Gleichheitstabu' gilt laut Judith Lorber auch dann, wenn sie beide das Gleiche tun (vgl. Lorber 2003, S. 71). Regine Gildemeister und Angelika Wetterer gehen davon aus, dass

> „die Arbeitsteilung (…) die Geschlechter zu Verschiedenen (macht) und (…) auf diese Weise auch *Gender*, auch die Differenz der Geschlechter, auch die Zweigeschlechtlichkeit mit hervor[-bringt]. Kurz: Die Arbeitsteilung ist ein zentraler, möglicherweise sogar der zentrale Modus der sozialen Konstruktion von Geschlecht" (Wetterer 2002, S. 26, Hervorh. i. Orig.)

Geschlecht wird demnach durch die Arbeitsteilung hergestellt und das Geschlechterverhältnis dadurch reproduziert (vgl. Gildemeister/Wetterer 1992; vgl. auch Gottschall 1998; ausführlicher im Kap. 4.1). Wetterer geht dabei mit einem sozialkonstruktivistischen Ansatz davon aus, dass „Frauen und Männer ‚wirklich' zu Verschiedenen" (Wetterer 2002, S. 36) werden, indem strukturelle Bedingungen Männern und Frauen unterschiedliche Arbeitsbereiche zuweisen. Auch Sylvia Wilz macht deutlich, dass sie in der Arbeitsteilung wichtige Elemente der Geschlechtertrennung sieht:

> „Immer aber werden Arbeitsaufgaben zergliedert, arbeitsteilig erledigt, und offensichtlich immer werden dabei spezifische Einsatzfelder für Männer und Frauen geschaffen, die an – tatsächliche oder zugeschriebene – unterschiedliche Eigenschaften, körperliche Fähigkeiten, Kompetenzen und Qualifikationen anknüpfen und diese herstellen" (Wilz 2002, S. 66 f.).

Berufe haben demnach kein ‚natürliches' Geschlecht, sondern werden zu sogenannten ‚Frauen'- oder ‚Männerberufen' gemacht, indem bestimmte Tätigkeiten mit den Merkmalen ‚männlich' und ‚weiblich' belegt werden.[23] Dabei haben gesellschaftlich als ‚männlich' benannte Tätigkeiten meist einen höheren Status, finden häufiger in der Öffentlichkeit statt und werden besser bezahlt, was sie wiederum für Männer, die davon ausgehen, eine Familie ernähren zu müssen, attraktiver macht. Als ‚weiblich' benannte Tätigkeiten und Kompetenzen werden dagegen abgewertet und als nicht erstrebenswert eingestuft. Welche Berufe als ‚männlich' und welche als ‚weiblich' gelten, kann sich historisch wandeln (vgl. für das Beispiel der Medizin Wetterer 2002).

Bettina Heintz et al. verstehen die geschlechtsspezifische Segregation des Arbeitsmarktes als einen „zentralen Mechanismus, um die Geschlechter separat zu halten und aus Gleichen Ungleiche zu machen" (Heintz et al. 1997, S. 12). Sie gehen davon aus, dass sich durch die Arbeitsteilung Geschlechterdifferenzen reproduzie-

---

23 Wie dies im Sinne der Konstruktion von Geschlecht funktioniert, wird in Kap. 4 erläutert.

ren und sich somit Vorstellungen von Männlichkeit und Weiblichkeit verfestigen können. Sie beschreiben diesen Prozess folgendermaßen:

> „Die Aufteilung des Arbeitsmarktes in Männer- und Frauenberufe hält die beiden Geschlechter physisch und sozial auseinander, übersetzt Differenz in Ungleichheit und produziert gleichzeitig ihre eigene Rechtfertigung: Die Krankenschwester ist der Existenzbeweis dafür, dass Frauen personenorientiert sind, empathisch und fürsorglich – und sich genau darin von Männern unterscheiden. Die Tatsache, dass Mechaniker Männer sind und Kindergärtnerinnen Frauen, präsentiert sich so als notwendige Folge einer natürlichen Differenz. Grenzüberschreitungen – Männer in Frauenberufen und Frauen in Männerberufen – werden entsprechend als Problem gesehen und oft sozial geahndet" (ebd., S. 12).

Männer in sozialen und erziehenden Berufen überschreiten diese Grenze und stellen damit gängige Vorstellungen davon, was als ‚natürlich männlich' gilt, infrage. Sie begeben sich in eine Sonderposition, die unterschiedliche Auswirkungen haben kann. Durch die beschriebene schlechtere Wertigkeit von weiblich konnotierten Tätigkeiten gefährden Männer, die sich für Berufe entscheiden, die als ‚weiblich' gelten, ihre hierarchisch höhere Position und damit ein Stück weit auch ihre Männlichkeit. Laut Tim Rohrmann führt diese Gefährdung dazu, dass Jungen und junge Männer sich nicht für sorgende Berufe interessieren und sie nicht in ihre Berufswahl einbeziehen (Rohrmann 2006, S. 117). Die Geschlechtertrennung in der Berufswahl und in der Arbeitstätigkeit bleibt somit erhalten. Rohrmann beschreibt, dass:

> „... die Erziehung kleiner Kinder einer der Bereiche ist, in der die Geschlechtertrennung *in der Erwachsenenwelt* besonders deutlich hervortritt. (...) Ein Indiz dafür ist, dass als wichtigste Eigenschaft für den Erzieherinnenberuf (…) oft das ‚Einfühlungsvermögen' genannt wird, was gleichzeitig ein traditionell weibliches Stereotyp ist" (Rohrmann 2008, S. 153 Hervorh. i. Orig.).

Das Beispiel der ‚geistigen Mütterlichkeit' als Kernkompetenz des Erzieher/-innenberufs (vgl. Kap. 2.2) verdeutlicht diese Verknüpfung. Die scheinbar ‚natürlichen Kompetenzen' werden höher bewertet als die Professionalität und damit auch von der Arbeitssoziologie nur selten zum Untersuchungsgenstand gemacht (vgl. auch Krüger 2003; Böhle et al. 2006). Eine Übernahme von Tätigkeiten, die vormals familienintern und auf der privaten Ebene ausgeführt wurden, führt neben der ‚Unsichtbarkeit' der Arbeit auch zu einer geringen Entlohnung, da die Annahme zugrunde liegt, die Ausübenden würden mit ihrem Einkommen nur einen ‚Zuverdienst' zum Einkommen ihrer Ehemänner erwirtschaften. Ebert beschreibt den Erzieher/-innenberuf daher als

„... ein[en] Beruf, der kein ‚eigentlicher Beruf' war: Man betrachtete die Arbeit als eine, die prinzipiell auch von Frauen im Privathaushalt erbracht werden konnte, und hielt sie daher für prinzipiell dorthin rückführbar" (Ebert 2006, S. 227).[24]

Studien zu Frauen in männerdominierten Berufen zeigen, dass Frauen häufig nur eine sehr eingeschränkte Wahl haben: Entweder sie werden „one of the boys" oder sie verlassen das Berufsfeld unzufrieden wieder (vgl. Meuser 2006a, S. 71). Andersherum ist es für die meisten Männer nicht denkbar, in einem frauendominierten Beruf „one of the girls" zu werden – im Gegenteil, sie stellen ihr Mann-Sein deutlich heraus, um sich von den Frauen und weiblich konnotierten Tätigkeiten abzugrenzen, was ihnen häufig sogar eine schnellere Beförderung ermöglicht. Williams bezeichnet diesen Effekt als „Glass Escalator" – eine gläserne Rolltreppe. Der sogenannte „Token[25]-Status" hat also für Männer eher Vorteile, während er für Frauen nachteilig wirken kann (vgl. Williams 1992).

3.1 Männer im Erzieherberuf

Neben den Studien zur Segregation des Arbeitsmarktes sind in den letzten Jahren einige Arbeiten entstanden, die sich mit Männern im Erzieherberuf auseinandergesetzt haben. Diese sollen nun im Mittelpunkt stehen.

Im Jahr 2010 wurde von der Bundesregierung die Koordinierungsstelle „Männer in Kitas" ins Leben gerufen und im Sommer des gleichen Jahres erschien eine vom Bundesministerium für Familien, Senioren, Frauen und Jugend (BMFSFJ) in Auftrag gegebene Studie mit dem Titel „Männliche Fachkräfte in Kindertagesstätten" (BMFSFJ 2010b) gefolgt von einer großen Tagung in Berlin unter der Fragestellung „Mehr Männer in Kitas – aber wie?" und begleitet von einem großen Medienecho.[26] In der Studie geht es um die Frage, wie es gelingen kann, mehr Männer für den Erzieherberuf zu gewinnen und zwar zum einen, um Männern mehr berufliche Optionen zu öffnen, zum anderen, um den Kindern in Kindertageseinrichtun-

---

24 Vgl. auch Krüger 2003, die aus professionssoziologischer Sicht davon ausgeht, dass „Traditionelle Frauenberufe im personenbezogenen Dienstleistungssektor (...) die Verbindung zur Laienarbeit nicht abstreifen" konnten (S. 127 f.).
25 Token steht hier für eine Sichtbarkeit aufgrund eines Alleinstellungsmerkmals.
26 Beispiele für die mediale Auseinandersetzung mit dem Thema finden sich in beinahe jeder Tageszeitung oder jedem Fernsehsender. Vgl. u. a. die Sendung Stern TV vom 13.10.2010 (http://www.stern.de/tv/sterntv/neue-maenner-braucht-das-land-mehr-erzieher-in-die-kitas-1612980.html), einen Beitrag im WDR vom 3.4.2011 (http://www.wdr.de/tv/westpol/sendungsbeitraege /2011/0403/maenner-in-kitas.jsp), eine Sendung in der ARD (http://www.ardmediathek.de/ard/servlet/content/3517136?documentId=8117634) vom 6.9.2011, einen Artikel in der Süddeutschen Zeitung (vgl. Holzmüller 27.08.2010) und einen Artikel in der taz vom 8.12.2010 (vgl. Schmollack 08.12.2010), um nur einige herauszugreifen. In allen Beiträgen wird auf den ‚Exoten-Status' der männlichen Erzieher verwiesen und deren Liebe zu ihrem Beruf herausgestellt.

gen eine größere Bandbreite an unterschiedlichen Erziehenden zu bieten und damit die geschlechtsspezifische Arbeitsteilung aufzubrechen. Die Grundlage der Studie bilden qualitative Interviews und eine quantitative Erhebung sowie eine sehr ausführliche Aufarbeitung statistischen Datenmaterials und Beschreibungen aktueller nationaler und internationaler Kampagnen, die mehr Männer für den Erzieherberuf anwerben sollen.

Die Autoren gehen davon aus, dass es eine Mischung von Gründen gibt, warum sich so wenige Männer für den Erzieherberuf entscheiden. Sie zählen die schlechte Entlohnung, die niedrige soziale Anerkennung und die geringen Aufstiegschancen zu den Barrieren, die Männer von dieser Berufswahl abhalten, ebenso wie traditionelle Geschlechtervorstellungen und eine „weibliche Kitakultur" (vgl. ebd., S. 67 ff.). Rohrmann weist ferner darauf hin, dass viele Frauen den Beruf wählen, weil er sich gut mit der eigenen Familienplanung vereinbaren lässt. Familienfreundliche Arbeitszeiten und Möglichkeiten von Beurlaubung und Arbeitszeitreduzierung sind jedoch für Männer, die sich an hegemonialen Männlichkeitsmustern orientieren, nicht ausschlaggebend für die Berufswahl (vgl. Rohrmann 2006, S. 127).

Die BMFSFJ-Studie geht der Frage nach, welche Männer sich dennoch für den Erzieherberuf entscheiden. Von den befragten Erziehern haben viele zunächst einen anderen Beruf gelernt und ausgeübt, der überhaupt nichts mit dem Erzieherberuf zu tun hatte. Erst nach einer gewissen Zeit der Berufstätigkeit wechselten sie das Berufsfeld. Dabei erinnern sie sich häufig an frühere Erfahrungen als Jugendleiter oder den Zivildienst und entscheiden sich für den Beruf des Erziehers, weil sie intensiver mit Menschen zusammenarbeiten möchten. Dieser Aspekt hat vielen von ihnen in ihren vorhergehenden Berufen gefehlt (vgl. auch Bartjes/Hammer 2006). Die Autoren der Studie nennen entsprechend die Berufsorientierung junger Männer, eine gute Öffentlichkeitsarbeit, Aus- und Weiterbildung von Erziehern/Erzieherinnen, Qualifizierung langzeitarbeitsloser bzw. umschulungsinteressierter Männer sowie Zivil- und Freiwilligendienste als maßgeblich, um die Zahl der Männer im Erzieherberuf nachhaltig zu steigern (vgl. BMFSFJ 2010b, S. 90). Jan Kasiske et al. können in einer ähnlichen Studie über Erzieher und Krankenpfleger herausarbeiten, dass für die Berufswahl die eigene Lebenserfahrung ein ausschlaggebender Faktor war (Kasiske et al. 2006). Zwei der drei befragten Erzieher haben diesen Beruf nicht direkt nach der Schule ergriffen, sondern erst nach einer längeren ‚Findungsphase' die Entscheidung für diesen Beruf getroffen. Strohmaier findet ähnliches über die Berufswahl von Sozialpädagogen (Strohmaier 2003, S. 379).[27]

Laut der Studie des Bundesfamilienministeriums übernehmen auffallend viele Männer Leitungsfunktionen in Kindertagesstätten, so waren 2008 „insgesamt 5,7 %

---

27 Vgl. für Studien mit ähnlichen Ergebnissen Brandes 1998, Rudlof 2005 sowie Eggert-Schmid Noerr 2005.

aller freigestellten Kitaleitungskräfte Männer[28]" (BMFSFJ 2010b, S. 41). Offensichtlich wird der Beruf für Männer attraktiver, wenn sie eine Leitungsposition übernehmen können, denn mit zunehmendem Alter der Erzieher/-innen steigt der Anteil männlicher Leitungskräfte an. Das heißt, je länger Männer im Beruf bleiben, desto größer ist die Wahrscheinlichkeit, dass sie eine Leitungsposition übernehmen. Männer, die keine Führungsposition übernehmen (wollen), können sich dagegen häufig nicht vorstellen, dauerhaft in der Kita zu bleiben und verlassen den Beruf, zum Beispiel, um ein weiterführendes Studium zu beginnen (vgl. ebd., S. 40). Diese Darstellung entspricht damit dem Bild des von Williams geprägten „Glass Escalator" (s. o.; Williams 1992).

Einige weitere Studien, die sich mit dem Thema Männer im Erzieherberuf beschäftigen, tun dies vor allem aus einer pädagogischen oder entwicklungspsychologischen Perspektive, also um zu untersuchen, welche Auswirkungen die Erhöhung des Männeranteils auf Kinder und ihre Entwicklung hat (vgl. z. B. Brandes 2010; Koch et al. 2010 oder Rabe-Kleberg 2005). Alternativ verfolgen viele Untersuchungen das politische Ziel, mehr Männer für den Erzieherberuf zu motivieren (vgl. z. B. Friis 2006, Krebs/Neubauer 2010, Rohrmann 2001 oder Höyng 2011). Auf beide Forschungsrichtungen wird hier nicht näher eingegangen, da sie thematisch zu weit von der Frage nach dem ‚doing masculinity' im Erzieherberuf wegführen.[29] Kurz erwähnt werden sollen jedoch einige Forschungsprojekte, die aktuell das Thema ‚Männer im Erzieherberuf' untersuchen.[30]

An der Universität Innsbruck läuft bis Ende 2012 ein Projekt mit dem Titel W-Inn, das sich als ‚Wirkungsstudie' versteht und auf das im Jahr 2010 abgeschlossene Projekt „ele*men*tar"[31] aufbaut. Beide Projekte haben einen entwicklungspsychologischen und psychoanalytischen Schwerpunkt. Es soll untersucht werden, welchen Einfluss männliche und weibliche Erziehende auf Kinder haben. Dabei werden Kinder mit videogestützten Verfahren beobachtet. Die Beobachtungen werden durch Fragebögen an Erzieher/-innen und Eltern ergänzt, um möglichst viel über einzelne Kinder und ihren Umgang mit unterschiedlichen Interaktionspartnern/-

---

28 Da nicht alle Leitungskräfte freigestellt werden, lässt sich nicht genau sagen, wie viele Leitungskräfte Männer sind. Dennoch wird deutlich, dass der Anteil der Männer in Leitungspositionen die Anzahl der Männer im Erzieherberuf insgesamt deutlich übersteigt (vgl. ebd. 41).

29 Für einen Überblick empfehlen sich die Internetseiten der Koordinationsstelle Männer in Kitas (www.koordination-maennerinkitas.de). Dort finden sich auch Hinweise auf Internationale Forschungsergebnisse zum Thema.

30 Die Hinweise zu den verschiedenen aktuellen Forschungsarbeiten sind vor allem einem vom BMFSFJ finanzierten und an der Hochschule Dresden durchgeführten Forschungsworkshop zum Thema „Männer in Kitas" vom 21.6.2011 entnommen. Dort kamen verschiedene Forscher/-innen zusammen, die sich aus unterschiedlichen Disziplinen (Entwicklungs- und Organisationspsychologie, Elementarpädagogik, Soziologie, Ethnologie, Psychoanalyse) mit dem Thema beschäftigen.

31 Für weitere Informationen und Ergebnisse siehe: http://www.uibk.ac.at/psyko/forschung/elementar/home/stand-forschungsprojekt/, letzter Aufruf am 16.8.2012.

partnerinnen zu erfahren. Eine Ausgangshypothese ist, dass Kinder unterschiedlich mit Männern und Frauen umgehen und sich dies möglicherweise ändert, wenn sie von gemischtgeschlechtlichen Teams betreut werden.[32]

Eine Studie der Universität St. Gallen beschäftigt sich unter dem Titel „Un-Doing Gender in the Nursery" aus organisationspsychologischer Perspektive mit ‚doing und undoing gender' in schweizerischen Krippen (Kinder im Alter von 0–6 Jahren). Dabei wird ein besonderes Augenmerk auf die organisatorischen Bedingungen gelegt, aber auch die Räumlichkeiten und das Geschlechterverhältnis der Erziehenden mit berücksichtigt.[33]

An der evangelischen Hochschule Dresden läuft zurzeit ein Projekt, in dem Tandems aus weiblichen und gemischtgeschlechtlichen Erzieher-/-innenteams in ihrer Interaktion mit Kindern verglichen werden. Auch hier geht es darum festzustellen, welche Auswirkungen die vorgelebten Geschlechtermodelle auf die Kinder haben.[34]

Neben der universitären Forschung fördert das BMFSFJ seit dem Jahr 2011 16 Pilotprojekte, die sich bundesweit für einen höheren Anteil von Männern im Erzieherberuf einsetzen. Dabei geht es vor allem um praxisrelevante Projekte, die häufig von Trägern der Einrichtungen durchgeführt werden. Ziel der Bundesregierung ist, den Anteil von Männern in Kinderbetreuungseinrichtungen langfristig um 20 Prozent zu steigern.[35]

Die Bandbreite der Forschungsprojekte macht deutlich, dass es sich bei dem Thema „Männer im Erzieherberuf" um ein aktuelles Forschungsthema handelt, an dem sich zurzeit verschiedene Disziplinen beteiligen. Im Mittelpunkt steht dabei ein entwicklungspsychologisches und elementarpädagogisches Interesse, das sich vor allem daraus entwickelt, dass es bisher keine Studien darüber gibt, welche Vor- und Nachteile Kindern daraus erwachsen (könnten), dass vermehrt Männer in Kindertagesstätten arbeiten. Viele Forschungsprojekte wollen zu dieser Frage einen Beitrag leisten, auch um besser für mehr Männer in Kindertagesstätten argumentieren zu können.

---

32 Weitere   Informationen   finden   sich   unter: http://www.uibk.ac.at/psyko/
    forschung/aktuelle_projekte.html, letzter Aufruf am 16.08.2012.
33 Informationen   unter   http://www.opsy.unisg.ch/Research/Gender+and+Diversity/UnDoing+
    gender+in+the+nursery.aspx, letzter Aufruf: 16.08.2012
34 Erste Ergebnisse in Brandes et al. 2012.
35 Mehr Informationen unter http://www.bmfsfj.de/BMFSFJ/Service/themen-lotse,did= 166702
    .html, letzter Zugriff am 16.08.2012.

3.2   Mehr Männer in Kitas? – Anforderungen an Männer im Erzieherberuf

Die zunehmende Aufmerksamkeit für Männer im Erzieherberuf führt auch zu einer Veränderung der Anforderungen, die an männliche Erzieher gestellt werden. Die Politik ist an dem Thema vor allem vor dem Hintergrund eines massiven Personalmangels im Erzieherberuf in einigen Regionen Deutschlands interessiert (vgl. Koordinierungsstelle Männer in Kitas 2011). Bedingt durch den gesetzlich geregelten flächendeckenden Ausbau von Kinderbetreuungseinrichtungen auch für Kinder unter drei Jahren[36] suchen viele Städte und Gemeinden nach Erziehern und Erzieherinnen und starten dafür teilweise deutschlandweite Anwerbekampagnen.[37] Erschwert wird diese Suche nicht zuletzt dadurch, dass die Kommunen wenig zu bieten haben: Der Verdienst ist nach wie vor gering, die Arbeitsbelastung hoch und das gesellschaftliche Ansehen des Berufs eher schlecht. Immer wieder wird daher die Umschulung von Langzeitarbeitslosen zu Erziehern in die Diskussion eingebracht.[38]

Spätestens seit dem ‚Pisa-Schock'[39] stehen neben der Arbeitsmarktpolitik auch bildungspolitische Ziele im Zentrum der Auseinandersetzung mit Kinderbetreuung und so soll vermehrt in die frühkindliche Bildung investiert werden. In der letzten Zeit wird zunehmend von Jungen als neue ‚Bildungsverlierer' gesprochen, da sie in schulischen Vergleichstests häufig schlechter abschneiden, häufiger verspätet eingeschult werden, häufiger die Hauptschule besuchen und häufiger Klassen wiederholen müssen (vgl. Diefenbach 2010, S. 248 f.). Einige Autoren/Autorinnen bringen diese Ergebnisse mit der Tatsache zusammen, dass Kinder (und hier legen sie ein besonderes Augenmerk auf die Jungen) vor allem von Frauen betreut und erzogen werden und mindestens bis zum Ende der Grundschule auch hauptsächlich von

---

36 Vgl. zum Ausbau der Kinderbetreuung für Kinder unter drei Jahren die Statistiken auf den Seiten des Bundesministeriums für Familie, Senioren, Frauen und Jugend: http://www.bmfsfj.de /BMFSFJ/kinder-und-jugend,did=118994.html, letzter Aufruf am 3.8.2011

37 Vgl. die Kampagne der Stadt München unter http://www.muenchen.de/Rathaus/por/ erzieher_in/276857/index.html, letzter Zugriff: 16.08.2012

38 Vgl. entsprechende Aussagen von Bundesfamilienministerin Kristina Schröder, z. B. unter http://www.spiegel.de/politik/deutschland/0,1518,690325,00.html. Vgl. auch eine entsprechende Stellungnahme unter http://www.koordination-maennerinkitas.de/aktuelles/einzelansicht/ ?tx_ttnews[tt_news]=20&cHash=bb78f66827314293b05eb88f00f7d745, beides: letzter Zugriff am 16.08.2012.

39 Die PISA-Studien dienen einem Vergleich der schulischen Leistungen von Kindern der OECD-Mitgliedstaaten. Alle drei Jahre werden die schulischen Leistungen von Kindern einer bestimmten Altersgruppe vergleichend getestet. In Deutschland hatte die erste PISA-Studie im Jahr 2000 zu dem sogenannten „PISA-Schock" geführt, weil die Leistungen deutlich hinter den Erwartungen zurückgeblieben waren. Seitdem bemühen sich Politik und Bildungseinrichtungen um Verbesserungen im deutschen Schulsystem, die die Leistungen der Schüler/-innen anheben sollen. Zur kritischen Auseinandersetzung mit geschlechtsspezifischer Bewertung der Ergebnisse vgl. Diefenbach 2007.

Lehrerinnen unterrichtet werden.[40] Dabei wird nicht von einer bewussten Diskriminierung der Jungen durch Lehrerinnen ausgegangen, sondern von einer Benachteiligung der Jungen, weil Frauen ihnen nicht als ‚Geschlechtsrollenmodell' dienen
können und es möglicherweise für sie schwieriger ist, motivierend auf die Jungen
einzuwirken (vgl. ebd., S. 260). Aus diesem Ansatz wird die Forderung abgeleitet,
dass mehr Männer im Erzieherberuf als ‚Rollenvorbilder' zu einer Steigerung der
Schulmotivation von Jungen beitragen könnten. Erzieher erleben also offensichtlich
geschlechtsspezifische Anforderungen.

    Solche Anforderungen werden im Arbeitsalltag auch dadurch ausgesprochen,
dass Erzieher den Mädchen „auch mal eine Männerschulter zum Anlehnen (...)
geben" und mit den Kindern toben sollen (vgl. Kasiske et al. 2006, S. 52; siehe auch
Rohrmann 2006, S. 122). In allen im vorhergehenden Teilkapitel vorgestellten Studien berichten die befragten Erzieher außerdem, dass sie in ihrer Berufstätigkeit
angesprochen werden, männlich konnotierte Handlungen auszuführen. Dazu gehört
z. B., einen Nagel in die Wand zu schlagen oder Dinge in der Einrichtung zu reparieren (vgl. Kasiske et al. 2006 S. 52). Mit dem Eintreten von Männern in Kinderbetreuungseinrichtungen werden diese häufig in stereotype Männlichkeitsmuster gedrängt. Rohrmann weist darauf hin, dass in vielen Einrichtungen, in denen keine
Männer arbeiten, Frauen selbstverständlich auch die Dinge erledigen, die als ‚männlich' gelten und sich dies erst in dem Moment, in dem ein Mann in der Einrichtung
zu arbeiten anfängt, ändert (vgl. Rohrmann 2006). Auf diese Weise lernen Kinder
zwar Männer als Erzieher kennen, letztendlich aber in stereotypen Aufgabenvertei-
lungen. Kommen die Erzieher dieser Anforderung nach, können sie ihre eigenen
Ideen von Erziehung häufig nicht wie geplant umsetzen.

    Eine andere Anforderung, die Erzieher erleben, ist als Vorbild zu dienen. In
der Diskussion um männliche Erzieher geht es häufig um die Annahme, dass die
Zusammenarbeit von Erziehern und Erzieherinnen Kindern die Möglichkeit bietet,
männliche und weibliche Vorbilder zu erleben. Männer im Erzieherberuf sollen
Jungen bei der Entwicklung von Männlichkeit unterstützen und ihnen ein Vorbild
für Männlichkeit sein. Es ist jedoch bis heute nicht erwiesen, dass die schlechteren
Schulleistungen von Jungen tatsächlich mit der geringen Anzahl männlicher Erzieher im Zusammenhang steht (vgl. ebd., S. 111 f.; Diefenbach/Klein 2001).

    In der Diskussion um die Vorbildfunktion wird häufig die Frage vernachläs-
sigt, welche Art von Vorbild die Erzieher sein können, wollen und sollen. Zum
einen sollen sie als Mann anwesend sein. Dafür ist scheinbar vollkommen ausreichend, dass sie einen ‚männlichen' Körper haben. Häufig werden damit Stereotype
verbunden wie etwa, dass Erzieher strenger seien als Erzieherinnen, den Kindern
Grenzen aufzeigen könnten und wenn es sein muss, durchgreifen würden, was

---

40 Zu diesen und anderen Begründungsversuchen vgl. die kritische Auseinandersetzung in Diefenbach
    2010, S. 258 f.; Quenzel/Hurrelmann 2010, S. 69.

Erzieherinnen weniger zugeschrieben wird. Zum anderen sollen die Erzieher als Vater-Ersatz mit den Jungen Fußball spielen, werken, zeigen, wie man eine Bohrmaschine verwendet und andere ‚männliche' Dinge tun. Es ist anzunehmen, dass zu dieser Sicht auf das männliche Vorbild nicht zählt, den Jungen vorzuleben, Erzieher zu werden, also weiblich konnotierte Tätigkeiten zu übernehmen.

Rohrmann ordnet die unterschiedlichen Anforderungen an Männer im Erzieherberuf in drei verschiedene Argumentationsstränge zur Frage, warum Männer in der Kinderbetreuung und -erziehung als wichtig erachtet werden. Die drei Stränge deuten bereits auf einige Ambivalenzen in der Erwartungshaltung gegenüber Männern im Erzieherberuf hin:

• „In den ‚Gärten der Frauen' fehlt das ‚männliche Element'

• Jungen brauchen männliche Identifikationsfiguren

• Partnerschaftliche Erziehung benötigt Männer und Frauen" (Rohrmann 2006, S. 119).

Mit dem ersten Punkt bezieht sich Rohrmann auf eine Diskussion, die den Kindergarten als von Frauen und, damit gleichgesetzt, von weiblich konnotierten Kommunikations- und Gestaltungsformen dominiert beschreibt. Dabei wird auf die angeblich ‚weibliche' Form der Inneneinrichtung (viel Wert auf ‚hübsche' Dekoration, Spielzeug für Mädchen etc.) und Freizeitgestaltung (Basteln und Kochen statt Fußball und Werken) verwiesen, die sich in zahlreichen Kindertageseinrichtungen finden lassen würde. Der Argumentationsstrang für ‚Mehr Männer in der Kinderbetreuung' setzt hier an und verweist darauf, dass Männer „der Dominanz des Weiblichen im Leben der Kinder etwas entgegensetzen sollen" (ebd.). Rohrmann kritisiert, dass Männlichkeit als Eigenschaft verstanden wird, die von allen Männern gleichermaßen ausgefüllt werden kann und somit eine differenzierte Betrachtung von Männlichkeit unmöglich macht.

Rohrmanns zweiter Punkt bezieht sich auf die Vorbildfunktion von Männern vor allem für Jungen. Er beschreibt, dass aus dem Blick gerate, „wofür Jungen eigentlich Männer brauchen und wie Männer eigentlich sein müssen, um als Vorbilder geeignet zu sein" (ebd.).

Drittens geht es darum, durch die Integration von Männern im Kindergarten ein Geschlechterverhältnis zu schaffen, in dem Männer und Frauen gleichberechtigt miteinander arbeiten und so den Kindern als Vorbilder für verschiedene Weiblichkeits- und Männlichkeitskonstruktionen dienen können. Laut Rohrmann wird von Männern „in diesem Zusammenhang keine wie auch immer geartete ‚Männlichkeit' erwartet, sondern eine kritische Auseinandersetzung mit geschlechtstypischem Verhalten und Machtverhältnissen" (ebd.; vgl. auch Rohrmann 2008). Die Erzieher sollen sich also kritisch mit dem Geschlechterverhältnis auseinandergesetzt haben und ihr Wissen in die Gestaltung der Einrichtung einbringen.

Diese widersprüchlichen Argumentationsstränge führen zu Anforderungen, die Erzieher überfordern können. Rohrmann geht davon aus, dass Männer sich

nicht für den Erzieherberuf entscheiden, weil sie diese Anforderungen erfüllen
wollen oder weil sie gerne einen Vaterersatz für Kinder alleinerziehender Mütter
bilden möchten (vgl. ebd., S. 167). Dennoch bekommt ihr Geschlecht im Arbeitszusammenhang u. a. diese Bedeutungen zugeschrieben. Die Erzieher müssen sich
entsprechend mit den zahlreichen Anforderungen auseinandersetzen. Darüber
hinaus macht Rohrmann deutlich, dass Männlichkeit auch innerhalb des Erzieherberufs differenziert zu betrachten ist. Auch dies wird als wesentliches Element in
die Auswertung der Interviews einfließen

Für die Untersuchung von Männern im Erzieherberuf werden ausgehend von
diesen Ausführungen die unterschiedlichen Anforderungen unter den Stichworten
‚Vorbild' und ‚Hausmeister' in die spätere Auswertung der Interviews aufgenommen.

4 Geschlecht als soziale Konstruktion

Um zu untersuchen, wie Männer im Erzieherberuf Männlichkeit herstellen und damit bestimmte Vorstellungen über Männlichkeit reproduzieren, ist zunächst eine Auseinandersetzung darüber nötig, was mit ‚Männlichkeit' und der ‚Herstellung von Geschlecht' in dieser Arbeit gemeint ist. In diesem Kapitel werden die theoretischen Grundlagen dargelegt, um die Frage, *wie* Geschlecht (re)produziert wird, empirisch untersuchen zu können.[41] Zunächst wird im Folgenden eine allgemeine Übersicht über den Begriff ‚Geschlecht' in der Frauen- und der Geschlechterforschung gegeben.

Das anschließende erste Teilkapitel dient zur theoretischen Auseinandersetzung mit dem grundlegenden Konzept der Konstruiertheit von Geschlecht im Sinne des ‚doing gender'. Anschließend wird aus unterschiedlichen Perspektiven auf diesen Konstruktionsprozess geblickt, um zu verstehen, wie ‚doing gender' funktioniert und empirisch nützlich sein kann. Das zweite Teilkapitel geht konkreter auf Fragen nach der Konstruktion von Männlichkeit ein.

Die Auseinandersetzung mit Fragen zu Geschlecht, Männlichkeit und ‚doing gender' ist konstituierend für die Frauen- und die Geschlechterforschung. Die Entstehung und die Institutionalisierung der Frauenforschung in Deutschland sind eng mit der politischen Frauenbewegung in den 1960er und 1970er-Jahren verknüpft. Neben Debatten über den ‚Abtreibungsparagraphen' 218 und die gleichberechtigte Teilhabe an der Erwerbsarbeit sowie Veränderungen im Ehe- und Familienrecht, hatten sich wissenschaftliche Diskussionen darüber entwickelt, was eigentlich Geschlecht sei, und wie Frauen als Wissenschaftlerinnen und als Gegenstand empirischer Studien nicht nur in den Sozialwissenschaften integriert werden könnten (vgl. Aulenbacher et al. 2010, S. 7 f.; Becker-Schmidt/Knapp 2000, S. 7 f.).

In den 1970er und 1980er-Jahren war das sozialwissenschaftliche Feld davon gekennzeichnet, dass die meisten Forschungsarbeiten Geschlecht nicht als eine Kategorie, wie etwa Klasse oder Schicht, in ihren Analysen berücksichtigten. Stattdessen wurden entweder Männer als Vertreter aller Menschen angesehen oder Männer und Frauen untersucht, ohne auf Differenzen in ihren Lebensbedingungen

---

41 Wie in der qualitativen Forschung üblich, entstand die Auswahl der theoretischen Konzepte zum Teil aus Vorüberlegungen, zum Teil wurden sie erst durch die Arbeit mit dem empirischen Material als interessant angesehen und dann in die theoretische Auseinandersetzung einbezogen. Die Reihenfolge der Darstellung – erst Theorie, dann Methode, dann Empirie – entspricht damit nicht der chronologischen Vorgehensweise im Entstehen dieser Arbeit.

einzugehen. In der Arbeits- und Industriesoziologie wurden beispielsweise Ergebnisse, die an männlichen Arbeitnehmern gewonnen wurden, als ‚normal' auf alle Arbeitnehmer/-innen übertragen. Frauen[42], die in anderen Lebenszusammenhängen lebten und daher auch anders arbeiteten, wurden als ‚Abweichung' wahrgenommen, weil sie häufig neben der Erwerbstätigkeit auch für die Reproduktionsarbeit (Erziehung der Kinder, Versorgung von Angehörigen usw.) verantwortlich waren (vgl. Aulenbacher et al. 2010, S. 18; Villa 2006c, S. 47). Die Auseinandersetzung mit Haus- und Familienarbeit und die Erweiterung des Arbeitsbegriffes um eben diese Tätigkeiten waren für die Frauenforschung der 1970er-Jahre von wichtiger Bedeutung. In der kritischen Frauenforschung, die sich zunächst hauptsächlich mit der Lebenswelt von Frauen auseinandersetzte wurde unter dem Stichwort der „doppelten Vergesellschaftung von Frauen" (Becker-Schmidt 1987) untersucht, wie sich für Frauen im Spannungsfeld zwischen Haus- bzw. Familienarbeit und Erwerbsarbeit die gesellschaftliche Teilhabe ermöglichte bzw. wie diese „doppelte Vergesellschaftung" auch zu einer „doppelten Unterdrückung" beitrug. Damit war die Unterordnung von Frauen sowohl in der Erwerbsarbeit als auch innerhalb der familiären Machtstrukturen gemeint (vgl. Becker-Schmidt/Knapp 1995, S. 10; Bublitz 2000, S. 90). Ziel dieser ersten Arbeiten, war es zum einen Frauen in den Fokus wissenschaftlicher Untersuchungen zu bringen, aber auch, Frauen als Forscherinnen in der (universitären) Forschung zu integrieren.

In den 1980er-Jahren und bis in die 1990er-Jahre hineinreichend entwickelte sich innerhalb der Frauenforschung eine Debatte darüber, ob die Forscherinnen eher einen Differenzansatz oder einen Gleichheitsansatz vertraten. Mit dem Differenzansatz, wie er zum Beispiel in der italienischen und französischen feministischen Forschung verstanden wurde (vgl. Kahlert 2004), werden die Geschlechter als zwei gegensätzliche Genus-Gruppen verstanden. Die Annahme ist, dass Männer und Frauen grundsätzlich verschieden sind und unterschiedliche Eigenschaften ausprägen, was jedoch zumindest theoretisch eine Gleich*berechtigung* nicht ausschließt.

Gildemeister und Wetterer sehen in dem Differenzansatz die Gefahr, aus dem Blick zu verlieren, dass hinter der Differenz gesellschaftlich konstruierte Annahmen darüber stehen, was als männlich und was als weiblich gilt. Indem immer wieder gefragt wird, welche Differenzen zwischen den Geschlechtern bestehen, werden diese immer wieder bestätigt und reproduziert. Sie befürchten eine „Reifizierung" des Biologismus durch die Frauenforschung (Gildemeister/Wetterer 1992).[43] Damit vertreten sie einen Gleichheitsansatz, mit dem davon ausgegangen wird, dass Frau-

---

42 (und auch Männer mit anderen Lebens- und Arbeitsmodellen)
43 Ausgehend von diesen Annahmen wurde entschieden, in der vorliegenden Arbeit nicht Frauen und Männer im Erzieher-/-innenberuf zu vergleichen, sondern ausschließlich Männer zu untersuchen. Auf diesem Weg kann viel genauer auf die Unterschiede zwischen Männern und Männlichkeiten hingewiesen werden, als wenn es immer auch um Unterschiede zwischen Frauen und Männer geht.

en und Männer grundsätzlich gleich sind, sich jedoch durch unterschiedliche Lebensbedingungen unterschiedlich entwickeln (können) und verschiedene Positionen in der Gesellschaft zugewiesen bekommen. Im Rahmen dieser Diskussion hat sich Ende der 1980er-Jahre der Begriff ‚Geschlecht als Strukturkategorie' (Beer 1990)[44] entwickelt. Männer und Frauen werden damit in einem relationalen Verhältnis verstanden, in dem das Geschlecht eine ‚Platzanweiserfunktion' einnimmt. Das bedeutet, dass die Zuordnung von Individuen zur Gruppe der Frauen zu einem anderen Platz in der Gesellschaft beiträgt, als die Zuordnung zur Gruppe der Männer. Dabei lässt sich eine Hierarchie der Geschlechtergruppen beobachten, die das ‚Männliche' dem ‚Weiblichen' überordnet. Die Zuordnung zur Gruppe der Männer bedeutet meist ein höheres Einkommen, sozial angesehenere Berufe, bessere Aufstiegschancen, mehr politisches Mitspracherecht u. ä. (vgl. Aulenbacher et al. 2010, S. 23; auch Bereswill 2008). Diese Zuordnungen werden als Folge natürlicher Unterschiede zwischen Männern und Frauen wahrgenommen und tragen zu einer beinahe unumstößlichen Geschlechterordnung bei, die sich nicht zuletzt auf die private Geschlechterordnung und Arbeitsteilung überträgt (vgl. ebd., S. 102; auch Bourdieu 2005).

Auch die sogenannte ‚Mittäterschaftsthese' ist Ende der 1980er-Jahre thematisiert worden. Mit ihr wurde die Diskussion darüber eröffnet, welche Bedeutung die Frauen selbst für ihre Position hätten. Die These stellt in Frage, ob Frauen kollektiv als Opfer eines Systems verstanden werden können oder durch ihre eigenen Einstellungen und Lebensweisen an der bestehenden Geschlechterhierarchie beteiligt wären (vgl. zur rückblickenden Auseinandersetzung Thürmer-Rohr 2004).[45]

Die 1990er-Jahre sind von einer Veränderung der Forschungsperspektive gekennzeichnet: Es geht zum einen immer mehr auch um Männer und das Verhältnis zwischen Männern und Frauen, zum anderen wird der Begriff ‚Geschlecht' neu verhandelt.

Zentral für den Perspektivwechsel ist die Diskussion über die Konstruktion von Geschlecht. Eine allgegenwärtige Grundannahme unseres Weltverständnisses ist die Zweigeschlechtlichkeit, die als natürlich erlebt wird, das heißt, dass es zwei und nur zwei Geschlechter gibt und jeder Mensch einer und nur einer Genus-Gruppe angehört. Bereits in den Anfängen der Frauenforschung wurde in Frage gestellt, ob diese Zweigeschlechtlichkeit auf biologischen und damit unveränderbaren Grundlagen beruht. In den 1990er-Jahren findet diese Diskussion Wiederhall in der verstärkten Rezeption der Annahme einer Trennung in ‚sex' und ‚gender', die im anglo-amerikanischen Sprachraum bereits seit den 1960er-Jahren galt. Ausgehend von der englischsprachigen Unterscheidung in ‚sex' und ‚gender' wurde auch

---

44 Für eine Einordnung dieses Ansatzes unter marxistisch-kritischer Perspektive vgl. Aulenbacher 2008.
45 Der Ansatz wir unter dem Aspekt der ‚symbolischen Gewalt' auch von Bourdieu (Bourdieu 2005) aufgenommen und im folgenden Teilkapitel erläutert.

im Deutschen ‚sex‘ als biologisches Geschlecht und ‚gender‘ als sozial konstruiertes Geschlecht verstanden.

‚Sex‘ als biologische Dimension beruht demnach auf ‚natürlichen‘ Eigenschaften, wie körperlichen und biologisch bedingten Merkmalen, also zum Beispiel dem körperlichen Aussehen, den Genitalien, der Gebärfähigkeit, den Hormonen usw. und galt als unveränderbar. ‚Gender‘ dagegen bezeichnet die soziale Dimension von Geschlecht, also alles was scheinbar aus ‚sex‘ resultiert, etwa dass Frauen aufgrund des Gebärens von Kindern ‚natürlich‘ auch fürsorglicher seien, und ihnen daher unterschiedliche Berufsgruppen als ‚passender‘ zugeschrieben werden. Gender galt und gilt als sozial konstruiert, ist von kulturellen Einflüssen abhängig und damit prinzipiell veränderbar (vgl. Becker-Schmidt 1993, S. 41f.). Diese Unterteilung in biologisches und soziales Geschlecht führte zunächst zu der Annahme, dass Menschen mit einem von zwei ‚sex‘ geboren werden, nämlich als Junge oder Mädchen und im Zuge einer geschlechtsspezifischen Sozialisation ihr männliches oder weibliches ‚gender‘ lernen.

Aus den kritischen Debatten um diese Trennung von ‚sex‘ und ‚gender‘ wurde im nächsten Schritt die Annahme abgeleitet, dass beides nicht zwingend immer übereinstimmen muss (vgl. z. B. Lorber 2003, S. 141 ff.). Das biologische Geschlecht sagt nicht automatisch voraus, wie sich das soziale Geschlecht entwickelt. Eine Person, die mit einem Penis geboren wird, entwickelt nicht zwingend solche Eigenschaften oder Vorlieben, die als ‚männlich‘ gelten, ebenso gut kann eine Person mit einer Vagina auch als ‚männlich‘ bezeichnete Tätigkeiten übernehmen und umgekehrt. Die Geschlechterforschung stellte also die Gleichzeitigkeit von ‚sex‘ und ‚gender‘ infrage. Daraus erwuchs die Frage, wie es denn zu ‚gender‘ kommt, wenn nicht durch biologische Voraussetzungen. Die konstruktivistische Antwort ist, dass es in unbewussten Prozessen gelernt und in jeder Handlung ständig reproduziert werden muss, um eindeutig zu sein. Dieser Annahme gehen vor allem die Vertreter/-innen des mikrotheoretischen ‚doing gender‘ Konzepts nach. Dieses Konzept stellt die Frage, was eigentlich ‚Männlichkeit‘ und ‚Weiblichkeit‘ bedeuten und wie Handeln zu scheinbar ‚männlichem‘ oder ‚weiblichem‘ Handeln gemacht wird (vgl. Aulenbacher et al. 2010, S. 60). Damit rückt dieser Ansatz die Individuen und ihr Handeln in den Mittelpunkt (vgl. Villa 2006c, S. 32) und die ihm folgenden Theoretiker/-innen distanzieren sich von biologistischen Annahmen. Untersucht man ‚doing gender‘-Prozesse geht es darum, zu verstehen, wie die Differenz zwischen dem, was als männlich gilt, und dem, was als weiblich gilt, hergestellt und so die Zweigeschlechtlichkeit aufrechterhalten wird (vgl. Hirschauer 1996, S. 242). Die Zuschreibung zu einem Geschlecht im Sinne der Zweigeschlechtlichkeit scheint „eindeutig, naturhaft und unveränderbar“ (Hagemann-White 1988, S. 228). Im folgenden Teilkapitel wird ausführlich auf das Konzept eingegangen, da es die Grundlage für die folgende Untersuchung legt.

Die Differenzierung zwischen ‚sex' und ‚gender' wird bereits in den 1990er-Jahren, also fast zeitgleich mit der Aufnahme in den deutschen Diskurs auch wieder in Frage gestellt (vgl. Gildemeister/Wetterer 1992, S. 209f.). Ausgangspunkt der Kritik an der Unterscheidung zwischen biologischem und sozialen Geschlecht ist das Verständnis, dass auch scheinbar biologisch-natürliche Tatsachen das Ergebnis von Konstruktion und kultureller Normierung sind und dass die Einteilung in ‚sex' und ‚gender' ein implizites Festhalten am Gegensatz von Natur und Kultur bedeutet, der sich dadurch verfestigt, dass immer wieder danach gesucht werden kann, was denn nun ‚natürlich' und was ‚gemacht' sei (vgl. Villa 2006c, S. 69ff.). Gildemeister und Wetterer sprechen von einem „verlagerten Biologismus" (Gildemeister/Wetterer 1992, S. 206). Die kritische Auseinandersetzung mit biologischen ‚Tatsachen' zeigt, auch Grenzen zwischen ‚männlichen' und ‚weiblichen' Hormonwerten und anderen scheinbar natürlichen Gegebenheiten, werden in sozialen Konstruktionsprozessen bestimmt und sind häufig weit weniger trennscharf als dies im Allgemeinwissen angenommen wird (vgl. ebd., S. 209).

Judith Butlers Theorien gelten als Ausgangspunkt für den dekonstruktivistischen Ansatz und das kritische Hinterfragen der Sex-Gender-Trennung. Butler versteht biologische Fakten, angelehnt an die Theorien von Michel Foucault, als in wissenschaftlichen Diskursen „diskursiv produziert" (Butler 1991, S. 23f.). Im Anschluss an Foucaults ‚Genealogie' lehnt sie es ab, nach dem ‚Wahren' oder ‚Ursprünglichen' im Geschlecht zu suchen, vielmehr möchte sie verstehen, welche (politischen) Institutionen und normativen Diskurse zur Herstellung von (Geschlechts)Identität beitragen (vgl. ebd., S. 9). Dazu untersucht sie

> „Naturalisierungsprozesse und -logiken, die das Geschlecht betreffen, [um herauszufinden,] wie die Geschlechterdifferenz als (diskursive) Norm dazu führt, dass sie als ‚naturgegebene' Binarität erscheint und damit die vermeintlich natürliche Geschlechterdifferenz als soziale Konstruktion zu entlarven" (Villa 2006c, S. 142).

Butler kritisiert dabei, dass die Zuordnung zur Kategorie ‚Frau' nur scheinbar zu einer Verbindung und einer gemeinsamen Geschlechtsidentität aller Frauen beiträgt (vgl. Butler 1991, S. 21f.). Zentral in ihrem Ansatz ist die Annahme, dass Sprache die Macht hat, Realität herzustellen. Durch die Zuschreibung zur Kategorie ‚Frau' wird eine Realität konstruiert, die nur durch diesen diskursiven Vorgang funktioniert, jedoch außerhalb des Diskurses um Manner und Frauen als verschiedengeschlechtliche Wesen keinen Sinn machen würde.[46]

Neben diesen mikrotheoretischen Perspektiven setzte sich die Frauenforschung zunehmend mit dem Geschlechter*verhältnis* auseinander (vgl. für einen Überblick Becker-Schmidt et al. 1995) und entwickelte sich teilweise zur Geschlech-

---

46 Für eine ausführliche Auseinandersetzung mit Butlers Diskurstheorie auch im Bezug zur Konstruktion von Geschlecht vgl. Villa 2003, Kapitel 1.

terforschung. Die zunehmende Bedeutung des ‚Geschlechterverhältnisses' drückt aus, dass „die Besonderheiten und Benachteiligungen in weiblichen Lebenszusammenhängen erst sichtbar werden, wenn wir diese mit denen des männlichen Geschlechts vergleichen" (Becker-Schmidt 1993, S. 37). Der Geschlechterforschung ging es also zunehmend darum, auch Männer, Männlichkeit und männliche Lebensrealitäten in die Forschung einzubeziehen. Dabei sollten die Beziehungen zwischen Männern und Frauen in bestimmten historischen Kontexten untersucht werden (vgl. Becker-Schmidt/Knapp 1995, S. 7), um zu verstehen, wieso das Verhältnis zwischen Männern und Frauen als hierarchisches Verhältnis Bestand hat. Männer wurden also zunächst einmal als Gegenpol zur Untersuchung von Frauen und Weiblichkeiten untersucht, später auch in eigenständigen Studien, die sich ausschließlich mit Männern beschäftigten (vgl. dazu Kap. 4.2.). Somit dient die Hinwendung zur Untersuchung des Geschlechterverhältnisses auch der Analyse von Macht- und Ungleichheitsstrukturen (vgl. Villa 2006c, S. 33). Es sind vor allem die makrotheoretischen Perspektiven, die sich mit Geschlecht im Zusammenhang von Macht- und Herrschaftstheorien beschäftigen, und damit als Teil von Gesellschaftsanalyse anzusehen sind (vgl. z. B. die Arbeiten von Wetterer oder Aulenbacher).

Die sich ebenfalls in den 1990er-Jahren entwickelnden Gender-Studies stellten zunehmend auch den Gender-Begriff in Frage und öffneten damit die Diskussionen für die Verschiedenheit auch innerhalb der Genus-Gruppen. Vor allem Afro-Amerikanische Feministinnen hatten darauf verwiesen, dass auch Ethnie, Race und andere Merkmale zu einer Benachteiligung führen könnten, die die Bedeutung des Geschlechts beeinflussten (vgl. Aulenbacher et al. 2010, S. 27 ff.). Dieser Einwand wird heute unter dem Aspekt der ‚Intersektionalität' verhandelt, womit die Verschränkung verschiedener Ebenen von Benachteiligung untersucht werden kann (vgl. z. B. Winker/Degele 2010; Lutz et al. 2010). Gleichzeitig erweiterte die Gender-Forschung die Fragen des Geschlechterverhältnisses auf viele anderen Wissenschaften, so etwa die Medizin oder die Ingenieurwissenschaften (vgl. für einen Überblick Braun/Stephan 2006).

4.1 ‚Doing Gender' in der Interaktion

Im Folgenden wird der Ansatz des ‚doing gender' ausführlich dargestellt, bevor in den nachfolgenden Teilkapiteln erläutert wird, wie unterschiedliche Theoretiker/-innen das ‚Wie' der Konstruktion von Geschlecht im Sinne des ‚Sozialkonstruktivismus'[47] verstehen.

47 Villa bezeichnet Ansätze als ‚sozialkonstruktivistisch', wenn „sie die Konstruktion auf der Ebene des Handelns, der Interaktion und der Sprache als symbolisches System von Gesellschaften ansiedeln" (Villa 2006c, S. 79). Die Zuordnung zum Sozialkonstruktivismus gilt damit für alle in den folgenden Kapiteln diskutierten Ansätze.

Simone de Beauvoir war die Erste, die Mitte des zwanzigsten Jahrhunderts den bis heute prägenden Satz formulierte, „man kommt nicht als Frau zur Welt, man wird es. Keine biologische, psychische oder ökonomische Bestimmung legt die Gestalt fest, die der weibliche Mensch in der Gesellschaft annimmt" (vgl. Beauvoir 2000, S. 334). Damit prägte sie als Grundlage des ‚doing gender'-Konzepts, dass das, was als weiblich (oder männlich) in einer Gesellschaft gilt, sich nicht durch biologische (oder psychische oder ökonomische) Gegebenheiten begründen lässt. Vielmehr sind es Einflüsse der Erziehung und der kulturellen Umgebung, die bestimmen, was als Männlichkeit und was als Weiblichkeit wahrgenommen wird. De Beauvoir legte damit den Grundstein für eine weitreichende Diskussion über die Konstruktion von Geschlecht.

Mit der Perspektive des ‚doing gender' distanzieren sich Theoretiker/-innen von naturalistischen Annahmen, die davon ausgehen, dass Männlichkeit und Weiblichkeit durch Hormone, Gene oder sonstige biologische Faktoren unveränderbar feststeht. Stattdessen versuchen sie zu verstehen, wie etwas, dass sozial konstruiert wird als ‚natürlich' wahrgenommen und damit nicht in Frage gestellt wird. Sie drehen damit das Prinzip der Zweigeschlechtlichkeit um: Nicht eine Person tut etwas, weil sie ein Mann ist oder eine Person sieht auf bestimmte Art aus, weil sie eine Frau ist, sondern sie wird als Frau anerkannt, weil sie so aussieht und sie wird als Mann angesehen, weil sie so handelt (vgl. Gildemeister 1992, S. 230).

Forscher/-innen, die sich mit Trans- und Intersexualität auseinandersetzten, stellten seit den 1960er-Jahren immer wieder fest, dass die Aufgabe einer und nur einer Geschlechtsgruppe anzugehören, in alltäglichen Handlungen ständig von Neuem erfüllt werden muss, um die Eindeutigkeit zu wahren (vgl. Garfinkel 1967; Hirschauer 1992[48]; Lindemann 1993). Harold Garfinkel hat in den 1960er-Jahren eine ethnomethodologische Studie veröffentlicht, in der er beschreibt, wie „Agnes", eine Frau, die mit einem Penis geboren und als Junge erzogen wurde, jedoch in der Pubertät zunehmend weibliche Geschlechtsmerkmale (Brüste, schmale Taille, kein Bartwuchs) entwickelte und sich als Frau wahrnahm, den Geschlechtswechsel erlebte. In dieser Studie wird deutlich, dass ein Zwischenstadium zwischen männlich und weiblich kulturbedingt nicht denkbar scheint. In zahlreichen Untersuchungen, einschließlich einer Bauchraumöffnung, versuchten Mediziner das ‚eigentliche' Geschlecht von Agnes herauszufinden (vgl. Garfinkel 1967, S. 119 ff). Im Jahr 1959 unterzog sie sich einer Operation, in der die männlichen Sexualorgane entfernt und eine Vagina künstlich hergestellt wurde (vgl. ebd., S. 121).

Aus seinen Befragungen und Beobachtungen im Fall Agnes leitet Garfinkel zehn kulturell geprägte Eigenschaften ab, mit denen erwachsene Mitglieder der US-Amerikanischen Gesellschaft der 1950er/60er-Jahre Personen eindeutig einem Geschlecht zuordnen. Dazu zählt er, dass „normal geschlechtliche Personen" (ebd.,

---

48 Die theoretischen Ergebnisse von Stefan Hirschauer werden in Kap. 4.1.4. erläutert.

S. 122, Übersetzung A. B.) entweder männlich oder weiblich sein können und nichts dazwischen. Diese Eindeutigkeit wird normalerweise ein Leben lang beibehalten und auch dann nicht in Frage gestellt, wenn die Genitalien nicht sichtbar sind.[49] Die Zuordnung zur männlichen oder weiblichen Genus-Gruppe gilt damit als natürlich und unveränderbar. Gleichzeitig wird in der westlichen Kultur in Frage gestellt, dass eine Person sowohl weibliche als auch männliche Merkmale aufweisen kann. Ein Geschlechtswechsel ist damit zunächst unvorstellbar und nur unter bestimmten Bedingungen – also auf gar keinen Fall als willkürliches Hin- und Herwechseln – möglich (vgl. ebd., S. 121-128).

Von Garfinkels Ergebnissen ausgehend begannen Wissenschaftler/-innen, die Natürlichkeit der Zweigeschlechtlichkeit und den Prozess der Herstellung von Geschlecht näher zu untersuchen. Suzanne Kessler und Wendy McKenna gehörten zu den ersten, die 1978 empirisch erforschten, welche Merkmale zu einer Zuordnung zur männlichen oder weiblichen Genus-Gruppe führen und welche Handlungen nötig sind, um das Geschlecht eindeutig herzustellen. Sie arbeiten empirisch heraus, dass vor allem die Existenz eines Penis für die Zuordnung zur Gruppe ‚männlich‘ sorgt, während Weiblichkeit durch Fehlen desselben markiert ist, nicht durch das Vorhandensein anderer Merkmale (Kessler/McKenna 1978). Sie verstehen damit die Geschlechtszuschreibung als ein wesentliches Merkmal der Herstellung von Geschlecht (vgl. Gildemeister/Wetterer 1992, S. 235).

Candance West und Don Zimmerman griffen den Ansatz, dass Geschlecht im Handeln hergestellt wird, in den 1990er-Jahren auf und entwickelten ihn als ‚doing gender‘ weiter. Sie stellten fest, dass biologische Unterschiede im Alltag kaum zur eindeutigen Zuordnung zur Gruppe der Männer oder der Frauen dienten, sondern dass zum Beispiel die Kleidung, die Mimik und andere sozial gelernte Merkmale zur Zuordnung beitragen (vgl. West/Zimmerman 1987, S. 24; Aulenbacher et al. 2010, S. 69 f.).

Im deutschsprachigen Raum gehörten Regina Gildemeister und Angelika Wetterer zu den Frauenforscherinnen, die das Konzept des ‚doing gender‘ sehr früh übernahmen (vgl. u.a. Gildemeister/Wetterer 1992). Gildemeister formuliert den Prozess folgendermaßen:

> „‚Frau‘, ‚Mann‘, ‚weiblich‘ oder ‚männlich‘ werden als Symbole in der sozialen Interaktion erworben und sind darin zugleich Voraussetzung der Teilnahme an Kommunikation. Soziale Interaktion ist mithin *nicht Medium*, in dem ‚Geschlecht‘ als handlungsbeeinflussender Faktor wirkt, sondern ein formender Prozeß eigener Art, in dem ‚Geschlechtlichkeit‘ durch die handelnden und soziale Realität interpretierenden Subjekte gelernt und hergestellt wird. Anders ausgedrückt: Personen

---

49   Garfinkel beschreibt dies als den „potenziellen" oder „legitimen Besitz" von Genitalien. Auch wenn durch Krankheit oder Verletzungen keine Genitalien vorhanden sind, sollten sie *eigentlich* vorhanden sein, Garfinkel spricht von „the legitimate posession" (Garfinkel 1967, S. 127), also dem rechtmäßigen Besitz. Einige Autor/innen gehen von „kulturellen Genitalien" aus, die nicht sichtbar sind, deren Existenz jedoch angenommen wird (vgl. Gildemeister 1992, S. 233).

werden nicht zunächst dem einen oder anderen Geschlecht zugewiesen, weil sie entsprechend handeln, entsprechende Merkmale aufweisen, sondern ihr Handeln und Verhalten wird eingeschätzt und bewertet auf der Grundlage einer Zuordnung zu einer Geschlechtskategorie, wobei, wie bei anderen Prozessen der Herstellung sozialer Ordnung auch, tagtägliche Ausnahmen, Ungereimtheiten und Brüche bewältigt werden müssen" (Gildemeister 1992, S. 230, Hervorh. i. Orig.).

Gildemeister macht deutlich, dass Geschlecht nicht als Ausgangspunkt für die Einordnung von Handeln dient, sondern andersherum, bestimmte Handlungen dem einen oder dem anderen Geschlecht zugeschrieben werden und entsprechend die Zuweisung zu einer Genus-Gruppe über die Art des Handelns geschieht. Sie distanziert sich damit von Ansätzen, die Geschlecht ‚nur' als Strukturkategorie verstehen. Sie geht davon aus, dass die Frage „inwieweit das Geschlecht zu unterschiedlichen Verläufen etwa von Sozialisationsprozessen führt, (...) im Ansatz falsch gestellt [ist]: Geschlechtlichkeit selber ist die Dimension, die angeeignet werden muss" (ebd., S. 234).

Die Zuordnung zu der einen oder anderen Genus-Gruppe als Teil des ‚doing gender' und damit die Reproduktion der Annahme von Zweigeschlechtlichkeit beginnen in der westlichen Kultur bei der Geburt eines Kindes bzw. während der Ultraschalluntersuchungen in der Schwangerschaft. Dort wird anhand der äußeren Geschlechtsmerkmale, in ‚Zweifelsfällen' anhand von Chromosomen, Hormonen oder Genen, das Geschlecht des Kindes medizinisch eindeutig bestimmt. Ist die Zuordnung nicht eindeutig zu treffen, wird sie gegebenenfalls auf medizinischem Weg operativ „vereindeutigt" (vgl. Lorber 2003, S. 56). West und Zimmermann verstehen diese Geburtsklassifikation als „sex", also die Zuordnung „aufgrund sozial vereinbarter biologischer Kriterien" (in: Gildemeister 2004, S. 133).[50] Spätestens ab diesem Zeitpunkt gilt das Geschlecht als ‚natürlich' und unveränderbar, jeder Mensch wird einer und nur einer Geschlechtsgruppe zugeordnet, in der er – von Ausnahmen abgesehen – bis an sein Lebensende bleibt bzw. bleiben soll. Die Zuordnung erfolgt bei Erwachsenen nicht mehr anhand der Genitalien oder Hormone, denn beides ist im Alltag nicht sichtbar, sondern daran, wie die Person sich verhält oder kleidet. Körperliche Ausprägungen des Geschlechts werden unbewusst vorausgesetzt, so wird angenommen, dass ein Mann einen Penis hat und eine Frau regelmäßig menstruiert, auch wenn dies im Einzelfall nicht überprüft wird und auch nicht für alle und zu jedem Zeitpunkt ihres Lebens gilt (vgl. Hagemann-White 1988, S. 229).

Damit die Zuschreibung zu einem und nur einem Geschlecht von keinem Beteiligten zu keinem Zeitpunkt in Frage gestellt wird, werden Vorstellungen von Weiblichkeit und Männlichkeit in alltäglichen Handlungen unbewusst ständig bestätigt und reproduziert. Die Zuordnung, was als ‚männliche' und was als ‚weibliche'

---

50 An dieser Bezeichnung zeigt sich, dass auch ‚medizinisch eindeutige' Merkmale nicht naturgegeben und immer so eindeutig sind, wie sie zunächst scheinen, sondern die Grenzen zwischen den Kategorien von Personen gezogen und dann anerkannt – also gemacht – werden.

Verhaltensweise, Aussehen oder Tätigkeit gilt, ist also ebenfalls sozial konstruiert (vgl. Lorber 2003, S. 60) und das Geschlecht wird erst durch die Ausübung der entsprechenden Handlungen hergestellt (vgl. Gildemeister 1992, S. 234). Beispiele für solche Zuschreibungen wären die Ausführung von pflegerischen Handlungen als ‚weiblich‘ und aggressivem Verhalten als ‚männlich‘. Damit ist ‚doing gender‘ gleichzeitig „das Ergebnis, wie auch die Rechtfertigung verschiedener sozialer Arrangements, sowie ein Mittel, eine der grundlegenden Trennungen der Gesellschaft zu legitimieren" (Gildemeister 2004, S. 132, als Übersetzung von West/Zimmerman 1987, S. 14). Solche Zuschreibungen müssen immer eindeutig sein, um das System der Zweigeschlechtlichkeit nicht zu irritieren. Das Phänomen der Eindeutigkeit wird ‚Gleichheitstabu‘ genannt. Die Wahrnehmung dieser Unterscheidung ist ein wesentliches Merkmal auch von Geschlechtsdarstellungen und Zuschreibungen, auf die im Folgenden eingegangen wird und die eine zentrale Bedeutung bei der Auswertung der empirischen Beispiele haben werden.

Das ‚doing gender‘-Konzept wurde in den letzten Jahren auf zahlreiche Aspekte übertragen. Für die vorliegende Arbeit wesentlich ist die Annahme des „doing gender while doing work", wie sie vor allem von Karin Gottschall und Angelika Wetterer in die deutschsprachige Soziologie eingebracht wurde (vgl. Gottschall 1998; Wetterer 2002).[51] Die Annahme, dass im Arbeitshandeln Geschlecht hergestellt wird, ist leitend für die vorliegende Untersuchung, denn es werden Arbeitstätigkeiten und die Darstellung der eigenen Beruflichkeit daraufhin untersucht, wie sie zur Konstruktion von Männlichkeit beitragen. Dies geschieht in Anlehnung an eine sozialkonstruktivistische Perspektive vor allem vor dem Hintergrund der Frage, *wie* diese Konstruktionsleistung geschieht, weniger um die Frage *warum* oder mit welchem Ziel (vgl. Villa 2007b, S. 21). Die Frage des *wie* soll die Diskussion der verschiedenen theoretischen Ansätze in den folgenden Teilkapiteln leiten.

‚Doing gender‘ wird wesentlich im körperlichen Handeln vollzogen. Villa beschreibt den Körper als das

> „stabilitätssichernde Scharnier, indem er als präreflexiver Speicher von Normen und sozialem Wissen für die Stabilität des Kreislaufs zwischen Konstruktion (Mikro) und Strukturen (Makro) sorgt" (Villa 2006c, S. 55).

Dem Körper wird zugesprochen, dass in ihm die gesellschaftlichen Strukturen und die individuelle Konstruktionsleistung von Geschlecht miteinander verknüpft werden. Dies macht vor allem Pierre Bourdieu in seinem Habitus-Konzept deutlich, das im folgenden Teilkapitel erläutert wird. Ausgehend von dieser Annahme, be-

---

51 Vgl. für weitere Themenfelder etwa zum ‚doing gender‘ in der Erzählung der Biografie Dausien 1998 und ‚doing gender‘ in Organisationen Acker 1990 oder im Handeln von Gastronomiemitarbeitern/-mitarbeiterinnen Hall 1993.

schäftigt sich die folgende empirische Untersuchung mit ‚doing gender' im körperlichen Handeln und der Bedeutung körpernaher Tätigkeiten für die Konstruktion
von Geschlecht.

Stephanie Stadelbacher zeigt, wie (wenig) das Thema Körper in der klassischen
Soziologie behandelt wurde und sieht einen Zusammenhang zwischen der Tatsache,
dass sich die Soziologie als ‚neue' Wissenschaft zunächst explizit von den bestehenden Humanwissenschaften wie Psychologie und Biologie abgrenzen musste.[52] So
sahen Emile Durkheim und Max Weber den Körper vor allem als Gegensatz zu
geistigem und sozialem Handeln und hielten ihn damit für soziologische Studien für
unbrauchbar. Stadelbacher zählt Georg Simmel, George Herbert Mead, Erving
Goffman und Norbert Elias zu den ersten Soziologen, die dem Körper in ihren
Arbeiten einen gewissen Raum gaben (vgl. Stadelbacher 2010, S. 35 f.). Robert
Gugutzer beschreibt, dass vor allem durch die Arbeiten von Pierre Bourdieu und
Michel Foucault der Körper in den letzten Jahrzehnten „in der Soziologie angekommen sei" (Gugutzer 2004, S. 45/47). Dies ist im Vergleich zu anderen Geistes-
und Sozialwissenschaften relativ spät (vgl. Meuser 2006c, S. 95), löste dann aber
einen regelrechten „body turn" aus, wie Villa in Anlehnung an Gugutzer beschreibt
(vgl. Villa 2008b, S. 202; ausführlicher Überblick in Schroer 2005; Gugutzer 2004;
Gugutzer 2006b).

Der Frauen- und Geschlechterforschung bescheinigen Gugutzer (vgl. Gugutzer 2004) und Schroer, eine der „treibenden Kräfte beim Aufbau einer Soziologie
des Körpers" zu sein und die „elementaren Fragen einer Soziologie des Körpers"
(Schroer 2005, S. 31 ff.) zu stellen, denn sie hat sich immer schon mit der Frage
nach der Körperlichkeit im Sozialen und der Verknüpfung von biologischen und
sozialen Ursachen für das ‚Frau- oder Mannsein' beschäftigt – nicht zuletzt ausgehend von der Feststellung „Mein Bauch gehört mir" in den Debatten um den §218,
der die Möglichkeiten und das Verbot von Abtreibungen regelt (vgl. Villa 2006c, S.
66 ff.). In der Auseinandersetzung um den Zusammenhang von Körper und Geschlecht sei besonders auf die Arbeiten von Meuser und Villa verwiesen, die in den
folgenden Kapiteln ausführlich diskutiert werden. Villa geht davon aus, dass „der
durch die Medizin oder Biologie als ‚natürliche' Entität definierte Körper dies fak-
tisch nie ist und auch nie war" (Villa 2008b, S. 210), stattdessen muss auch der geschlechtliche Körper in der Interaktion hergestellt werden, wird also zum Teil des
‚doing gender'-Prozesses.

In den meisten im Zuge des ‚body turn' entstandenen Studien wird der Körper
als Träger des Sozialen, als inkorporierte Gesellschaft verstanden. Gugutzer unterscheidet zwischen Autoren, die den Körper als Produzent von Gesellschaft verste-

---

52 Ulle Jäger geht davon aus, dass die Trennung der Zuständigkeiten von der Beschäftigung mit dem
    Körper   in   den   Naturwissenschaften   und   mit   der   Gesellschaft   in   den   Sozial-
    /Gesellschaftswissenschaften auch mit einer Trennung in „natürlich gegeben/unveränderbar"
    (Körper) und „kulturell gemacht/veränderbar" (Gesellschaft) einhergeht (vgl. Jäger 2004, S. 23).

hen – der Prozess des ‚doing gender' wäre dort beispielsweise Teil des Produktions-
prozesses – und solchen, die den Körper als Produkt von Gesellschaft begreifen –
ein klassenspezifischer oder vergeschlechtlichter Habitus wird hier als ein Resultat
von gesellschaftlichem Einwirken auf den Körper gesehen (vgl. Gugutzer 2006a, S.
13 ff.). Im Folgenden sollen beide Perspektiven ansatzweise verknüpft werden, und
zwar unter der Fragestellung, wie ‚doing gender' im körperlichen Handeln zur Konstruktion eines männlichen Habitus beiträgt und damit Vorstellungen von Männlichkeit reproduziert werden. Ausgehend von der Annahme, dass Geschlecht ein
sozial konstruiertes Phänomen ist, soll daher nun zunächst diskutiert werden, wie
unterschiedliche Theoretiker/-innen den Prozess des ‚doing gender' untersuchen
und dazu beitragen zu verstehen, *wie* Geschlecht (körperlich und in Interaktionen)
hergestellt wird. Dabei wird als Grundlage in die praxeologische Herangehensweise
von Pierre Bourdieu eingeführt.

4.1.1   Praxeologie und Habitus

Pierre Bourdieu hat mit dem Habitus ein Konzept entwickelt, das zum Verständnis
des Verhältnisses von Individuum und Gesellschaft beitragen kann. Der Habitus,
als Ergebnis gesellschaftlicher Einflüsse auf das Individuum, zeigt sich in körperlichem Handeln, in Wahrnehmungs- und Denkweisen, in der Art zu sprechen, im
Geschmack und anderen Merkmalen. Er ist abhängig vom sozialen Status des Einzelnen und damit auch von Macht- und Herrschaftsverhältnissen, die auf das Individuum einwirken. Bourdieu denkt in diesem Konzept Gesellschaft und Individuum
als gleich ursprünglich, die Gesellschaft wird im Habitus Teil des Individuums,
während gleichzeitig die Gesellschaft durch die verschiedenen Habitus geprägt wird.

Im Zuge seiner Auseinandersetzung mit Fragen von Macht und Herrschaft hat
Bourdieu auch untersucht, wie das Herrschaftsverhältnis funktioniert, das er „die
männliche Herrschaft" nennt. In dem gleichnamigen Buch (Bourdieu 2005)[53] untersucht er, wie diese paradigmatische Form von Herrschaft funktioniert und wie sich
darüber der Habitus als geschlechtsspezifischer Habitus ausbildet. Bourdieu kann
am Beispiel seiner Untersuchungen eines algerischen Berberstammes in der Kabylei
zeigen, wie im körperlichen Handeln von Individuen gesellschaftliche Verhältnisse
und vor allem die Hierarchie zwischen Männern und Frauen sichtbar werden und
sich dadurch gesellschaftliche Machtverhältnisse in die Körper einprägen, ohne dass
dafür (physische) Gewalt angewendet werden muss. Bourdieu spricht in diesem
Zusammenhang von „symbolischer Herrschaft" oder „symbolischer Gewalt" (ebd.,

---

53 Der Text wurde 1990 in Frankreich zum ersten Mal in Form eines Aufsatzes veröffentlicht, 1997
    zum ersten Mal in deutscher Sprache in Dölling et al. und ist schließlich 2005 als eigenständiges
    Buch in einer neuen Übersetzung erschienen.

S. 63)[54]. Die Ergebnisse der Untersuchung zur „männlichen Herrschaft" werden in diesem Teilkapitel zur Veranschaulichung von Bourdieus Konzepten genutzt. Zunächst werden jedoch einige seiner theoretischen und methodologischen Grundannahmen und Konzepte vorgestellt, die seine Art der Analyse der Geschlechterverhältnisse und der Konstruktion von Männlichkeit verständlich machen.

In Bourdieus Augen ist eine Theorie das Ergebnis der wechselseitigen Auseinandersetzung mit theoretischen Überlegungen und empirischen, in der Praxis gewonnenen Ergebnissen.[55] Bourdieus Ansatz wird daher als Praxeologie bezeichnet – ein Begriff, der ausdrücken soll, dass die Theorie nicht losgelöst von Praxis verstanden werden kann, sondern theoretische Überlegungen und empirische Erkenntnisse sich gegenseitig bedingen und miteinander entstehen (vgl. Bourdieu 1976, S. 147 f.; Krais 2004b, S. 172 f.; Saalmann 2009). Beate Krais weist in diesem Zusammenhang darauf hin, dass Bourdieu ‚Konzepte' im wahrsten Sinne des Wortes so verstand: Es handelt sich nicht um feststehende theoretische Begriffe, sondern er entwickelt und überdenkt sie im Laufe der Arbeit mit ihnen. Sie werden zu ‚Werkzeugen' für seine praxeologische Arbeit (vgl. Krais 2004b, S. 173). Bourdieus Umgang mit diesen Konzepten zeigt, dass es ihm nicht darum ging, eine „übergreifende Gesellschaftstheorie zu entwickeln", sondern „Erkenntniswerkzeuge" (Dölling/Krais 2007, S. 16) zu formulieren, die zum Verstehen sozialer Phänomene beitragen können.

Zu den praxeologischen Grundlagen gehört die kritische Auseinandersetzung mit den gewonnenen Ergebnissen. Bourdieu geht nicht davon aus, dass Individuen rational handeln. Vielmehr bildet den „Ausgangspunkt für Bourdieus Zugang zur sozialen Welt (…) die Einsicht, dass die soziale Praxis der Akteure eine eigene Logik hat, die nicht zusammenfällt mit der Logik der wissenschaftlichen Betrachter jener Akteure" ebd., S. 15. Neben dem kritischen Blick auf die Ergebnisse ist auch die Selbstreflexion der Wissenschaftler/-innen bezeichnend für den praxeologischen Ansatz (vgl. Krais 2004b, S. 175; Bourdieu/Wacquant 1996; Hark 2007). Forschende müssen dazu ihr eigenes Handeln insoweit reflektieren, dass sie ihre theoretischen Ergebnisse als eine Konstruktion erkennen (vgl. Dölling/Krais 2007, S. 16). Mit diesem Verständnis kann es keinen objektiven Beobachter geben, denn die scheinbar objektiven Strukturen und Regeln, die der Beobachter herausarbeitet, sind immer geprägt von den Strukturen und Regeln, die der Beobachter mitbringt. Diese Annahme führt dazu,

---

54 Ausführlicher s. u.
55 Auf die gleichen Prämissen baut auch der methodische Ansatz der Grounded Theory auf: „Eine ‚Grounded' Theory ist eine gegenstandsverankerte Theorie, die induktiv aus der Untersuchung des Phänomens abgeleitet wird, welches sie abbildet. Sie wird durch systematisches Erheben und Analysieren von Daten, die sich auf das untersuchte Phänomen beziehen, entdeckt, ausgearbeitet und vorläufig bestätigt" (Strauss/Corbin 1996, S. 7).

„... daß man in dem Versuch, ihn [den Standpunkt, A. B.] zu objektivieren, eine Zeitlang den von vornherein zugewiesenen und anerkannten Platz des objektiven und objektivierenden Beobachters aufgibt, der seinem Objekt in einer Art Machtwahn seine eigenen Konstruktionsnormen aufzwingt, indem er wie ein Regisseur nach Belieben mit den Möglichkeiten der Objektivierungsinstrumente spielt, um heranzuholen oder zu entfernen, zu vergrößern oder zu verkleinern" (Bourdieu 1987, S. 59).

Nur durch Reflexion der eigenen Position und das Verlassen von vorgegebenen Perspektiven werden also empirische Ergebnisse in theoretische Formulierungen übertragbar, können Praxis und Theorie zusammengebracht werden. Auch die Untersuchung über das ‚doing masculinity' im Erzieherberuf soll durch eine solche Selbstreflexion begleitet werden, indem immer wieder hinterfragt wird, welche Bedeutung zum Beispiel die Interviewerin für die Konstruktion von Geschlecht in der Interviewsituation hat und welche Auswirkungen es hat, dass die Befragten wissen, dass sie als Mann im Erzieherberuf (und nicht zum Erzieherberuf allgemein) befragt werden. Ebenso ist eine (teilnehmende) Beobachtung, wie sie für die Erhebung durchgeführt wurde, ein Eingriff in eine Situation, auch wenn es den Anschein hat, als würde die Beobachterin nichts anderes tun, als zu beobachten. Bourdieu geht davon aus, dass eine „teilnehmende Beobachtung sozusagen ein Widerspruch in sich ist" (ebd., S. 64). Dies schließt eine solche Vorgehensweise nicht aus, zwingt jedoch dazu, sich mit ihr auseinanderzusetzen. Die Ergebnisse der Reflexion fließen in die Auswertung der Beobachtungen ein und werden damit zum Teil der Ergebnisse. Dazu gehört auch die reflexive Auseinandersetzung mit den verwendeten Erkenntniswerkzeugen, wie etwa den Konzepten ‚Geschlecht' und ‚Männlichkeit', wie sie in diesem und den folgenden (Teil-)Kapiteln geschehen soll.

Bourdieu versteht Individuen in seinen theoretischen Auseinandersetzungen als soziale Akteure. Damit kann er deutlich machen, wie die Gesellschaft und die Individuen zusammenhängen. Soziale Akteure handeln so, wie es gesellschaftlich von ihnen erwartet wird, ohne dass sie bewusst dazu gezwungen werden. Während die Gesellschaft durch die Beziehungen zwischen Akteuren entsteht, produziert die Gesellschaft die sozialen Akteure durch gesellschaftliche Strukturen (vgl. u. a. Papilloud 2003, S. 30). Soziale Akteure werden so zur „Existenzform von Gesellschaft" (Bourdieu 1993, S. 28). Ein sozialer Akteur erlangt erst durch die Unterscheidung von einem anderen sozialen Akteur Bedeutung. Diese Unterschiede und Unterscheidungen herauszuarbeiten, hat Bourdieu sich zu einer zentralen Aufgabe gemacht und nicht nur in seinem Buch „Die feinen Unterschiede" bis ins kleinste Detail herausgearbeitet (vgl. Bourdieu 1982).[56] Die Untersuchung von Unterschieden verknüpft Bourdieu mit Fragen von Macht und Herrschaft, da Unterschiede die Voraussetzung für die Zuweisung von hierarchischen Positionen sind. So führen bestimmte Unterschiede, etwa zwischen Männern und Frauen zu unterschiedlichen

---

56 Zu Bourdieus Soziologie als eine „Soziologie des Unterschieds" vgl. Papilloud 2003.

Positionszuweisungen. Am Beispiel der geschlechtlichen Arbeitsteilung lässt sich dies gut beobachten (vgl. Kap. 3 dieser Arbeit). Werden die Unterschiede als natürlich anerkannt, gelten auch hierarchische Strukturen als nicht oder schlecht veränderbar. Die Machtverhältnisse reproduzieren sich fast von selbst.

Bourdieu untersucht dieses Phänomen am Beispiel der ‚männlichen Herrschaft'. Auch sie braucht keine physische Gewalt, um Anerkennung zu finden (vgl. Dölling 2004; Dölling/Krais 2007). Gerade in modernen demokratischen Gesellschaften ist physische Gewalt zur Ausübung von Macht zum Beispiel (außer zur Selbstverteidigung) fast vollständig illegitim. Bourdieu nennt die kulturell übertragenen Machtverhältnisse „symbolische Herrschaft" und die Gewalt, mit der sie durchgesetzt wird, „symbolische Gewalt"[57]. Darunter versteht Bourdieu solche „Formen und Modi der Herrschaft, die über Kultur, das heißt über die Sichtweisen der Welt, über Selbstverständlichkeiten unseres Denkens vermittelt sind" (Krais 2004b, S. 185). Das heißt, dass sich Macht beispielsweise dadurch äußern kann, dass Unterschieden Bedeutungen zugeschrieben werden, die in hierarchische Verhältnisse münden. Am Beispiel der männlichen Herrschaft zeigt Bourdieu, wie sowohl die Herrschenden als auch die Beherrschten das Herrschaftssystem anerkennen und damit reproduzieren, dass die Herrschaftsform als richtig und ‚natürlich' angesehen wird. Dies wird über die Kultur, „das heißt über die symbolischen Dimensionen des sozialen Lebens, die Sinnbezüge, die Weltansichten und selbstverständlichen Denkweisen vermittelt" (Moebius 2006, S. 53). In der Kabylei bedeutet dies, dass

> „... (d)ie Frauen selbst auf (...) jeden Sachverhalt und insbesondere auf die Machtverhältnisse, in denen sie gefangen sind, Denkschemata an[wenden], die das Produkt der Inkorporierung dieser Machtverhältnisse sind und die in den Gegensätzen, auf denen die *symbolische* Ordnung basiert, ihren Ausdruck finden" (Bourdieu 2005, S. 63).

Männer und Frauen haben gelernt, sich in den Denkschemata, in den ‚inkorporierten' Strukturen, zu bewegen, sie als ‚natürlich' zu empfinden. Ihnen fehlt damit die Fähigkeit zur Reflexivität über die eigene Position und sie können nicht erkennen, dass das Herrschaftssystem ein soziales Konstrukt und keine natürliche Tatsache ist. Sie sind in der scheinbaren ‚Natürlichkeit' so verwurzelt, dass es ihnen nicht möglich ist, anders zu denken als innerhalb der ihnen bekannten Denkschemata, die für sie eine bestimmte gesellschaftliche Position vorsehen. Bourdieu spricht von „doxa", um zu beschreiben, dass Menschen etwas glauben, von dem sie selber nicht wissen, dass sie es ‚nur' glauben und es deshalb als natürliche Tatsache annehmen

---

57 Moebius geht davon aus, dass Bourdieu die Begriffe ‚symbolische Herrschaft' und ‚symbolische Gewalt' synonym verwendet (vgl. Moebius 2006, S. 53, Robert Schmidt meint, dass die Begriffe symbolische Gewalt, Macht und Herrschaft nicht völlig synonym verwendet werden, sondern dass mit symbolischer Macht „die Möglichkeit zur Ausübung symbolischer Gewalt und [mit symbolischer Herrschaft, A.B.] die Verstetigung dieser Möglichkeit" gemeint ist (Schmidt 2009b, S. 231). Der symbolische Charakter bleibt jedoch in allen drei Ausübungen derselbe und dies ist hier zentral.

(vgl. Bourdieu 1987, S. 126; Bourdieu 2005, S. 7). Nur durch die unbewusste Anerkennung durch die beherrschten Frauen (ebenso wie die beherrschenden Männer) ist die Beibehaltung der bestehenden Ordnung der männlichen Herrschaft möglich. Ihre Position hat sich in ihren Körper, in ihr gesamtes Bewusstsein eingeschrieben. Sie haben die passenden „Dispositionen"[58] angelegt, auf die die symbolische Gewalt trifft und die „wie durch Magie auf die Körper ausgeübt wird" (Bourdieu 2005, S. 71). Mit der Einschreibung sozialer Verhältnisse in den Körper wirkt das Geschlechterverhältnis ‚natürlich' und unveränderbar. Bourdieu bezeichnet es als „völlig illusorisch zu glauben, die symbolische Gewalt könnte mit den Waffen des Bewußtseins und des Willens allein besiegt werden" (ebd., S. 72 f.). Die Unterschiede der männlichen und weiblichen Körper werden zum „völlig unanfechtbaren Garanten von Bedeutungen und Werten" (ebd., S. 44). Die symbolische Gewalt sorgt dafür, dass die Beherrschten das Machtverhältnis als Schutz erleben (vgl. Moebius 2006, S. 55), da er ihren inkorporierten Vorstellungen gesellschaftlicher Verhältnisse entspricht. Bourdieu geht davon aus, dass sich diese Beobachtung auf andere Herrschaftsverhältnisse übertragen lässt, so ist das „Verstehen symbolischer Gewalt (…) für Bourdieu ein zentraler Schlüssel für eine soziologische Erklärung des Beharrungsvermögens sozialer Ordnungen und asymmetrischer Geschlechterverhältnisse" ist (Dölling/Krais 2007, S. 24).

Habitus und Hexis

Das Konzept des Habitus ist wohl das in der Soziologie am breitesten rezipierte Konzept von Bourdieu. Im Habitus, wie Bourdieu ihn versteht, äußert sich die körpergewordene Gesellschaft, u. a. auch das Geschlechterverhältnis. Das Konzept ermöglicht, das Individuum als vergesellschaftetes Individuum zu denken (vgl. ebd., S. 16). Bourdieu hat sein Habitus-Konzept während seiner ethnografischen Studien der algerischen Gesellschaft in den 1950er-Jahren entwickelt und für die Praxis nutzbar gemacht und sich damit seinen Weg in die Soziologie gebahnt.[59] Mit dem Habitus-Konzept geht Bourdieu davon aus, dass sich im Reden, im Denken, in

---

58 Mit Dispositionen sind körperliche und psychische Voraussetzungen oder auch Veranlagungen gemeint, auf die die gesellschaftliche Position trifft und damit die Voraussetzung für die Ausprägung des Habitus bildet (Suderland 2009a, S. 73).

59 Zunächst war Bourdieu als Philosoph ausgebildet, die Soziologie hat er als Autodidakt während seines mehrjährigen Aufenthalts in Algerien erlernt (vgl. Krais 2004b, S. 179 ff.). Nicht nur die Tatsache, dass er nicht „die eine große Theorie' veröffentlicht hat, sondern sich mit vielen sehr verschiedenen Fragen und Problemen der Gesellschaft auseinandergesetzt hat, macht es schwer, Bourdieu in die gängigen Kategorien einzuordnen. Krais schreibt: „Ist er nun Marxist oder Weberianer, geht es ihm eher um Strukturen oder um soziales Handeln, macht er Kultursoziologie oder Klassentheorie, Makro- oder Mikrosoziologie, und ist er überhaupt Soziologe oder doch eher Philosoph?" (Krais 2004b, S. 172).

dem, was und wie jemand wahrnimmt, äußert und spürt, seine gesellschaftliche Position zeigt. Mit dem Konzept distanziert er sich von der Vorstellung, Individuen würden eine gesellschaftlich vorbestimmte Rolle ‚spielen' (müssen), denn der Habitus ermöglicht es, einen Prozess des ‚Werdens' zu denken. Der Habitus entsteht im Laufe des Lebens, er ist ein Leben lang Veränderungen ausgesetzt und wird zu einer individuellen Ausprägung gesellschaftlicher Verhältnisse. Mit dem Konzept können auch Prozesse wie ‚doing gender' beschrieben werden, was mit dem Rollenbegriff nur schlecht zu vereinbaren wäre (vgl. ebd., S. 17).

Der Habitus ist damit erstens das Ergebnis eines (vergessenen und unbewussten) Lernprozesses. Er beinhaltet die eigene biografische Vergangenheit und die Positionierung im sozialen Raum. Der Habitus ist damit immer als Klassenhabitus zu verstehen. Neben der Vergangenheit prägt der Habitus zweitens auch die Gegenwart. Ein bestimmtes Handeln, eine Art zu reden und ein Wissen über bestimmte Entscheidungsmöglichkeiten sind beispielsweise nur vor dem Hintergrund möglich, dass Akteure/Akteurinnen in einem bestimmten Feld verankert sind. Eine Fachsprache z. B. wird nur innerhalb eines Faches (das auch als soziales Feld verstanden werden kann) verstanden. Kennt man diese Fachsprache, trägt dies zur „habituellen Sicherheit" (Meuser 2008, S. 38) im Feld bei. Drittens beeinflusst der Habitus auch die Zukunft, und zwar die individuelle wie auch die gesellschaftliche. Für das Individuum enthält der Habitus potenzielle Chancen, die es hat und zukünftig wahrnehmen kann. Zum Beispiel ist es nur mit einem bestimmten, akademisch geprägten (Fach-)Habitus möglich, in der Wissenschaft Karriere zu machen.[60] Gesellschaftlich beeinflusst der Habitus die Zukunft, indem er soziale Strukturen und Hierarchien (re)produziert.

Dennoch bestimmt der Habitus nicht ausschließend voraus, was das Individuum in der Praxis tut. Vielmehr setzt er vor allem die Grenzen dessen, was möglich wäre.[61] Dabei ist er mehr

„als nur ‚Haltung', ‚Gewohnheit' oder ‚Einstellung', obwohl er eine bestimmte Haltung und Einstellung zu unterschiedlichsten Bereichen des Lebens nach sich zieht. (…) Der Habitus – das sind

---

60 Auch wenn hier von einem Fachhabitus und von einem vergeschlechtlichten Habitus die Rede ist, haben soziale Akteure/Akteurinnen immer nur *einen* Habitus, der durch die gesellschaftliche Position aber auch durch das Fach, das Geschlecht und andere Einflüsse mitbestimmt wird. Dies unterscheidet ihn vom Rollenkonzept, in dem davon ausgegangen wird, man würde seine Rolle je nach momentaner Situation und Aufgabe wechseln (vgl. Dölling/Krais 2007, S. 19; Krais 2003).

61 Kritiker des Habitus-Konzeptes fragen häufig nach der Statik und Unveränderbarkeit des Habitus. Sie bemängeln, das Konzept würde keine Veränderungen, keinen sozialen Aufstieg, zulassen, weil alles durch die Herkunft und die Sozialisation bereits vorgegeben ist. Krais betont, dass dies von Bourdieu so nie gemeint war. Vielmehr beinhaltet das Konzept die Möglichkeit des kreativen Umgangs innerhalb der durch den Habitus vorgegebenen Grenzen. Krais beschreibt den Habitus als „lebendes System, innerhalb der Grenzen, in denen er entstanden ist, nahezu grenzenlos variantenund erfindungsreich" (Krais 2004a, S. 103).

die einverleibten Werte, die durch körpernahe Interaktion in einer bestimmten Umgebung unvermeidbar angeeignet werden" (Brandes 2001, S. 40).

Auf der Grundlage des individuell entwickelten Habitus können die Akteure ‚frei‘ handeln. Kreis spricht von „regelhaften Improvisationen", die der Habitus hervorbringt und „die man auch gesellschaftliche Praxis nennen kann" (Krais 2004a, S. 91; vgl. auch Fuchs-Heinritz/König 2005, S. 114). Dölling und Krais fassen zusammen:

> „Dazu ‚erfand‘ er [Bourdieu, A. B.] eine theoretische Kategorie, die das Historische, Gewordene der handlungsleitenden Prinzipien ebenso aufnimmt, wie das kreative, innovative Moment des sozialen Handelns und gleichzeitig der charakteristischen inneren Kohärenz der verschiedensten Handlungen des Individuums Rechnung trägt. Die Vorstellung, dieses analytische Konstrukt, ist der Habitus" (Dölling/Krais 2007, S. 17).

Der Habitus gibt damit Strukturen vor und reproduziert die bestehenden Strukturen gleichzeitig oder wie Bourdieu es ausdrückt: „Der Habitus ist *Erzeugungsprinzip* objektiv klassifizierbarer Formen von Praxis und *Klassifikationssystem* (principium divisionis) dieser Formen" (Bourdieu 1982, S. 277). Bourdieu beschreibt, wie sich soziale Klassen durch den Habitus produzieren und reproduzieren vor allem in „die feinen Unterschiede" und „das Elend der Welt" (vgl. Bourdieu 1982; Bourdieu 1997b). Der Habitus dient so einerseits der Unterscheidung, andererseits bietet er auch ein System anhand dessen unterschieden werden kann (vgl. Papilloud 2003) und „das Prinzip der Teilung in logische Klassen, das der Wahrnehmung der sozialen Welt zugrunde liegt, ist seinerseits Produkt der Verinnerlichung der Teilung in soziale Klassen" (Bourdieu 1982, S. 279). Bourdieu nimmt damit Bezug zur sozialen Ungleichheit und zu Fragen von Macht und Herrschaft, die sich über eine Hierarchie von Habitusformen reproduzieren. Michael Meuser bezeichnet den „kultursoziologisch gefaßte(n) Begriff des Habitus [als] den anspruchsvollsten Versuch (…), die Dimensionen von Sozialstruktur und sozialem Handeln miteinander zu vermitteln" (Meuser 2006a, S. 112).

Der Habitus hat auch eine körperliche Dimension, die ‚Hexis‘, denn die Position im sozialen Raum schreibt sich auch in das körperliche Handeln und die Körperhaltung der Akteure ein und spiegelt sich darin wider. Das Individuum lernt ‚körperlich‘, wie es sich zu (ver-)halten hat, welche Bewegungen, Räume, Handlungen der jeweiligen Situation und der eigenen Position angemessen sind. Unter Hexis versteht Bourdieu „die realisierte, *einverleibte*, zur dauerhaften Disposition, zur stabilen Art und Weise der Körperhaltung, des Redens, Gehens" (Bourdieu 1987, S. 129, Hervorh. i. Orig.), also das, was man vom Habitus ‚sieht‘. Bourdieu bietet mit diesem Konzept die Möglichkeit, auch den ‚sinnlichen Körper‘ zu untersuchen, also den Körper, der mit seinen Sinnen wahrnimmt und nicht nur das Resultat seiner eigenen Geschichte ist, sondern auch ein „spürbarer Körper" (Villa 2006c, S. 60; Gugutzer 2004, S. 104). In seinen Untersuchungen zum „Junggesellenball" (Bourdieu 2008) beschreibt Bourdieu, wie sich die habituelle Verfasstheit und die Stellung in der Gesellschaft in den Körper von Junggesellen in einem französischen Dorf einschreibt:

> „Die kritische Beobachtung der Städter, die den *Habitus* des Bauern schnell als echt synthetische Einheit wahrnimmt, hebt besonders die Langsamkeit und Schwerfälligkeit seiner Gangart hervor: Der Mann von den Feldern ist (…) derjenige, der, auch wenn er einen Fuß auf eine geteerte Straße setzt, immer wie auf unebenem, steinigem und schlammigem Boden geht. Er ist derjenige, der mit Holzschuhen oder schweren Stiefeln herumschlurft, selbst wenn er seine Sonntagsschuhe trägt (…)" (Bourdieu 2008, S. 107).

Hier zeigt sich die Hexis, die von einer gesellschaftlichen Position, der täglichen Arbeit und den Umgangsweisen in einem Dorf geprägt wird. Wenn jemand ‚körperlich lernt', bedeutet dies nicht, bewusst zu lernen und sich Wissen anzueigen, das man abrufen und nutzen kann, sondern vielmehr, dass sich der Körper erinnert, wie er sich in bestimmten Situationen zu verhalten hat, um nicht aufzufallen (was geschehen würde, wenn er sich unpassend verhält[62]).

Das Hexis-Konzept erweitert den Habitus-Begriff insofern, dass es die Möglichkeit bietet, auch Gesellschaft und *Körper* zusammen zu denken und als gegenseitig voneinander geprägt zu verstehen und zu analysieren. Dabei hat der Körper in diesem Konzept drei Funktionen: Er ist erstens Speicher der eigenen Geschichte, er handelt zweitens praktisch auf der Grundlage des „praktischen Sinns" (vgl. Bourdieu 1976) und er ist drittens Medium zur Weitergabe von Wissen und Strukturen (vgl. Alkemeyer/Schmidt 2003, S. 89). Der „praktische Sinn" funktioniert wie ein ‚körperliches Wissen', er passt sich den feldspezifischen Praktiken an und handelt entsprechend den Erwartungen, er ist damit also das in den Körper eingeschriebene Wissen über die Anwendung richtiger Handlungen zur richtigen Zeit. Robert Schmidt bezeichnet diesen praktischen Sinn als „eine konzeptionelle Alternative zur traditionellen Handlungstheorie" (Schmidt 2009a, S. 194). Warum Akteure wie handeln, hängt von ihrem inkorporierten Wissen ab. Das praktische Wissen ist als Teil des Habitus im Körper eingeschrieben. Dazu gehört, dass man die Regeln des Feldes erlernt und sie unhinterfragt akzeptiert. Den Lernprozess vergleicht er mit dem Erlernen einer Muttersprache, bei der man auch nicht merkt, dass man etwas lernt, sondern vergisst, was man alles lernen musste, um die Sprache zu beherrschen und mit ihr improvisieren zu können.

Bourdieu entwickelte das Konzept des praktischen Sinns unter anderem zur Analyse von Heiratsstrategien in der Kabylei (vgl. Bourdieu 1976). Er kann mit dem praktischen Sinn erklären, warum die Mitglieder der kabylischen Gesellschaft wis-

---

62 Bourdieu hat den Begriff ursprünglich entwickelt, um zu verstehen, warum der Habitus und die Umgebung manchmal eben nicht zusammen passen, wie zum Beispiel „zwischen dem vorkapitalistischen Habitus der Algerier und dem dann durch den Kolonialismus eingeführten Kapitalismus" (Fuchs-Heinritz/König 2005, S. 122). Das ‚Hinterherhinken' des Habitus hinter den mittlerweile passenden Habitusformen bezeichnet Bourdieu als „Hysteresis-Effekt" (Suderland 2009b).

sen, wen sie heiraten sollen/dürfen und wen nicht, ohne dass es ausgesprochene
Regeln dafür gibt, die sich mit westlichen Regeln erklären lassen würden. Laut
Bourdieu leitet der „praktische Sinn ‚Entscheidungen', die zwar nicht überlegt, doch
durchaus systematisch, und zwar nicht zweckgerichtet sind, aber rückblickend
durchaus zweckmäßig erscheinen" (Bourdieu 1987, S. 122).

Die Aneignung oder Inkorporierung des Habitus und das Erlernen der Hexis
bezeichnet Bourdieu als „mimetischen Prozess". Er geht davon aus, dass mimetische Aneignung mehr ist als bloße Nachahmung, denn Nachahmung würde ein
„bewußtes Bemühen um Reproduktion eines explizit zum Modell gemachten Akts,
Objekts oder Sprechens voraussetzen" (ebd., S. 135). Vielmehr wird etwas in einem
mimetischen Prozess leiblich erfahren, die Erfahrung damit noch einmal durch
jemand anderen erlebt und zu dessen körperlichem Wissen hinzugefügt. Dieses
körperliche Wissen geht in das Sein über: „Was der Leib gelernt hat, das besitzt man
nicht wie ein wiederbetrachtbares Wissen, sondern das ist man" (ebd.).[63] Bourdieu
erläutert den Vorgang und die Ergebnisse an Beispielen der kabylischen Gesellschaft, in der er vor allem bei Jungen beobachtet, wie sie durch mimetische Prozesse lernen, sich von weiblichen Tätigkeiten immer mehr zu distanzieren und sich so
zu einem Mann mit bestimmten körperlichen Eigenschaften (Körperhaltung,
Sprechweise etc.) und einem bestimmten Verhalten (Dominanz, Bewegen im öffentlichen Raum usw.) entwickeln.

Vergeschlechtlichter und vergeschlechtlichender Habitus

Der Habitus ist nicht nur strukturiert und strukturierend, auf dieselbe Art und Weise ist er auch vergeschlechtlicht und vergeschlechtlichend. Vergeschlechtlicht deshalb, weil er ein Ordnungsschema (nämlich ‚männlich'/‚weiblich') anbietet, das
verschiedene Habitus nach den Geschlechtern klassifizieren kann, also zur Ordnung
des eigenen Denkens beiträgt. Unterschiedliche Habitus führen damit zur jeweiligen
Zuordnung zur männlichen oder weiblichen Genus-Gruppe. Vergeschlechtlichend
ist der Habitus, weil er den Akteuren/Akteurinnen vorschreibt, wie sie sein sollten,
damit sie eindeutig zuzuordnen sind. Bourdieu beschreibt den Lernprozess des
vergeschlechtlichten Habitus am Beispiel der kabylischen Gesellschaft so:

> „Folglich zielt die ganze Sozialisationsarbeit darauf ab, der Frau Schranken aufzuerlegen, die alle
> den Körper betreffen, der damit als geheiligt gilt, und in die körperlichen Dispositionen eingeprägt
> werden müssen. Die junge kabylische Frau verinnerlicht so die Grundprinzipien der weiblichen
> Lebensform, der rechten, untrennbar körperlichen und moralischen Handlung, indem sie die ih-
> rem jeweiligen Status – des kleinen Mädchens, der heiratsfähigen Jungfrau, der Ehefrau, der Fami-

---

63 Vgl. zum Begriff der Mimesis auch das Kapitel 4.1.5. Dort wird der Begriff ausführlicher dargestellt
und noch stärker, als Bourdieu das in seinen Beispielen ohnehin tut, auf die Konstruktion von Geschlecht bezogen.

lienmutter – entsprechende Kleidungsstücke anzuziehen und zu tragen lernt (…) [und sich] die
rechte Art zu eigen macht, ihren Gürtel und ihre Haare zu knüpfen, beim Gehen diesen oder je-
nen Teil des Körpers zu bewegen bzw. stillzuhalten, das Gesicht zu zeigen und den Blick zu richten" (Bourdieu 2005, S. 51 f.).

Dieses Beispiel zeigt, wie die gesellschaftliche Position (Mädchen, heiratsfähig,
verheiratet, Mutter) in die Körperhaltung und -bewegung sowie das Auswählen von
Kleidung und das Binden der Haare eingeschrieben werden und damit bestimmte
Ordnungsschemata reproduziert werden. Dies sind Konstruktionsprozesse, die den
Körper massiv beeinflussen.

Meuser sieht den Nutzen des Habitus-Konzepts für die Frauen- und Geschlechterforschung darin, dass der Habitus eine Möglichkeit zur Analyse der Produktion und der Reproduktion, also der ständigen (Wieder-)Herstellung von Geschlecht in der sozialen Praxis bietet (vgl. Meuser 2006a, S. 112). Der vergeschlechtlichte Habitus generiert dabei bestimme Praxen und verhindert gleichzeitig andere
(vgl. ebd., S. 117). Er bestimmt, was erlaubt und was nötig ist, um als männlich oder
weiblich zu gelten. Für die Kabylei beschreibt Bourdieu:

> „Der Gegensatz zwischen dem Männlichen und dem Weiblichen realisiert sich darin, wie man *sich
> hält*, in der Körperhaltung, im Verhalten, und zwar in Gestalt des Gegensatzes zwischen dem Ge-
> raden und dem Krummen (Verbeugung), zwischen Festigkeit, Geradheit, Freimut (ins Gesicht se-
> hen, die Stirn bieten und geradewegs aufs Ziel blicken oder losschlagen) einerseits und Beschei-
> denheit, Zurückhaltung, Nachgiebigkeit andererseits" (Bourdieu 1987, S. 129 Herv.. i. Orig.).

Es wird deutlich, wie sich die geschlechtsspezifische Position in der Hexis zeigt und
damit zu einer geschlechtsspezifischen Hexis/einem geschlechtsspezifischen Habitus wird, der anschließend als ‚geschlechtstypische' oder ‚natürliche' Körperhaltung
wahrgenommen wird. In der Kabylei ist das als männlich Klassifizierte dem als
weiblichen Klassifizierten meist überlegen. Um als Frau oder Mann zu gelten, muss
der jeweils passende Habitus gelebt werden, was dazu führt, dass sich die Männer
und die Frauen in das bestehende Geschlechtersystem einpassen und damit auch die
Hierarchisierungen übernehmen. Männer lernen als „Mann der Ehre", Raum einzunehmen und zügig zu laufen, während die Frauen zu zurückhaltendem Verhalten
erzogen werden (vgl. Fröhlich 1999, S. 3). Auch die Arbeitsteilung zwischen den
Geschlechtern trennt die Bereiche, in denen sie sich aufhalten (dürfen), voneinander
ab (vgl. Bourdieu 2005, S. 99). In der Kabylei obliegt

> „den Frauen (…), die auf der Seite des Innerhäuslichen, des Feuchten, Niederen, Gekrümmten,
> des Kontinuierlichen stehen, (…) die Verrichtung aller häuslichen, d.h. privaten und verborgen
> bleibenden, ja unsichtbaren oder schändlichen Arbeiten, wie die Pflege der Kinder und der Tiere"
> (Bourdieu 2005, S. 57).

Drinnen, dunkel, feucht und krumm sind negativ besetzt und weiblich konnotiert,
während gerade, hell und öffentlich als männliche Eigenschaften angesehen und
positiv bewertet sind. „Dieses inkorporierte soziale Programm einer verkörperten

Wahrnehmung wird auf alle Dinge in der Welt und in erster Linie auf den *Körper selbst* in seiner biologischen Wirklichkeit angewandt" (ebd., S. 22, Hervorh. i. Orig.). Die sichtbaren Unterschiede der männlichen und weiblichen Körper werden so zum „völlig unanfechtbaren Garanten von Bedeutungen und Werten" (ebd., S. 44). In diesen Lernprozessen schreibt sich die soziale Identität „in eine biologische Natur ein und wird zum Habitus, zum inkorporierten sozialen Gesetz" (ebd., S. 91 f.).

Während des Inkorporierungsprozesses von Männlichkeit erleben die jungen Männer in der Kabylei die sogenannten Einsetzungsriten. In diesen Riten, allen voran der Beschneidung und den Ablösungsriten, werden sie in die Gesellschaft der Männer aufgenommen. Die Ereignisse bedeuten bei den Männern eine große öffentliche Anerkennung und werden öffentlich begangen (z. B. der erste Besuch mit dem Vater auf dem Markt, vgl. ebd. S. 50 f.). Damit unterscheiden sie sich von den Jungen, die den Ritus noch nicht durchlaufen haben – viel wichtiger ist aber die Unterscheidung von denen, die den Ritus nie durchlaufen werden: den Frauen (vgl. ebd., S. 47).

Der geschlechtsspezifische Habitus beinhaltet damit beides: „eine Strategie der Differenz und eine Position im Gefüge der Geschlechterordnung" (Meuser 2006a, S. 121). Mit seiner Hilfe kann man sich und andere abgrenzen und gleichzeitig in das Gefüge der Genus-Gruppen einordnen. Der geschlechtliche Habitus dient damit nicht nur als „neutrales Mittel der Orientierung in der sozialen Welt, sondern [ist auch] Mechanismus der Reproduktion sozialer Ungleichheit" (ebd., S. 108; vgl. auch Bourdieu 2005, S. 19 f.).

Zusätzlich spannend wird der geschlechtsspezifische Habitus dann, wenn er fachspezifisch ist, denn nicht nur das Geschlecht, sondern auch die Zugehörigkeit zu einem bestimmten professionellen Feld prägen den Habitus. Bei den untersuchten Erziehern ist davon auszugehen, dass sie einen Habitus inkorporieren, der einerseits durch das (weiblich dominierte) Feld, andererseits von ihrer besonderen Position als (häufig einziger) Mann in diesem Feld geprägt wird.

Zusammenfassung und Bezug zur Fragestellung

Für die Untersuchung von Männern im Erzieherberuf sind Bourdieus Vorgehen und seine Konzepte unter drei verschiedenen Gesichtspunkten relevant. Erstens bietet seine Praxeologie eine Herangehensweise an soziologische Forschung, die auch für die folgende Untersuchung leitend sein soll. Die Auswertung empirischer Daten in enger Verknüpfung mit theoretischen Überlegungen, soll für diese Arbeit zu Ergebnissen führen, die sowohl empirisch spannend sind als auch die theoretische Diskussion über die Konstruktion von Geschlecht weiterbringen können. Bourdieus Konzepte, besonders das Habitus-Konzept, werden dazu als „Erkenntniswerkzeuge" (Dölling/Krais 2007) genutzt und gleichzeitig als solche kritisch reflektiert. Dazu gehört auch, die eigene Position und die Beeinflussung des Feldes und der beforschten Akteure in der Untersuchung zu berücksichtigen und die Ergebnisse immer wieder selbstreflexiv infrage zu stellen.

Zweitens ist das Konzept der Inkorporierung gesellschaftlicher Strukturen mit Konsequenzen für das eigene körperliche Handeln von zentraler Bedeutung. Die untersuchten Erzieher entwickeln eine feldspezifische Hexis und einen ‚praktischen Sinn' dafür, welches Handeln angemessen ist und welches nicht. Beides ist stark geschlechtsspezifisch,   da   sie   Zuschreibungen   von   Interaktionspartnern/- partnerinnen in ihrem Umfeld erleben, die darauf basieren, dass sie als Männer in einem Feld tätig sind, in dem sie eine Sonderstellung einnehmen. Ihr Umgang mit diesen Zuschreibungen und die daraus entstehenden Handlungsweisen bilden einen wesentlichen Punkt in der Untersuchung.

Drittens, und dies ergibt sich teilweise aus dem vorhergehenden Punkt, inkorporieren und leben die Erzieher einen geschlechts- und feldspezifischen Habitus. Dazu zählen unter anderem ein bestimmtes Berufsverständnis, eine bestimmte Form, den Beruf auszuüben, und ein feldspezifisches Geschlechter-Wissen. Die Erzieher lernen während der Ausbildung und in den ersten Berufsjahren neben den fachlichen Kenntnissen auch, was es bedeutet, als Mann Erzieher zu sein und sich darin von den Kolleginnen zu unterscheiden. Es ergibt sich also ein vergeschlecht-lichter Habitus, der dazu führt, dass sich das Handeln der Erzieher möglicherweise vom Handeln ihrer Kolleginnen[64] unterscheidet. Dies kann zum Beispiel damit zusammenhängen, dass sich Männer häufig biografisch später für den Beruf entscheiden, zum Teil auch damit, dass sie in ihrem Beruf als Mann immer eine Sonderposition einnehmen und diese von außen zugesprochen bekommen. Hinzu kommt, dass sie meisten Männer ohne andere Männer als Bezugspersonen arbeiten. In der Entwicklung ihres männlichen Habitus können sich die Erzieher daher nicht an gleichgeschlechtlichen Kollegen orientieren, sondern nur in Abgrenzung oder Übereinstimmung mit dem Habitus der Kolleginnen verhalten. Die Erzieher sind daher möglicherweise besonders empfänglich für von außen herangetragene Zuschreibungen.

Das Habitus-Konzept kann damit als ein wichtiges Analyseinstrument für die Erklärung der Produktion und der Reproduktion von Männlichkeitskonstruktionen im Erzieherberuf verstanden werden. Die Reproduktionsebene ist dabei auch insofern spannend, als dass Erzieher ihre Vorstellung von Männlichkeit auch Kindern, und damit der nächsten Generation von Männern und Frauen, vorleben und sie an diese weitergeben.

---

64 Da Erzieherinnen jedoch nicht Teil der Untersuchung sind, können keine Vergleiche angestellt
    werden. Vielmehr wird die Konstruktion eines männlichen Habitus auf der Grundlage der Erzäh-
    lungen der Erzieher nachvollzogen.

4.1.2   Geschlechter-Wissen als Teil des Habitus

An Pierre Bourdieus theoretischen Konzepten und an Joan Ackers Theorie einer
„gendered organization" (Acker 1990)[65] angelehnt, untersuchen Irene Dölling,
Sünne Andresen und andere „Vergeschlechtlichungsprozesse" (Andresen et al.
2003). Sie gehen davon aus, dass Vergeschlechtlichung im Sinne des ‚doing gender'
in Prozessen geschieht, die sich durch ständige Reproduktion verfestigen. Von
„Vergeschlechtlichungsprozessen" sprechen Dölling et al., weil sie Geschlecht nicht
als feststehende Variable verstanden wissen wollen, nach der man im Geschlechterverhältnis suchen kann, sondern als analytische Kategorie, „mit deren Hilfe die
Zuweisungsprozesse selbst untersucht werden können" (Andresen/Dölling 2004, S.
90; vgl. auch Dölling 1999, S. 28). Mit Vergeschlechtlichungsprozessen sind die

> „Vorgänge der Differenzierung, Normierung und Hierarchisierung von Menschen, Tätigkeiten,
> Positionen usw. entlang der Unterscheidung in männlich und weiblich, d. h. entlang des Musters
> der Zweigeschlechtlichkeit, wie es für moderne Gesellschaften und – als ein Teil hiervon – mo-
> derne Organisationen typisch ist [gemeint]" (Andresen/Dölling 2004, S. 90).

In diesen Vergeschlechtlichungsprozessen werden die im Feld bzw. in der Organisation geltenden Regeln und Prinzipien stillschweigend und unbewusst übernommen
und zur Handlungsgrammatik gemacht, also inkorporiert und zum Bestandteil des
individuellen Habitus. In diesem Zusammenhang hat Dölling den für die folgende
Untersuchung nützlichen Begriff des „Geschlechter-Wissens" geprägt, der nun
erläutert werden soll. Sie geht davon aus, dass das zweigeschlechtliche Klassifizieren
zu den „Basisklassifikationen" unserer Gesellschaft gehört, es also eine gesellschaftliche Norm ist, dass es zwei, und nur zwei, Geschlechter gibt, die sich voneinander
unterscheiden und in einem hierarchischen Verhältnis zueinander stehen (vgl.
Andresen et al. 2003, S. 114). Das Geschlechter-Wissen ist Teil des Habitus, es
bezeichnet das, was die Mitglieder eine Organisation oder eines Feldes über Geschlecht und Geschlechterverhältnisse denken und (unbewusst) wissen
(Andresen/Dölling 2004, S. 90 f.). Man kann Vergeschlechtlichungsprozesse analysieren, indem man versucht, dass Geschlechter-Wissen der Akteure/Akteurinnen zu
verstehen. Dölling lehnt dabei ihren Wissensbegriff an Bourdieus Feld-Habitus-
Theorie an und geht davon aus, dass das Wissen, das in einer Organisation gilt und

---

[65] Joan Acker beschreibt, dass und wie Organisationen vergeschlechtlicht sind: nicht die Anwesenheit
von Männern und Frauen führt zu Differenzen zwischen den Geschlechtern, sondern Organisationen sind von Annahmen und Wissen über Geschlecht und eine Hierarchie zwischen ‚männlichen'
und ‚weiblichen' Organisationseinheiten geprägt. Acker zeigt, dass die Unterscheidung in ‚Frauen'-
und ‚Männerarbeit' auf vergeschlechtlichten Zuschreibungen beruht, wenn etwa die Verantwortung
für die Erziehung eines Kindes oder die Komplexität der Arbeit einer Chefsekretärin nicht mit der
Komplexität und Verantwortung einer Managementaufgabe gleichgesetzt wird (vgl. Acker 1990, S.
149). Acker geht davon aus, dass man Organisationen nur dann korrekt untersuchen kann, wenn
man die Menschen, die in den Organisationen arbeiten, einbezieht.

generiert wird, von den Habitus und Deutungsmustern der Mitglieder ebenso abhängt, wie von deren Position (vgl. ebd., S. 91). Der Habitus wird dabei als vergeschlechtlicht und vergeschlechtlichend angesehen (vgl. Andresen et al. 2003, S. 114). Der Begriff des Geschlechter-Wissens lehnt sich an das Verständnis eines unbewussten, inkorporierten und feldspezifischen Habitus an. Wie Bourdieu in seiner „männlichen Herrschaft" (s. o.) verdeutlicht, gelten normative Regeln auch für das Geschlechterverhältnis, sie werden von allen Beteiligten akzeptiert und gehen in das kollektive Selbstverständnis als „quasi natürliche Tatsachen" (Dölling 2007, S. 15) ein, ohne als Konstrukt erkannt zu werden. Es handelt also um ein „doxisches" Wissen (vgl. ebd.; s. o.). Dabei beschreiben die Autoren/Autorinnen „verschiedenen Arten kollektiven Wissens" und meinen:

- unreflektiertes ‚selbstverständliches' und durch die Biografie vermitteltes Alltags- und Erfahrungswissen,

- Expertenwissen, das zum Beispiel wissenschaftlich hervorgebracht wird und die Vorstellung eines hierarchischen Geschlechterverhältnisses entweder stützt oder kritisiert und

- das popularisierte Wissen, in dem teilweise konkurrierende Meinungen durch Medien, Feuilletons, Ratgeber etc. öffentlich zugänglich werden und sich gegenseitig beeinflussen und verändern (vgl. Andresen et al. 2003, S. 115 und Dölling 2007, S. 15 ff.).

Aus diesen verschiedenen Quellen entwickelt sich das individuelle Geschlechter-Wissen, indem Akteure/Akteurinnen für sie passende Elemente des kollektiven Wissens übernehmen. Die Übernahme erfolgt in der Regel unbewusst, die verschiedenen Wissensformen werden somit Teil des Habitus. Alle Formen von Geschlechter-Wissen können – auch dann wenn sie sich gegenseitig widersprechen – im Wissen einer Person gleichzeitig vorhanden und handlungsleitend sein und sich zum Beispiel in unterschiedlichen Umfeldern oder je nach unterschiedlichem Reflexionsgrad unterschiedlich äußern. So kann jemand beispielsweise im privaten Umfeld eine traditionelle Arbeitsteilung zwischen Männern und Frauen leben und für ‚richtig' halten, sich aber gleichzeitig in seinem Unternehmen für mehr Gleichstellung in den Arbeitsbedingungen von Männern und Frauen einsetzen oder andersherum. Das eigene Geschlechter-Wissen wird damit äußerst individuell und situativ ausgeprägt (vgl. Andresen/Dölling 2004, S. 100), Angelika Wetterer nennt das alltagsweltliche Geschlechter-Wissen „widersprüchlich und heterogen" (Wetterer 2009, S. 17).

Die individuelle Ausprägung des Geschlechter-Wissens hängt außerdem von der sozialen Position der Akteure/Akteurinnen ab. Ausgehend von Bourdieu gelten in verschiedenen Feldern unterschiedliche Regeln und Habitus als passend und die Akteure/Akteurinnen sind entsprechend nicht ohne ihre Positionierung zu denken, aus der sie ihren Habitus erlangen. Dabei kann das Geschlechter-Wissen, das in einem Feld gilt, in einem anderen Feld als unpassend angesehen werden. Es ist also auf der theoretischen Ebene sinnvoll, zwischen verschiedenen Wissensformen zu unterscheiden, um das habituelle, individuelle Geschlechter-Wissen empirisch herausarbeiten zu können. Wetterer unterscheidet zwischen dem diskursiven oder „diskursfähigen" Geschlechter-Wissen, das von der Idee der „Gleichheit" geprägt ist und dem inkorporierten Geschlechter-Wissen, also der tatsächlichen Praxis, die ganz anders aussehen kann (vgl. Wetterer 2008a, S. 45 f.; Wetterer 2009, S. 16). Dölling et al. erkennen einen sogenannten „Gleichheitsdiskurs", d. h., es scheint zum diskursiven (oder mit Wetterer: diskurs*fähigen*) Geschlechter-Wissen zu gehören, dass man davon ausgeht, dass Männer und Frauen grundsätzlich ‚gleich' oder zumindest ‚gleichwertig' und ‚gleichberechtigt' sind, sich diese jedoch in der Praxis der Einzelnen durchaus anders zeigen kann.

In der folgenden Untersuchung soll mithilfe des Begriffs Geschlechter-Wissens das unbewusste (Alltags-)Wissen sichtbar gemacht werden. Dies wird in der Auswertung der Einzelfälle mit starkem Bezug auf die rekonstruierte Biografie der befragten Erzieher geschehen, da auch in der Erzählung der eigenen Biografie Geschlecht konstruiert wird, indem bestimmte Dinge erzählt und andere weggelassen werden (vgl. Dausien 1998).[66] Auch die Interviewpartner tragen ein biografisch subjektives Geschlechter-Wissen in sich, das möglicherweise stärker handlungsleitend ist, als sie es selber wahrnehmen und vielleicht auch wahrnehmen und darstellen *wollen*. Die Unterscheidung zwischen diskursivem und inkorporiertem Geschlechter-Wissen macht also Sinn, wobei das inkorporierte Geschlechter-Wissen sich eben nicht nur in den biografischen Erzählungen sondern auch im beobachtbaren Handeln körperlich zeigt.[67] Sie stellt sich in der Auswertung in Form der Unterscheidung zwischen dem expliziten Geschlechter-Wissen und dem beobachteten und implizit anklingenden Geschlechter-Wissen dar, die teilweise getrennt voneinander ausgewertet und anschließend verglichen werden. Die Grundlage für die Interpretation des Geschlechter-Wissens ist die Erzählung der eigenen Biografie und des beruflichen Selbstverständnisses. In einem weiteren Auswertungsschritt wird das Handeln der Interviewpartner in ihren Aussagen verglichen. Dabei rückt stärker das implizite, inkorporierte Geschlechter-Wissen in den Mittelpunkt. Es wird damit als ein Element des vergeschlechtlichten Habitus, der sich im ‚doing gender' zeigt, verstanden.

Zusätzlich erfordert der Begriff des ‚Geschlechter-Wissens' eine kritische Auseinandersetzung auch mit dem Geschlechter-Wissen der Forschenden, um nicht

---

66 Dölling et al. schlagen vor, dazu zunächst die individuelle Biografie gesellschaftstheoretisch zu fassen (vgl. Dölling 2007, S. 20 f.). Da in der folgenden Untersuchung jedoch das Handeln und nicht die Biografie im Vordergrund steht, wurde auf diese intensive Auseinandersetzung mit der Biografie verzichtet.

67 Vgl. zur Verknüpfung von körperlich abgespeichertem Geschlechter-Wissen auch Schmincke 2010.

etwas in die Aussagen hineinzuinterpretieren, was die Beforschten möglicherweise selbst gar nicht geschlechtsspezifisch meinen.[68]

4.1.3 ‚Doing Gender' in der Interaktion

Erving Goffman versteht die Herstellung von Geschlecht im Sinne des ‚doing gender' als interaktiven Prozess, an dem u. a. die Körper der Interaktionspartner/-innen beteiligt sind. Er konkretisiert damit das Konzept des ‚doing gender' in Bezug auf körperliches Handeln. Diese Grundlage von Hirschauer (s. u.) aufgegriffen und weiter differenziert. Der Ansatzpunkt wird im Folgenden genutzt, um den Blick auf den Untersuchungsgenstand zu schärfen, indem ein Fokus auf die Interaktionen gelegt wird. Beide orientieren sich in ihren Arbeiten an der Ethnomethodologie[69] und Ethnografie[70], die auf intensiven Beobachtungen und ausführlichen Beschreibungen von alltäglichen Situationen, mit dem Ziel sie zu ‚befremden', basieren. Befremden meint dabei, Situationen so zu beobachten, als würden sie in einer fremden Kultur stattfinden, auch wenn sie dem eigenen täglichen Erleben entsprechen (vgl. Amann/Hirschauer 1997, S. 12, siehe auch Kap. 6). Goffmans Ziel ist es zu verstehen, mit welchen „praktischen Mitteln wir im Alltag handeln" (Abels 2010, S. 116).

Unter den zahlreichen Themenfeldern, die Goffman bearbeitet hat[71], sollen hier vor allem die Arbeiten herausgegriffen werden, die für die Analyse der Konstruktion von Geschlecht nützlich sind. Wesentliche Grundgedanken, die für das Verständnis seines Geschlechterkonzeptes notwendig sind, werden vorher kurz erläutert. In seinen Werken „Wir alle spielen Theater" (Goffman 2005), „Interaktionsrituale" (Goffman 2008a) oder für die folgende Untersuchung besonders interessant „Das Arrangement der Geschlechter" (Goffman 2001a) und „Geschlecht und Werbung" (Goffman 1981) beschreibt und analysiert Goffman die Bedeutung

---

68 Dölling verdeutlicht, dass es zu dem Begriff des Geschlechter-Wissens auch deshalb kam, weil sich die Forschenden immer wieder die Frage stellten, woher sie annehmen konnten, dass die Beforschten durch implizite Anmerkungen tatsächlich über Vergeschlechtlichungsprozesse sprechen. Denkbar wäre auch, dass es eine Art Überinterpretation der Forschenden ist, die solche Aspekte in den Interviews ins Spiel bringt (vgl. Dölling 2007, S. 14).

69 Welcher Theorietradition Goffman zuzuordnen ist, ist nicht eindeutig beantwortet. Heinz Abels geht davon aus, dass dies damit zusammenhänge, dass Goffman „selbst nie versucht hat, seine Theorie zu explizieren oder gar zu erläutern" (Abels 2010, S. 160). Hier wird er wie die anderen vorgestellten Ansätze auch, als Vertreter des ‚Sozialkonstruktivismus' verstanden.

70 Widmer geht davon aus, dass Goffman zum Ende seines soziologischen Schaffens eine Wende vollzogen hat, die zwar nicht hin zur Ethnomethodologie führte, jedoch als „eine Annäherung an deren Problematik" zu verstehen ist (vgl. Widmer 1991, S. 223).

71 Für eine sehr kurze, fast stichwortartige Übersicht über Goffmans weitere Arbeiten vgl. etwa Abels 2010, S. 165 ff.. Die Übersicht kommt allerdings ohne Hinweis auf die Arbeiten zum Geschlechterverhältnis aus.

von Interaktionen[72] für das Zusammenleben der Menschen und die daraus entstehenden Strukturen und Rituale sowie deren Auswirkungen auf das Geschlechterverhältnis.

Die angesprochene Distanz schafft Goffman, indem er die Theatermetapher wählt, um alltägliche Situationen analytisch aufschlüsseln zu können (vgl. Amann/Hirschauer 1997, S. 12; s.u.). Er wird vom Teilnehmenden zum Beobachter und kann Interaktionssituationen als Darstellungen interpretieren, in denen sich die Teilnehmer/-innen selbst in ihren Rollen inszenieren (vgl. Abels 2009, S. 352). Durch einen Blick ‚hinter die Kulissen' versucht er, das Handeln und die Strukturen der Interaktionen zu erkennen, wenn die ‚Masken' abgenommen werden.[73] Goffman versteht unter der Rolle[74] ein „vorherbestimmtes Handlungsmuster, das sich während einer Darstellung entfaltet" (Goffman 2005, S. 18). Mithilfe des Rollen-Begriffs[75] kann Goffman zeigen, wie die einzelnen Akteure sich den Anforderungen einer Situation entsprechend verhalten und ihr Handeln an die Erwartungen ihres Gegenübers anpassen. Die Aneignung der Rolle geschieht dabei als ein langsamer Prozess[76], in dem die Darstellung der Rolle der Gesamtsituation angepasst wird und „einen Hinweis auf die Anpassung des Akteurs in einer Versammlung, auf die Position, die er gegenüber dem Geschehen in einer sozialen Situation beziehen will", gibt (Goffman 1981, S. 9). Diese Gesamtsituation bezeichnet Goffman als „Rahmung" (vgl. Goffman 2008b). Die Rahmung bestimmt den Sinn und die Einordnung einer Handlung mit und gibt eine Art unbewusstes Regelsystem vor, nach dem gehandelt wird. Akteure stehen „vor der Aufgabe, diese Regelsysteme zu erkennen (bzw. selbst zu erkennen zu geben), um so die Gültigkeit bestimmter Beziehungsmuster festzustellen (bzw. zu bekunden)" (Pongratz 2003, S. 157). Die Rahmung, in

---

72 Zu den verschiedenen von Goffman beschriebenen Interaktionsformen vgl. Goffman 2009, S. 40.

73 Grundlage für Goffmans Analysen sind u. a. „Heilanstalten" für psychisch Kranke und Benimmbücher, anhand derer sich vermuten lässt, wie sich diejenigen verhalten, die sich „richtig" benehmen (vgl. Goffman 2009, S. 21, S. 42; Goffman 1981).

74 Im Gegensatz zu Talcott Parsons erweitert Goffman den Rollenbegriff. Sein Rollenbegriff ist viel „komplexer, weil umfassender und flexibler gestaltet, als es die normativen Rollenkonzepte zu erfassen vermögen" (Raab 2008, S. 72). Abweichungen von normativen Verhaltenserwartungen betrachtet Goffman als Teil der Rolle (vgl. Goffman 1973, S. 262). Vgl. dazu auch die kritische Auseinandersetzung mit dem Rollenbegriff in der Frauen- und Geschlechterforschung, Dölling/Krais 2007. Der Rollenbegriff wird daher im Folgenden nicht übernommen.

75 Der Rollenbegriff wird von Goffman von den Begriffen „Rollenspiel" und „Rollendistanz" begleitet (vgl. u. a. Goffman 1973, S. 265). Dabei geht es darum, zum einen das ‚mitzuspielen', was in einer Interaktion verlangt wird, zum anderen um die Fähigkeit, eine gewisse Distanz zum verlangten Handeln zu wahren und souverän mit „den (...) auferlegten sozialen Formen" umgehen zu können (Raab 2008, S. 73).

76 Goffman beschreibt an verschiedenen Beispielen, wie Akteure eine Rolle annehmen und übernehmen, zum Beispiel anhand des Soziallebens auf den Shetland-Insel (vgl. Goffman 2005, S. 21).

der ein Ereignis stattfindet, bestimmt also über die Bedeutung des Ereignisses mit (vgl. Eberle 1991, S. 168 f.).[77]

Für die Darstellung der Rolle ist der Körper und körperliches Handeln das zentrale Mittel, durch das beim Gegenüber der Eindruck von einer bestimmten Person entsteht (vgl. Goffman 2009, S. 30). Auch Körperhaltung, Gefühle und Stimmungen finden so Berücksichtigung, Goffman fasst sie im Begriff des „psychobiologischen Charakters" (vgl. Goffman 2001b, S. 57) zusammen.

Besonders institutionalisierte Formen von Interaktionen sind „Ritualisierungen alltäglicher Interaktionen" (Pongratz 2003, S. 161), die erforderlich sind, um in verschiedenen Situationen ‚richtig', also der Situation angemessen zu handeln. Diese sind für die Herstellung von Geschlecht im Sinne des ‚doing gender' deswegen spannend, weil sich hier kulturell übertragene Schemata zeigen, die zur Reproduktion eines Geschlechterverhältnisses beitragen.[78] Das ‚richtige' Handeln ist Teil einer gelernten „Interaktionsordnung" (Goffman 2001b, S. 63). Diese Ordnung ist vergleichbar mit Bourdieus Ansatz der symbolischen Ordnung (s. o.), denn auch sie wird entweder durch eine Art Gesellschaftsvertrag oder durch einen gesellschaftlichen Konsens aufrechterhalten. Ein Einsatz von (physischer) Gewalt ist im Normalfall nicht nötig, um die Ordnung beizubehalten, vielmehr genügen kulturelle Muster. In dem Aufsatz „Das Arrangement der Geschlechter" (Goffman 2001a) nennt Goffman zahlreiche Beispiele von Interaktionssituationen, in denen das bestehende Geschlechterverhältnis und die Art, wie Männer und Frauen miteinander umgehen, durch Rituale verfestigt werden und damit „natürlich" erscheinen. In Form einer „institutionellen Reflexivität" (vgl. ebd., S. 34; Kotthoff 2001, S. 162) bilden die Geschlechter genau das Verhalten aus, das der Situation entspricht und so die Verhältnisse reproduziert.

Goffman geht auf der Grundlage seiner Beobachtungen davon aus, dass das Geschlecht dazu geeignet ist zu verstehen, wie Gesellschaft und gesellschaftliche Strukturen funktionieren (vgl. Goffman 1981, S. 39).[79] Ihm geht es darum herauszuarbeiten, welche Mittel und Methoden angewendet werden, um eine eindeutige Zuordnung zu einem der beiden (eindeutig voneinander unterschiedenen) Geschlechter zu erreichen und so Geschlecht zu reproduzieren. Er fragt sich, wie es dazu kommt, dass die biologisch kleinen Unterschiede „überhaupt irgendeine Bedeutung – in Wirklichkeit oder in der Vorstellung – bekommen konnten" (Goffman

---

77 Der Prozess des Lernens einer Rolle ist damit vergleichbar mit der Inkorporierung eines feldspezifischen Habitus in mimetischen Prozessen, wie Bourdieu sie beschreibt. Für die vorliegende Untersuchung wird mit Bourdieus Konzepten gearbeitet. Da Goffman jedoch einen genaueren Blick auf Interaktionen wirft, wird dies hier dennoch beschrieben.

78 Vgl. für eine Übersicht über verschiedene Ritualisierungen, die Goffman beschreibt Raab 2008, S. 66 ff.

79 Dabei sind Goffmans Beobachtungen geprägt von seinem Umfeld: der weißen Mittelschicht der USA der 1960er-Jahre. Jedoch lassen sich viele Beobachtungen in Ansätzen auch heute und in Deutschland noch finden, wenn auch in anderen Ausprägungen.

2001a, S. 128). Goffman geht dabei über die Vorstellung des situativen ,doing gender' hinaus, denn seiner Meinung nach wird das Geschlechterverhältnis nicht nur
situativ hergestellt, sondern ist auch institutionell geregelt (vgl. Meuser 2006a, S.
74), wird also durch gesellschaftliche Normen aufrechterhalten.

Wie für Bourdieu stellt auch für Goffman die Interaktion einen wichtigen
Ausgangspunkt für die Analyse des Geschlechterverhältnisses dar. Goffman geht
davon aus, dass es, um die Geschlechter auseinanderhalten zu können, ständige
soziale Interaktionen braucht, die die Unterschiede verdeutlichen und den Menschen ,beibringen', sie seien bedeutend. Biologische Unterschiede, die häufig zur
Erklärung herangezogen werden, sind im Vergleich etwa zu Unterschieden zwischen Ethnien und Kulturen viel unbedeutender (vgl. Goffman 2001a, S. 106). Ihm
geht es dabei nicht darum zu erklären, welche sozialen Konsequenzen die

> „angeborenen Geschlechtsunterschiede [haben], (…) sondern vielmehr wie diese Unterschiede als
> Garanten für unsere sozialen Arrangements geltend gemacht wurden (und werden) und, mehr
> noch, wie die institutionellen Mechanismen der Gesellschaft sicherstellen konnten, daß uns diese
> Erklärungen stichhaltig erscheinen" (ebd., S. 107).

Goffman fragt also nach Mechanismen, die den Geschlechtsunterschied und die
daraus entstehenden sozialen Konsequenzen (z. B. Hierarchien) als natürlich und
unverrückbar erscheinen lassen und damit zur ständigen Rekonstruktion des Geschlechterverhältnisses beitragen. Er geht davon aus, dass mit der Zuordnung zu
einer Genus-Gruppe nach der Geburt ein Prozess beginnt, in dem die Angehörigen
der beiden Geschlechter eine unterschiedliche Sozialisation durchlaufen, in deren
Verlauf sich eine „Geschlechtsidentität" entwickelt (vgl. ebd., S. 110). Seine Grundannahme ist damit die eines sozial konstruierten Geschlechts.

Goffman zeigt, dass die Geschlechtsdarstellungen als ,natürlich' wahrgenommen werden, obwohl sie das Ergebnis kultureller Aushandlungen sind.[80] In der
Darstellung wird auf „konventionelle Portraits" zurückgegriffen, also auf das, was
kulturell als männlich und weiblich gilt (vgl. Goffman 1981, S. 10). Die jeweilige
Darstellung ist dabei nicht auf biologische Faktoren zurückzuführen oder „instink-
tiv angelegt, sondern sozial gelernt und sozial geprägt (…)" und orientiert sich dabei
an einem „gesellschaftlich festgelegten Plan" (ebd., S. 35). Geschlecht oder die
geschlechtliche Rolle wird in jedem Moment, in jeder Interaktion, in jeder Darstellung hergestellt. Die Trennung der Toiletten nach Männern und Frauen sieht er in
diesem Zusammenhang als ein institutionalisiertes Mittel zur Rekonstruktion der
Zweigeschlechtlichkeit:

> „... dieses Arrangement ist ein rein kulturelles Phänomen. Hier hat man es also mit einem Fall von
> institutioneller Reflexivität zu tun: Die Trennung der Toiletten wird als natürliche Folge des Un-
> terschieds zwischen den Geschlechtskategorien hingestellt, obwohl sie tatsächlich mehr ein Mittel

---

80 Vgl. Bourdieus Konzept der symbolischen Gewalt.

zur Anerkennung, wenn nicht gar zu Erschaffung dieses Unterschieds ist" (Goffman 2001a, S. 134, Hervorh. i. Orig.).

Es gehört zur Herstellung von Geschlecht nicht nur dazu, es darzustellen, sondern auch die Darstellung zu deuten und zu verstehen. Um in dem Beispiel der Toiletten zu bleiben, Kinder müssen lernen und verstehen, dass sie die Toiletten getrennt benutzen sollen und werden dadurch ein Stück weit zu Männern und Frauen. Goffman beschreibt diesen Lernprozess folgendermaßen:

> „Worin die menschliche Natur von Männern und Frauen in Wirklichkeit besteht, ist also ihre Fähigkeit, Abbilder von Männlichkeit und Weiblichkeit zu entwerfen und verstehen zu lernen, wie die Bereitschaft, bei der Darstellung solcher Bilder nach einem Plan zu verfahren; und diese Fähigkeit haben sie kraft ihrer Eigenschaft als Personen, nicht als Frauen oder Männer. Ebenso gut könnten wir sagen, daß es so etwas wie eine Geschlechts-Identität nicht gibt. Es gibt nur einen Plan für das Porträtieren der Geschlechtszugehörigkeit" (Goffman 1981, S. 37).

Goffman beschreibt im Grunde genommen einen Grundsatz des ‚doing gender'-Ansatzes, ohne es selber so zu benennen. Geschlecht(sidentität) ist nichts ‚Natürliches', Geschlecht wird dadurch hergestellt, dass in der Interaktion von allen Beteiligten Geschlechtszugehörigkeit porträtiert wird, also das dargestellt wird, was der oder die Darstellende als Merkmale von Geschlecht versteht und der Betrachter als solches interpretieren soll. Beide Seiten sind durch Darstellungen und Interpretation des jeweils anderen in den Prozess der Konstruktion von Geschlecht eingebunden. Die Interpretationen müssen dabei entlang der Eindeutigkeit der Zweigeschlechtlichkeit vorgenommen werden.[81]

Es gelingt Goffman in seinen Untersuchungen, aus einer handlungstheoretischen Perspektive zu zeigen, wie Geschlecht hergestellt und darüber ein Geschlechterverhältnis reproduziert wird. Für die folgende empirische Auswertung von Interviews und Beobachtungen von und mit Männern im Erzieherberuf eignet sich Goffmans Ansatz besonders, um mit mikrotheoretischem Blick zu untersuchen, wie die Konstruktion von Geschlecht auch in der körperlichen Interaktion hergestellt wird (vgl. auch Schmincke 2009, S. 103). Dabei gilt es zu analysieren, wie die Erzieher sich in der Interviewsituation und in dem beobachteten Umgang mit Kindern (auch körperlich) als männlich vergeschlechtlicht darstellen und so bekannte Männlichkeitsmuster im Sinne einer Interaktionsordnung reproduzieren. Goffmans Fähigkeit, Situationen genau zu beobachten und vor dem Hintergrund der theoretischen Überlegungen zu interpretieren, soll als Anregung für die eigene Arbeit verstanden werden.

Da an der Konstruktion von Männlichkeit im Kindergarten nicht nur die Erzieher, sondern auch weitere Interaktionspartner/-innen (Kinder, Kolleginnen, Interviewerin) beteiligt sind, wird im folgenden Kapitel neben der Bedeutung der

---

81 Auch hier gilt das sogenannte Gleichheitstabu (vgl. Kap. 3).

Darstellung auch die der Zuschreibung erläutert. Diese Begrifflichkeit hat vor allem Stefan Hirschauer für die Untersuchung von Vergeschlechtlichungsprozessen ausdifferenziert.

4.1.4   ‚Doing Gender‘ durch Darstellung und Attribution

Stefan Hirschauer erweitert den Fokus, den Goffman mit seinem Ansatz der Geschlechtsdarstellung aufgemacht hat. Auch er beobachtet alltägliche Interaktionen und steht in der Tradition der Ethnomethodologie. Hirschauer geht davon aus, dass für das Herstellen von Geschlecht nicht nur die Geschlechtsdarstellung, sondern ebenso sehr die Geschlechtszuschreibung oder -attribution notwendig ist. Das heißt, um in Goffmans Theatermetaphern zu bleiben, nicht nur die Darsteller, sondern auch das Publikum hat einen aktiven Part, indem es bestimmte Zuschreibungen an die Darsteller vornimmt und bestimmte Erwartungen an die Darstellenden als Mitglieder der einen oder anderen Genus-Gruppe stellt. Dieser Ansatz führt zu einer Schärfung des Blicks sowohl in den Beobachtungen als auch in der Auswertung der Interviews mit den Erziehern.

Wie andere Ethnomethodologen auch – am bekanntesten wohl Harold Garfinkel (Garfinkel 1967)[82] – hat sich Hirschauer mit Fragen zur Transsexualität beschäftigt und dabei an einer Art ‚natürlichem Krisenexperiment‘[83] untersucht, wie Geschlecht hergestellt wird (vgl. Hirschauer 1992; Villa 2006c, S. 86). Die Untersuchungen von Transsexuellen sind deshalb so ertragreich, weil sich hier beobachten lässt, wie gelernt wird, was es bedeutet, sich einem Geschlecht zugehörig dazustellen. Während die meisten Menschen diesen Prozess unbewusst durchlaufen, wird er von transsexuellen Personen bewusst durchlebt und damit als ‚natürlich‘ infrage gestellt. Hirschauer untersucht dabei vor allem die ‚Unterscheidungspraxis‘, also das ‚doing gender‘ von Transsexuellen, das dazu führen soll, dass sie als Mann oder Frau wahrgenommen werden (vgl. Hirschauer 1992, S. 24).

Hirschauer begreift die Konstruktion von Geschlecht in Anlehnung an Goffman als einen interaktiven Prozess. Aus „praxistheoretischer Perspektive" (Hirschauer 2001a, vgl. auch die Praxeologie von Bourdieu, s. o.) untersucht er, wie dieser Konstruktionsprozess vor sich geht. Er erkennt die *Geschlechtsdarstellung* und die *Geschlechtsattribution* als zwei wesentliche Elemente der Produktion von Geschlecht, die in jeder Interaktion ablaufen und in Form eines „praktischen Sinns" (vgl. Bour-

---

82   Zum Vergleich von Goffman und Garfinkel und ihrem Bezug zur Ethnomethodologie vgl. Widmer 1991. Villa nennt die beiden Autoren ‚Begründer‘ einer handlungstheoretisch orientierten Körpersoziologie, wobei sie Goffman dem „dramaturgischen Ansatz" und Garfinkel der „Ethnomethodologie" zuordnet (vgl. Villa 2008b, S. 208).

83   Das Krisenexperiment, ein Begriff, den Garfinkel geprägt hat, wird durch die bewusste Durchbrechung von Alltagsnormen hergestellt (vgl. Abels 2009, S. 220). Hirschauer nutzt dies, um, ähnlich wie Goffman durch die Theatermetapher, Distanz zu dem zu schaffen, was er täglich beobachtet.

dieu, s. o.) im Körper vorhanden sind. Darstellung und Attribution geschehen gleichzeitig und unbewusst, sie greifen ineinander und werden dabei nicht zum Thema gemacht oder wie Hirschauer sagt: „[D]ie Geschlechtszugehörigkeit wird im Normalfall weder erfragt noch mitgeteilt, sondern *dargestellt*" (Hirschauer 1994, S. 672). Dabei besteht die Notwendigkeit der ständigen eindeutigen Zuordnung sowohl für die Darsteller als auch für die Betrachter, die das Geschlecht des Gegenübers anerkennen (vgl. Hirschauer 1989, S. 112). Zu den Kompetenzen einer Geschlechtszuständigkeit zählt Hirschauer

> „neben dem Darstellungs-knowing how und dem expliziten Wissen, ,was sich gehört', auch die Beherrschung körperlicher Funktionen und Fertigkeiten und die Fähigkeit, über Erfahrungen ,als Mann' oder ,als Frau' mitreden zu können" (Hirschauer 1992, S. 50).

Hirschauer spricht von der Zweigeschlechtlichkeit als Wissenssystem (vgl. Hirschauer 1996, S. 242 f.). Dieses System besteht aus Alltagswissen, wissenschaftlichem Wissen, normativen Ausnahmen und intellektuellen Schutzvorkehrungen. Zum Alltagswissen gehören die drei Basisannahmen, „daß alle Menschen *unverlierbar* (Konstanzannahme) und aus *körperlichen* Gründen (Naturhaftigkeit) *entweder* das eine *oder* das andere Geschlecht sind (Dichotomizität)" (ebd., S. 243, Hervorh. i. Orig.). Geschlecht ist also nicht veränderbar und immer eindeutig an körperlichen Merkmalen festzumachen. Das wissenschaftliche Wissen ist geprägt von einem Wissen über Unterschiede zwischen Männern und Frauen, die scheinbar natürlich sind (Hormonwerte, Genitalien). Die „Geschlechtszuständigkeit" enthält eine „normative Dimension", ein normatives Wissen darüber, was als weiblich und was als männlich gilt (vgl. Hirschauer 1989, S. 112). Auch diese ,natürlichen' Unterschiede sind jedoch das Ergebnis eines Konstruktionsprozesses, der auf dem Alltagswissen aufbaut, so werden etwa die Grenzen zwischen dem, was als männlicher und was als weiblicher Hormonspiegel gilt, ebenfalls in wissenschaftlich-medizinischen Debatten ausgehandelt (vgl. Hirschauer 1996, S. 244 und das Kap. 4.1). Normative Ausnahmen dienen der Bestätigung des Systems, denn durch sie wird sichtbar, was als ,normal' und was als ,deviant' gilt. Dazu zählen etwa Homosexualität oder Transsexualität, die entsprechend der aktuellen kulturellen Deutung einer (medizinischen, psychologischen oder juristischen) Behandlung bedürfen oder nicht.

Hirschauer hält eine Interaktion, in der eine solche Zuordnung im Sinne der Unterscheidungspraxis nicht erfolgt, für ausgeschlossen oder zumindest „intolerabel" (Hirschauer 2001a, S. 215; vgl. auch Villa 2006c, S. 91). Dies beginnt mit der Zuordnung in eine Geschlechtsgruppe unmittelbar nach der Geburt (oder auch schon davor) auf der Grundlage der Genitalien (vgl. u.a. Hirschauer 1992, S. 25). Als Anwendungen dieses Zwangs in Interaktionen nennt Hirschauer neben der Auswahl der Kleidung auch

„Gruß- und Anredeformen, Blickmuster und Proxemik bis hin zur Wahl von Gesprächsthemen. Interaktionszug für Interaktionszug kann die Geschlechterdifferenz als relevantes Schema aufgerufen oder vernachlässigt bzw. abgewehrt werden" (Hirschauer 2001a, S. 217).

In jeder noch so alltäglichen Situation und Interaktion wird Geschlecht im Sinne des ‚doing gender' hergestellt. Kleidung gilt dabei als besonderes Merkmal, denn die Genitalien, die bei der Geburt zur Klassifikation dienen, sind im Alltag normalerweise verhüllt und sind nur als antizipierte Geschlechtszeichen vorhanden. Die Kleidung jedoch wird dem Geschlecht angepasst, sie dient damit zur Darstellung des Geschlechts und wird wiederum vom Gegenüber als zu einem Geschlecht passend interpretiert. Hirschauer nennt diesen Vorgang „Sexuierungsprozess". Akteure unterliegen in diesen Prozessen dem Zwang, sich eindeutig zuzuordnen, indem sie ihr Geschlecht darstellen. In seinen Untersuchungen versucht Hirschauer diese Prozesse sichtbar zu machen und zeigt, wie die Geschlechtsdarstellung in der Interaktion geschieht:

„Von ‚Darstellung' zu sprechen heißt weiter, die Bedeutungsdimension sozialen Verhaltens nicht in einem ‚subjektiv gemeinten Sinn', sondern in der *Relation zu Betrachtern* zu lokalisieren, die in *Situationen* anwesend sind" (Hirschauer 1992, S. 39).

Diese Darstellung erhält erst in einer Beziehung (Relation) zwischen Darstellendem und Zuschreibendem eine Bedeutung. Geschlechtsdarstellungen funktionieren demnach nur, wenn jemand anwesend ist, der die Darstellung als eindeutig männlich oder weiblich interpretiert. Der oder die Darsteller/-in bedient sich dabei vergeschlechtlichter Repertoires als Teil seines Wissens, die dem Gegenüber die Einordnung ermöglichen (vgl. Hirschauer 1989, S. 104). Dazu gehören die Wahl der ‚passenden' Kleidung, die ‚richtige' Stimmlage und der ‚zutreffende' Umgang mit dem anderen Geschlecht, aber auch Gesten, Frisuren, Ausdrucks- und Bewegungsweisen und nicht zuletzt die Berufswahl. Es wird also der eigene Körper als geschlechtlicher Körper dargestellt. Diese Darstellungen reproduzieren gleichzeitig eine soziale Wirklichkeit der Zweigeschlechtlichkeit, indem diese ständig sichtbar und „gesellschaftliche Wirklichkeit *durch* den Körper geschrieben" wird (vgl. Hirschauer 1996, S. 249).

Auf der anderen Seite des Prozesses des ‚doing gender' steht die Geschlechtsattribution. Die Geschlechtsattribution trägt dazu bei, andere bei der Einnahme der ‚richtigen' Geschlechtlichkeit zu ‚unterstützen', indem deren Geschlechtsdarstellung als eindeutig interpretiert und ihr Geschlecht damit bestätigt wird. Dabei gilt:

„(…) Geschlechtsattributionen [haben] keineswegs beliebige Resultate. Sie stehen unter den moralischen und kognitiven Zwängen der Personenwahrnehmung und sie sind reflexive Prozesse, die sich ständig selbst und unter Mithilfe des ‚Objektes' ihrer Richtigkeit vergewissern. (…) Geschlechtsattributionen erzeugen ihr eigenes ‚Fundament': in einer zeitlichen Inversion wird ‚der Körper' als ihr vorausliegender Grund angesehen und in einer räumlichen Inversion das Geschlecht eines Individuums ‚am Körper' lokalisiert, wo eine soziale Praxis einen Körper in einer Geschlechtszugehörigkeit lokalisierte" (Hirschauer 1989, S. 109).

Hirschauer beschreibt hier den „Ausweiszwang" (Hirschauer 2001a, S. 215; vgl. auch Villa 2006c, S. 91), der zu einer ständigen Reproduktion der Verhältnisse führt. Dabei gilt der Körper bzw. das was vom Körper gesehen wird, als Grundlage der Zuordnung zu einer Geschlechtsgruppe. Diese Zuschreibung führt wiederum zu einer bestimmten, dem Geschlecht entsprechenden, sozialen Praxis. Was dabei als adäquat für ‚weibliches', was für ‚männliches' Handeln gilt, regeln dabei laut Hirschauer die sogenannten Skripte. Sie dienen dazu,

> „das Geschlecht zur Lösung von Sequenzierungsproblemen ein(zu)setzen: Wer zum Tanz auffordert oder das Wort ergreift, wem man zuerst die Hand schüttelt, wer zuerst durch die Tür tritt, wer im Restaurant zuerst bedient wird, wer beim Orgasmus den Vortritt hat oder wer zuerst das sinkende Schiff verlässt" (Hirschauer 2001a, S. 223).

Die Skripte reproduzieren damit die Unterscheidung in zwei und nur zwei Geschlechter und schreiben geschlechtsspezifisches Verhalten vor. Daran sind die Zuschreibenden genauso beteiligt wie die Darstellenden.

Im Zusammenspiel von Attribution und Darstellung wird die Geschlechtszugehörigkeit (von Ausnahmen abgesehen) eindeutig festgelegt und Darsteller und Betrachter tun (unbewusst) alles dafür, den Konstruktionsprozess unsichtbar zu machen. Durch ihr praktisches, inkorporiertes Wissen können sie ihrem Geschlecht entsprechend körperlich handeln, was, wie bei Bourdieu und Goffman beschrieben, den Geschlechtsunterschied ‚naturgegeben' erscheinen lässt (vgl. Wetterer 2008b, S. 26). Hirschauer spricht vom „Vergessen des Geschlechts" (Hirschauer 2001a). ‚Vergessen' steht dabei in einem Gegensatz zum kognitiven Wissen. Es ist keine bewusste Entscheidung, sich einem bestimmten Geschlecht zuzuordnen oder jemandem ein Geschlecht zuzuschreiben, sondern der Prozess als solcher wird nicht bewusst erlebt. „Darsteller und Betrachter erleichtern sich dabei ihre Parts bis zur völligen Unscheinbarkeit" (Hirschauer 1989, S. 114) Dabei wird der Körper zum „Träger von Praktiken" (Hirschauer 2008, S. 85 f.), das Wissen zum körperlichen Wissen.

Das Beispiel von Transsexuellen zeigt, wie bedeutsam beide Seiten des Prozesses sind. So kann der Geschlechtswandel von Mann zu Frau oder von Frau zu Mann nur gelingen, wenn auch andere bereit sind, ihn zu unterstützen. Erst wenn jemand als Teil der ‚neuen' Genus-Gruppe angesprochen und anerkannt wird, ist der Geschlechtswechsel vollzogen. Dazu gehören neben Ärzten/Ärztinnen und medizinischem Personal auch Arbeitskollegen/-kolleginnen, Freunde und Familie, die die Identität des Transsexuellen durch eine entsprechende Attribution anerkennen. Hirschauer beschreibt:

„Die interaktive Konstruktion von Geschlechtszugehörigkeit ist ein gegenseitiges Entgegenkom-
men und auch eine dichte *Kollaboration* in der Unkenntlichmachung eines Konstruktionsprozesses"
(Hirschauer 1992, S. 55, Hervorh. i. Orig.).

In der Interaktion sind alle Interaktionspartner/-innen bemüht, ihre Zusammenarbeit, in der sie das eigene Geschlecht und das des Gegenübers herstellen, vergessen
zu machen. Eine Fehlentscheidung würde peinliche Situationen hervorrufen.

Für die folgende Untersuchung leistet die theoretische Unterscheidung in Prozesse der Geschlechtsattribution und der Geschlechtsdarstellung eine Erweiterung
der bisherigen theoretischen Perspektive und ermöglicht eine differenziertere Betrachtung des ‚doing gender'-Prozesses. Auch wenn Geschlechtsdarstellung und
Geschlechtsattribution in der Interaktion nicht voneinander zu trennen sind, lassen
sich die Handlungen der Erzieher in der Auswertung aus dem Blickwinkel des einen
oder des anderen Prozesses beobachten. Dies wird in der Auswertung mit Blick auf
das inkorporierte und auf das dargestellte Geschlechtshandeln geschehen.

Auf das Thema der vorliegenden Untersuchung übertragen, scheint es lohnenswert zu untersuchen, wie männliche Erzieher sich *darstellen*, wenn sie nicht den
gängigen eindeutigen Zuordnungen von männlich und weiblich konnotierten Berufen entsprechen. Möglicherweise versuchen sie, ihre Männlichkeit besonders deutlich herauszustellen, um nicht in den Verdacht zu geraten, nicht eindeutig zuzuordnen zu sein. Auf der anderen Seite ist auch denkbar, dass diese Männer bewusst
andere Formen von Männlichkeit leben und darauf bedacht sind, eben keine gängigen, eindeutigen und stereotypen Darstellungen von Männlichkeit zu leben. Dies
kann – auch das ist in Anlehnung an Hirschauer denkbar – zu großen Problemen
mit der eigenen Männlichkeit führen oder zumindest einen ausführlichen Reflexi-
onsprozess hervorrufen.

Weiterhin soll in der Analyse der Empirie darauf geachtet werden, wie Männlichkeit durch andere Beteiligte in Form einer Geschlechtsattribution hergestellt
wird. Beteiligt sind in diesem Fall u. a. die Kinder, die Kolleginnen, die Eltern, aber
auch die Interviewerin, die die Situation beeinflusst. Sie alle tragen dazu bei, dass die
Männer – in einem von Frauen geprägten Beruf – unzweifelhaft als Mann anerkannt werden. Da mit den anderen Beteiligten im Kindergarten nicht gesprochen
wurde, können jedoch nur die Reaktionen der Erzieher auf die wahrgenommenen
Zuschreibungen analysiert werden. Es geht also darum, zu untersuchen, welche
Auswirkungen die Zuschreibungen auf die Konstruktion von Männlichkeit im Erzieherberuf haben und welche Darstellungen dadurch hervorgerufen werden.

4.1.5   Die Bedeutung des Körpers für ‚Doing Gender'

Paula-Irene Villa betrachtet den Aspekt des ‚doing gender'-Prozesses genauer, indem sie ihn in ‚Handeln', ‚Sehen', ‚Sprechen' und ‚Spüren' unterteilt (vgl. Villa

2006c) und ihm damit eine eindeutig körperliche Komponente zuweist. Davon ausgehend untersucht sie die Konstruktion und Veränderung von Körperlichkeit durch Vergeschlechtlichungsprozesse. Sie verknüpft sozialkonstruktivistisch-interaktionstheoretische Ansätze und spricht, wie Hirschauer, von einem ‚körperlichen Wissen' darüber, wie Geschlecht dargestellt wird (vgl. ebd., S. 65). Die Frage ist, was passiert, damit Personen als Frauen oder Männer wahrgenommen und eindeutig anerkannt werden. Wie erlangen sie das körperliche Wissen, um sich vergeschlechtlicht darzustellen? Villa hält dazu die „Prozesse der handlungspraktischen Konstruktion des Körpers" (Villa 2007a, S. 21) für notwendig, geht also davon aus, dass der Körper, seine Wahrnehmung und Darstellung ebenfalls sozial konstruiert und von gesellschaftlichen Verhältnissen beeinflusst ist. In Anlehnung an Bourdieu sieht Villa den vergeschlechtlichten Körper als wesentliches Merkmal der scheinbaren Natürlichkeit des Geschlechterverhältnisses.[84] Sie plädiert mit Judith Butler für eine Analyse des körperlichen Wissens als ‚körperliche Praxis', um dadurch die verschiedenen Momente der Produktion und der Reproduktion von sozialer Wirklichkeit anhand der Konstruktion von Körpern sichtbar zu machen (vgl. Villa 2010a, S. 256).

Villa beschäftigt sich vor allem damit, wie der geschlechtliche Körper als etwas, das wir ‚sind' und ‚spüren' im Zusammenhang mit der theoretischen Konstruktion der Geschlechter zu verstehen ist und beschreibt den Körper als „Scharnier" (Villa 2006c, S. 246) zwischen Individuum und Gesellschaft. Er wird zum „fleischlichen Gedächtnis", das die eigene Biografie und Erfahrungen in sich trägt (vgl. ebd., S. 262).[85] Dabei ist nie ein Ende erreicht, das (geschlechtliche) Subjekt kann nicht ankommen und einfach ‚sein'. Es ist immer im Entstehen begriffen, „scheinbar natürliche oder ontologische Fundamente des Subjekts wie eben die Geschlechtsidentität sind in Wirklichkeit (...) performative Prozesse" (Villa 2004, S. 258). Mit dem Begriff der „performativen Prozesse" bezieht sich Villa auf Butler, die beschreibt, wie im Moment des Sprechens performativ Realität erzeugt wird und diese Realität sich durch Wiederholungen des Gesagten verfestigt (Villa 2006b, S. 227).[86] Im Sprechen wird dabei nie identisch wiedergegeben, was ein anderer bereits gesagt hat, sondern der Diskurs wird in leichter Abwandlung in die eigene Äußerung auf-

---

84 Villa geht dabei kritisch auf die Biologie, Hirn- oder Genforschung ein, die immer wieder Unterschiede zwischen Männern und Frauen aufzeigen. Diese gehen aufgrund der gesellschaftlich anerkannten ‚Objektivität' ihrer Forschungsmethoden und -ergebnisse als ‚Wahrheit' in das gesellschaftliche Geschlechter-Wissen über und werden in Büchern und Fernsehsendungen wie auch im Feuilleton von Tages- und Wochenzeitungen reproduziert.

85 In diesem Sinne kann der Körper als Träger des Habitus verstanden werden.

86 Performativität ist jedoch keineswegs gleichzusetzen mit Beliebigkeit im Sinne von Wählbarkeit (zum Beispiel des eigenen Geschlechts) (vgl. Villa 2003, S. 84 und 158 f.).

genommen.[87] Die performative Konstruktion von Geschlecht meint also, dass Geschlecht u. a. durch Diskurse hergestellt wird. Die Herstellung von Geschlecht bleibt damit ein immerwährender Prozess und ist nie ‚fertig'. Auch normative Vorstellungen von Geschlecht werden so reproduziert und in die soziale Wirklichkeit übertragen. Dabei werden Geschlechtsunterschiede reproduziert, weil sie vorhanden sein *müssen*, nicht weil sie objektiv vorhanden sind (vgl. ebd., S. 87/134). Das Geschlecht ist daher nicht als Eigenschaft einer Person sondern als „Vollzugswirklichkeit" zu verstehen, die im alltäglichen Handeln dargestellt und von anderen anerkannt wird (vgl. ebd., S. 90; Villa 2007b; Villa 2007a, S. 21). Wie Hirschauer geht Villa davon aus, dass andere sehen und ‚lesen' können, wer ihnen gegenübersteht und ihn/sie dadurch einer Genus-Gruppe zuordnen können:

> „Wir lesen unsere Körper wechselseitig in Interaktionen und bekommen dadurch viele wesentliche ‚Eindrücke' über unsere Mithandelnden: Die Kleidung verweist auf den sozialen Status, auf das Geschlecht, auf den Beruf bzw. die jeweilige Tätigkeit (…), der Haarschnitt auf das Alter oder eine subkulturelle Zugehörigkeit, die Gesten auf einen professionellen oder durch Hierarchien geprägten Habitus etc." (Villa 2008b, S. 208).

Der Körper ist also nicht nur Repräsentant der eigenen Vorstellung von Mann- oder Frau-Sein sondern präsentiert auch, wie wir uns sehen und wie wir ‚eingeordnet' werden können/sollen.

Villa geht in ihren Texten auf die Darstellung des eigenen Körpers durch die Stimme, Kleidung, Kosmetik und plastische Chirurgie[88] etc. ein (vgl. Villa 2006c, S. 108). Dabei nutzt sie das Konzept der Somatisierung, also einer Art „Einkörperung" (Villa 2006b, S. 233) gesellschaftlicher Verhältnisse. Ausgehend von Bourdieus Konzept der Hexis (vgl. Kapitel 4.1.1.) untersucht Villa diese „Einkörperung", also wie die Gesellschaft den Körper prägt und gesellschaftliche Ordnung sich reproduziert und als natürlich und unveränderbar wahrgenommen wird. Der Hexis-Begriff stellt für Bourdieu die körperlich-leibliche Dimension des Habitus dar, gesellschaftliche Strukturen werden nicht nur ‚gewusst', sie werden *körperliches* Wissen. Dieses „Körperwissen" ist präreflexiv, „ein Wissen also, das vor- oder halbbewusst

---

87 Villas Bezugnahme auf Butler wird hier nur erläuternd hinzugefügt, da sie für das Verständnis von Villas Arbeiten wichtig sind, für das Verständnis der vorliegenden Untersuchung aber nicht weiter ausgeführt werden müssen.

88 Zentral ist in der Auseinandersetzung mit der plastischen Chirurgie die Frage nach dem ‚Besitz' des eigenen Körpers. Die Entscheidung, sich einer ‚Schönheitsoperation' zu unterziehen, betrachtet Villa ambivalent: Zum einen geht es darum, über den eigenen Körper frei verfügen zu können, zum anderen zeigt Villa, dass es bei Schönheitsoperationen nicht um das freiheitliche Erreichen von ‚Schönheit' geht, sondern um das Erfüllen von Normen, die uns vorschreiben, welchen Körper wir haben ‚müssen', um als ‚richtige' Frau oder ‚richtiger' Mann wahrgenommen zu werden. Die Verfügung über den eigenen Körper ist damit eben nicht frei, sondern wird von gesellschaftlich diskursiv hergestellten Normen beeinflusst (vgl. Villa 2008a, S. 97).

ist" (Villa 2007a, S. 24), weil wir zwar täglich mit unseren Körpern handeln, dies aber meist nicht reflektieren.

Villa entwickelt das Konzept der Hexis weiter, da es ihrer Meinung nach einen unzureichenden Körperbegriff zugrunde legt und sich mit dem Hexis-Konzept weniger gut beschreiben lässt, wie die „genuine Neuproduktion des Sozialen durch konkrete Personen" geschieht (vgl. Villa 2008b, S. 206). Sie bevorzugt den in der Ästhetik und Philosophie gebräuchlicheren und durch Gunter Gebauer und Christoph Wulf soziologisch nutzbar gemachten Begriff der Mimesis (vgl. Villa 2006a, S. 215; Villa 2010b; Gebauer/Wulf 1998; Gebauer/Wulf 2003, S. 13-28). Wulf beschreibt Mimesis folgendermaßen:

> „Als mimetisch werden allerdings nicht Prozesse der bloßen Reproduktion oder Imitation, sondern Handlungen gekennzeichnet, in denen unter Bezug auf andere Menschen, Situationen oder Welten etwas noch einmal gemacht wird, und in denen dadurch etwas entsteht, das sich vom Bezugspunkt der Handlung unterscheidet. Unter Bezug auf Vorausgehendes erzeugen mimetische Prozesse etwas, das es genau so noch nicht gegeben hat (…)" (Wulf 2001, S. 257).[89]

Mimesis beschreibt also einen stetig anhaltenden Prozess, in dem Menschen nie ‚fertig' sind. Die „mimetische Fähigkeit spielt in annähernd allen Bereichen menschlichen Handelns, Vorstellens, Sprechens und Denkens eine Rolle und stellt eine unerlässliche Bedingung gesellschaftlichen Lebens dar" (Gebauer/Wulf 2003, S. 13). Dabei sind mimetische Prozesse solche, in denen körperliche Handlungen, inklusive ihrer symbolischen Kodierung, nachvollzogen werden. Ein Kind, das im Sinne eines mimetischen Prozesses lernt, verknüpft so seine eigene Welt mit der anderen, der „sozialen Welt" (Gebauer/Wulf 2003, S. 107)[90] und nimmt diese in sich auf. Handlungen werden dabei leicht abgewandelt oder an den neuen Kontext angepasst, sodass es nicht um eine Kopie, sondern um eine Weiterentwicklung und Variation bestehender körperlicher Handlungen geht (vgl. Villa 2008b, S. 206; Villa 2007a, S. 26). Entsprechend meint Mimesis

> „gerade nicht eine Einkörperung von sozialen bzw. kulturellen Codes (oder Diskursen) im mechanischen Sinne. Mimesis meint vielmehr eine prozessuale Dynamik der prinzipiell unabschließbaren und letztlich – am Normativen gemessen – zum Scheitern verurteilten ‚Anähnlichung'" (Villa 2010a, S. 270; vgl. auch Villa 2008b; Wulf 2001).

---

89   Wulf beschreibt weiter den Prozess dieser Aneignung: „Äußere und innere Welt gleichen sich kontinuierlich an und werden nur in der Wechselbeziehung erfahrbar. Ähnlichkeiten bzw. Korrespondenzen zwischen Innerem und Äußerem entstehen; es bildet sich ein mimetisches Verhältnis. Die Menschen machen sich der Außenwelt ähnlich und ändern sich in diesem Prozess; in dieser Transformation wandeln sich ihre Wahrnehmungen des Äußeren und ihre Selbstwahrnehmung" (Wulf 2001, S. 260).

90   Vgl. zu Beschreibungen des Nacheiferns von Pop-Musikern und Einübens ihrer Choreografien durch Kinder Tervooren 2007.

Im Scheitern sieht Villa einen theoretischen Gewinn: Es kann nicht gelingen, genau dasselbe zu tun wie die Person, die man nachahmen möchte, sondern körperliches Handeln entwickelt sich weiter und wird zum ‚eigenen' Handeln (vgl. Villa 2006b, S. 229).[91] Damit zeigt der Begriff der Mimesis Übereinstimmungen mit dem butlerschen Begriff der Performativität, denn „auch bei Butler liegen Kreativität und ein (un-)gewolltes Veränderungspotenzial in der Unmöglichkeit identischer Wiederholungen" (Alkemeyer/Villa 2010, S. 322; vgl. auch Villa 2006b, S. 234).[92]

Villa beschreibt Mimesis als weniger deterministisch als das Konzept der Hexis, in der Performanz wird immer wieder etwas Neues geschaffen. Sie veranschaulicht den Vorgang am Tango-Tanz, bei dem es u. a. darum geht, Lehrer/-innen, andere Tänzer/-innen o. a. nachzuahmen, dabei aber niemals genauso zu tanzen wie sie. Vielmehr wird der eigene Körper in die Nachahmung integriert und das Gesehene in den eigenen Körper mit seinen eigenen Fähigkeiten aufgenommen. So entsteht eine neue Bewegung, die durch andere Bewegungen beeinflusst wurde (vgl. Villa 2010b, S. 214). Mimesis als Prozess der Somatisierung beinhaltet, dass immer mindestens zwei Akteure beteiligt sind, die sich gegenseitig beeinflussen können. Villa fasst das Ziel der Konzepte Hexis und Mimesis zusammen:

> „Das Hauptproblem, auf dass (sic!) sich die Begriffe ‚Hexis' und ‚Mimesis' als vorläufige soziologische Antworten verstehen, ist: wie genau kommt die Gesellschaft in die Menschen und wie genau eignen sich Menschen diese Gesellschaft derart an, dass auch sozialer Wandel möglich ist? Wie gehen also Reproduktion (Wiederholung) und Produktion (Herstellung) des Sozialen in der individuellen Praxis vor sich, vor allem angesichts der Unbewusstheit und Absichtslosigkeit, mit der diese Prozesse überwiegend ablaufen" (Villa 2008b, S. 204).

Beide Konzepte sind damit für die Analyse von körperlichem Handeln unter dem Einfluss gesellschaftlicher Verhältnisse nutzbar. Der Begriff der Mimesis zeigt auf die Frage der Vergeschlechtlichung bezogen, dass das Geschlechterverhältnis auf die Körper der Individuen wirkt und das körperliche Handeln und den Habitus beeinflusst.

Für die Untersuchung von Männern im Erzieherberuf ist der Mimesis-Begriff insofern ertragreich, als dass mit ihm körperliche Veränderungen im Handeln, die durch gesellschaftliche Bedingungen ausgelöst werden, interpretiert und benannt werden können. Für die Analyse der Vergeschlechtlichungsprozesse im Erzieherberuf kann so die Gleichzeitigkeit von Produktion und Reproduktion von Geschlecht im Sinne einer ‚Anähnlichung' und einer Einverleibung dargestellt werden. Dabei

---

91   Alkemeyer und Schmidt gehen davon aus, dass auch Bourdieus Habitus-Begriff Möglichkeiten der ‚mimetischen Aneignung' enthält, in denen nicht nur kopiert, sondern das eigene Gelernte auch bewusst selbst korrigiert und verändert wird. Sie verknüpfen also den Mimesis-Begriff mit Bourdieus Habitus-Konzept, während Villa in Bezug auf Bourdieu von Hexis spricht und Mimesis als einen weiterführenden Begriff verwendet (vgl. Alkemeyer/Schmidt 2003, S. 92). Für die Verwendung der beiden Begriffe im Folgenden: s. u.

92   Vgl. zur Verknüpfung von Butler und Bourdieu auch den Ausblick in Müller 2009.

sind beide Begriffe, Hexis und Mimesis, nutzbar, denn mit beiden lässt sich der Prozess der Vergeschlechtlichung beschreiben. Während Hexis das (im Prozess befindliche momentane) Resultat der Einverleibung der gesellschaftlichen Verhältnisse als Teil des Habitus meint, ist Mimesis als Prozess der Veränderung des körperlichen Handelns als Quasi-Reaktion auf gesellschaftliche Verhältnisse zu verstehen. Beides ist nicht voneinander zu trennen und wird im Folgenden, wie Thomas Alkemeyer und Robert Schmidt dies vorschlagen, nebeneinander benutzt (vgl. Alkemeyer/Schmidt 2003).

Im Folgenden sollen beide Seiten des Prozesses untersucht werden: Zum einen, wie übernehmen die Erzieher soziale Strukturen und inkorporieren sie? Das heißt, wie wirken sich soziale Annahmen und gesellschaftliche Rahmenbedingungen auf die Körper der Handelnden aus, wie wird das (körperliche) Handeln von Strukturen und Bedingungen, aber auch von Annahmen und Vorurteilen gegenüber Männern im Erzieherberuf beeinflusst? Wie werden auf diese Weise auch bestehende Geschlechterverhältnisse reproduziert? Auf der anderen Seite gilt es zu untersuchen, wie ‚doing gender' im körperlichen Handeln als Erzieher funktioniert. Alkemeyer und Villa plädieren bei solchen Untersuchungen für einen ethnografischen Zugang, in dem das Handeln und die Einflüsse beobachtet (Alkemeyer/Villa 2010) und Diskrepanzen zwischen Reden und Handeln (vgl. Villa 2006b) analysiert werden können. Beides soll für die vorliegende Arbeit aufgenommen und methodisch umgesetzt werden, indem Beobachtungen und Interviews kombiniert werden (vgl. Kap. 6).

4.1.6 Zusammenfassung

Ausgehend vom Ansatz des ‚doing gender', also der Annahme, dass Geschlecht im Handeln jederzeit, unbewusst und in Interaktionen hergestellt wird, wurde in diesem Kapitel erläutert, wie sich der Konstruktionsprozess von Geschlecht mit theoretischen Konzepten beschreiben lässt. Bevor der Ansatz auf das ‚doing masculinity' hin konkretisiert wird, sollen kurz die wesentlichen theoretischen Merkmale zusammengefasst werden. Die Übertragung auf die Anwendung für die eigene empirische Arbeit erfolgt im Anschluss an das nächste theoretische Teilkapitel zur Konstruktion von Männlichkeit.

Alle vorgestellten Theoretiker/-innen teilen als interaktionistische Ansätze den Grundsatz, dass an der Konstruktion von Geschlecht immer mindestens zwei Interaktionspartner/-innen beteiligt sind. Am deutlichsten wird dies in den Ansätzen von Goffman und Hirschauer, die als zentrales Element die Darstellung des Geschlechts beschreiben. Orientiert an Rollen (Goffman) bzw. Skripten (Hirschauer) stellt das Individuum sich als Mitglied entweder der weiblichen oder der männlichen Genus-Gruppe dar. Hirschauer fügt der Darstellung das Element der Attribution hinzu, die ebenfalls eine wichtige Bedeutung für die Konstruktion von Geschlecht hat. Erst im Zusammenspiel von Darstellung und Attribution wird die Geschlechtlichkeit eindeutig anerkannt. Dabei unterliegen alle Beteiligten einem ständigen Ausweis- und Interpretationszwang; Situationen, in denen das Geschlecht eines Interaktionspartners nicht eindeutig ist, lösen Irritationen aus und sind nicht tolerierbar.

Mit Bourdieu und Villa und den Konzepten Habitus, Hexis und Mimesis kann die körperliche Dimension des ‚doing gender‘ genauer beleuchtet werden. Durch den Habitus spiegeln sich gesellschaftliche Positionierungen im Handeln von Individuen wider, die sich auf die Hexis, die körperliche Ausprägung des Habitus, auswirken. Villa beschreibt, wie sich der geschlechtliche Körper in mimetischen Prozessen konstruiert, wie sich also das Geschlecht oder das was als männlich oder weiblich gilt, in den Körper einschreibt. Dies geschieht nicht im Sinne eines Kopierens von Vorbildern, sondern in Form einer mimetischen ‚Anähnlichung‘. Durch ständige Wiederholungen im Sehen und Sprechen entstehen kulturelle Normen und Normierungen darüber, wie ein männlicher und wie ein weiblicher Körper bzw. auch ein männlicher oder weiblicher Habitus sein soll. Beides erscheint ‚natürlich‘, da die Hexis, wie auch der Habitus, als ‚naturgegeben‘ wahrgenommen wird.

Dölling geht davon aus, dass auch das Geschlechter-Wissen einen Teil des Habitus ausmacht, dass also das, was von den Beteiligten als Vorstellung über Männlichkeit und Weiblichkeit in ihrem Wissen vorhanden ist, in mimetischen Prozessen übernommen und unhinterfragt zum eigenen Wissen geworden ist.

Diese sich gegenseitig ergänzenden Annahmen über die Konstruktion von Geschlecht bilden die Grundlage, um über die Konstruktion von Männlichkeit nachzudenken.

4.2   Die soziale Konstruktion von Männlichkeit

Um nun auf die Konstruktion von Männlichkeit etwas spezieller einzugehen, wird zunächst ein Überblick über die Entwicklung der Männer- und Männlichkeitsforschung der letzten Jahre und Jahrzehnte gegeben, bevor dann das Modell der hegemonialen Männlichkeit, wie es von Raewyn Connell entwickelt und von Michael Meuser konkretisiert wurde, genauer diskutiert und für die vorliegende Arbeit nutzbar gemacht wird.

Jeff Hearn kommentiert, dass es nichts Besonderes sei, über Männer zu forschen, im Gegenteil: „Men have been studying men for a long time, and calling it ‚History‘, ‚Sociology‘, or whatever" (Hearn 2004, S. 49). Männer sind also schon häufig und seit vielen Jahren untersucht worden, jedoch ohne deutlich zu machen, dass es dabei um Männer geht, sondern vielmehr mit der Idee, das ‚Allgemein-Menschliche‘ zu untersuchen. Erst nachdem die Frauenforschung darauf hingewiesen hatte, dass dadurch Frauen und weibliche Lebenswelten vernachlässigt würden und im Zuge des Wandels hin zur Geschlechterforschung, konnte sich zunehmend der Blick darauf wenden, Männer, ebenso wie Frauen, als vergeschlechtlicht anzusehen. Männern wurde der Status des ‚Allgemein-Menschlichen' zunehmend abgesprochen. Hearn zufolge unterscheidet sich die Männerforschung von „malestream"[93]-Forschung (ebd.) dadurch, dass sie Männer und Männlichkeiten in ihrer Vielfalt untersucht und damit den Blick auch auf das Machtgefüge zwischen verschiedenen Männlichkeiten lenkt. Dies ist häufig mit einer gesellschaftskritischen Haltung verbunden, was sich u. a. darin zeigt, dass das Thema Männer und Männlichkeiten von den folgenden Forschungsrichtungen aufgegriffen wird: „... feminist, gay, queer, pro-feminist, and other critique outside the malestream, such as some postcolonial writing" (ebd.).

Männerforschung ist in Deutschland ein noch wenig, etwa in Form eines eigenen Lehrstuhls, institutionalisiertes Forschungsfeld.[94] Allerdings gibt es bereits seit den späten 1980er-Jahren immer wieder wissenschaftliche Veröffentlichungen im Umfeld der Geschlechterforschung, beginnend mit einer Debatte darüber, wie Männer und Männlichkeiten in der Frauenforschung integriert werden könnten. 1988 erschien in der Publikationsreihe der Sektion Frauenforschung der Deutschen Gesellschaft für Soziologie ein erster Band, der sich mit dem Thema Männer und Männlichkeit beschäftigte (vgl. Hagemann-White et al. 1988). Die in den letzten Jahren zunehmende Zahl empirischer Studien deutet darauf hin, dass sich das Forschungsfeld weiter etabliere und in den nächsten Jahren an Bedeutung gewinnen wird (vgl. für einen Überblick zum Beispiel die Sammelbände Bereswill et al. 2007c und Baur et al. 2008.).

Bereswill und andere (Bereswill et al. 2007a) beschreiben die Entwicklung der Männerforschung in Deutschland ausgehend von zwei unterschiedlichen Entstehungskontexten: der „sozialpsychologischen Geschlechtsrollentheorie und (...) [der] feministische[n] Patriarchatskritik" (ebd., S. 8). Die Auseinandersetzung mit der Geschlechtsrollentheorie führte zu der These, dass auch Männer unter den starren Rollenvorgaben des Patriarchats zu leiden hätten und sie, ebenso wie Frauen, in einer Rolle ‚gefangen' seien, die von ihnen viel Verzicht verlange. Untersucht wurden in diesem Zusammenhang vor allem die negativen Auswirkungen auf die physische und psychische Gesundheit von Männern (vgl. ebd., S. 8 f.). In den 1980er-Jahren entwickelte sich in Deutschland ausgehend von dieser Annahme und aus einer ‚Betroffenenperspektive' heraus eine ‚kritische Männerforschung'. Diese

---

93   Gemeint ist Forschung, die Männlichkeit und Männer (male) als ‚normal' (mainstream) versteht.
94   Auch wenn Ursula Müller bereits 1988 forderte: „Neue Männerforschung braucht das Land" (Müller 1988). Müller ging es damals vor allem darum zu widerlegen, dass alle Männer als „Gegner" aller Frauen anzusehen seien. Zu Beginn war jedoch der emanzipatorische Nutzen einer solchen Forschung durchaus umstritten (vgl. Müller 1988, S. 101; Teubner 1988).

Forschungsrichtung war eng mit der sogenannten ‚Männerbewegung' verknüpft und pro-feministisch orientiert. Feministische Ziele als Kritik am Patriarchat wurden von Männern aufgegriffen und mit ihren Ansätzen verknüpft. Ziel der kritischen Männerforschung war unter anderem, Männer nicht als eine Gruppe von Gleichen zu verstehen, sondern die Unterschiedlichkeit der Lebensentwürfe in den Mittelpunkt zu stellen (vgl. für einen Überblick BauSteine Männer 1996). Die deutsche Männerbewegung vertrat und vertritt dabei jedoch nicht einheitlich diese Perspektive. Wie Thomas Gesterkamp darstellt, war sie immer schon von Auseinandersetzungen über Pro-Feminismus und Anti-Feminismus gekennzeichnet, wobei die pro-feministische Richtung Ansätze der Konstruktion von Geschlecht aufnahm und -nimmt, während die anti-feministische Ausprägung eher biologistisch argumentiert(e) und Männer und Frauen als genetisch „programmierte" unterschiedliche Wesen wahrnahm und -nimmt (vgl. Gesterkamp 2010, S. 16).

Eine allmähliche Etablierung der wissenschaftlichen Männerforschung setzte in Deutschland in den 1990er-Jahren ein und stand im Zusammenhang mit einem Paradigmenwechsel von feministischer Patriarchatskritik hin zur Gender-Forschung, im Zuge dessen sich die Forschung zu einer Forschung über das Geschlechterverhältnis wandelte (vgl. Meuser 2006a, S. 91). Laut Meuser postuliert „die *gender-Perspektive* (…) einen differenzierenden Blick auch auf männliche Lebenszusammenhänge, ohne allerdings die Machtrelation aus dem Auge zu verlieren" (ebd., S. 85, Herv. i. Orig.). Damit ging eine zunehmende Ablehnung eines Männerbildes einher, das alle Männer gleichermaßen als ‚Täter' versteht, deren ‚Opfer'[95] Frauen sind, die aufgrund ihrer Geschlechtlichkeit unterdrückt und ausgebeutet werden (vgl. ebd., Kap. 3). Dieser Paradigmenwechsel eröffnete die Möglichkeit, männliche Wissenschaftler sowie Männer und Männlichkeiten als Gegenstand in die Geschlechterforschung zu integrieren und neue Perspektiven auf die Unterschiedlichkeit von Männlichkeiten zuzulassen. Männer und die Erforschung von Männlichkeitskonstruktionen wurden Teil der Geschlechterforschung (vgl. ebd., S. 79 f.). Viele der in den letzten zwanzig Jahren entwickelten Konzepte über Männlichkeit – konstruktivistische wie dekonstruktivistische – , die Geschlechtsrollentheorie und andere, sind im Kontext der Frauenforschung oder „women's studies" entstanden und auf Männer übertragen worden (vgl. ebd.). So wurden Untersuchungen aus der ‚Binnenperspektive', also von Männern über Männlichkeiten, ermöglicht (ebd., S. 87). Männer werden damit nicht als homogene Gruppe betrachtet, die dominant gegenüber allen Frauen ist, sondern verschiedene Männlichkeitsmuster oder -entwürfe werden als soziales Konstrukt verstanden.

---

95 Bereits in den Gründungsveranstaltungen der Sektion Frauenforschung in der deutschen Gesellschaft für Soziologie hatte Lerke Gravenhorst angemahnt, sich in der Auseinandersetzung mit dem Geschlechterverhältnis auch mit impliziten Männlichkeitsbildern der Frauenforscherinnen auseinandersetzen zu müssen, um eben nicht nur diese eine Vorstellung von Männern zu haben (vgl. zur Rekonstruktion dieser Debatten 20 Jahre später Bereswill et al. 2007b.).

keitsforschung der letzten Jahrzehnte entwickelt. In zahlreiche Studien wurde die Theorie übernommen und viele theoretische Texte haben sich in den letzten Jahren, durchaus auch kritisch, mit der Annahme, dass es eine hegemoniale und verschiedene untergeordnete Männlichkeiten gibt, auseinandergesetzt (vgl. zuletzt etwa die ausführliche Auseinandersetzung in der Zeitschrift Erwägen Wissen Ethik 2/2010 oder Baur et al. 2008).

Zum Verständnis der vorliegenden Studie ist vor allem die Annahme wichtig, dass es nicht *eine* Form von Männlichkeit gibt, sondern verschiedene Männlichkeitsformen in einem hierarchischen Verhältnis zueinander stehen. Wie Connell dieses hierarchische Verhältnis konzeptionalisiert, soll in diesem Kapitel erläutert werden.

Der gemachte Mann

Connell (Connell 2006) zeigt in dem im Jahr 1995 erstmals erschienenen Buch „Masculinities"[98] aus der Perspektive der Psychoanalyse, des Rollenmodells und des Patriarchats auf, wie sich die wissenschaftliche Auseinandersetzung mit Männlichkeit historisch entwickelt hat. Sie versteht Männlichkeit und Weiblichkeit als „relationale Konzepte, die sich aufeinander beziehen und im Verhältnis zueinander Bedeutung gewinnen, als eine soziale Grenzziehung und als kultureller Gegensatz" (ebd., S. 63). Dabei geht sie davon aus, dass Geschlecht ein dynamischer Prozess ist, also im Handeln hergestellt wird (vgl. ‚doing gender') und unterscheidet zwischen drei Ebenen, um die Struktur des sozialen Geschlechts darstellen zu können: Macht, Produktion und emotionale Bindungsstruktur (vgl. ebd., S. 94 f.). Auf der Ebene der Macht geht es vor allem um die Dominanz von Männern gegenüber Frauen im Sinne einer Hegemonie, also einer Herrschaftsform, die gesamtgesellschaftlich anerkannt wird. Das heißt, dass alle Männer an der sogenannten „patriarchalen Dividende" (ebd., S. 99 f.) teilhaben, die zu einer Überordnung von Männern gegenüber Frauen führt. Diese Dominanz kann als wesentliches Element der Konstruktion von Männlichkeit verstanden werden. Auf der Ebene der Produktion wird Geschlecht vor allem durch eine geschlechtliche Arbeitsteilung hergestellt: zunächst dadurch, dass Tätigkeiten entweder weiblich oder männlich konnotiert werden und im Sinne des ‚Gleichheitstabus' (vgl. Kap. 3) nur das eine oder das andere sein können. Daraus folgt eine Hierarchisierung zugunsten der männlich konnotieren Tätigkeiten. Ein Element zur Analyse von Männlichkeit ist die Frage nach den Aufgaben, die im beruflichen Kontext übernommen werden. Auf der dritten Ebene wird Geschlecht durch emotionale oder sexuelle Bindung verstanden. (Soziale) Männlichkeit wird unter anderem dadurch konstruiert, wer durch wen wie begehrt wird und wer wen wie begehrt (vgl. ebd., S. 94 f.; Scholz 2004, S. 39).

---

98   Deutsch: „Der gemachte Mann"

Connell entwickelt ihre Theorie auf der Grundlage der „Lebensgeschichten-analyse" verschiedener australischer Männer und differenziert den Männlichkeitsbe-griff immer weiter aus. Die Methode der Lebensgeschichtenanalyse dient dem Ver-stehen des „Entstehen(s) der sozialen Welt in der Zeit" (vgl. Connell 2006, S. 111). Connell beschreibt das Ziel ihrer Theorie wie folgt:

> „Es reicht nicht, die Mannigfaltigkeit von Männlichkeitsformen zu erkennen. Es geht auch um die *Verhältnisse* zwischen den verschiedenen Arten von Männlichkeit: Bündnisse, Dominanz und Unterordnung. Diese Verhältnisse entstehen durch Praxen, die ein- oder ausschließen, ein-schüchtern, ausbeuten, und so weiter. Männlichkeit bedeutet auch Geschlechterpolitik" (ebd., S. 56).

Untersucht wurden hetero-, homo- und bisexuelle Männer, Männer aus der Arbei-terklasse ohne feste Arbeit und Mittelschichtmänner und ihr Verhältnis zwischen und innerhalb dieser Gruppen (vgl. ebd., S. 113). Daraus entwickelt Connell eine Theorie, mit der sie das Verhältnis der Männer untereinander als hierarchisches beschreiben kann. Sie geht von einer männlichen Hegemonie und eine hegemonia-len Form von Männlichkeit aus. Connells Theorie der hegemonialen Männlichkeit vollzieht zweierlei: Sie dient der Beschreibung der Hegemonie von Männern über Frauen und der Beschreibung der Hierarchisierung von Männlichkeiten untereinan-der. Um beide Ebenen auseinanderhalten zu können, wird im Folgenden zur Präzi-sierung zwischen einer männlichen Hegemonie (Männer gegenüber Frauen) und einer hegemonialen Männlichkeit (ein Männlichkeitstypus, der an der Spitze der hierarchisch geordneten Männlichkeiten steht) unterschieden. Diese Theorie soll nun ausführlich dargestellt werden.

Die Theorie der hegemonialen Männlichkeit

Ausgehend von einer breiten Empirie entwickelte Connell seit den 1980er-Jahren[99] den Ansatz der hegemonialen Männlichkeit auf der Grundlage von Diskussionen über das Patriarchat und in Abgrenzung zur Rollentheorie (vgl. Connell 2006; Connell/Messerschmidt 2005; Hearn 2004; Meuser 2006a). Zentral war ihr dabei darzustellen, dass es mehr als eine Form von Männlichkeit gibt. Selbst die Unter-scheidung in „schwarze und weiße [Männlichkeit, A. B.], aus der Arbeiterklasse oder aus der Mittelschicht" (Connell 2006, S. 97) birgt laut Connell die Gefahr, dass man denken könnte, es gäbe nur *eine* Männlichkeit der Arbeiterklasse, *eine* schwarze Männlichkeit usw. Connells zentrales Ergebnis ist also, Männlichkeit im Plural zu denken. Zwischen den unterschiedlichen Männlichkeiten, die sie als Männlichkeits-typen beschreibt, entsteht ein hierarchisches Machtverhältnis, gleichzeitig werden Männer und Männlichkeiten hegemonial gegenüber Frauen und Weiblichkeiten

---

99 Erstmals ausführlich dargestellt wird das Modell in „Gender and Power" (Connell 1987).

verstanden. Männer profitieren darin von der „patriarchalen Dividende" (ebd., S. 99 f.) und sind Frauen gegenüber höhergestellt und bewertet. Den Begriff der Hegemonie übernimmt Connell von Antonio Gramsci und versteht darunter einen erfolgreich erhobenen Anspruch auf Autorität, der nicht mit physischer Gewalt umgesetzt werden muss, sondern über die Anerkennung der Macht auch durch die Beherrschten funktioniert (vgl. ebd., S. 98; Gramsci 1991; Scholz 2004, S. 38). Ähnlich wie in Pierre Bourdieus Konzept der „männlichen Herrschaft" (Bourdieu 2005) wird die Hegemonie durch die allgemeine Anerkennung stabilisiert. Dabei sind in Connells Theorie (anders als bei Bourdieu) die Beherrschten nicht nur Frauen, sondern auch Männer, die andere Formen von Männlichkeit leben. Ausgehend von diesem Standpunkt beschreibt Connell ein hierarchisches Verhältnis von Männlichkeiten.

An der Spitze dieser Hierarchie steht eine bestimmte Form von Männlichkeit, die ihre „Spielart von Männlichkeit" anderen „Spielarten" von Männlichkeit und Weiblichkeit überordnet (vgl. Carrigan et al. 1996: 56). Connell nennt diese Form von Männlichkeit hegemoniale Männlichkeit. Damit ist ein Idealtypus von Männlichkeit gemeint, an dem sich Männer in der Entwicklung ihrer Männlichkeit orientieren. Connell beschreibt, „the fact of hegemony is tremendously important for boys growing up" (Connell 2008, S. 133; vgl. auch Connell 2005), geht aber nicht davon aus, dass es sich bei der hegemonialen Männlichkeit um die ‚normale' Männlichkeit im statistischen Sinne handelt:

> „… only a minority of men might enact it. But it was certainly normative. It embodies the currently most honored way of being a man, it required all other men to position themselves in relation to it, and it ideologically legitimated the global subordination of women to men" (Connell/Messerschmidt 2005, S. 832).

Die hegemoniale Männlichkeit funktioniert als normatives Modell.[100] Es bildet sich eine Form von Männlichkeit heraus, die zu einem bestimmten Zeitpunkt als die legitime und erstrebenswerte Form von Männlichkeit angenommen wird. Dem Typus der hegemonialen Männlichkeit in westlichen Kulturen entspricht zurzeit in etwa das Idealbild von einem weißen, heterosexuellen, gesunden, Vollzeit arbeitenden Mann, mit einer Macht- und Karriereorientierung (vgl. für ein Beispiel dazu: „Business Masculinities" Connell/Wood 2005). Connell weist ausdrücklich darauf hin, dass sich dieses Bild durch gesellschaftlichen Wandel verändern kann (vgl. Connell 2006, S. 98).

Connell setzt zu der hegemonialen Männlichkeit untergeordnete Männlichkeiten in Beziehung. Untergeordnete Männlichkeitsformen sind solche, die dem Idealbild der hegemonialen Männlichkeit nicht entsprechen, wie z. B. homosexuelle Männlichkeiten. Diese Männlichkeitsformen werden gesamtgesellschaftlich als

---

100 Meuser bezeichnet die hegemoniale Männlichkeit als ein „Orientierungsmuster" (Meuser 2006a, S. 104), dazu später mehr.

weniger erstrebenswert wahrgenommen, können jedoch für einzelne oder viele Männer als passende Männlichkeit angenommen werden. Mit dieser Bezeichnung geht es Connell um eine Position im Machtgefüge (also untergeordnet sein), die die Männlichkeitstypen aufgrund von Eigenschaften (also z. B. homosexuell sein) gesellschaftlich zugewiesen bekommen. Welche Einstellung ein Vertreter dieses Männlichkeitstypus gegenüber der hegemonialen Männlichkeit einnimmt (z. B. Ablehnung oder Teilung) ist in Connells Modell unwesentlich, die Zuordnung zur untergeordneten Männlichkeit entsteht ausschließlich durch die entsprechenden Eigenschaften. In einer Überarbeitung des Konzepts weisen Connell und Messerschmidt im Jahr 2005 darauf hin, dass es lokale und globale Unterscheidungen gibt, die in dem ursprünglichen Modell zu wenig berücksichtigt wurden. Dabei beziehen sie sich auf die teilweise Anerkennung männlicher Lebensmodelle, die bisher untergeordnet waren: so ist in einem Stadtviertel beispielsweise schwules Leben anerkannt und als Form von Männlichkeit akzeptiert, während es in anderen Stadtteilen unterdrückt und missachtet wird (vgl. Connell/Messerschmidt 2005, S. 849).

Als dritten Männlichkeitstypus benennt Connell die komplizenhafte Männlichkeit. Darunter versteht sie solche Männlichkeitsformen, die das hegemoniale Modell stützen, selber aber keine hegemoniale Form von Männlichkeit leben. Männer, die Connell der komplizenhaften Männlichkeit zuordnet, profitieren, genau wie alle anderen Formen von Männlichkeit, von der „patriarchalen Dividende" (vgl. Connell 2006, S. 99 f.). Vertreter des komplizenhaften Typus orientieren sich an hegemonialer Männlichkeit, die sie als einzige legitime Form von Männlichkeit auch dann erstrebenswert finden, wenn sie sie selber nicht leben. Dabei arbeitet Connell vor allem mit Beispielen, was den Ansatz, dass es sich um ein theoretisches Modell handelt, durchaus gefährden kann.[101]

Der Typus der komplizenhaften Männlichkeit wird für die vorliegende Studie ausschließlich als ein Typus verstanden, der sich auf unterstützende Art mit der hegemonialen Männlichkeit identifiziert, ohne sie selbst zu leben. Männer, die diesem Typus zugeordnet werden, können auf der empirischen Ebene sowohl homosexuell als auch heterosexuell, sowohl Alleinverdiener als auch Hausmänner, sowohl schwarze als auch weiße Männer usw. sein – ausschlaggebend für die Zuordnung ist allein ihre unterstützende Haltung gegenüber der hegemonialen Männlichkeit. Durch die Unterstützung des bestehenden Geschlechterverhältnisses werden sie zu „Komplizen" des Systems (ebd., S. 100). Diese Präzisierung wird sich im Folgenden als zentral für die Typisierung von Männlichkeiten im Erzieherberuf erweisen. Sie soll auf das Feld der männlichen Erzieher angewendet werden.

---

101 Männer, die diesem Typus am ehesten nahe kommen, sind zum Beispiel Männer, die keine Familienernährer sind, das Modell des männlichen Alleinverdieners aber dennoch nicht infrage stellen (vgl. Meuser 2006a, S. 105).

Die vierte Form von Männlichkeit, die Connell vorstellt, die marginalisierte, beschreibt sie vor allem an empirischen Beispielen. Die Typisierung beruht auf Merkmalen, wie der Zugehörigkeit zu einer ethnischen Minderheit oder einer ausgegrenzten sozialen Klasse. Dies sagt auf der theoretischen Ebene wenig über die Einstellung der Männer gegenüber der männlichen Hegemonie aus.

Connells Modell weist insofern Schwächen auf, als dass es dazu verführt, den Männlichkeitsformen konkrete Männer zuzuordnen und die Männer, nicht die Typen, zueinander in Beziehung zu setzen.[102] Dennoch soll diese Zuordnung übernommen werden, da damit die Abweichung von der hegemonialen Männlichkeit deutlich gemacht werden kann. Erzieher werden aufgrund ihrer Berufswahl nicht zum Typus der hegemonialen Männlichkeit gezählt, sondern immer einer untergeordneten Männlichkeit zugeordnet, weil der Beruf gesellschaftlich wenig Anerkennung findet, er entsprechend schlecht bezahlt wird und die Arbeitstätigkeiten (auf der von Connell beschriebenen Produktionsebene) weiblich konnotiert sind. Ausgehend von der Analyse, wie sich die Erzieher zur hegemonialen Männlichkeit verhalten, soll später die Zuordnung zu den unterschiedlichen Typen (innerhalb der untergeordneten Männlichkeit) vorgenommen werden.

4.2.2   Hegemoniale Männlichkeit als Orientierungsmuster

Michael Meuser untersucht als bekanntester deutscher Vertreter der Männerforschung seit vielen Jahren Männer und Männlichkeit(en). Dafür hat er sich intensiv mit den Theorien von Pierre Bourdieu und Raewyn Connell auseinandergesetzt, was für die Auseinandersetzung mit Männlichkeit im Erzieherberuf eine Präzisierung ermöglicht. Für Meuser steht neben der Theorie[103] die empirische Erforschung des „Mannsein(s), dessen alltagsweltliche Deutung und Bedeutung" (Meuser 2006a, S. 15) im Mittelpunkt. Er fragt damit zum einen nach Formen von Männlichkeit in einem konstruktivistischen Sinne und stellt zum anderen Männer und deren Erleben ihres Mann-Seins in empirischen Studien dar. In diesem Kapitel wird hauptsächlich auf seine theoretischen Arbeiten Bezug genommen. Die empirischen Er-

---

102 Connell weist auch selbst auf einige Schwächen im Modell hin und macht deutlich, dass sie mit dem Begriff der Marginalisierung nicht glücklich ist. Sie geht darauf ein, dass auch schwarze Männer in den USA Vorbild für hegemoniale Männlichkeit sein können. Sie behält den Begriff aber bei, um die Relationen zwischen den verschiedenen Gruppen zu verdeutlichen (vgl. Connell 2006, S. 102).

103 Für seine Habilitation hat er sich dafür mit den theoretischen Konzepten zum Geschlechterverhältnis verschiedener soziologischer Klassiker, wie Ferdinand Tönnies, Georg Simmel und Emile Durkheim, auseinandergesetzt, die zwar von der Frauenforschung rezipiert, jedoch selten auf ihre Aussagen über Männer und Männlichkeit hin untersucht werden – auch weil sie hier nur selten explizite Aussagen treffen, sondern den Mann als „normal-menschlich" betrachten. Meuser sieht darin, wie auch Simmel (Simmel 1985), das Ergebnis und die Grundlage für die Machtstellung der Männer (vgl. Meuser 2006a, S. 33).

gebnisse fließen in das folgende Kapitel ein, in dem Männlichkeit(en) aus empirischer Perspektive beleuchtet werden.

Ähnlich wie die zuvor diskutierten Theoretiker/-innen geht Meuser davon aus,
dass sich Geschlecht im körperlichen Handeln herstellt und darstellt. Er orientiert
sich bei seiner Theoriebildung vor allem an Bourdieu und dessen Körper-Habitus-
Modell. Dabei versteht er den Habitus als strukturiert und strukturierend, als einerseits Ergebnis gesellschaftlicher Verhältnisse, andererseits diese Verhältnisse aktiv
reproduzierend (vgl. Meuser 2006c, S. 97).[104] Dies gilt auch und ganz besonders für
das Geschlechterverhältnis. ‚Doing masculinity' versteht Meuser als die Ausprägung
eines männlichen Habitus im täglichen Handeln, also zum Beispiel in der Interaktion mit anderen. Hinter der Idee des Geschlechtshabitus verbirgt sich eine Möglichkeit, die Reproduktion des „Mann*seins*" zu analysieren (vgl. Meuser 2006a, S. 112,
Hervorh. i. Original), wobei Meuser den Habitus als die Basis von ‚doing gender'
betrachtet. „Für das Individuum bedeutet das: Im Habitus hat es ein Geschlecht
(‚opus operatum'), indem es ein Geschlecht ‚tut' (‚modus operandi')" (ebd., S. 117).
Im täglichen Handeln wird damit der vergeschlechtlichte Habitus sichtbar, der
dadurch wiederum vergeschlechtlichend wirkt, denn er gibt den Rahmen vor, innerhalb dessen es möglich ist, sich ‚geschlechtsangemessen' zu verhalten und körperlich zu handeln.[105] Dieses Habitusverständnis soll im Folgenden übernommen
werden.

Meuser verknüpft körper- und geschlechtersoziologische Ansätze. Er zeigt auf,
wie nicht nur in der Forschung, sondern auch in der Therapie und in sogenannten
‚Männergruppen' Männlichkeit als männliche Körperlichkeit oder körperliche
Männlichkeit verhandelt wird, wobei es häufig um die Krise der Männlichkeit und
des männlichen Körpers geht (vgl. u. a. Meuser 2003; Meuser 2007a). Der männliche Körper wird dort als Objekt, als Authentizitätsressource oder als „kranker Kör-

---

104 Da die Theorien von Bourdieu bereits in vorangegangenen Kapiteln ausführlich diskutiert wurden,
    wird dies hier nicht wiederholt, sondern nur auf die Weiterentwicklung durch Meuser eingegangen.
105 Meuser grenzt sich, wie auch Connell und Bourdieu, von der Geschlechtsrollentheorie ab, die sich
    als erste sozialwissenschaftliche/sozialpsychologische Theorie explizit mit Männlichkeit als männli-
    che Geschlechtsrolle beschäftigt hat. Seine Kritik richtet sich gegen die Normativität der Ge-
    schlechtsrollentheorie und gegen die systematische Ausblendung von Machtaspekten. Die Ge-
    schlechtsrollentheorie, die vor allem auf Talcott Parsons zurückgeht (vgl. u. a. Parsons 1976), wurde
    seit den 1970er-Jahren von der Frauen- und Geschlechterforschung mit zunehmender Bedeutung
    konstruktivistischer Theorien immer weiter verdrängt, auch wenn sie bis heute im Allgemeinwissen
    und im alltäglichen Sprachgebrauch viel präsenter ist als viele andere soziologische Theorien. For-
    schungen, die auf der Geschlechtsrollentheorie aufbauen, gehen häufig darauf ein, welche Probleme
    die strikten Rollenbilder für Männer bedeuten, denn die Erwartungen sind hoch und nur schwer zu
    erfüllen. Es zeigt sich, dass die Geschlechtsrollentheorie gesellschaftlichen Wandel nur unzureichend
    beschreiben kann, denn ausgehend von der ‚einen richtigen' Rolle, können alle Abweichungen, die
    durch Veränderungen entstehen, nur zu ‚Rollenstress', nicht zu einem neuen Rollenbild führen (vgl.
    Meuser 2006a, S. 61).

per"[106] (Meuser 2007b) wahrgenommen, alles Elemente, die es nicht geben konnte, solange der Mann als das ‚Allgemein-Menschliche' und daher körper- und geschlechtslose Wesen angesehen wurde. Diese neue Auseinandersetzung mit dem männlichen Körper zeigt sich für Meuser auch in der Analyse von Männerzeitschriften: Männer müssen sich nun offensichtlich – wie vorher nur Frauen – zahlreichen Behandlungen unterziehen, um einen repräsentativen Körper zu haben, der dem anderen Geschlecht gut gefällt. Ein hoher beruflicher Status und ein entsprechendes Einkommen als Zeichen von ‚Männlichkeit' scheinen hierfür nicht mehr ausreichend (vgl. Meuser 2003, S. 177). Darüber hinaus überträgt sich die Präsenz von Körperlichkeit auch auf die Erwerbsarbeit, so scheint auch der Erfolg im Beruf zunehmend mit körperlicher Fitness und Leistungsfähigkeit im Zusammenhang zu stehen (vgl. Meuser 2007b).

Meuser hat für seine Arbeit das Modell von Raewyn Connell kritisch untersucht und weiterentwickelt. Er zeigt auf, dass die begriffliche Unschärfe die Theorie von Anfang an begleitete. Als problematisch bezeichnet er, dass nicht klar ist, in welcher „Dimension sozialer Wirklichkeit" sich die hegemoniale Männlichkeit finden lässt (Meuser 2006b, S. 160). Hinzu kommt, dass sich in den letzten Jahren ein Trend entwickelt hat, nach „‚Materialisierungen' hegemonialer Männlichkeit zu suchen" (ebd., S. 161). Dies widerspricht der Annahme, es handele sich um Idealtypen und um ein theoretisches, kein empirisches Modell. Meuser möchte dagegen die hegemoniale Männlichkeit

> „als generatives Prinzip der Konstruktion von Männlichkeit (…) begreifen, das sich gleichermaßen, wenn auch in unterschiedlichen Ausprägungen, sowohl in perfekten Verkörperungen hegemonialer Männlichkeit (so es diese überhaupt gibt) als auch in den sehr viel häufiger verbreiteten untergeordneten Männlichkeiten auffinden lässt" (ebd., S. 161).

In Anlehnung an Meuser wird daher für die vorliegende Arbeit die hegemoniale Männlichkeit als „Orientierungsmuster" (Meuser 2006a, S. 104) für verschiedene Formen von Männlichkeit verstanden. Das Muster der hegemonialen Männlichkeit reproduziert sich, obwohl es „nur von den wenigsten Männern in vollem Umfang realisiert werden kann, (…) aber, da es normativen Status hat", von allen Männern anerkannt wird und diese dazu veranlasst, sich zu ihm zu positionieren (Meuser 2006b, S. 162; Connell/Messerschmidt 2005, S. 832). Laut Meuser behandelt Connells Modell das generative Prinzip der hegemonialen Männlichkeit nur unzureichend, da Connell zu sehr auf die inhaltlich-empirische Ausführung eingeht (vgl. Meuser 2010, S. 328).

---

106 ‚Krank' im Sinne der Männergesundheitsforschung, die den Mann als defizitär ansieht, weil sich Männer nicht – wie Frauen das schon lange tun – ausreichend um ihre Gesundheit bemühen, nicht rechtzeitig zum Arzt gehen und zu wenig auf ein gesundes Leben achten, was zu einer kürzeren Lebensdauer und schlimmeren Krankheiten führt (vgl. Meuser 2007b).

Weiterhin kritisiert Meuser eine begriffliche Unschärfe in Connells Modell. Connell bearbeitet zwei Dimension von Hierarchie mit dem gleichen Begriff und der gleichen Logik, indem sie zum einen über das heterosoziale Machtgefüge zwischen Frauen und Männern und über das homosoziale Machtgefüge zwischen unterschiedlichen Formen von Männlichkeiten forscht (vgl. ebd., S. 327). Im Folgenden wird, um diese Unschärfe aufzuheben, zwischen männlicher Hegemonie (Männer als hegemoniale Gruppe) und hegemonialer Männlichkeit (eine Form von Männlichkeit, die anderen Formen hierarchisch übergeordnet ist) unterschieden werden (s. o.). Einen spannenden Ansatz bringt Meuser durch eine erneute Rezeption von Gramscis Texten, die als Grundlage für Connells Theoriebildung dienten, mit ein. Dieser unterscheidet das Handeln der herrschenden Klasse in „herrschend" und „führend" (Gramsci 1991, S. 101, zitiert in Meuser 2010, S. 328). Diese Unterscheidung lässt sich auf komplizenhafte und untergeordnete Männlichkeiten übertragen: Während die hegemoniale Männlichkeit für Weiblichkeiten und untergeordnete Männlichkeiten herrschend ist, ist sie für die komplizenhafte Männlichkeit in erster Linie führend, erfüllt also die von Meuser genannte Funktion des generativen Prinzips.

Als logischen Schluss aus seiner Kritik verknüpft Meuser das Modell der hegemonialen Männlichkeit mit Bourdieus Habituskonzept. Meuser geht davon aus, dass beide Konzepte im Kern „eine doppelte, die hetero- wie die homosoziale Dimension umfassende Distinktions- und Dominanzlogik" als Untersuchungsgegenstand teilen (Meuser 2006b, S. 161). Beide zeigen auf, dass die Geschlechterordnung eine Dominanz von Männern über Frauen beinhaltet. Bei Connell kommt eine zweite Achse hinzu, die Dominanz der hegemonialen Männlichkeit gegenüber untergeordneten und marginalisierten Männlichkeiten. Die Herstellung dieses Verhältnisses wird als sich in sozialen Interaktionen und symbolischen Kämpfen reproduzierendes Verhältnis verstanden. Bourdieu beschreibt den Wettbewerb unter Männern als ein ähnlich homosoziales Feld, indem sich Hierarchien zwischen Männern und Männlichkeiten herausbilden können (vgl. Meuser 2008). In Meusers Interpretation orientiert sich also auch der männliche Habitus an einer hegemonialen Männlichkeit.

4.2.3   Weiterentwicklung: Komplizenhafte und alternative Männlichkeit

Ausgehend von den dargestellten theoretischen Überlegungen zur Konstruktion von Männlichkeit soll nun ein Modell verschiedener Männlichkeitstypen entwickelt werden, das für die Auswertung der Interviews mit Männern im Erzieherberuf zielführend ist. Dafür bietet Connells Theorie die Grundlage. Mit ihrem Ansatz wird so ausdrücklich, wie vorher selten, auf die Vielzahl von Männlichkeiten verwiesen, die sich empirisch finden lassen. Männlichkeiten im Plural zu denken ist durch Connells Theorie zum Standard der Männer- und Männlichkeitsforschung geworden. Auch die daraus abgeleitete Betrachtung von Hierarchisierungen zwischen Männlichkeiten wird erst durch dieses Konzept begrifflich fassbar, wenn auch, wie gezeigt, mit einigen Unschärfen. Zahlreiche Studien haben in den letzten Jahren das Modell der hegemonialen Männlichkeit zu einer Leitmodell der Männlichkeitsforschung werden lassen.[107]

Jeff Hearn erweitert Connells Ansatz. Ihm geht es weniger darum, ‚Männlichkeit' oder ‚Männlichkeiten' zu verstehen, als vielmehr um die ‚realen' Männer, die sich hinter theoretischen Konzepten verbergen. Er geht also von der ‚Männlichkeitsforschung' wieder zurück zu einer ‚Männerforschung' – den „Critical Studies of Men" (vgl. Hearn 2004). Wichtig ist Hearn, genau wie Meuser, dass es sich bei der hegemonialen Männlichkeit als eine „configuration of gender practice" ebd., S. 58 handelt, also eine Analyse der Praxis möglich wird und es weniger darum geht, einen bestimmten Männlichkeitstypus herauszuschälen.[108] Hearns Meinung nach ist der Fokus auf Männlichkeit zu eng. Er plädiert für eine Ausweitung auf Männer und spricht, wie dies hier bereits als ‚männliche Hegemonie' getan wurde, von der ‚Hegemony of men', wenn er sagt

> „… it's time to go back from *masculinity* to *men*, to examine the hegemony of men and about men. The hegemony of men seeks to address the double complexity that men are both *a social category formed by the gender system* and *dominant collective and individual agents of social practices*" (ebd., S. 59, Hervorh. i. Orig.).

Hearn geht davon aus, dass Männer eine soziale Kategorie im Geschlechtersystem bilden. Gleichzeitig sind sie aber auch aktive Produzenten sozialer Praxis und tragen zur Reproduktion von Männlichkeit und einem System männlicher Dominanz bei. Diese Hinweise sollen ebenfalls in die vorliegende Arbeit einfließen, indem beides berücksichtigt wird: Es geht einerseits um Männlichkeiten und Männlichkeitstypen, die in einer Relation zueinander stehen. Zum anderen werden aber auch Männer und ihr Habitus und ihre Hexis als Repräsentanten dieser Männlichkeiten unter-

---

107 Viele Studien haben dabei gezeigt, dass sich die verschiedenen Männlichkeiten noch stärker voneinander unterscheiden, als im ursprünglichen Konzept vorgesehen. Eine Möglichkeit ist, das Modell der hegemonialen Männlichkeit mit anderen Dimensionen, wie etwa Milieu oder Berufsfeld zu erweitern, wie Connell das auch selbst anregt. So werden beispielsweise Väter in verschiedenen Milieus durchaus mit unterschiedlichen Ansprüchen, was ihr Männlich-Sein und ihre Vaterschaft angeht, konfrontiert (vgl. Buschmeyer 2008). Auch innerhalb der Gruppe von Männern, die in ‚Frauenberufen' arbeiten, wird es unterschiedliche ‚erstrebenswerte Formen von Männlichkeit' geben, denen die Männer nachstreben, die aber sich dennoch möglicherweise an einem, für die westliche Kultur allgemeinen hegemonialen männlichen Habitus messen lassen (muss). In der empirischen Analyse soll diese Vielfältigkeit daher nicht aus den Augen verloren werden.

108 „Connell has also described hegemonic masculinity as a ‚configuration of gender practice' rather than a type of masculinity, yet the use of the term has sometimes been as if it is a type" (Hearn 2004, S. 58).

sucht und verstanden. So kann untersucht werden, wie ein männlicher Habitus und Typen von Männlichkeit sich gegenseitig beeinflussen.

In den vorangegangenen Kapiteln wurde herausgearbeitet, dass Connell die komplizenhafte Männlichkeit als eine Form von Männlichkeit beschreibt, die in einem unterstützenden Verhältnis zur hegemonialen Männlichkeit steht. In ihrem Modell gibt es jedoch keinen Männlichkeitstypus, der sich als *nicht* unterstützend versteht. Damit kann Connells Konzept eine Form von Männlichkeit nur unzureichend fassen: Männer, die in ihrem Handeln versuchen, das System der hegemonialen Männlichkeit zu kritisieren oder sich ihm zu entziehen. Gesucht wird sozusagen ein anti-komplizenhafter Männlichkeitstypus.

Zwei Männlichkeitstypen, die Connell beispielhaft beschreibt, gehen in diese Richtung, bleiben jedoch vage und theoretisch nur bedingt nutzbar: die „protestierende Männlichkeit" (Connell 2006, S. 132) und eine Männlichkeit, die als „profeministisch" (ebd., S. 151) bezeichnet werden kann. Mit der protestierenden Männlichkeit fasst Connell Männer, die in ihrem Lebensbericht von der hegemonialen Männlichkeit stark abweichen, etwa indem sie nicht arbeiten, weil sie keine Ausbildung haben oder nicht lesen und schreiben können. Diese Männer können dem Typus der hegemonialen Männlichkeit nicht nacheifern, weil er sich in weiter Ferne ihrer realen Chancen bewegt. Es lässt sich in Connells Darstellungen nicht herauslesen, dass Männer dieses Typus eine (bewusste oder unbewusste) Entscheidung gegen das Prinzip der hegemonialen Männlichkeit treffen, sondern sie sind vielmehr Verlierer und damit immer noch Teil des hegemonialen Systems (vgl. ebd., S. 132 ff.).

Auf der anderen Seite beschreibt Connell eine pro-feministische Männlichkeit. Auch hier beschränkt sie sich auf Beispiele, statt auf eine theoretische Positionierung im Verhältnis zur hegemonialen Männlichkeit. Zu diesem Typus zählt sie Männer, die im politischen Engagement und in der Auseinandersetzung mit feministischen Frauen gelernt und gespürt haben, dass sie nicht der hegemonialen Männlichkeitsnorm entsprechen möchten. Häufig entscheiden sie sich bewusst für andere Lebensformen, die zum Beispiel vegetarische Ernährung, Engagement in der Friedens- oder Umweltbewegung, ein Leben als Hausmann und sorgender Vater etc. bedeuten können. Dies geht häufig mit der bewussten Ablehnung von Männlichkeitsmustern einher, die sie in ihrer Kindheit kennengelernt haben. Connell beschreibt einen Mann, der diese Entscheidung getroffen hat:

> „Es ging bei diesem Prozeß um nichts weniger, als sich von der vertrauten traditionellen Form von Männlichkeit zu verabschieden und die eigene Persönlichkeit umzuformen in ein neues nicht-sexistisches Selbst" (ebd., S. 152).

Diese Männer leben im Prinzip das Gegenteil von komplizenhafter Männlichkeit, dies aber aus einer politischen Entscheidung heraus und auf der Grundlage der Auseinandersetzung mit feministischen Frauen und Männern.

Für die empirische Analyse der unterschiedlichen Männlichkeitsformen im Erzieherberuf eignet sich der Begriff der komplizenhaften Männlichkeit gut, denn er kann beschreiben, dass die Männer, meist eher unbewusst, ein System unterstützen und aufrecht erhalten, in dem sie selbst keine hegemoniale Position einnehmen. Dem Idealtypus kann zum Beispiel ein Erzieher recht nahe kommen, der das Modell des männlichen Alleinverdieners auch dann als Standard ansieht, wenn er selbst keine Familie ernähren kann oder muss.

Es zeigt sich jedoch in den für diese Studie ausgewerteten Interviews, dass es auch Erzieher gibt, die hegemoniale Männlichkeitsmuster ablehnen. Diese können pro-feministisch sein, der Begriff ist jedoch für die Untersuchung von Erziehern zu stark politisch konnotiert und beruht zu wenig auf einem Verhältnis zur hegemonialen Männlichkeit. Im Folgenden soll dieser Idealtypus daher mit *alternativer* Männlichkeit bezeichnet werden. Männer, die diesem Typus zugeordnet werden, verstehen sich in einem ablehnend-kritischen Verhältnis zur hegemonialen Männlichkeit, sie sind auf der Suche nach oder leben bereits Alternativen, auch wenn Männer dieses Typus ebenfalls an der patriarchalen Dividende teilhaben. Auch diese Form von Männlichkeit ist im System männlicher Hegemonie verankert und kann auf der Ebene der (rhetorischen) Kritik stehen bleiben, ohne eine tatsächliche Veränderung des Geschlechterverhältnisses zu befördern. Sie kann aber auch Männer umfassen, die sich als pro-feministisch verstehen und politische Ziele in ihre Berufstätigkeit einbeziehen (wie zum Beispiel, Kinder zu mehr Geschlechtergerechtigkeit zu erziehen). Für die Zuordnung zu dem Typus ist zunächst einmal eine kritische, nach Alternativen suchende Haltung gegenüber der hegemonialen Männlichkeit ausschlaggebend. Diese Haltung geht häufig mit einer Auseinandersetzung der eigenen Männlichkeit und einem Nachdenken über das bestehende Geschlechterverhältnis einher.[109] Die Frage der bewussten Auseinandersetzung mit der eigenen Männlichkeit wird in der Auswertung als Teil des Geschlechter-Wissens aufgefasst. Für die weitere Analyse der Männlichkeitstypen wird der Ansatz Meusers übernommen, der die hegemoniale Männlichkeit als Orientierungsmuster für den männlichen Habitus versteht. Die untersuchten Erzieher können sich also in ihrem Habitus mehr oder weniger stark an dem Muster der hegemonialen Männlichkeit orientieren.

---

109 Hier wird deutlich, wie sehr sich Theoriearbeit und die Auswertung der Empirie in der qualitativen Forschung gegenseitig befruchten. Die Annahme dieser beiden Typen wäre ohne die parallele Auswertung so nicht entstanden. Es soll hier nicht der Eindruck entstehen, die beiden Typen wären theoretische Konzepte oder gar Hypothesen, die in der Empirie untersucht werden sollen. Dennoch wurden sie hier theoretisch unter Einbeziehung der ersten empirischen Annahmen entwickelt und fließen nun wiederum in die Auswertung ein und bilden dort eine Vergleichsfolie. Dabei besteht die Möglichkeit, dass sich die Typen so nicht bestätigen bzw. nicht durchgängig aufzufinden sind.

Beide theoretisch hergeleiteten Männlichkeitstypen sollen die Auswertung struk-
turieren. Dabei wird zunächst untersucht, ob und wenn ja wie die befragten Erzieher den Typen zuzuordnen sind und ob sich die Typisierungen als nützlich für die
Analyse erweisen. In einem nächsten Schritt geht es dann darum herauszuarbeiten,
welche Auswirkungen die jeweilige Männlichkeitskonstruktion auf das berufliche
Handeln im Kindergarten hat.

5 Wie Männlichkeit konstruiert wird – Stand der Forschung

In der vorhergehenden Darstellung der theoretischen Grundlagen wurde darauf hingewiesen, dass es die ‚eine' Form von Männlichkeit nicht gibt, dass Männlichkeiten im Plural zu denken sind, dass sie wandelbar sind und in Hierarchie zueinander stehen. Männlichkeit wird ständig hergestellt und reproduziert und ist damit nur schwer fassbar und beschreibbar. Dennoch wird für die Untersuchung von Männlichkeit ein Referenzrahmen dessen benötigt, was aktuell und in der beobachteten Kultur als männlich und Männlichkeit gilt. Woran sonst kann die Forscherin erkennen, dass es sich in dem, was sie beobachtet, gerade um ‚doing masculinity' handelt? In diesem Kapitel werden daher empirische Studien vorgestellt, die untersucht haben, wie ‚doing masculinity' sichtbar wird. Die Ergebnisse sollen als Vergleichsfolie für die spätere Auswertung genutzt werden. Es wurden Studien zu Themen ausgewählt, die in den Interviews angesprochen wurden und nach der Erarbeitung der theoretischen Grundlagen und der Auseinandersetzung mit dem Feld ‚Kinderbetreuung' für die Auswertung von Männlichkeitskonstruktionen von Erziehern hilfreich erschienen.

Viele der folgenden Beispiele, die sich hauptsächlich im Umfeld interaktionistischer Ansätze verorten lassen, zeigen, wie wichtig das Zusammenspiel zwischen Geschlechtszuschreibung, Geschlechtsdarstellung und der Interaktion zwischen den Beteiligten ist. Männlichkeit als relationaler Begriff, als eine Dimension von Geschlecht, kann nur in Beziehung zu anderen Kategorien hergestellt werden. Wie im folgenden Abschnitt dargestellt, ist es insbesondere die Abgrenzung von Weiblichkeit, die für die Konstruktion von Männlichkeit entscheidende Bedeutung erhält.

Männlichkeit durch Abgrenzung von Weiblichkeit und Homosexualität

Männer, die sich für den Erzieherberuf entscheiden, begeben sich damit in ein weiblich konnotiertes Berufsfeld. Die vorhergehenden theoretischen Auseinandersetzungen haben gezeigt, dass dies ihre Männlichkeit gefährden kann. Wie im theoretischen Teil dieser Arbeit herausgearbeitet wurde, ist Männlichkeit in einem dichotomen Verhältnis zu Weiblichkeit zu verstehen. Zuschreibungen können entweder weiblich oder männlich sein, es sind keine Zwischenformen möglich. ‚Doing gender' funktioniert nur, wenn alles eindeutig als ‚männlich' oder ‚weiblich' erkennbar ist – das heißt, wenn eine Verwechselbarkeit ausgeschlossen werden kann. Das sogenannte ‚Gleichheitstabu‘ oder ‚sameness taboo‘ (vgl. Kap. 3) führt dazu, dass Dinge, die objektiv gleich sind, nicht als gleich wahrgenommen werden (vgl. u. a. Bourdieu 2005, S. 96/107). ‚Doing gender‘ bedeutet also zunächst einmal ‚doing difference‘ (Meuser 2006a, S. 122), also das Herstellen von Unterschieden. ‚Doing masculinity‘ ist damit immer als Abgrenzung von Weiblichkeit zu verstehen.[110] Gleichzeitig entsteht neben der reinen Unterscheidung zwischen Männlichkeit und Weiblichkeit eine Hierarchisierung. Nicht nur anhand der Arbeiten von Bourdieu wurde im Theorieteil gezeigt, dass Männlichkeit Weiblichkeit gegenüber meistens als überlegen gilt. Das heißt, Männer oder männliche Jugendliche, die als ‚männlich‘ angesehen werden wollen, müssen alles, was als ‚weiblich‘ gilt, konsequent ablehnen. Dazu zählt auch die Ausübung weiblich konnotierter Tätigkeiten, wie sie etwa im Erzieherberuf ausgeübt werden.

Entsprechend ist im konkreten Arbeitshandeln ein Gleichheitstabu zu beobachten. Zahlreiche Beispiele belegen, dass Männer und Frauen, die beruflich dasselbe tun, dafür sorgen, dass es nicht als dasselbe wahrgenommen wird; beispielsweise beschreiben männliche Krankenpfleger ihre Arbeit häufig ganz anders als weibliche, obwohl sie die gleichen Tätigkeiten ausführen (vgl. u. a. Wetterer 2004; Heintz et al. 1997). Christine Williams befragte männliche Krankenpfleger aus den USA über ihre Erfahrungen und konnte zeigen, dass viele Krankenpfleger großen Aufwand betreiben, um sich von Krankenschwestern zu unterscheiden:

> „The male nurses I spoke to went to great length to distinguish what they do from the traditional conception of nursing tasks. Some men chose to enhance their technical nursing skills; others specialize in administration. The bedside nurse emphasizes his nonnurturing functions, such as his physical strength, allowing him to pick up and move patients. Men use such strategies to demarcate and distinguish their contributions to nursing from women´s role in the profession. I argue that the men perceive an immense pressure to stake out a terrain within nursing to identify as masculine because the profession is so closely associated with femininity" (Williams 1991, S. 90).

Das Beispiel macht deutlich, dass es offensichtlich nicht als männlich gilt, pflegende Tätigkeiten zu übernehmen. Männlichkeit wird, so Williams, über körperliche Stärke, technische und administrative Kompetenz und vor allem durch eine Abgrenzung und Abwertung von weiblich konnotierten Tätigkeiten hergestellt. Die Pfleger legitimieren den inneren Konflikt zwischen Berufswahl und Männlichkeitskonstruktion durch die Darstellung ihrer besonderen ‚männlichen‘ Kompetenzen (vgl. ebd., S. 129).

Williams beschreibt weiter, dass viele der Krankenpfleger von ihren meist weiblichen Vorgesetzten dazu angeregt werden, sich weiterzubilden und in admi-

---

110 Wobei Homosexualität mit Weiblichkeit als ‚Passivität‘ (fast) gleichgesetzt wird und sich von ihr ebenfalls abgegrenzt werden muss, um als ‚männlich‘ zu gelten (vgl. Luedtke 2008, S. 167; Williams 1991, S. 129).

nistrative Bereiche oder in Felder mit speziellem Pflegeaufwand, wie zum Beispiel Intensivstationen oder Krankenhäuser für psychisch Kranke, zu wechseln. Dort ist nicht nur die Bezahlung besser, sondern meist auch das Ansehen der Pflegenden. Viele der befragten Pfleger nehmen diese Zuschreibungen an ihren Sonderstatus positiv wahr. Sie werden nicht, wie Studien dies für Frauen in sogenannten ‚Männerberufen' beschreiben, aufgrund ihres ‚Token-Status' diskriminiert, sondern der Status ermöglicht ihnen eine schnellere Karriere.

Männlichkeit und Erwerbsarbeit

Die Abgrenzung von Weiblichkeit scheint demnach besonders in Arbeitsbereichen, die weiblich konnotiert sind, für Männer wichtig zu sein, damit ihre Männlichkeit nicht infrage gestellt wird. In der westlichen kapitalistischen Gesellschaft ist Männlichkeit eng mit Erwerbsarbeit verknüpft. Dies spiegelt sich nicht zuletzt in der starken Verankerung des Alleinverdienermodells im (zunächst West-, nun Gesamt-) Deutschen Sozialstaat wider.[111] Die hegemoniale Vorstellung einer erwachsenen ‚normalen' Männlichkeit ist damit an die Vorstellung von Berufstätigkeit verknüpft, Teilzeitarbeit oder andere ‚abweichende' Arbeitsmodelle werden untergeordnet (vgl. u. a. Meuser 2006a, S. 327; Buschmeyer 2008).[112]

Die Bedeutung der Erwerbsarbeit für die Konstruktion von Männlichkeit zeigt sich in Lebenserzählungen von Männern, die sich fast ausschließlich über ihren Beruf identifizieren, auch dann noch, wenn sie ihn nicht mehr ausüben können oder dürfen (vgl. u. a. Scholz 2004). Gleichzeitig stellt Erwerbsarbeit eine Sphäre von Homosozialität dar, denn viele Arbeitsplätze sind nach wie vor stark geschlechtlich segregiert, das heißt, viele Männer arbeiten an Arbeitsplätzen, an denen sie hauptsächlich mit Männern zusammenkommen (vgl. Meuser 2007a, S. 37).

Unter den Stichwörtern ‚Transformation der Erwerbsarbeit' oder ‚Entgrenzung von Arbeit und Leben' wird in der Soziologie verhandelt, wie sehr sich die Erwerbsarbeit wandelt und dies Auswirkungen auf das ‚Normalarbeitsverhältnis'[113]

---

111 Das Alleinverdienermodell, auch Ernährermodell genannt, basiert auf der Annahme, dass in einer Familie ein Elternteil für das Einkommen zuständig ist, während sich der andere Elternteil hauptsächlich oder ausschließlich um die Versorgung der Familie kümmert (vgl. Leitner et al. 2004, S. 13). Da die gängigere Ausprägung dieses Modells ist, dass der Mann für das Einkommen sorgt und die Frau für die Familienarbeit, wird im internationalen Kontext auch vom „male breadwinner model" gesprochen (vgl. Lewis 2004).

112 Hegemonial bedeutet auch hier, dass längst nicht alle Familien dieses Ernährermodell wählen (können oder wollen). Es wird jedoch staatlich gefördert und zur gesellschaftlichen „Normalität" erklärt und damit zu einem Leitbild.

113 Unter ‚Normalarbeitsverhältnis' wird eine Vollzeiterwerbstätigkeit verstanden, die mit einer Trennung der produktiven und der reproduktiven Sphäre oder auch der Trennung von „Person und Arbeitskraft" einhergeht und schon immer vor allem von Männern ausgeführt wurde – dabei jedoch als „normal", das heißt „geschlechtsneutral" angesehen wurde (vgl. Meuser 2007a, S. 40).

hat (vgl. (Pongratz/Voß 2003); (Voß 1994).[114] Nach Meuser kommt im Zuge der „Feminisierung von Arbeit[115] (…) Männern ein wichtiges Distinktionsmittel abhanden" (Meuser 2007a, S. 42), da sie sich nicht mehr wie bisher, von Frauen dadurch unterscheiden, dass sie lebenslange sichere und gut bezahlte Beschäftigungen haben. Damit verliert „Männlichkeit (…) mehr und mehr ihre traditionellen institutionellen Orte und damit den Charakter des Selbstverständlichen" (ebd., S. 44). Gerade drohende oder erlebte Arbeitslosigkeit verändert die Möglichkeit, sich über die Arbeit zu identifizieren, was entsprechend starke Auswirkungen auf die Geschlechterkonstruktion von Männern hat und häufig zur Beschwörung der ‚Krise des Mannes' führt (vgl. Meuser 2010; Meuser 2006a, S. 326 f.).[116]

Der Erzieherberuf bietet, dies wurde bereits weiter oben deutlich, kaum Möglichkeiten des beruflichen Aufstiegs; die gesellschaftliche Anerkennung und der Verdienst sind gering.[117] Zudem beinhaltet der Beruf (und dies ist durchaus ausschlaggebend für die geringe Wertschätzung, s. o.) eine Vielzahl weiblich konnotierter Tätigkeiten, die als ‚Bedrohung' für Männlichkeit wahrgenommen werden könnten. Für die Auswertung der Interviews stellt sich damit die Frage, wie Männer, die diesen Beruf ergreifen, damit umgehen, sich über ihren Beruf möglicherweise weniger ‚männlich' darstellen zu können, als dies in anderen Berufen der Fall wäre.

Männlichkeit und körperliche Nähe in der Fürsorgearbeit

Zu diesen weiblich konnotierten Tätigkeiten gehören zum Beispiel die Pflegeanteile und Berührungen[118] in der Arbeit mit kleinen Kindern. Die Arbeit von Erziehern

---

114 Für die Auswirkungen, die dieser Wandel auch auf das Geschlechterverhältnis hat, vgl. besonders den Sammelband „Arbeit und Geschlecht im Umbruch der modernen Gesellschaft" (Aulenbacher et al. 2007a).
115 Gemeint ist eine Prekarisierung, also ein Unsicherwerden von Arbeitsplätzen und Arbeitsbedingungen und eine vermehrte Brüchigkeit von Berufsbiografien, wie es sie für viele Frauen und weniger Männer immer schon gegeben hat.
116 Für die Auswirkungen des Zusammenbruchs der DDR und der darauf folgenden Massenentlassungen auf Männlichkeit vgl. Scholz 2004.
117 Rabe-Kleberg weist darauf hin, dass „(…) es sich bei Erzieherinnen um einen Beruf [handelt], der in einem durchweg berufshomogenen Feld angesiedelt ist, in dem es nur flache Hierarchien gibt und Konkurrenz und Kooperation mit anderen Professionen kaum vorkommen. Gerade dies, der Kontakt zu vergleichbaren, aber besser gestellten Professionen, wird aber in der Berufssoziologie als ein Bewegungsmoment für Ehrgeiz, Drang, sich selbst zu reflektieren und darzustellen, als einen (sic!) Moment der Professionalisierung erkannt" (Rabe-Kleberg 1999, S. 22).
118 Bisher wird dem Thema Berührungen in sozialwissenschaftlicher Forschung kaum Raum gegeben, Ausnahmen sind die Arbeiten von Riedel 2008 und Wagener 1999 und einige Verweise bei Goffman 2001a, S. 127. In der Frauen- und Geschlechterforschung bzw. den Gender Studies und der Körpersoziologie ist das Thema Berührung kaum entwickelt. Matthias Riedel plädiert mit seinem Buch „Alltagsberührungen in Paarbeziehungen" für die Entwicklung einer Soziologie des Berührens als Teil einer Soziologie der Sinne (Riedel 2008, S. 17). Er sieht die Gründe für eine Vernachlässigung

im Kindergarten ist damit eine, die der hegemonialen Vorstellung von Männlichkeit und Erwerbsarbeit nicht entspricht. Männer, die in diesen Tätigkeitsbereichen arbeiten, begegnen immer wieder der Zuschreibung der ‚Verweiblichung'. Rudlof beschreibt, wie der Einstieg von Männern in die institutionalisierte Sozialarbeit in den 1920er-Jahren von der Auseinandersetzung mit Weiblichkeit gekennzeichnet war; so wurden den ersten Männern, die an einer sozialen Frauenschule einen Abschluss machten, der Titel der „staatlich anerkannten Wohlfahrtspflegerin" verliehen (vgl. Rudlof 2005, S. 86; Sachße 2003, S. 258). In diese Zeit fallen auch die Bemühungen, dem ursprünglichen Ideal „geistiger Mütterlichkeit" (vgl. Kap. 2.2) ein männliches Pendant entgegenzusetzen. Die sogenannte „geistige Ritterlichkeit" sollte ausdrücken, dass sich Männer in diesem Berufsfeld um „das Ganze" (also auch um die Administration etc.) kümmerten, statt wie die Frauen ‚nur' um das Individuum (vgl. Rudlof 2005, S. 86). Laut Rudlof kann man bis heute „kein eigenständiges Profil einer männlichen Sozialarbeit finden" und viele Männer weichen daher in Funktionsstellen und administrative Leitungspositionen aus (vgl. ebd., S. 92). Sie nutzen männlich konnotierte Bezeichnungen, wie „Boss", „Manager" oder „Trainer", um ihre Männlichkeit in der Interviewsituation darzustellen. Dabei orientieren sich die Sozialpädagogen umso stärker an „herkömmlichen Männlichkeitsbildern", desto mehr sie in ihrem „eigenen Geschlechtshabitus in ihrer Suche nach geschlechtlicher Anerkennung" sind (ebd., S. 266; vgl. auch Eggert-Schmid Noerr 2005). Jürgen Strohmaier beschreibt, dass Männlichkeit in der Sozialpädagogik u. a. durch Darstellung von körperlicher Kraft hergestellt wird. Seine Interviewpartner berichten, wie wichtig es ist, dass sie ihren Klienten/Klientinnen gegenüber kräftig wirken, um als durchsetzungsfähig wahrgenommen zu werden. Kolleginnen tragen zu dieser Verknüpfung insofern bei, als auch sie die körperliche Überlegenheit der Kollegen anerkennen und als Drohgebärde ihren Klienten gegenüber einsetzen (vgl. Strohmaier 2003, S. 254).

In einer Studie des Bundesministeriums für Familie, Senioren, Frauen und Jugend zeigt sich ebenfalls, wie männliche Erzieher im Kindergarten in ihrer täglichen Arbeit bestimmte Dinge tun, die als ‚männlich' gelten, um so ihre Männlichkeit darstellen zu können. Die für die Studie ausgewerteten Interviews deuten darauf hin, dass Männer im Kindergarten häufig ‚geschlechtertypische' Aufgaben erfüllen (BMFSFJ 2010b, S. 45). Als Beispiele wird in der Studie genannt, dass männliche Fachkräfte häufiger toben und raufen, häufiger für die wilden Jungen zuständig

---

dieses Themas aus soziologischer Perspektive in einer Weltanschauung, in der Berührung als Zeichen von Schwäche gilt und Menschen von klein auf zu Distanz, Härte und Emotionslosigkeit erzogen werden sollen, um so dem gängigen Modell eines guten Arbeitnehmers zu entsprechen (vgl. ebd., S. 93 ff). Riedel geht allerdings nicht darauf ein, dass Distanz, Härte und Emotionslosigkeit, wie auch die Fähigkeit, ein guter Arbeitnehmer zu sein, gleichzeitig als ‚männlich' gelten.

sind, eher Aufgaben der Haustechnik übernehmen sowie für Sport- und Bewegungsangebote zuständig sind und dass sie Kindern körperliche (Grenz-)Erfahrungen häufiger zutrauen als ihre Kolleginnen (vgl. ebd., S. 43–45). Für alle Aussagen finden sich in der Studie allerdings auch Ausnahmen, so lehnen es beispielsweise einige Erzieher ab, immer für die Technik oder das Fußballspielen zuständig zu sein und es gibt auch Erzieherinnen, die mit den Kindern gerne toben und raufen (vgl. ebd.). Die Ausübung der ‚männlichen' Tätigkeiten steht dabei in engem Zusammenhang mit geschlechterstereotypen Zuschreibungen und Anforderungen an Erzieher (vgl. Eggert-Schmid Noerr 2005).

Die Beispiele zeigen, dass sich Männlichkeit auch innerhalb eines weiblich konnotierten Berufes durch geschlechtsspezifische Arbeitsteilung herstellen lässt. Männer in diesen Berufen bekommen andere Arbeitsbereiche zugesprochen und müssen sich mit den Zuschreibungen auseinandersetzen. Die Zuschreibenden orientieren sich dabei an hegemonialen Männlichkeitsvorstellungen. Wie die für die vorliegende Arbeit interviewten Erzieher mit diesen Zuschreibungen umgehen, wird in Kapitel 8.1 ausgewertet.

Männlichkeiten in Hierarchien

Eine weitere Zuschreibung, die mit Männlichkeit verknüpft wird, ist die von Macht- und Dominanzstreben. Neben der Aufrechterhaltung des Gleichheitstabus produziert und reproduziert die Arbeitsteilung eine Hierarchisierung zwischen mehrheitlich von Frauen und mehrheitlich von Männern besetzten Bereichen. Dominanten Personen wird ‚Männlichkeit' zuschrieben, das haben bereits die Untersuchungen von Bourdieu und Connell gezeigt. Dies gilt besonders für die Dominanz gegenüber Frauen. In Gruppendiskussionen mit jungen Männern zeigt Meuser, wie diese versuchen, über die Darstellung einer beherrschenden Position Frauen gegenüber hegemoniale Männlichkeitsmuster zu erfüllen. Besonders innerhalb der (gleichgeschlechtlichen) Peergroup ist es für (heterosexuelle) Männer wichtig, deutlich zu machen, dass sie in ihrer Paarbeziehung die bestimmende Person sind und sich nicht von den Partnerinnen kontrollieren lassen (vgl. Meuser 2001, S. 47). Die Peergroup wird während der Adoleszenz zum Bezugspunkt für das ‚doing masculinity'.

Neben dem Verhältnis Frauen gegenüber ist laut Meuser auch die Beteiligung am Wettbewerb zur Herstellung einer Rangordnung innerhalb der gleichgeschlechtlichen Gruppe ein Merkmal von Männlichkeit. In diesen Wettbewerben geht es darum, zu erkennen, wer stärker, mächtiger, klüger etc. ist. Ziel ist die Anerkennung durch andere Männer, weniger die durch Frauen. Als Beispiele für solche Wettbewerbe nennt Meuser u. a. Wortgefechte, berufliche Hierarchiekämpfe und gewaltvolle Auseinandersetzungen (vgl. Meuser 2005, S. 317). Die von ihm untersuchten Männer nutzen den Streit, die Prügelei und andere riskante Körperpraxen zur Darstellung von Männlichkeit. Dabei wissen sie scheinbar sehr genau, was man tun muss, um als ‚männlich' zu gelten. Besonders in der Adoleszenz ist dieses Verhalten zu beobachten, wie Meuser beschreibt:

> „Die jungen Männer sind einerseits ständig gefordert, ihre Männlichkeit unter Beweis zu stellen – insofern ist ihre Männlichkeit fragil –, sie wissen aber andererseits und werden darin durch die Gruppe bestärkt, was sie tun müssen, um sich als Mann zu beweisen – insofern gibt es eine habituelle Sicherheit. Es sind die ernsten Spiele des Wettbewerbs, in denen Männlichkeit sich formt, und die homosoziale Gemeinschaft sorgt dafür, dass die Spielregeln in das inkorporierte Geschlechtswissen der männlichen Akteure eingehen" (Meuser 2008, S. 38).

Auf Bourdieu Bezug nehmend spricht Meuser von „Ernsten Spielen" (ebd.), die Männer spielen, um ihre Männlichkeit zu reproduzieren und nach außen sichtbar werden zu lassen. Meuser schließt daraus, dass diese Wettbewerbe, die Männer nicht nur voneinander trennen, sondern sie auch miteinander verbinden und sie zu einer Gemeinschaft werden lassen (vgl. ebd., S. 33). Die Spiele werden überall dort gespielt, wo Männer weitgehend unter sich sind – „in der Ökonomie, der Politik, der Wissenschaft, den religiösen Institutionen, im Militär, aber auch in (…) Vereinen, Clubs und Freundeskreisen" (ebd.) – und schließen Frauen, die sich an den Spielen nicht beteiligen (dürfen), aus. Die teilnehmenden Männer können und müssen untereinander darstellen, dass sie ‚männliche' Männer sind, die nicht davor zurückschrecken, ihre Männlichkeit zur Schau zu stellen (vgl. auch Meuser 2006a, S. 125).

Ein solcher Wettbewerb zeigt sich im Berufsleben vor allem im Wettbewerb um Führungspositionen. Rudlof bezeichnet den von ihm beobachtbaren „‚Willen zur Macht' bzw. das habituelle Streben nach Leitungspositionen im männlichen Karriereweg auch als Form der Inszenierung und Stabilisierung männlicher Geschlechtsidentität" (Rudlof 2005, S. 97). Dies lässt sich besonders in Berufen finden, die sich durch wenig Hierarchiestufen auszeichnen, wie dem Erzieherberuf.

Susan Murray hat in ihren Interviews herausgearbeitet, dass die meisten Erzieher, die sie in den USA interviewt hat, einen schnellen beruflichen Aufstieg erlebt haben. Sie spricht in Anlehnung an Williams vom „glass escalator", der die Erzieher deutlich schneller in der Hierarchie nach oben befördert als ihre Kolleginnen, weil (und obwohl) sie für alle sichtbar sind (Murray 1997; vgl. auch Rabe-Kleberg 1999, S. 22; Stuve et al. o.J., S. 72; s. Kapitel 3).

Vor dem Hintergrund dieser Beispiele wird deutlich, dass es für die Untersuchung von Männern und Männlichkeiten im Kindergarten wichtig ist, ein Augenmerk darauf zu legen, wie und ob Männlichkeit durch einen Verweis auf Leitungspositionen hergestellt wird.

Männlichkeit und Körperlichkeit

Um an den Wettbewerben der Männer teilnehmen zu können, gehört auch ein geschlechtsspezifischer Umgang mit dem eigenen Körper zur Konstruktion von Männlichkeit. Meuser untersucht, inwieweit ein Umgang mit dem eigenen Körper, den er als „Risikohandeln" beschreibt, Teil einer geschlechtsspezifischen Adoleszenz-Phase ist, ob also Männer und Frauen ein unterschiedliches Risikohandeln an den Tag legen. Unter Risikohandeln versteht Meuser vor allem solches Handeln, mit dem man sich (seinen Körper) und möglicherweise auch andere Betroffene gefährdet. Dabei wird zwischen internalisiertem Verhalten, wie Essstörungen oder Medikamentenmissbrauch, und externalisiertem Verhalten, wie exzessivem Alkoholmissbrauch und Ausübung von Extremsportarten, unterschieden. Das internalisierte Verhalten ist weiblich, das externalisierte männlich konnotiert (vgl. Meuser 2005, S. 310). Das externalisierte Verhalten findet eher in Gesellschaft, hauptsächlich innerhalb einer Peergroup statt und steigert dort die Anerkennung durch andere Männer, während das internalisierte Verhalten vor allem im Verborgenen geschieht und keine Anerkennung seitens anderer Personen nach sich zieht. Entsprechende Zuordnungen finden sich auch beim Sport: Männer üben statistisch gesehen eher solche Sportarten aus, in denen es um Wettkampf und Körperkontakt geht, Frauen wählen tendenziell eher solche Sportarten, in denen der Körper geformt und präsentiert wird (vgl. ebd., S. 311).

Die Bereitschaft, den eigenen Körper (oder auch das eigene Leben) zu riskieren, scheint gerade in der Adoleszenz als Element des ‚doing masculinity' ausgeprägt und anerkannt zu sein. Meuser stellt fest, dass das Risikohandeln ein „über Milieugrenzen hinweg verfügbarer Modus männlicher Sozialisation" sei (ebd., S. 319).

Das Thema ‚männlicher Körper' und Verkörperung von Männlichkeit ist auch ein wesentliches Element in Connells Theorie der hegemonialen Männlichkeit. Hierbei geht es darum, in welchen sozialen Kontexten männliche Körper wie gesehen und angesehen werden: „It is important not only that masculinities be understood as embodied but also that the interweaving of embodiment and social context be addressed" (Connell/Messerschmidt 2005, S. 851). Entsprechend lernen Jugendliche, ihren Körper im Sinne des ‚doing difference' als männlichen oder weiblichen Körper zu erleben und zu präsentieren. Als männlich gelten dabei gefährliche Praxen, wie etwa „smoking, reckless driving, physical violence, and unprotected sex" (Connell 2005, S. 15). Connell bezeichnet solche Praxen als „körperreflexive Praxen" durch die sich das Soziale in die Körper einschreibt. Damit werden sie vergleichbar mit Bourdieus Habitus-Begriff (vgl. Kap. 4.1.1; zum Vergleich von Bourdieus und Connells Ansätzen vgl. z. B. Connell/Messerschmidt 2005 und Kontos/May 2008). Laut Connell ist das, was landläufig unter ‚richtigen Männern' verstanden wird, immer auch im Zusammenhang mit Bildern eines ‚männlichen' Körpers verbunden. Häufig wird so argumentiert, als wäre ein Mann ein von seinem Körper beeinflusster und nach körperlichen Bedürfnissen Handelnder und Getriebener – besonders in Bezug auf die eigene Sexualität (vgl. Connell 2006, S. 65). Sie spricht vom „unentrinnbaren Körper", denn der Körper ist immer Teil des Handelns und kann nicht (nur) als dessen Ausgangspunkt gesehen werden. Zum Leben als Mann gehört laut Connell ein bestimmtes Körpergefühl, also zum Beispiel das Wissen darüber, wie sich die Haut anfühlt oder welche Körperhaltungen akzeptabel sind. Sport sieht Connell als ein Beispiel dafür, wie Männlichkeit und Körper sich gegenseitig beeinflussen, wenn ein Körper etwa dadurch männlicher wirken soll, dass Muskeln aufgebaut und sportliche Wettkämpfe gewonnen werden können (vgl. Connell 2006, S. 73). Erfolgreiche Sportler dienen Jugendlichen als Vorbilder für Männlichkeit und in Sportvereinen lernen sie, ihren Idolen auch körperlich nachzueifern. Dazu gehört, sich potenziellen Verletzungen auszusetzen, die als Zeichen von Stärke zur Konstruktion von Männlichkeit beitragen. Besonders sichtbar ist dies im Football, Eishockey oder Boxen (vgl. Connell 2008, S. 140; vgl. auch Beier 2006).

Für die folgende empirische Untersuchung wird Körperlichkeit aus zwei Perspektiven betrachtet. Zum einen geht es darum zu untersuchen, wie im körperlichen Handeln Männlichkeit hergestellt wird. Dabei werden vor allem Aspekte des Herstellens körperlicher Nähe in der Arbeit mit kleinen Kindern beobachtet. In den vorhergehenden Darstellungen ist bereits mehrfach darauf hingewiesen worden, dass männliche Erzieher mit Kindern häufiger Toben und ihnen die Möglichkeit geben, Grenzerfahrungen zu machen. Auch dies kann unter dem Stichwort ‚Risikohandeln' in der Auswertung untersucht werden. Zum anderen geht es darum zu untersuchen, wie sich der Erzieherberuf auch auf die Hexis der Erzieher auswirkt. Ausgehend von der Annahme mimetischer Prozesse (vgl. Kap. 4.1.5) wird davon ausgegangen, dass sich Körperlichkeit verändert, indem gesellschaftliche Einflüsse auf sie einwirken.

Männlichkeit und Gewalt

Neben dem Wettbewerb im Sport werden auch gewalttätige Auseinandersetzungen häufig mit Männlichkeit verknüpft. Während Gewaltbereitschaft eher mit Männlichkeit in Verbindung gebracht wird, ist Gewalterfahrung tendenziell weiblich konnotiert. Scholz und Meuser beschreiben Gewalt als eine von mehreren Dimensionen, durch die eine soziale Ordnung unter Männern und Männlichkeiten hergestellt wird (vgl. z. B. Scholz 2008). Gewalt unter Männern wird dabei häufig als ‚normaler' Bestandteil männlicher Sozialisation und Teil des ‚doing masculinity' betrachtet. Bei Gewalterfahrungen, die innerhalb der männlichen Peergroup stattfinden, sind die Männer sowohl Täter als auch Opfer, das heißt, sie sind gleichzeitig verletzungsmächtig und verletzungsoffen. Die Verletzungsoffenheit wird jedoch nicht als männlich bewertet, sie bedeutet eine Gefährdung von Männlichkeit, da diese Position als ‚weiblich' (passiv) gilt. Die Darstellung von Männlichkeit erfolgt über eine Darstellung von Verletzungsmacht. Männer vermeiden daher, passive Gewalterfahrungen dazustellen.[119] Mechthild Bereswill zeigt in ihrer Studie über Gewalterfahrungen männlicher Insassen in Jugendgefängnissen, wie sehr die jungen Männer die eigene Angst, Opfer zu werden, oder die Erfahrungen, die sie als Gewaltopfer machten, im Nachhinein herunterspielen. Sie spricht daher von einer „Rationalisierung der Angst" (Bereswill 2007, S. 110) als Teil der Männlichkeitskonstruktion. Auf diese Weise präsentieren die männlichen Jugendlichen sich in Interviewsituationen als mächtig, aktiv und unverletzbar, um besonders die prägenden ersten Tage im Gefängnis auszuhalten und nicht als ‚weiblich/passives' Opfer wahrgenommen zu werden. Bereswill weist darauf hin, dass das Empfinden in der Situation (Angst haben) nicht unbedingt mit der Handlung (sich stark zeigen) und der späteren Präsentation („Rationalisierung der Angst") übereinstimmen muss (vgl. ebd., S. 111; Bereswill 2006).

Michael Kaufman spricht von einer Triade männlicher Gewalt. Damit meint er Gewalt gegen Frauen, Gewalt unter Männern und Gewalt von Männern gegen sich selbst (vgl. Kaufman 1996, S. 139). Alle drei Formen dienen in seiner Darstellung der Konstruktion von Männlichkeit und sollen Macht ausdrücken. Seiner Meinung nach nutzen Männer Gewalt, um ihre Gefühle gleichzeitig auszudrücken und zu verstecken (vgl. ebd., S. 163 f.). Besonders in der Gewalt gegen Frauen und hier vor allem in Form von Vergewaltigungen wird eine Konstruktion von Männlichkeit deutlich, die mit Aktivität (vs. weiblicher Passivität) einhergeht (vgl. ebd., S. 157). In der Gewalt von Männern anderen Männern gegenüber zeigt sich das hierarchische Verhältnis von Männlichkeiten untereinander. Dies kann sich auch in verbaler Gewalt und in sportlichen Wettkämpfen äußern (vgl. ebd.). Mit dem Aspekt der Gewalt gegen sich selber beschreibt Kaufman ein Verhalten, mit dem Männer Passivität, Emotionalität und den Wunsch nach Nähe verleugnen und unterdrücken, um nicht als ‚weiblich' wahrgenommen zu werden. Diese Unterdrückung führt zu einer Entladung in Wut und Aggression, die wiederum gegen sich selbst oder gegen Frauen oder andere Männer gerichtet wird (vgl. ebd., S. 164 f.). Laut Jens Luedtke wird Gewalt als

> „legitime Verhaltensoption zur Konfliktbearbeitung und als legitimes Mittel zur öffentlichsichtbaren Bewerkstelligung des ‚Mannseins' [erlernt] (…) und das möglicherweise verstärkt gerade bei denen, denen es an konventionellen Mitteln wie einer angemessenen (Aus-)Bildung und einer Erwerbsarbeit mangelt" (Luedtke 2008, S. 168).

---

119 Vgl. zum Beispiel die Darstellungen von Gewalterfahrungen bei Rekruten der Nationalen Volksarmee in Scholz 2008 (S. 116 f.) und die Herstellung von „Hackordnungen" durch Gewalt(-androhung) im Gefängnis in Neuer 2008. In beiden Fällen wird eine extrem hohe Gewaltbereitschaft attestiert.

Gewalthandeln scheint also diesen Studien zufolge ein prägendes Element im ‚doing masculinity' zu sein, besonders während der Adoleszenz und besonders dann, wenn die eigene Männlichkeit bedroht oder unsicher zu sein scheint. Männlichkeit und Gewalt wird in der Diskussion um den Erzieherberuf vor allem als Gewalthandeln gegenüber Kindern diskutiert. Dies wurde in den Interviews und in den Beobachtungen weder durch den Leitfaden noch durch die Interviewpartner zum Thema gemacht. Was jedoch immer wieder thematisiert wurde, ist der Umgang mit sexueller Gewalt bzw. dem Generalverdacht der Pädophilie. Dieser soll daher im Folgenden noch einmal ausführlich beschrieben werden.

Männlichkeit und sexuelle Gewalt – der Generalverdacht der Pädophilie

Sexualität wird im Kindergarten meist erst dann zum Thema, wenn ein Mann dort anfängt zu arbeiten, und fast ausschließlich vor dem Hintergrund sexuellen Missbrauchs verhandelt. Im Jahr 2010 wurden zahlreiche Fälle von Kindesmisshandlungen besonders in Einrichtungen der katholischen Kirche, aber auch in Internaten und privaten Schulen bekannt und öffentlich gemacht. Nicht nur deshalb waren Eltern, Träger und Erzieher zum Zeitpunkt der Erhebung für die vorliegende Studie (Sommer/Herbst 2010) sensibilisiert für das Thema sexueller Missbrauch an Kindern, das in allen Interviews angesprochen wurde.[120] Im Folgenden soll vor dem Hintergrund der Beschäftigung mit Männern im Erzieherberuf zum einen dargestellt werden, welche historischen und aktuellen Diskussionen es zum Thema Männer und sexuelle Gewalt/Pädophilie gibt, zum anderen Antworten auf die Frage gefunden werden, warum erst mit dem Eintreten von Männern in das Feld der Kinderbetreuung der Generalverdacht der Pädophilie zum Thema gemacht wird.

Die bereits zitierte Studie des Bundesfamilienministeriums zeigt, dass 60 Prozent der befragten Eltern ihre Kinder männlichen Erziehern anvertrauen würden. Dies ist zwar die Mehrheit, zeigt aber auch, dass 40 Prozent der Eltern skeptisch sind und dies meist auf die Gefahr des sexuellen Missbrauchs zurückführen. Insgesamt stimmen 40 Prozent der Eltern der Aussage „Auch wenn man vielen Männern damit Unrecht tut, habe ich schon mal an die Gefahr eines möglichen Missbrauchs durch männliche Erzieher gedacht" voll und ganz oder eher zu. Es zeigt sich, dass das Thema präsent ist, auch wenn die meisten Eltern dennoch einen Mann im Kindergarten befürworten (vgl. BMFSFJ 2010b, S. 61).[121]

---

120 Eine erste mehr oder weniger wissenschaftliche Auseinandersetzung mit dem Pädophilie-Skandal in der katholischen Kirche bietet Perner 2010. Darin finden sich allerdings auch Aufsätze, die eher als sehr emotionale Anklageschriften denn als eine sachliche Aufarbeitung verstanden werden können.
121 Hinweise und Anregungen, wie Institutionen der Kinderbetreuung mit dem Thema sexuelle Gewalt umgehen können und ihre Mitarbeiter/-innen entsprechend fortbilden könnten, finden sich unter anderem in Peter/Verbeet 2003 und Der Paritätische Gesamtverband 2010.

Männliche Sexualität wird häufig als triebhaft und unkontrolliert beschrieben, als etwas, das nicht zu steuern und damit auch nicht zu begrenzen ist (vgl. Connell 2006, S. 65). Sie dient gleichzeitig zur Konstruktion von Männlichkeit, wie kaum eine andere Handlung. Besonders in der Adoleszenz von männlichen Jugendlichen bekommt die Sexualität den Charakter eines Initiationsritus, Jungen werden in der westlichen Welt durch das Erleben von heterosexueller Sexualität zu ‚männlichen' Männern, so hält etwa Connell fest: „sexual experience is often a source of pride, and a claim of masculine honour, among teenage boys" (Connell 2005, S. 14). Aus der Annahme der triebhaften männlichen Sexualität entspringt auch die Angst vor männlicher Pädophilie.

Der Begriff Pädophilie (aus dem Griechischen stammend und wörtlich für ‚Knabenliebe'[122]) bezeichnet eine sexuelle Zuneigung oder Beziehung zu Kindern oder Jugendlichen, die sowohl einvernehmlich und (körperlich) gewaltlos geschehen kann oder mit sexuellen Übergriffen verbunden ist. Im Folgenden wird einvernehmlich mit gängiger Literatur als Pädophilie jede sexuelle Handlung zwischen Kindern[123] und Erwachsenen zusammengefasst und als ‚sexuelle Gewalt' behandelt – auch weil in einer sexuellen Beziehung zwischen einem Kind und einem Erwachsenen *immer* ein Machtungleichgewicht vorhanden ist.[124]

Ebenso ungenau wie die Definition sind die Annahmen über die Verbreitung der Pädophilie. Man schätzt eine hohe Dunkelziffer ebenso wie einen gewissen Anteil an Menschen mit pädophilen Neigungen, die diese niemals ausleben, weil sie wissen, dass sie damit anderen Menschen Schaden zuführen würden. Bruno Schrep

---

122 Stöckel schreibt, dass die griechische Umschreibung ‚Knabenliebe' nicht passend ist, da sie „romantisiert und der gesellschaftliche Zwang, der auf Jugendliche ausgeübt wurde, geleugnet" würde und da bereits im alten Griechenland die pädophile Liebe zwar legal und verbreitet war, aber auch hier nicht die Bedürfnisse der Kinder berücksichtigte, sondern ausschließlich die der Erwachsenen, die sich der Knaben „bedienten" (vgl. Stöckel 1998, S. 25).

123 Die Definition von Pädophilie ist nicht ganz eindeutig, teilweise wird der Kontakt mit Kindern bis zum Beginn der Pubertät hinzugezählt, manchmal gilt auch die Zeit der Pubertät noch dazu. Da es in dieser Arbeit nur um Erzieher geht, die mit Kindern unter zehn Jahren arbeiten, und es außerdem nicht um Pädophilie als Thema, sondern um den Verdacht eines möglichen sexuellen Interesses geht, ist die genaue Definition hier nicht ausschlaggebend.

124 Die Frage, ob ‚einvernehmliche' sexuelle Beziehungen zwischen Kindern und Erwachsenen möglich sind, wurde in den vergangenen Jahrzehnten nicht immer eindeutig beantwortet. Vertreter der Pädophilie-Bewegung gehen davon aus, dass Pädophile nur einvernehmliche Beziehungen mit Kindern eingehen und sich darin von Tätern sexuellen Missbrauchs unterscheiden (s. u.). Normalerweise bringt jedoch nur der Erwachsene von Anfang an ein sexuelles Interesse in die Beziehung mit ein, die Interessen des Kindes sind meist andere. Auch wenn Studien, besonders solche, die Pädophilie als eine ‚andere' Form sexueller Begierde betrachten, vergleichbar etwa mit Homosexualität, teilweise darstellen (wollen), dass auch von den Kindern eine Initiative zur sexuellen Handlung zu erkennen war, ist diese in den meisten Fällen nicht von vornherein Ziel der Kontaktaufnahme gewesen (vgl. Becker 1997, S. 4 f.).

geht in einem Bericht über ein Präventionsprojekt an der Berliner Charité[125] davon aus, dass in Deutschland 290.000 Männer tendenziell pädophile Neigungen haben, das sind 1 Prozent aller Männer zwischen 18 und 70 Jahren (Schrep 02.10.2006). Manfred Karremann, ein Journalist, der sich ein Jahr lang ,undercover' in ,der Pädophilenszene' bewegte, gibt an, dass die Polizei mit 60.000 Pädophilen in Deutschland rechnet (vgl. Karremann 2007, S. 12). Beide Zahlen beschreiben ausschließlich und scheinbar selbstverständlich nur Männer als potenzielle Täter.

Rüdiger Lautmann schätzt, dass ca. 5 Prozent der Menschen mit pädosexuellen Neigungen ausschließlich pädophil sind, sich also nur zu Kindern hingezogen fühlen (vgl. Lautmann 1994, zitiert in Becker 1997, S. 9). Die viel größere Zahl der tatsächlichen Missbrauchsfälle ist auf sogenannte ,Gelegenheits- oder Ersatz-Pädophile' zurückzuführen. Mit ,Ersatz-Pädophilen' sind solche Täter gemeint, die sich vor allem zu Erwachsenen hingezogen fühlen, sich aber aus ,Mangel' an möglichen Sexualpartnern an Kindern vergehen (vgl. Stöckel 1998, S. 12).[126]

Auch die Zahlen über Menschen, die sich an einen sexuellen Übergriff in ihrer Kindheit erinnern, sind zu wenig aufschlussreich, um zu erfahren, wie hoch die Zahl der Pädophilen in Deutschland ist, da es sich auch dabei um Schätzwerte handelt, viele Erwachsene sich nicht erinnern (wollen) und nur ein kleiner Teil der Taten tatsächlich zur Anzeige gebracht wird. Laut Schrep machen 8,6-Prozent der Mädchen und 2,8 Prozent der Jungen in Deutschland in ihrer Kindheit eine sexuelle Missbrauchserfahrung. Die Dunkelziffer wird auch hier um ein Vielfaches höher geschätzt (Schrep 02.10.2006).

Generell gilt Pädophilie als eines der größten Tabus der Sexualität, das bis heute Bestand hat und von weiten Teilen der Bevölkerung als ,pervers' betrachtet wird (vgl. Becker 1997, S. 10). Sophinette Becker beschreibt, dass viele Pädophile unter ihren Neigungen leiden, da sie sie niemals ausleben können oder wollen. Diese Personen leiden häufig an Störungen in ihrem Sexualleben oder an Depressionen. Nicht wenige begehen Suizid(-versuche), weil sie erkennen, dass eine Lösung dieses inneren Konflikts durch das Ausleben der Pädophilie im Interesse der Kinder nicht akzeptierbar ist (vgl. ebd., S. 10).

---

125 Seit 2005 gibt es an der Berliner Charité am Institut für Sexualwissenschaft und Sexualmedizin ein Forschungs- und Präventionsprojekt zum Thema Kindesmissbrauch und Nutzung von Kinderpornografie. Informationen über das Projekt finden sich unter http://www.kein-taeter-werden.de (Stand 29.4.2011). Das Projekt richtet sich ausschließlich an Männer, die sich aus eigenem Interesse für eine Therapie melden, weil sie fürchten, übergriffig gegenüber Kindern zu werden oder es bereits geworden sind (Charité Berlin 2012).

126 Diese Unterscheidung ist allerdings nur für die Täter von Bedeutung, für die Kinder macht es keinen Unterschied, ob es sich um eine einmalige Ersatzhandlung handelt oder um einen Täter, der seiner ständigen und vielleicht einzigen sexuellen Neigung nachgeht, auch wenn möglichweise unterschiedlich viel körperliche Gewalt angewendet wird. Gerhard Amendt beschreibt, dass „eine frühkindliche pädophile Erfahrung immer schädigend sein wird, auch wenn die Schädigungen in der Intensität sich unterscheiden werden" (Amendt 2003, S. 45).

Matthias Stöckel hat eine ausführliche Darstellung zum Thema Pädophilie vorgelegt, in der er sich mit ‚Tätern' und ‚Opfern' beschäftigt, wobei er versucht, beide Seiten zu Wort kommen zu lassen.[127] Bereits im Vorwort weist er darauf hin, dass „es sich bei pädophilen Menschen, die sich öffentlich zu ihrer Deviation bekennen, fast ausschließlich um Männer, die auf Jungen fixiert sind, handelt (...)" (Stöckel 1998, S. 9) und es deutlich weniger bekennende pädophile Frauen als Männer gibt. Die fast ausschließliche Wahrnehmung von pädophilen Männern führt Stöckel darauf zurück, dass die sogenannte ‚Pädophilenbewegung'[128] aus der Schwulenbewegung entstand und damit das Bild geprägt hat, es handele sich vor allem um homosexuelle Männer, die sich auch zu Jungen hingezogen fühlen (vgl. Wolter 1985). Stöckel vermutet außerdem, dass sexueller Missbrauch durch Frauen seltener wahrgenommen wird, weil Berührungen als Form der Pflege und ‚weiblicher' Zuneigung anerkannter sind und möglicherweise nicht einmal von den Betroffenen selbst als sexuell übergriffig erlebt oder erinnert werden (vgl. Stöckel 1998, S. 31 f.; vgl. auch Ford 2006). Bereits Richard von Krafft-Ebbing (von Krafft-Ebing 1896), der 1896 als einer der ersten den Begriff der Pädophilie in seine Beschreibungen zur krankhaften Ausprägung von Sexualität aufnahm, schreibt, dass „‚pädophilia erotica' vorwiegend bei Männern, aber auch bei Frauen" bekannt war (zitiert in Becker 1997, S. 7 f.). Bei den Übergriffen, die von Frauen ausgehen, beschreibt er vor allem die mit der Erziehung der Kinder beauftragten Frauen, also Erzieherinnen und Kindermädchen, als Täterinnen.

---

127 Stöckel zitiert auch Studien, die von bekennenden Pädophilen selbst initiiert wurden und zum Ziel haben, diese Form der Sexualität zu ‚normalisieren' und den Straftatbestand der Pädophilie zu verharmlosen. Dies ist für eine Auswertung von Stöckels Text problematisch, weil er sich bemüht, diese möglichst wertfrei zu zitieren, es dadurch aber nicht immer möglich ist, die Studien von Befürwortern und Gegnern der Pädophilie zu unterscheiden und sie entsprechend einzuordnen.

128 Diese Bewegung entstand ausgehend von den Niederlanden in den 1970er- und 1980er-Jahren auch in Deutschland und setzte sich für ein Recht zur Ausübung der Liebe zu Kindern ein. Die Mitglieder gehen davon aus, dass ihre Liebe und Zuneigung von den Kindern erwidert wird und lassen von den Kindern ab, sobald diese sich gegen die Sexualität wehren. Häufig sehen sich die Pädophilen auch als ‚Erzieher' der Kinder, die ihnen neben der Sexualität auch die Welt der Erwachsenen zeigen und näher bringen. Die gegründeten Vereine und Zeitschriften wurden jedoch im Laufe der 1980er-Jahre verboten (vgl. Stöckel 1998, S. 23). Auch Becker beschreibt, dass bis heute (meist hinter verschlossenen Türen) die Frage des Verbots von Pädophilie von Sexualwissenschaftlern kontrovers diskutiert wird, da nicht immer einwandfrei geklärt werden kann, ob es sich dabei um die Unterdrückung einer sexuellen Präferenz handelt oder es um die Bewahrung der Kinder vor sexuellen Übergriffen geht. Eine öffentliche Diskussion, wie sie in den 1970er-Jahren unter dem Motto „Wer gegen pädosexuelle Kontakte ist, unterdrückt die Sexualität des Kindes" (vgl. Becker 1997, S. 3) geführt wurde, ist jedoch heute undenkbar. Die Idee, auch Kinder ihre Sexualität ausleben zu lassen, wurde in den 1970er-Jahren von der Pädophilen-Bewegung genutzt, um die eigenen Vorlieben ausleben zu können (vgl. dazu auch Der Spiegel 21.07.1980).

Hannah Ford hat eine der wenigen Publikationen zu Frauen und sexuellem Missbrauch vorgelegt (Ford 2006).[129] Sie hat in England und den USA untersucht, wie es dazu kommt, dass so wenige Frauen des sexuellen Missbrauchs angeklagt werden. Dabei stellt sie fest, dass es erst seit den 1990er-Jahren überhaupt Hinweise auf diese Form des Missbrauchs bestehen, vorher schien es so unvorstellbar, dass keine Daten oder Studien erhoben wurden. Auch sie geht davon aus, dass es statistisch deutlich weniger Täterinnen als Täter gibt (sie spricht davon, dass ca. 1 Prozent der verurteilten Sexualtäter/-innen weiblich sind), dass aber eine sehr viel höhere Dunkelziffer zu vermuten ist. Ford hat herausgefunden, dass es für viele Opfer weiblicher sexueller Gewalt schwierig ist, überhaupt Ansprechpartner zu finden, da ihnen viele Ärzte/Ärztinnen und Psychologen/Psychologinnen nicht glaubten. Einige ihrer Interviewpartner/-innen berichten, dass sie dazu übergegangen seien zu behaupten, sie wären von einem Mann missbraucht worden, damit ihnen zugehört wird. Die Tatsache, dass Frauen keinen Penis haben, führt dabei zu der Annahme, dass ihnen nicht zugetraut wird, ein Kind zu missbrauchen (vgl. ebd., S. 8). Zusätzlich wird ein sexueller Missbrauch eines Jungen durch eine ältere Frau häufig als ‚Initiationsritus' verstanden und als wertvolle Erfahrung positiv umgedeutet – teilweise auch von den Jungen selber. Von anderen Opfern wird jedoch ein solches Erlebnis als Traumatisierung erlebt, besonders dann, wenn die Täterinnen ihre Mütter oder Verantwortliche für die Pflege waren, was häufig der Fall ist. Anschuldigungen werden dann häufig dadurch verhindert, dass die meisten Kinder, wenn sie misshandelt wurden, von ihren Müttern zum Arzt begleitet werden und dort nicht gegen ihre Mutter aussagen konnten oder mit alleinerziehenden Müttern aufwachsen und keine anderen Ansprechpartner/-innen kennen (ebd., S. 13 f.).

Diese verschiedenen Beschreibungen weisen darauf hin, dass es vermutlich sehr viel mehr sexuellen Missbrauch durch Frauen gibt, als angenommen. Die Vorstellung, dass Frauen grundsätzlich positiv für die Kindererziehung sind, dass Mütter ihren Kindern ‚selbstverständlich' nichts antun, dass Erzieherinnen keine sexuellen Interessen an Kindern haben, sind jedoch gesellschaftlich so tief verwurzelt, dass sexueller Missbrauch durch Frauen kaum wahrgenommen wird. Würde die Möglichkeit des Missbrauchs durch Frauen ein gesellschaftliches Thema werden, würde dies dramatische Konsequenzen für die Organisation von Kinderbetreuung und Erziehung nach sich ziehen, schließlich werden die meisten Kinder von Frauen großgezogen – und Erzieherinnen nur selten einer solchen (sozialen) Kontrolle unterzogen wie ihre Kollegen.

Da sexueller Missbrauch durch Frauen also fast undenkbar erscheint, gewinnt das Thema Missbrauch in einem Kindergarten erst dann an Bedeutung, wenn dort

---

129 Unter dem gleichen Titel „Women who sexually abuse children" erschien bereits 1996 ein Buch von Jacqui Saradjian (vgl. Saradjian/Hanks 1996), auf das Ford sich bezieht. Saradjian wertet darin Interviews mit mehr als vierzig Frauen aus, die Kinder sexuell missbraucht haben und nun in therapeutischer Behandlung sind.

ein Mann arbeitet. Plötzlich wird die Frage, ob Wickeln eine sexuelle Bedeutung haben kann, relevant. Auch wenn der Generalverdacht für die Mehrheit der Männer, die sich für den Erzieherberuf entscheiden, unbegründet ist, ist auf der anderen Seite nachvollziehbar, dass der Erzieherberuf potenziellen Tätern als ein ‚passendes‘ Arbeitsumfeld erscheint. Wie Stöckel zeigt, entscheiden sich tatsächlich viele Pädophile für, wie er sie nennt, „Elternersatzberufe“. Hierzu zählt er Erzieher, aber auch Gruppenleiter bei den Pfadfindern oder bei der Kirche (vgl. Stöckel 1998, S. 65). Es stellt sich jedoch die Frage, ob sich diese Berufe so zusammenfassen lassen. Ein wesentlicher Unterschied dürfte sein, dass Erzieher eine lange Ausbildung haben, in der sie sich viel mit den Bedürfnissen von Kindern auseinandersetzen und zudem selten mit Kindern alleine arbeiten.[130] Gruppenleiter oder Sporttrainer dagegen benötigen für die Ausübung ihrer Tätigkeit nur wenig institutionalisierte Qualifikationen und sie sind viel häufiger alleine für eine Gruppe von Kindern zuständig. Dies soll nicht heißen, dass solche Leitungsfiguren eher pädophil sind als Erzieher, aber die Möglichkeit, hier einer pädophilen Neigung nachzugehen, scheint dennoch einfacher umzusetzen. Marianne Hasebrink und Martina Huxoll weisen ebenfalls darauf hin, dass

> „… zahlreiche Fälle bekannt (sind), in denen das Ehrenamt als Kontaktmöglichkeit genutzt wurde, zumal das unentgeltliche Engagement vor allem Dankbarkeit und Anerkennung seitens des Trägers, selten jedoch Grenzsetzung verspricht" (Huxoll/Hasebrink 2003, S. 126).

Dies entspricht auch den Erfahrungen, die Karremann bei seinen Undercover-Untersuchungen gemacht hat (vgl. Karremann 2007). Seinen Beobachtungen zufolge verbringen Pädophilie fast ihre gesamte Freizeit in einer Szene, die sich über das Internet austauscht. Die Täter kennen sich untereinander und sprechen eine eigene Sprache, die davon gekennzeichnet ist, niemanden zu verraten (vgl. ebd., S. 18). Karremann konnte herausarbeiten, dass viele Pädophilie Berufe auswählen, in denen sie mit Kindern in Kontakt kommen, in seinen Recherchen ist er aber auch Ärzten und Sozialhilfeempfängern begegnet, die ihre Pädophilie heimlich ausleben. Selbst die Wohnungssuche kann unter dem Gesichtspunkt geschehen, dass ein Täter zum Beispiel Einblick auf einen Schulhof hat.

Es wird in den verschiedenen Studien deutlich, dass sich Menschen mit pädophilen Neigungen Tätigkeits- und Aufenthaltsbereiche suchen, in denen sie Kindern besonders nah kommen und dies ausnutzen können. Dies tun sie zum einen, weil sie dort potenzielle Sexualobjekte finden und ihre Machtposition dazu nutzen können, die Kinder auf sich aufmerksam zu machen, zum anderen aber auch, weil sich Pädophilie häufig in kindlichen Umgebungen wohl fühlen und sich als Teil einer kindlichen Welt erleben möchten (vgl. u. a. Huxoll/Hasebrink 2003, S. 118).

---

130 vgl. dazu auch die Expert/inneninterviews in Kap. 6.

Die folgenden beiden Studien aus den USA beschreiben, welche Erfahrungen Männer, die in der Kinderbetreuung arbeiten, mit dem Generalverdacht der Pädophilie machen.

Susan B. Murray hat untersucht, welche Folgen die Zuschreibungen für Männer in der Kinderbetreuung haben und geht von einer „subtle and not-so-subtle exclusion of men in child care" aus (so der Untertitel ihres Aufsatzes Murray 1997). Die von ihr untersuchten Männer bekommen mehr oder weniger deutlich mitgeteilt, dass es sich bei der Kinderbetreuung um ein weibliches Berufsfeld handelt, in dem sie unerwünscht sind. Sie stellt fest, dass der ‚Übertritt' in einen Bereich, in dem hauptsächlich Frauen arbeiten, die Männer verdächtig werden lässt und daher ihre Möglichkeiten, körperliche Nähe zu den Kindern zu entwickeln, eingeschränkt werden (vgl. ebd., S. 139). Murray beobachtet in ihrer Untersuchung in einem Kindergarten, dass dort eine Arbeitsteilung herrscht, die vorsieht, dass der einzige Erzieher nicht beteiligt wird, wenn die Kinder für den Mittagsschlaf umgezogen und hingelegt werden. Auf die Nachfrage der Autorin begründet das eine Erzieherin wie folgt: „It´s safer this way. You just never know what the parents might think, what kids might say. We really like Michael, and we´ve always done it this way" (ebd., S. 145). In der Einrichtung soll so vermieden werden, dass Verdächtigungen dem männlichen Kollegen gegenüber ausgesprochen werden könnten. Zweifel daran, dass die Kinder es mögen würden oder dass der Erzieher in der Lage ist, Kinder zum Mittagsschlaf zu bringen, äußert die Kollegin nicht. Interessant ist, dass hier die Angst vor dem Missbrauchs*verdacht* zu einer Arbeitsteilung führt, nicht die Angst vor einem tatsächlichen Missbrauch. Murray interpretiert die Arbeitsteilung, die häufig mit dem Schutz der Erzieher vor Anschuldigungen begründet wird, als unterschwellige Diskriminierung.

Paul Sargent hat für seine Studie „Real Men or Real Teachers?" Männer als Grundschul- und Vorschullehrer interviewt und sie danach gefragt, wie ihnen begegnet wird und wie sie mit Vorurteilen umgehen. Er fand heraus, dass Männer, die (in den USA) in diesem Beruf arbeiten, unter ständiger Beobachtung stehen, was ihre Sexualität angeht. Dadurch, dass sie schnell dem Vorurteil unterliegen, homosexuell oder gar pädophil zu sein, können die Männer nicht auf die gleiche Weise mit Kindern umgehen wie Lehrerinnen. Sie sind sich ihres Geschlechts ständig bewusst, nehmen kleine Kinder nicht auf den Schoß und passen auf, dass sie nicht zu viel Nähe zeigen, die ihnen negativ ausgelegt werden könnte (Sargent 2000).

Die Frage, warum gerade Erzieher und andere Männer in sozialen Berufen dem Verdacht des Kindesmissbrauchs unterstehen, scheint also zum einen statistisch bedingt zu sein: Die verschiedenen Studien und Texte weisen darauf hin, dass es eine gesellschaftliche Wirklichkeit ist, dass Männer eher zu Tätern werden als Frauen und dass Missbrauch durch Frauen seltener geschieht und noch seltener als solcher wahrgenommen wird. Dennoch steht hinter dem Generalverdacht gegenüber männlichen Erziehern auch eine andere Annahme: Es ist in einer von männlicher Hegemonie geprägten Gesellschaft sehr ungewöhnlich, dass ein Mann den Erzieherberuf mit seinem schlechten gesellschaftlichen Ansehen und der niedrigen Bezahlung wählt. Dies schließt den Erzieherberuf für Männer mit bestimmten Männlichkeitsvorstellungen (Alleinverdienermodell, Leistungs- und Karrieredenken, Wettbewerbsinteressen, s. o.) scheinbar[131] aus. Diejenigen Männer, die sich dennoch für den Beruf entscheiden, müssen sich häufig fragen lassen, wieso sie einen so ungewöhnlichen Beruf wählen und hier entsteht das Misstrauen: Nicht nur die Eltern der betreuten Kinder, sondern auch Kolleginnen, Freundinnen und Verwandte scheinen den (in den seltensten Fällen ausgesprochenen) Verdacht zu hegen, dass sich hinter der Berufswahl möglicherweise auch ein sexuelles Interesse an Kindern verbirgt.[132] Wie sonst wäre zu erklären, dass sich ein Mann in ein solches Berufsfeld begibt und dort womöglich auch noch zufrieden ist? Diesem Generalverdacht sehen sich viele der befragten Erzieher ausgesetzt. Er wird in der Auswertung der Interviews und Beobachtungen immer wieder von Bedeutung sein.

Zusammenfassung: Empirie gesättigte Annahmen über Männlichkeit im Erzieherberuf

Die zitierten Studien deuten darauf hin, dass Männer bei der Herstellung von Männlichkeit mit hegemonialen Vorstellungen von Männlichkeit konfrontiert werden und sich an ihnen orientieren.[133] Männer im Erzieherberuf kennen diese Zuschreibungen und müssen sich aufgrund ihrer Sonderstellung mit ihnen auseinandersetzen. Anders als in Berufen, in denen sie die Mehrheit bilden, erhält ihr Geschlecht in diesem Feld eine wichtige Bedeutung. Nach wie vor wird ,doing masculinity' als von einer Lust am Wettbewerb und einem Wunsch nach mächtigen Positionen gekennzeichnet beschrieben. Beides wird auf das Berufsleben übertragen, wo aus diesem Wunsch eine männlich konnotierte Leistungs- und Karriereorientierung entsteht. Berufstätigkeit wurde ebenfalls als wichtiges Merkmal des ,doing masculinity' interpretiert, da gezeigt werden konnte, dass Männer sich vor allem über ihren

---

131 In den Interviews wird sich zeigen, dass dies nur scheinbar so ist. Es gibt durchaus Männer in diesem Beruf, die sich trotz ihrer Berufswahl an hegemonialen Männlichkeitsvorstellungen orientieren.

132 Der andere, wohl noch schneller ausgesprochene ,Verdacht', die Erzieher seien homosexuell, geht ebenfalls von dieser Logik aus: Ein ,echter', also heterosexueller Mann, der anstrebt, eine Familie zu gründen, würde sich nicht für einen Beruf entscheiden, mit dem er diese Familie nicht ernähren könnte. Außerdem würde damit das klassische Vorurteil von homosexuellen Männern, die als emotionaler, zuwendungsfreudiger gelten, bestätigt.

133 Es gilt hier selbstreflexiv zu berücksichtigen, dass sich auch diejenigen, die solche Studien durchführen, möglicherweise an hegemonialen Vorstellungen von Männlichkeit orientieren, denn sie können nur das als ,männlich' interpretieren, was vor den eigenen Vorstellungen von Männlichkeit als männlich wahrgenommen wird. Dieses Dilemma ist jedoch nur schwer zu umgehen und kann auch für diese Studie nur immer wieder reflektiert werden, um es bewusst mit einfließen zu lassen.

Beruf und ihre Berufstätigkeit identifizieren. Diese Identifikation ist für Erzieher erschwert, da ihre Berufswahl die Zuschreibung ‚männlich' gefährden kann. Innerhalb der Erwerbsarbeit haben mehrere Studien auf geschlechtsspezifische Arbeitsteilungen verwiesen, wobei Männer, die als ‚männlich' wahrgenommen werden möchten, vor allem eine gewisse Technikkompetenz, körperliche Stärke und administrative Fähigkeiten darstellen. In der Kinderbetreuung gilt es als männlich, mit den Kindern zu toben, für die Arbeit mit ‚schwierigen' Jungen/Jugendlichen zuständig zu sein und Sport zu treiben. Die Übernahme dieser Zuschreibungen in die eigene Geschlechtsdarstellung kann es für Erzieher ermöglichen, innerhalb des Feldes Männlichkeit herzustellen. Wie sie mit diesen Zuschreibungen umgehen, soll die Interpretation der Interviews zeigen.

Männlichkeit lässt sich außerdem über ein eher distanziertes Verhältnis zum eigenen Körper darstellen. Dies zeigt sich darin, dass vor allem junge Männer in Interviews und Gruppendiskussionen auf die Risiken verweisen, denen sie ihren Körper aussetzen. Zu diesen Risiken können gefährliche Sportarten gehören, vor allem zählt aber die Bereitschaft dazu, Gewalt auszuüben und auszuhalten. Die Angst vor Gewalterfahrung wird rationalisiert und in der Darstellung heruntergespielt, sie gilt – wie passives Verhalten generell – nicht als männlich. Die Darstellung von körperlicher Stärke dient dabei zur Abschreckung potenzieller Gegner und zur körperlichen Darstellung von Männlichkeit. Dabei orientieren sich Männer auf der Suche nach ‚männlichen' Körpern zum Beispiel an sportlichen Idolen. Bezugspunkt für diese Männlichkeitsdarstellung ist vor allem die homosoziale Peergroup. In ihr wird verhandelt, wer als männlich und wer als ‚verweiblicht' gilt. Weiblichkeit und Homosexualität werden dabei abgewertet. Männer im Erzieherberuf müssen mit den Körpern von Kindern umgehen. Besonders bei Pflegetätigkeiten stellen sie eine große körperliche Nähe her. Gewalttätiges Handeln im Erzieherberuf ist dabei streng untersagt.

‚Doing gender' wurde als „doing difference" (Meuser 2006a, S. 122) beschrieben. Besonders für junge Männer scheint es auf der Suche nach Männlichkeit wichtig, sich von Frauen und weiblich konnotierten Tätigkeiten und Verhaltensweisen abzugrenzen und sich selber als dominant gegenüber Frauen darzustellen. Immer wieder wird deutlich, dass die Abgrenzung vor allem dann wichtig zu sein scheint, wenn die eigene Männlichkeit als bedroht oder unsicher erlebt wird. Dies ist zum Beispiel in der Adoleszenz der Fall und theoretisch auch dann denkbar, wenn Männer einen von Frauen dominierten Beruf ausüben.

Als weiterer wichtiger Abschnitt in diesem Kapitel wurde der Generalverdacht der Pädophile näher betrachtet und herausgearbeitet, warum beinahe ausschließlich Männer mit diesem Verdacht konfrontiert werden. ‚Doing masculinity' im Kindergarten bedeutet für Erzieher, sich mit dem Generalverdacht auseinanderzusetzen. In der empirischen Analyse soll untersucht werden, wie die Männer mit diesem Verdacht umgehen und welche Auswirkungen er auf ihr Handeln hat.

Die Beispiele zeigen: Männer werden nicht aufgrund bestimmter Dispositionen als ‚männlich' wahrgenommen. Die Herstellung von Männlichkeit erfolgt in der Interaktion und durch den Umgang mit Zuschreibungen, Erwartungen und Vorstellungen von Männlichkeit, die kulturell weitergegeben werden. Männer, die als ‚männlich' wahrgenommen werden wollen, orientieren sich in der Darstellung ihrer Männlichkeit daran, was sie und ihre Peergroup für ‚männlich' halten. Auf diesem Wege (re)produzieren sie hegemoniale Vorstellungen von Männlichkeit.

Ausgehend von der theoretisch erarbeiteten Annahme, dass Männlichkeiten im Plural zu denken sind, gilt es, diese Ergebnisse noch einmal zu überdenken. Wie gehen Männer, die unterschiedlichen Männlichkeitstypen zuzuordnen sind, mit Zuschreibungen an Männlichkeit um? Denkbar ist, dass alle befragten Erzieher die hier beschriebenen Elemente des ‚doing masculinity' kennen, einige von ihnen sich jedoch bewusst von ihnen abzugrenzen versuchen, andere eher nicht. Die vorliegende Studie soll nicht dazu beitragen, im Handeln von Erziehern nach Männlichkeit im hegemonialen Sinne zu suchen und entsprechend ‚entlarvend' zu erkennen, was Männlichkeit ist. Vielmehr soll aufgezeigt werden, dass Männlichkeiten unterschiedlich sein können und der Umgang mit Zuschreibungen an Männlichkeit zu unterschiedlichen Männlichkeitstypen beitragen kann. Diese Offenheit für verschiedene Männlichkeiten soll in der empirischen Untersuchung im Blick behalten werden und sie leiten.

Zwischenfazit: ‚Alternative Männlichkeit' als theoretische Weiterentwicklung kritischer Männlichkeitsforschung

Die Auseinandersetzung mit der (kritischen) Männer- und Männlichkeitsforschung hat gezeigt, dass Connells Modell der hegemonialen Männlichkeit zwar einerseits kritisch betrachtet wird, andererseits aber im Kanon der Geschlechterforschung als eine Art Leitmodell für die Auseinandersetzung mit Männlichkeit fungiert. Die Auseinandersetzung mit dem Modell in den vorangegangen Kapiteln hat jedoch auf eine Fehlstelle in Connells Theorie hingewiesen: Es fehlt die Möglichkeit, Männer, die der hegemonialen Männlichkeit nicht nacheifern und nach Alternativen zu ihr suchen, einem Idealtypus zuzuordnen. Dies kann historische Gründe haben – möglicherweise waren solche Männer in den 1980er-Jahren tatsächlich weniger auffindbar als im Jahr 2012 – es kann aber auch auf ein systematisches Ausblenden von Männlichkeiten, die sich aktiv mit ihrer Position als Mann im Geschlechterverhältnis auseinandersetzen, hindeuten. Die Positionierung der deutschen „Kritischen Männerforschung" (vgl. u. a. BauSteine Männer 1996) deutet darauf hin, dass es eine solche Auseinandersetzung auch schon vor fünfzehn oder zwanzig Jahren gegeben hat.

Um diese Fehlstelle zu füllen, wurde im vorangegangenen Kapitel 4.2.3 der Typus der alternativen Männlichkeit entwickelt. Mit diesem Typus sollen Männlichkeiten gefasst werden, die einerseits nicht der hegemonialen Männlichkeit entsprechen, also bspw. aufgrund von Berufswahl, Ethnizität, sexueller Orientierung etc. einer untergeordneten, marginalisierten oder ausgeschlossenen Männlichkeit zuzuordnen wären und die andererseits und darüber hinaus auch nicht danach streben, eine hegemoniale Männlichkeit zu erreichen/zu leben. Connell geht davon aus, dass untergeordnete Männlichkeiten der hegemonialen Männlichkeit (immer) nacheifern wollen und spricht von einer komplizenhaften Männlichkeit. Männer werden zu Komplizen des Systems, sie stützen es, indem sie es nicht in Frage stellen. Komplizenhafte Männlichkeit liegt damit als Kategorie quer zu den anderen Männlichkeitstypen, nicht eine bestimmte Eigenschaft führt zu der Zuordnung, sondern eine bestimmte Orientierung: Männer, egal welchen Typs, orientieren sich an hegemonialer Männlichkeit. Die aus der ersten Sichtung der Interviews erwachsene Annahme, dass es auch eine Männlichkeit gibt, die der komplizenhaften (und damit auch der hegemonialen) Männlichkeit entgegen steht, deutet darauf hin, dass sich die Zustimmung zur hegemonialen Männlichkeit auf einem Kontinuum bewegt: sie kann

mehr oder weniger stark, eher komplizenhaft oder eher alternativ sein. Diese Annahme soll im Folgenden die Auswertung der Interviews und Beobachtungsprotokolle leiten.

Erzieher werden dabei einer untergeordneten Form von Männlichkeit zugeordnet, weil der Erzieherberuf ‚weiblich' konnotiert ist, männliche Erzieher damit
ihre Männlichkeit ‚gefährden'[134]. Männer sind – und waren es immer – im Erzieherberuf unterrepräsentiert. Der Beruf der Erzieher/-in ist historisch von Beginn an
ein ‚Frauenberuf' gewesen. Auch wenn es anfängliche Bemühungen gab, Männer
für den Beruf zu interessieren, hat dies nie zu einem nennenswerten Männeranteil
geführt. Die Entwicklung des Berufsbildes ‚Erzieher/-in' am Leitbild der „geistigen
Mütterlichkeit" (Ebert 2006, S. 64) sowie die schlechte Bezahlung und gesellschaftliche Anerkennung hat historisch dazu geführt, dass der Erzieherberuf seine weibliche Konnotation immer beibehalten hat und dadurch für Männer mit hegemonialen
Männlichkeitsvorstellungen nie attraktiv geworden ist. Männer, die sich für den
Erzieherberuf entscheiden, weichen damit deutlich von hegemonialen Männlichkeitsnormen ab. Sie begeben sich fast immer in eine Position, in der sie aufgrund
ihres Geschlechts besondere Beachtung bekommen und sich daher ihres Mann-
Seins viel stärker bewusst sind, als dies in Berufen mit ausgeglichenem Geschlechterverhältnis oder hohem Männeranteil wahrscheinlich der Fall wäre. Hinzu kommt,
dass im Feld der Kinderbetreuung das Fehlen von männlichen Fachkräften in den
letzten Jahren zu einem ‚Mangel' umgedeutet wurde und Männer nun explizit angesprochen werden sollen, sich für den Erzieherberuf zu entscheiden. Die Abwertung
ihrer Männlichkeit, die mit der Annahme ‚natürlich-weiblicher' erzieherischer Fähigkeiten einhergeht, scheint sich also innerhalb des Feldes umzudeuten: Erzieher
werden nun mit Anforderungen und positiven Zuschreibungen konfrontiert, die sie
aufgrund ihres Mann-Seins bekommen. Dazu gehört neben der Attribution, als
männliches Vorbild zu dienen, häufig eine geschlechterstereotype Arbeitsteilung, die
vorsieht, dass die Erzieher mit den Kindern werken, toben und Sport machen, aber
auch, dass sie die besonders ‚wilden' Kinder, hier vor allem die Jungen, ‚disziplinie-
ren'. Es stellt sich für die Auswertung des empirischen Materials die Frage, wie die
befragten Erzieher mit diesen Anforderungen umgehen und wie sie darüber ihre
eigene Form eines männlichen Erzieherhabitus entwickeln, der ihr ‚doing masculinity' prägt.

Unter ‚doing masculinity' wird dabei in Anlehnung an die vorgestellten konstruktivistischen Ansätze verstanden, dass Männlichkeit im interaktiven Handeln
hergestellt und reproduziert werden muss, statt ‚natürlich' vorhanden zu sein. An
der Interaktion sind mehrere Partner/-innen beteiligt, die in der Gleichzeitigkeit
von Zuschreibung und Darstellung Geschlecht herstellen. In der Darstellung und in

---

134 Dies gilt zumindest für eine Männlichkeit im hegemonialen Sinne.

der Attribution von Geschlecht orientieren sich die Interaktionspartner/-innen an
Mustern von Männlichkeit, die in ihrem Feld Gültigkeit haben.

Um für die Auswertung von Männlichkeit und ‚doing masculinity' Ansatz-
punkte zu haben, wurden unterschiedliche empirische Arbeiten vorgestellt, in denen
Männlichkeit verhandelt wurde. Diese Darstellung hat gezeigt, dass Männer mit
hegemonialen Vorstellungen von Männlichkeit konfrontiert werden. Um sich selbst
als besonders männlich darzustellen, greifen sie häufig auf diese Muster zurück und
reproduzieren sie dadurch. Zentral sind dabei die Abgrenzung von Frauen, Weiblichkeit und Homosexualität, das Streben nach Macht und Dominanz sowie eine
gewisse Körperferne, die sich u. a. im Risikohandeln zeigt. Männlichkeit wird außerdem mit einer Tendenz zur Gewaltbereitschaft und einer unkontrollierbaren
Sexualität konnotiert, was unter anderem zu der Zuschreibung des Generalverdachts der Pädophilie führt, der für Erzieher im Kindergarten handlungsleitend sein
kann.

Eine zentrale Dimension des vorliegenden Buches ist die Untersuchung körperlichen Handelns. In Anlehnung an Bourdieus Habitus-Theorie wird dabei der
Körper als Träger von gesellschaftlichen Verhältnissen verstanden, der in mimetischen Prozessen eine Hexis ausprägt. Diese Hexis ist einerseits individuell unterschiedlich, andererseits von gesellschaftlichen Positionen beeinflusst. Geschlecht
wird also im körperlichen Handeln hergestellt und durch den Körper sichtbar gemacht.

Carol Hagemann-White beschrieb bereits 1993 eine forschungspraktische Herausforderung, die sich aus der Annahme der Konstruktion der Zweigeschlechtlichkeit
ergibt, nämlich der Auswahl der und der Umgang mit Interviewpartnern/-
partnerinnen. Sie schreibt:

> „Sowohl die Gruppen, die zu erforschen wir uns vornehmen, wie auch die Grundfesten der eige-
> nen Identität lösen sich gewissermaßen auf, wenn wir das Geschlecht nicht mehr als gegebenes
> Merkmal der Person betrachten. Es treten vermutlich ähnliche Folgeprobleme wie bei der Akti-
> onsforschung auf, denn die Feldforscherin ist an dem Prozeß der Geschlechterkonstruktion not-
> wendig beteiligt, sobald sie in Interaktion tritt" (Hagemann-White 1993, S. 75).

Es soll also auf der einen Seite untersucht werden, wie Geschlecht hergestellt wird,
auf der anderen Seite müssen Interviewpartner/-innen für die Untersuchung ausgewählt werden. Dazu werden Angehörige der zu untersuchenden Geschlechtsgruppe ausgewählt, im vorliegenden Fall Männer. Nun soll jedoch untersucht werden, wie Männer Männlichkeit herstellen, während gleichzeitig bereits festgelegt
wurde, dass es sich um Männer handelt, nicht um Personen, bei denen noch nicht
klar ist, welches Geschlecht sie wohl im Handeln herstellen. Die Grundannahme
der Zweigeschlechtlichkeit wird also zunächst übernommen, und damit besteht
theoretisch die Gefahr, alles Handeln der Männer automatisch als ‚männliches Han-

deln' zu interpretieren.[135] Um dieser Gefahr zu entgehen, wird zunächst untersucht, wie die Erzieher sich zur hegemonialen Männlichkeit ins Verhältnis setzen und davon ausgehend die (vorläufige) Typenzuordnung vorgenommen. Anschließend kann analysiert werden, wie unterschiedlich die Männer je nach Männlichkeitstypus handeln. Dies ist damit nicht gleichbedeutend mit ‚männlichem' Handeln im Sinne von an hegemonialen Männlichkeitsvorstellungen orientiertem Handeln. Stattdessen kann das Handeln, vor dem Hintergrund von Männlichkeitsvorstellungen verstanden werden. Die Frage ist dann vielmehr: An welcher Form von Männlichkeit orientieren sich Männer in ihrem Handeln? statt zu fragen, ob die Männer ‚männlich' handeln. Männlichkeit wird dabei von vornherein als mehrdeutig und vielschichtig und in mindestens zwei Ausprägungen vorhanden gedacht.

Für die empirische Untersuchung werden die theoretisch hergeleiteten Typisierungen auf verschiedenen Ebenen genutzt und in mehreren Forschungsschritten überprüft und weiter entwickelt. Auf der Basis des von Irene Dölling geprägten Begriffs des biografischen Geschlechter-Wissens soll herausgearbeitet werden, ob die befragten Erzieher eher der komplizenhaften oder der alternativen Männlichkeit zuzuordnen sind oder ob es möglicherweise auch weitere Typen geben kann. Diese Typenbildung, die sich zunächst ausschließlich auf ihre Aussagen zum Verständnis des Geschlechterverhältnisses bezieht, wird im nächsten Schritt mit ihrer Beruflichkeit in Verbindung gebracht. Hier geht es darum, einen Habitus herauszuarbeiten, der als vergeschlechtlichter Habitus angenommen wird. Der Habitus zeigt sich unter anderem in dem Berufsverständnis, das vor allem an der Vorstellung über die Vorbildfunktion der Erzieher herausgearbeitet wird. Anschließend wird interpretiert, welchen Einfluss die wahrgenommenen Geschlechtsattributionen verschiedener Interaktionspartner/-innen auf die Männlichkeitskonstruktion und -darstellung der Erzieher haben.

Als nächster analytischer Schritt wird dann das Handeln der Erzieher untersucht. Dabei geht es zum einen wiederum um die Darstellung des Handelns in der Interviewsituation, zum anderen um das beobachtete Handeln, das in Form von Arbeitsplatzbeobachtungen durchgeführt wurde. Es stellt sich die Frage, ob und wie sich erzähltes und beobachtetes Handeln unterscheiden und welche Rückschlüsse daraus auf die Konstruktion von Männlichkeit im Sinne des ‚doing gender' gezogen werden können. Hier wird vor allem auf körpernahes Handeln eingegangen und untersucht, wie Erzieher körperliche Nähe zulassen oder ablehnen und welche Bedeutung dies für die Konstruktion von Männlichkeit hat. Hinzu kommt die Auswertung von Aussagen über das eigene Körperverständnis und die Veränderung des

---

135 Hinzu kommt, dass keine Frauen als Vergleichsgruppe herangezogen wurden. Dies ist aber forschungslogisch begründet. Es sollten dadurch stereotype Auswertungen vermieden werden. Die Gefahr wäre groß, das Handeln der Frauen automatisch als ‚weibliches Handeln' und das der Männer als ‚männliches' zu interpretieren.

eigenen Körpers im Sinne eines mimetischen Prozesses, wie er von Paula-Irene Villa beschrieben wird.

Eine Besonderheit im Kindergarten ist dabei, dass die Erzieher zahlreichen Kindern ein Vorbild im Handeln sind, Kinder also an ihnen auch lernen, was es heißt, ‚männlich' oder ‚weiblich' zu sein. Erzieher haben daher im doppelten Sinne einen vergeschlechtlichenden Habitus: Sie präsentieren ihn nach außen und geben ihn auch an die nächste Generation weiter. Dieser Aspekt der Reproduktion geschlechtlicher Normen wird aber nur am Rande behandelt, da die Kinder nicht im Mittelpunkt der Analyse standen.

6 Qualitative Methoden in der Frauen- und Geschlechterforschung

In der nun folgenden Untersuchung wird mit qualitativen Methoden gearbeitet, um einen intensiven Zugang zu den Individuen und ihren Einstellungen, Werten und Entscheidungen zu erhalten. Für die Auswertung werden sogenannte rekonstruktive Methoden verwendet, d. h., durch die Interpretation des Gesagten werden die einzelnen Fälle und deren Geschichte ‚rekonstruiert'. Erst durch die Interpretation ist es möglich, an das Gerüst dessen zu gelangen, was die Befragten als ihr implizites Wissen in sich tragen, aber in den allermeisten Fällen nicht explizieren. Dahinter steht das „interpretative Paradigma", mit dem davon ausgegangen wird, „dass soziales Handeln (nicht nur definitionsgemäß) sinnhaft ist" (Lamnek 2002, S. 168). Aufgabe der Forscherin ist es, dieses Handeln und die dahinter liegende Sinnhaftigkeit zu verstehen.

Die Basis für die folgende Erhebung und Interpretation bildet der theoretische Rahmen, wie er in den vorhergehenden Kapiteln diskutiert wurde. In diesem Kapitel sollen die daraus entstehenden methodologischen Annahmen für die eigene Arbeit aufbereitet werden. Anschließend wird das methodische Vorgehen vorgestellt. Gearbeitet wurde mit Expert/inneninterviews, leitfadengestützten Interviews und teilnehmenden Beobachtungen. Die Expert/inneninterviews hatten dabei explorativen Charakter. Sie werden entsprechend vor allem daraufhin ausgewertet, welche Ergebnisse für die weitere Untersuchung nützlich sind. Ihre Durchführung und Auswertung und deren Ergebnisse werden relativ knapp und am Anfang des empirischen Kapitels beschrieben. Die ausführliche Auswertung der Interviews und Beobachtungen mit den Erziehern schließt sich in den darauffolgenden Kapiteln an.

Die Frauen- und Geschlechterforschung ist von Anfang an eng mit qualitativen Forschungsmethoden verknüpft.[136] Cornelia Behnke und Michael Meuser fassen mit den folgenden Stichworten zusammen, warum die Frauenforschung qualitative Methoden so deutlich befürwortet: „Exploration des Unbekannten, Erfassung der in der dominanten Männerkultur nicht zu Wort kommenden Stimmen der Frauen, Parteilichkeit, Empathie, Androzentrismuskritik" (Behnke/Meuser 1999, S. 8). Ausgehend von der Annahme, dass die Frauen- und Geschlechterforschung zunächst zum Ziel hatte, Frauen zum Thema von Untersuchungen zu machen

---

136 Vgl. für eine Übersicht von Methoden der Frauenforscherinnen Anfang des 20. Jahrhunderts Hering 2004.

(„Exploration des Unbekannten", „Stimme der Frauen") und Frauen als Wissen-schaftlerinnen, die über Frauen forschten, im Feld zu etablieren („Parteilichkeit"[137], „Empathie"), scheinen qualitative Forschungsmethoden Zugänge zu ermöglichen, die quantitativ nicht erreichbar sind. Dabei hat sich die Frauenforschung ausgehend von der „Betroffenenforschung" (ebd., S. 8; vgl. auch Müller 2004) heute zu einem etablierten Teil der Sozialforschung entwickelt, die u. a. zur Erforschung sozialer Ungleichheiten mit Blick auf das Geschlechterverhältnis beiträgt. Qualitative Me-thoden dienen dabei vor allem der Möglichkeit, die Differenziertheit von ,Weiblich-keiten' und ,Männlichkeiten' in den Fokus rücken zu können.

Ethnomethodologie und Ethnographie

Ziel qualitativer Forschung ist das Verstehen von Zusammenhängen. Dabei geht es im Forschungsprozess darum, das was erforscht werden soll, als Neues und Unbe-kanntes wahrzunehmen und so zu untersuchen, als würde man von außen betrach-ten, was in einem Feld geschieht. Goffman hat versucht, diese Fremdheit über die Theatermetaphern (s. Kap. 4.1.3; Goffman 2005) herzustellen, Bourdieu verweist vor allem auf die nötige Selbstreflexivität (s. Kap. 4.1.1; vgl. Bourdieu 1997a). Die methodologischen Herangehensweisen von Bourdieu und Goffman orientieren sich im weitesten Sinne an der Ethnographie und Ethnomethodologie, auch wenn sie sich beide nicht ausdrücklich ausschließlich dieser Methodologie verschrieben ha-ben.[138]

Die Entwicklung der Ethnographie ist eng verknüpft mit der Soziologie der ,Chicagoer Schule' der ersten Hälfte des 20. Jahrhunderts (vgl. dazu z. B. Deegan 2001). Dort erarbeiteten in den 1920er- und 1930er-Jahren zahlreiche Soziologen ethnographische Dissertationen, die sich besonders mit ihrer Umgebung, dem Schmelztiegel Chicago, auseinandersetzten. Zwischen den Promovierenden herrsch-te, durch ihre Betreuer Robert E. Park und Ernest W. Burgess sowie George Her-bert Mead angeregt, ein steter Austausch, der zum Entstehen der Chicagoer Schule maßgeblich beitrug (ebd., S. 14).

Die Ethnographen aus Chicago nutzten eine Vielzahl verschiedener Methoden für ihre Arbeiten, sie kombinierten quantitative und qualitative Daten, „worked for local agencies, and had autobiographical experience emerging from these locales or ones similar to them" (ebd., S. 20). Durch die Methodenkombinationen erhofften

---

137 Die Parteilichkeit ist bereits 1978 von Maria Mies als eindeutiges Ziel der Frauenforschung bestimmt worden, um der angeblichen Neutralität und Objektivität gegenüber Forschungsobjekten eine kriti-sche Dimension entgegenzusetzen. So sollen sich die forschenden Frauen auch mit den beforschten Frauen identifizieren (vgl. Mies 1978, S. 47 f. auch Müller 2004). Vgl. zur kritischen Auseinanderset-zung mit dieser Parteilichkeit Hirschauer/Knapp 2006.
138 Zu Unterschieden und Gemeinsamkeiten von Ethnographie und Ethnomethodologie vgl. Poll-ner/Emerson 2001.

sich die Forscher/-innen ein Abbild sozialer Wirklichkeit zu erhalten, das auch soziale Veränderungen und die Werte und Einstellungen der Befragten aufnehmen konnte. Sie gingen davon aus, dass dies nur durch intensives Kennenlernen des Feldes möglich war.

Ethnomethodologie in der Frauen- und Geschlechterforschung

Ethnographische Methoden/Ethnomethodologie wurden auch für die feministische Forschung genutzt, häufig ausgehend von anthropologischen Studien (vgl. etwa die Arbeiten von Margaret Mead 1992 oder kritisch gegenüber der kolonialistischen Herangehensweise des „studying the other": Abu-Lughod 2000 und Visvanathan et al. 2000). Beverley Skeggs geht davon aus, dass sich feministische Forschung und Ethnomethodologie befruchten können: „They both have experience, participants, definitions, meanings and sometimes subjectivity as a focus and they do not lose sight of context" (Skeggs 2001, S. 426). Ein wesentliches Element, das die feministische in die traditionelle Ethnographie einbringt, ist die Reflexion der Bedeutung des Geschlechts für die Studien (vgl. ebd., S. 429; vgl. auch Bourdieus Aufforderung zu Selbstreflexivität s. o.).

Zentraler Ansatz der feministisch-soziologischen Ethnomethodologie ist der von West und Zimmermann geprägte Ansatz des ‚doing gender‘ (West/Zimmerman 1987), also die seit den 1980er-Jahren aktuelle Annahme, dass Geschlecht nicht etwas ist, „was wir ‚haben‘ oder ‚sind‘, sondern etwas, was wir tun" (Hagemann-White 1993, S. 68) – und was sich daher ethnografisch untersuchen lässt. Durch das ständige und unbewusste Produzieren und Reproduzieren von Geschlecht verfestigt sich auch die gesellschaftliche Annahme der hierarchisierten Zweigeschlechtlichkeit (vgl. u. a. Bourdieu 2005 und den gesamten vorhergehenden Theorieteil). Besonders die ethnomethodologische Auseinandersetzung mit Transsexualität (vgl. Garfinkel 1967; Hirschauer 1992, s. Kap. 4.1.1) zeigte auf, wie sich in alltäglichen, für die meisten Menschen unbewussten, Interaktionen Geschlecht (re)produziert. Michael Meuser beschreibt die Vor- und Nachteile der Ethnomethodologie:

> „Was die ethnomethodologische Geschlechtersoziologie sehr überzeugend leistet, ist gewissermaßen die Rekonstruktion der alltäglich, wenn nicht allsekündlich sich neu ereignenden ‚Urszene‘ der Konstruktion der Geschlechterdifferenz. Das ist aber noch keine hinreichende Analyse der Konstruktion der *Sozialordnung* der Zweigeschlechtlichkeit" (Meuser 2006a, S. 66, Hervorh. i. Orig.).

Damit ist gemeint, dass es zwar Beschreibungen des ‚Wie‘ der Rekonstruktionsleistung gibt, die zeigen, dass Geschlecht in jeder Handlung hergestellt wird, es aber keine Antworten bietet auf das ‚Warum‘ und auf die Folgen dieses Handelns. Machtaspekte können ebenso wenig abgeleitet werden, wie sich Aussagen treffen lassen, woher das Wissen darüber kommt, was als männlich und was als weiblich gilt und wie die Individuen dieses Wissen erlernen. Meuser nennt daher die Ansätze des „negotiated order approach" als zielführend (vgl. Strauss 1978; Strauss et al. 1963), weil gewinnbringender für die Untersuchungen der Herstellung von Geschlecht, da hier besonders die Interaktionen zwischen verschiedenen Personen ins Blickfeld genommen werden und so Konstruktionsleistungen analysiert werden können.

Für die vorliegende Studie, die sich von den Methoden der Ethnomethodologie beeinflussen lässt, jedoch einen deutlichen Schwerpunkt auf die Auswertung qualitativer Leitfadeninterviews legt, ist das ,Wie' eine zentrale Ausgangsfrage: *Wie* stellen Männer im Erzieherberuf Männlichkeit her? Es soll genau untersucht werden, was sie tun, aber vor allem geht es darum zu untersuchen, wie sie ihr eigenes Tun beschreiben und vor dem Hintergrund des ,doing masculinity' erklären. *Wie* nehmen sie Geschlechtsattributionen wahr, *wie* gehen sie mit ihnen um, welche Einflüsse haben Interaktionspartner/-innen auf ihr Handeln und auf ihre Darstellung des Handelns?

Dennoch soll über das reine ,Wie' hinausgegangen werden. Dafür werden der Ansatz des geschlechtsspezifischen Habitus und einer geschlechtsspezifischen Hexis sowie die Annahme verschiedener Männlichkeitstypen genutzt. Mithilfe des daraus entwickelten Konzepts lässt sich feststellen, wie sich die Männer ähneln und wie sie sich unterscheiden und welche Voraussetzungen zu welchen Handlungen führen. Über das ,Wie' hinausgehend kann so untersucht werden, ,warum' die Männer auf verschiedene Art und Weise handeln und welche Hintergründe sie zu diesem Handeln befähigen.

Um zu diesen Ergebnissen zu gelangen, wurden verschiedene Forschungsschritte vorgenommen und unterschiedliche Methoden angewendet. Dies geschah teilweise nacheinander, teilweise parallel und immer im engen Austausch mit theoretischen Überlegungen. Als Methoden wurden Experten/inneninterviews, leitfadengestützte Interviews und Beobachtungen gewählt. Im anschließenden Auswertungsprozess verdichtet sich die Theorie in der Auseinandersetzung mit dem empirischen Material, das aus verschiedenen Datenquellen zusammenfließt und das empirische Material gewinnt aus der Verdichtung der Theorie seine Bedeutung.

6.1   Das Wissen der Expertinnen und Experten

Um einen ersten Überblick über das Feld der Kinderbetreuung und das Thema Männer im Erzieherberuf zu erhalten, wurden zunächst Expert/inneninterviews[139]

---

[139] Im weiteren Verlauf wird diese Form der Interviews der Einfachheit halber „Expert /inneninterviews" genannt, auch wenn dies grammatikalisch nicht ganz korrekt ist.

mit Akteuren/Akteurinnen aus dem Feld der Kinderbetreuung geführt. Bei dieser Methode handelt es sich um leitfadengestützte Interviews mit Personen, die ausgewählt werden, weil bei ihnen ein spezielles Wissen über das Feld, in dem die Untersuchung stattfindet, vermutet wird (vgl. Liebold/Trinczek 2009, S. 33). Als Experten/Expertinnen wurden Personen ausgewählt, die sich mit dem Thema ‚Männer im Erzieherberuf' aus verschiedenen Perspektiven beschäftigen, jedoch selber nicht als Erzieher tätig sind.

Die Durchführung und Auswertung orientiert sich dabei an der Vorgehensweise von Renate Liebold und Rainer Trinczek (vgl. ebd.) sowie Michael Meuser und Ulrike Nagel (vgl. Meuser/Nagel 2004; Meuser/Nagel 2002) und Jochen Gläser und Grit Laudel (vgl. Gläser/Laudel 2009), die eine ähnliche Herangehensweise vorschlagen.

Die Ergebnisse dieser Interviews fließen in die Entwicklung des Leitfadens, der für die Interviews mit den Erziehern entwickelt wird, ein und dienen zur Fokussierung der Auswertung der Beobachtungen und Interviews, die mit den Erziehern geführt wurden.

Erhebung und Auswertung der Expert/inneninterviews

Für die Expert/inneninterviews wurde ein Leitfaden entwickelt, der den Zweck hatte, die Forschungsfrage nicht aus den Augen zu verlieren und wichtige Informationen von den Experten/Expertinnen zu erhalten. Er diente eher als Gedächtnisstütze als dass er Wort für Wort abgefragt wurde. Die Entwicklung des Leitfadens orientierte sich an den Hinweisen von Gläser und Laudel, die eine Mischung aus offenen und geschlossenen Fragen je nach Interviewpartner/-in und Interviewsequenz vorsehen (vgl. Gläser/Laudel 2009, S. 142 ff.). Er wird als Resultat der Auseinandersetzung mit dem Feld entwickelt und enthält Fragen und Erzählanreize zu Themen, die in der weiteren Untersuchung von Bedeutung sein können (vgl. Liebold/Trinczek 2009, S. 38). Der Leitfaden teilte sich in die folgenden Bereiche:

- Einstieg: Erzählung zur eigenen Position, Tätigkeit und Einrichtung
- Berichte über Erfahrungen von Männern im Erzieherberuf
- Wissen über die Berufswahl der Erzieher
- Das Thema ‚Männlichkeit' im Erzieherberuf und in der Ausbildung
- Wissen über den Verbleib von Erziehern nach der Ausbildung und deren Karrierewünsche
- Eigene Erfahrungen in der Auseinandersetzung mit dem Thema

Für die Auswahl der Interviewpartner/-innen galt es zunächst zu klären, wer als Experte/Expertin infrage kommt und über die für das Projekt nötigen Informationen verfügt. Meuser und Nagel bezeichnen den Expertenstatus als „relationalen Status" (Meuser/Nagel 2002, S. 73), weil er vom Forschungsinteresse geprägt ist.

Ein Akteur wird nicht aufgrund seiner Person, sondern dadurch zum/zur Experten/Expertin, dass er oder sie wesentliche Informationen zur Klärung der Forschungsfrage beibringen kann. Der Expertenstatus ist damit nicht auf andere Forschungsfragen übertragbar. Wichtig ist, dass die Experten/Expertinnen in Positionen tätig sind, in denen sie Einblick in einen Sachverhalt haben oder selbstständig zu dem Thema entscheiden und entsprechend Auskunft geben können. Dabei geht es nicht um die Biografien oder eigene Erlebnisse, vielmehr werden die Experten/Expertinnen als „RepräsentantInnen einer Organisation oder Institution" angesehen (ebd., S. 74(und als diese befragt. Im vorliegenden Fall sind die Experten/Expertinnen nicht die primäre Zielgruppe der Untersuchung, sondern bilden einen Teil des „Kontextwissens" ab (ebd., S. 76), das für die Auswertung der Interviews und Beobachtungen mit den Erziehern nützlich ist. Laut Meuser und Nagel tragen die Ergebnisse solcher Expert/inneninterviews „zur Bestimmung des Sachverhaltes bei und sind nicht dazu geeignet, die Gültigkeit theoretischer Behauptungen über den Sachverhalt zu prüfen" (ebd.).

Für die Studie wurden vier Interviewpartner/-innen als Experten/Expertinnen ausgewählt. Zwei der Interviewten sind in der Ausbildung von Erziehern/Erzieherinnen tätig, zwei arbeiten im Bereich der Fort- und Weiterbildung von Erziehern/Erzieherinnen. Alle Experten/Expertinnen waren bereit, innerhalb ihrer Arbeitszeit und an ihren Arbeitsplätzen Interviews zu geben. Die Interviews dauerten jeweils zwischen 45 Minuten und 1,5 Stunden. Sie wurden aufgezeichnet und transkribiert, um sie anschließend mit dem Programm MAXQDA zu kodieren und dann auszuwerten (s. u.).

Die folgende Übersicht stellt die ausgewählten Experten/Expertinnen kurz vor:

Name und Ausbildung	Funktion	Tätigkeitsfelder
Frau Rot (Sozialpädagogin)	Fachberatung geschlechtergerechte Pädagogik eines großen Trägers von Kindertageseinrichtungen	Beratung für alle Einrichtungen des Trägers zu geschlechtergerechter Pädagogik und Gleichstellung von Jungen und Mädchen Beratung zu sexualpädagogischen Themen und bei Missbrauchsfällen Initiierung von Projekten zur Gewaltprävention in Kindertageseinrichtungen Initiierung eines ‚Dialogs der Geschlechter' für Erzieher und Erzieherinnen zu Gender-Themen Spezifische Angebote für Männer im Erzieherberuf
Frau Gelb (Sozialpädagogin,	Lehrkraft und Mitglied im ‚Gender-Team' einer Einrich-	Lehrkraft für Pädagogik und Psychologie in der Ausbildung zur/zum Kinderpfle-

Erwachsenenbildung)	tung zur Ausbildung von Erziehern/Erzieherinnen	ger/-in Koordination der fachübergreifenden Ausbildungsthemen, Implementierung von Gender-Themen Organisation von Fortbildungen zu Gender-Themen für das Lehrerkollegium
Herr Grün (Sozialpädagoge)	Lehrkraft und Männerbeauftragter einer Einrichtung zur Ausbildung von Erziehern/Erzieherinnen	Lehrkraft für Praxismethodenlehre Begleitung von Auszubildenden im Berufspraktikum und Anerkennungsjahr Initiierung eines Männerkreises in der Ausbildungseinrichtung Freiberuflich tätig als Coach, Berater, Fortbildner Konzeptionsarbeit mit Einrichtungen und Erziehern/Erzieherinnen
Herr Blau (Erzieher und Studium der sozialen Arbeit)	Personalentwicklung bei einem großen Träger von Kindertageseinrichtungen	Fachberatung für Weiterbildungsfragen Personalauswahl, Personalanwerbung Organisation von Fortbildungen für Erzieher/-innen Supervision, Konfliktlösung Koordination von Fortbildungsstätten und Kindertageseinrichtungen Integration der Gender-Perspektive in die verschiedenen Tätigkeitsfelder

Tabelle 1: Übersicht Experten/Expertinnen

Von der Entscheidung, die Interviews ‚nur' zur Kontextbestimmung heranzuziehen, ist auch die Auswertung betroffen: Sie hat ihren Zweck erfüllt, wenn „Themen und Hypothesen für die weiteren Untersuchungsschritte realitätsgesättigt sind, Sample-Bildung und Leitfadenentwicklung Kontur annehmen" (ebd., S. 77). Eine Verdichtung zu einer eigenständigen Theorie erfolgt aus der Auswertung nicht.

Grundlegend für diese Interviews ist, dass sie nicht als Einzelfälle ausgewertet werden, sondern in der vergleichenden Auswertung einen Kontext bilden, der für die weitere Untersuchung genutzt werden kann. Gesucht wird nach „gemeinsam geteilten Wissensbeständen" der Experten/Expertinnen (ebd., S. 80), um Aussagen zu finden, die als das Expertenwissen über die Fragestellung angesehen werden können. Im vorliegenden Fall waren das gemeinsame Aussagen darüber, von welchen Erfahrungen Männer im Erzieherberuf berichten und inwieweit ‚Männlichkeit' von den Erziehern, ihren Kollegen/Kolleginnen und anderen Interaktionspartnern/-partnerinnen zum Thema gemacht wird. Außerdem ging es darum herauszufinden, welche weiteren Themen für eine Untersuchung von Männern im Erzieherberuf lohnenswert sind.

Im Unterschied zur Auswertung von Einzelfallinterviews wird zur Auswertung von Expert/inneninterviews nach Themen gesucht, die an verschiedenen Stellen im

Interview angesprochen werden. Es geht nicht um die Auswertung des Textes und nicht darum, in welchem Kontext die Experten/Expertinnen etwas gesagt haben, sondern um den Inhalt der Aussagen. Dieser wird von den einzelnen Personen abgetrennt behandelt (vgl. ebd., S. 85).

Die von Meuser und Nagel vorgeschlagene Verdichtung des Interviewmaterials mithilfe von Überschriften erfüllt im vorliegenden Fall die Kodierung mit dem Programm MAXQDA. Hier werden einzelnen Interviewsequenzen Kodes zugeordnet, nach denen anschließend gesucht werden kann, sodass zu den verschiedenen Themen alle in den Interviews aufkommenden Zitate ausgewählt und vergleichend interpretiert werden können. Im Anschluss an die Kodierung folgt der thematische Vergleich, indem die Interviews zueinander in Beziehung gesetzt werden. Dazu werden die Ausschnitte aus verschiedenen Interviews zu einem Thema zusammengefasst und mit einer neuen Überschrift – oder einem neuen übergeordneten Kode – versehen. Spannend ist hier die Untersuchung von Gemeinsamkeiten und Unterschieden der Experten/Expertinnen zu einem gleichen Thema. Die Kodes und Überschriften orientieren sich dabei, wie dies von Liebold und Trinczek vorgeschlagen wird, an den Fragen des Leitfadens, sodass die Themen aufgegriffen werden können, die in den theoretischen Vorüberlegungen ausgearbeitet wurden (Liebold/Trinczek 2009).

Aus den Gemeinsamkeiten und Unterschieden lassen sich soziologische Kategorien bilden, die vor dem Hintergrund des theoretischen Wissens und des Kontextes der Arbeit entstehen. In der folgenden Diskussion der Ergebnisse werden diese Kategorien präsentiert und auf das weitere Vorgehen bezogen. Die Sättigung mit Themen für die Entwicklung des Leitfadens für die Hauptuntersuchung ist mit diesem Schritt bereits abgeschlossen.

Ergebnisse der Expert/inneninterviews

Nachdem die Interviews transkribiert worden sind, wurden sie daraufhin gelesen, was sich vor dem Hintergrund der theoretischen Grundlagen und der Auseinandersetzung mit den Themen ‚Gender und Arbeit‘ sowie ‚Männlichkeit‘ als übergeordnete Themen für eine weitere fallübergreifende Auswertung eignet. Folgende Themen zeigten sich als besonders spannend für eine genauere Analyse; sie bilden später den Hintergrund der Hauptuntersuchung:

* Berufsverständnis
* Berufswahl
* Geschlechter-Wissen der Erzieher
* Vorbildfunktion
* Geschlechtsattributionen durch Interaktionspartner/-innen
* Pädophilieverdacht und (individuelle/institutionelle) Vorsichtsmaßnahmen

- gesellschaftliche Anerkennung und Bezahlung des Erzieherberufs

Diese übergreifenden Kodes wurden im nächsten Schritt verwendet, um die Aussagen der verschiedenen Interviewpartner zu vergleichen und so zu einem ‚Experten/innenwissen' über die verschiedenen Themenbereiche zu gelangen.

Berufsverständnis

Über ihre tägliche Arbeit mit Erziehern/Erzieherinnen und die intensive Auseinandersetzung mit dem Beruf haben die Interviewpartner/-innen Vorstellungen davon entwickelt, was für sie einen guten Erzieher oder eine gute Erzieherin ausmacht. Dieses Verständnis prägt ihre Aus- und Fortbildungsziele. Folgende Punkte werden von den Experten/Expertinnen genannt:

- Einfühlungsvermögen für die Bedürfnisse der Kinder und ihre jeweilige Situation,
- Kinder und ihren Lebensweg wertschätzen, anerkennen und darauf achten, Kinder nicht zu beschämen,
- Selbstreflexionsfähigkeit, Auseinandersetzung mit der eigenen professionellen Position (nicht die Mutter, nicht die große Schwester ersetzen); Bereitschaft, sich mit der eigenen Persönlichkeit auseinanderzusetzen, auch unter Einbeziehung des eigenen Geschlechts,
- Abstand nehmen und Situationen mit Kindern ‚von außen' betrachten und bei Bedarf gezielt und angemessen eingreifen,
- Reflexionsfähigkeit gegenüber der eigenen Pädagogik,
- Kooperationsbereitschaft und -fähigkeit im Team und mit anderen Interaktionspartnern/-partnerinnen,
- Bewusstsein für die eigene Haltung und die eigenen Wertvorstellungen,
- Offenheit für gesellschaftliche Veränderungen, die Auswirkungen auf das Leben der Kinder haben,
- Offenheit für Querschnittsthemen (u. a. Gender, Integration); Bereitschaft, sich auf neue Themen einzulassen,
- Wissen über Gender-Themen und Auseinandersetzung mit der Frage, wie auf unterschiedliche Bedürfnisse von (unterschiedlichen) Mädchen und Jungen eingegangen werden kann.

Die verschiedenen Punkte zeigen, was aus Sicht der Experten/Expertinnen eine Professionalität im Erzieherberuf ausmacht. Viel weniger als vielleicht erwartet, scheinen pädagogische oder spielerische Handlungen, die persönliche Zuneigung, körperliche Nähe oder pflegerische Elemente einen guten Erzieher/eine gute Erzieherin auszumachen. Die Experten/Expertinnen zeichnen ein Berufsbild, das vor allem durch Reflexivität und die Auseinandersetzung mit der eigenen Person und der Position im Gefüge mit den Kindern geprägt wird. Deutlich wird auch, und dies wird sicher durch das Thema des Interviews und die Auswahl der Interviewpartner/-innen hervorgerufen, wie wichtig die Auseinandersetzung mit der eigenen Geschlechtlichkeit für eine/-n professionellen Erzieher/-in ist. Dem Vorurteil, Erzieher/-innen seien ‚Basteltanten‘, das unter anderem in den Interviews mit den Erziehern immer wieder genannt wird, wird durch diese Darstellung des Erzieherberufs widersprochen.

Berufswahl

Die Experten/Expertinnen sind sich einig, dass Männer sich häufig biografisch später für den Erzieherberuf entscheiden als Frauen. Häufig geschieht dies, nachdem sie einen anderen Beruf erlernt haben oder im Zivildienst erlebten, dass sie gerne mit anderen Menschen zusammen arbeiten möchten. Es handelt sich daher häufig um einen Zweitberuf. Diese späte Entscheidung wird von den Experten/Expertinnen als eine sehr bewusste Entscheidung wahrgenommen. Weibliche Auszubildende wählen dagegen, wie Frau Gelb schildert, häufig direkt nach der Schule den Beruf der Erzieherin. In der Ausbildungsstätte, in der Frau Gelb tätig ist, kommen viele Auszubildende aus ländlichen Regionen. Sie geht davon aus, dass sie mit sehr traditionellen Vorstellungen über Männlichkeit und Weiblichkeit erzogen wurden. Ihre Berufswahl entspricht diesen Vorstellungen und fügt sich nahtlos in die Biografie der jungen Frauen ein. Dies scheint bei Männern anders zu sein. Alle Experten/Expertinnen kennen Beispiele von Männern, die sich gegen Vorurteile im Freundeskreis oder in der Familie durchsetzen mussten. Einige Erzieher konnten daher auch für sich erst, als sie älter wurden oder in einem anderen Beruf unzufrieden waren, ihren Berufswunsch umsetzen. Herr Blau glaubt, dass die bewusste Berufswahl zu einer größeren beruflichen Zufriedenheit führt und seinem Eindruck nach viele Männer „treue Mitarbeiter" bei seinem Träger sind (Herr Blau_25). Frau Rot geht außerdem davon aus, dass viele Männer, die diese Entscheidung treffen, sich bewusst gegen stereotype Männlichkeitsnormen entscheiden. Sie sagt:

> „… es gibt auch immer eine erkleckliche Anzahl an Männern, die das als zweiten Beruf gewählt haben, die sich da erst mal sozusagen ihren Bedarf klar machen wollten und mussten, dass sie doch diesen Beruf ergreifen und die sagen, (…) sie haben eigentlich diesen Beruf in erster Linie gewählt, weil sie eben nicht immer so als Mann angeguckt werden wollten, sondern eher als Mensch. Und wollten den Kindern einfach viel individuelle Unterstützung geben" (Frau Rot_18).

Wie bereits im theoretischen Teil dieser Arbeit durch Tim Rohrmann deutlich gemacht wurde, entscheiden sich viele Männer nicht für diesen Beruf, weil sie ‚als Männer‘ Erzieher sein wollen und zum Beispiel den fehlenden Vater ersetzen möchten. Frau Rot (s. o.) und Herr Grün sehen bei den Erziehern vielmehr pädagogische und persönliche Interessen im Mittelpunkt. Herr Grün sagt:

> „Also was von Männern nicht so kommt, ist eher so dieser Fürsorgeaspekt, im Sinne von kümmern. Aber was sehr ähnlich ist zwischen Frauen und Männern ist, dass sie diesen Beruf schön finden, weil er ihnen als sehr lebendig erscheint, dass sie im Kontakt mit Menschen sind, dass sie das Gefühl haben, da passiert jeden Tag was Neues, es ist nicht immer nur die gleiche Routine, es ist ein abwechslungsreicher Beruf. Und also auch so ein bisschen, ja, wie ich das jetzt bezeichnen soll, dieser Wunsch, diese Idee, Menschen auch was zu zeigen, sie ins Leben zu begleiten" (Herr Grün_27).

Auch Herr Grün grenzt also die Berufswahl der Männer zunächst von der der Frauen ab. Für Männer steht, seiner Meinung nach, weniger das Versorgen der Kinder im Vordergrund. Er weist jedoch auch auf Ähnlichkeiten zwischen Männern und Frauen hin: Beide erleben den Beruf als erfüllend, kreativ und lebendig.

Einen weiteren Aspekt der Berufswahl bringt Frau Gelb ein:

> „Also es sind öfters auch Männer, die waren nicht gut in der Schule, sind angeeckt, dann sagt das Arbeitsamt, dann probiert es doch mal da, mit den Kindern, die merken nicht so viel. Also sag ich jetzt mal so böse, ja. Also die haben viel negative Erfahrung, haben die Sachen nicht geschafft, angeeckt und so. Dann kommen sie in die Einrichtung und sind der King, ja. Also ihnen wird viel mehr nachgesehen als den weiblichen Praktikantinnen manchmal, also sicher nicht immer" (Frau Gelb_24).

Ihrer Meinung nach sind gerade Männer, die in anderen Bereichen wenige Erfolgserlebnisse haben, im Erzieherberuf häufig begeistert davon, wie positiv ihnen die Kinder begegnen. Frau Gelb sieht die Berufswahl im Sinne einer Abwahl anderer Alternativen allerdings nicht nur positiv, wie die Anmerkung „sag ich jetzt mal so böse" deutlich macht. Sie sieht das Ansehen des Erzieherberufs beschädigt, wenn er als ‚Notlösung' für Menschen empfohlen wird, die es in anderen Bereichen nicht schaffen.

Da die Berufswahl von Erziehern, laut Aussagen der Experten/Expertinnen, deutlich von der Berufswahl der Erzieherinnen abweicht, ist dieses Thema in der Einzelfallanalyse einbezogen worden. Sie dient dort dazu, die einzelnen Fälle ausführlich darzustellen. Dabei wird auch der folgende Widerspruch berücksichtigt: Während Frau Rot sagt, dass Männer sich bewusst gegen Stereotype entscheiden, zeigt Frau Gelbs Aussage, dass Erzieher sich als „der King" in der Einrichtung fühlen und es genießen, von Kolleginnen und Eltern bevorzugt zu werden. Der Widerspruch deutet darauf hin, dass sich Erzieher voneinander unterscheiden. Die Aussage von Frau Rot ist dabei vor dem Hintergrund zu bewerteten, dass sie in ihrem Arbeitszusammenhang mit Erziehern zusammenarbeitet, die sich für Geschlechterfragen interessieren und deshalb an entsprechenden Fortbildungen teilnehmen. Berufswahl und Berufsverständnis werden daher in die Typisierung einfließen.

Geschlechter-Wissen

Die beiden mit der Ausbildung betrauten Experten/Expertinnen berichten, dass es ihrer Erfahrung nach häufig dem Zufall überlassen bleibt, ob die Auszubildenden sich mit Gender-Fragen auseinandersetzen. Dies liegt vor allem daran, bei welchen Lehrern/Lehrerinnen sie lernen. Zwar ist vorgesehen, dass sich alle Lehrenden mit dem Thema beschäftigen, die Umsetzung bleibt jedoch den Lehrkräften selbst überlassen, sodass es dem persönlichen Engagement geschuldet ist, wie viel Wissen die Lernenden mitbekommen. Frau Gelb möchte dies mithilfe von Fortbildungen für ihre Kollegen/Kolleginnen verändern, sieht sich aber zahlreichen Widerständen gegenüber. Allerdings hat sich einiges verändert:

> „Was sich jetzt vereinheitlicht hat, sind zwei Dinge. Das eine, es gibt feste Beobachtungsaufträge für die Praktika, die so den Blick auf Mädchen, Jungen lenken und (…) dass man schaut, wie spielen die Mädchen, Jungen und was haben die so für Raumnutzung usw. Und im zweiten Ausbildungsjahr schaut man eher auf die Strukturen in der Einrichtung, also wie viel Männer, wie viel Frauen, wer ist in der Leitung, wer hat welche Funktion, wie gehen die mit den Kindern um, so. Und das Thema Sprache, ist jetzt auch relativ vereinheitlicht. D.h. in den ersten zwei Jahren werden sie drauf hingewiesen, dass wenn sie Frauen mit meinen, dann müssen sie sie auch benennen und nach diesen zwei Jahren wird das, gibt es Punktabzug, wenn man z. B. immer der Erzieher schreiben würde oder das Kind oder so" (Frau Gelb_14).

Deutlich wird, dass das Geschlechterthema Einzug in die Ausbildung erhalten hat. Dabei geht es vor allem um eine Wahrnehmung von Geschlecht als Unterscheidungsmerkmal – was brauchen Jungen, was brauchen Mädchen, welche Aufgaben übernehmen Männer, welche Frauen. Die Auszubildenden sollen für das Thema Geschlecht sensibilisiert werden und erkennen, dass es Unterschiede zwischen Mädchen und Jungen, Frauen und Männern gibt.[140] Wenn die Auszubildenden aus der Klasse von Frau Gelb eine Einheit zur Gender-Thematik durchgeführt haben, sind viele zunächst besonders sensibilisiert. Sie stellt fest, dass es einigen von ihnen anschließend schwerfällt, auf die bekannte Art und Weise weiterzuarbeiten. Sie kommen aus ihren Einrichtungen zurück und berichten, was ihnen alles auffällt und welche Themen sie auch in ihrem privaten Umfeld bemerken. Sie sagt: „Also das ist, da gehen viele Türen auf" (Frau Gelb_54).

Eine Besonderheit in der Ausbildungsstätte, in der Herr Grün arbeitet, bildet die sogenannte Männergruppe. Hierher lädt er alle zwei Monate alle männlichen Auszubildenden ein, über Themen, die sie beschäftigen, zu sprechen. Ihm ist es ein wichtiges Anliegen, dort die Position der Männer in dem Beruf zu reflektieren. Er beschreibt die Treffen so:

---

140 Dabei wird – wie dies häufig auch in Gender-Trainings etc. der Fall ist – zunächst auf der Annahme der Zweigeschlechtlichkeit verwiesen und damit verbunden nur zwei Formen unterschiedlicher Bedürfnissen wahrgenommen. Aus dem Interview geht nicht hervor, ob dies später in der Ausbildung erweitert wird hin zu einer Analyse verschiedener Bedürfnisse auch innerhalb der Gruppe der Jungen oder der Mädchen.

„... je nach Bedürfnissen und Bedarf der Männer und in Zusammenarbeit mit Themen, die ich eingebracht habe, Artikeln, die ich eingebracht habe, ging es um die Fragen, wie geht es mir als Mann, welche Erwartungen werden in Praktika an mich gestellt, welche Rollenklischees tauchen da auf, wie geht es mir als männlicher Studierender in Klassen, wo es sehr viel Frauen sind, also was ist dran an dem ‚Hahn im Korb‘, wo eigentlich nix dran ist, weil sie es sehr oft als schwierig und stressig erleben ihre Rolle, und das ist sozusagen das Thema Jungenpädagogik, also wie erleben sie sich als Mann im Umgang bei Crosswork, also im Umgang mit Mädchen, aber auch mit Jungen, welche Erfahrungen haben sie da, was ist überhaupt Jungenpädagogik, solche Themen werden da ...“ (Herr Grün_12).

Herr Grün beschreibt, welche Themen von den Männern unter seiner Anleitung eingebracht und besprochen werden. Es geht darum, sich mit der geschlechtsspezifischen Pädagogik („Jungenpädagogik“), Themen von Nähe und Sexualität („Umgang mit Mädchen und Jungen“), aber auch mit der eigenen Erwartungshaltung und den Zuschreibungen durch Kolleginnen („Hahn im Korb“) auseinanderzusetzen und sie zu reflektieren. Das Angebot ist freiwillig, wird jedoch von einigen Männern angenommen.

Wie die Expert/inneninterviews zeigen, ist die Auseinandersetzung mit Geschlechterthemen in der Erzieheraus- und -fortbildung nur wenig an Standards orientiert. Dennoch zeigen die Beispiele sowie die Weiterbildungen, die Frau Rot anbietet, dass hier etwas in Bewegung zu sein scheint.

In den Interviews mit den Erziehern soll untersucht werden, in wieweit sie sich mit diesen Themen in oder nach der Ausbildung beschäftigt haben und wie stark sie ihre eigene männliche Position reflektieren. Dazu wird aus den Interviews zunächst das biografische Geschlechter-Wissen der Erzieher herausgearbeitet und für die Zuordnung zu den theoretisch hergeleiteten Männlichkeitstypen herangezogen.

Vorbildfunktion

Die Vorbildfunktion der Erzieher nimmt einen wesentlichen Stellenwert in ihrer beruflichen Tätigkeit ein. Dabei kann die Vorbildfunktion aus verschiedenen Blickwinkeln betrachtet werden. Zunächst einmal sind Erzieher/-innen mit ihrem Handeln immer Vorbild für die Kinder. Herr Grün beschreibt diese Aufgabe so:

„(...) was einen guten Erzieher/Erzieherin ausmacht ist, (...) dass sie sich bewusst macht, ich bin ein Vorbild und ich bin verantwortlich für die Kommunikation mit den Kindern und das bedeutet für mich ein hinschauen und ein hinspüren, wie ich sozusagen in Kontakt, in Dialog mit Kindern bin und arbeite. Also welche Person ich im Austausch bin, was lebe ich den Kindern vor, wie löse ich Konflikte mit meinen Kollegen, wie löse ich sie mit den Kindern, welchen Sinn haben bestimmte Regeln?“ (Herr Grün_14).

Vorbild-Sein wird von Herrn Grün als eine zentrale Aufgabe von Erziehern/Erzieherinnen dargestellt, die ihnen immer bewusst sein sollte und ihr Handeln auch dann prägt, wenn sie mit anderen Interaktionspartnern/-partnerinnen kommunizieren.

Häufig wird die Vorbildfunktion von Erziehern auch geschlechtsspezifisch betrachtet. Das folgende Zitat von Herrn Blau fasst die unterschiedlichen Bedeutungen der Vorbildfunktion zusammen:

> „Also ich wünsche es mir für die Kinder, dass in jeder Einrichtung Männer und Frauen sind. Ich denke, dass auch zur Entwicklung von Rollenbildern, Mädchen und Jungs brauchen Männer und Frauen und es ist ja insgesamt sehr femininisiert. Also in der Grundschule trifft man auch fast keinen Mann. Und wenn es tatsächlich so ist, dass es ein sehr feminines häusliches Umfeld ist, wir haben ganz viele alleinerziehende Menschen und manche sind ja auch verbittert und zurückgezogen, da kann es einem Kind wirklich passieren, dass es männerfrei aufwächst und wie soll sich dann ein Bild entwickeln für einen Jungen? Aber auch für die Mädchen, wie ist es denn dann mit den Männern? Und dass man dann auch sieht, wie vielfältig das ist. Vielleicht haben sie dann ein paar Männer im Kontakt. Aber der Erzieher ist dann vielleicht wieder ganz anders. Das ist schön, dass man sieht, Männer können auch ganz unterschiedliche Rollenbilder leben, ganz unterschiedlich sein. Also man braucht auch unterschiedliche Männer in den Kitas. Aber v. a. eben mehr. Dass möglichst viele Kinder auch die Chance haben, da den Kontakt zu haben" (Herr Blau_72).

Der Interviewausschnitt macht deutlich, welche Vorbildfunktionen speziell den Männern im Erzieherberuf zugeschrieben werden. Sie sollen Vorbild sein

- für Jungen, damit diese sich an der Entwicklung der eigenen Männlichkeit an ihnen orientieren können,
- für Mädchen, damit diese lernen, mit Männern umzugehen, besonders dann, wenn sie mit abwesenden Vätern/ohne Väter aufwachsen,
- für alle Kinder, weil sie an ihnen ‚Rollenbilder' entwickeln können,
- für Männlichkeit, weil Kinder lernen, dass nicht alle Männer gleich sind, sondern es verschiedene Formen von Männlichkeit gibt.

Die Vorbildfunktion kann damit als vergeschlechtlicht und vergeschlechtlichend betrachtet werden, das heißt, die Erzieher werden als männlich vergeschlechtlichtes Vorbild angesehen und angesprochen, weil sie Männer sind. Sie sind außerdem Vorbild für Männlichkeit, prägen also in großem Maße mit, was die betreuten Kinder als männlich (oder weiblich) wahrnehmen und nachahmen, sie sind damit auch ein vergeschlechtlichendes Vorbild. Die Vielzahl von Anforderungen an die männliche Vorbildfunktion zeigt eine Ambivalenz in ihrer Situation auf: Erzieher sollen, obwohl sie sich für eine weiblich konnotierte Tätigkeit, für einen pflegerisch-sozialen Beruf entschieden haben, Männlichkeit vorleben. Diese Männlichkeit kann im Sinne hegemonialer Männlichkeitsbilder verstanden werden, was theoretisch heißen würde, dass sie den Kinder eben nicht vorleben sollen, dass sie sich an Pflege und Versorgung beteiligen, sondern im Kindergarten für Fußballspielen, Werken und Toben zuständig sind. Die pflegerischen und versorgenden Tätigkeiten blieben den Kolleginnen überlassen. Die Männlichkeit kann auf der andere Seite als eine alternative Form von Männlichkeit verstanden werden, das heißt, dass die Männer den Jungen und Mädchen vorleben sollen, dass Männer durchaus unterschiedlich sein können, dass Männlichkeit nicht automatisch mit Autorität und körperlicher

Distanz verbunden wird, sondern eben auch pflegerische und fürsorgliche Tätigkeiten zulässt.[141]

Herr Grün geht davon aus, dass eine Erhöhung eines Männeranteils dazu führen würde, dass Kindern mehrere Männlichkeiten vorgelebt werden und sie entsprechend auch zwischen Vorbildern wählen könnten. Er findet es sehr bedenklich, dass dies infrage gestellt wird und sagt:

> „Wenn man diskutiert brauchen wir mehr Männer im Elementarbereich, dass man dann plötzlich die Wissenschaft bemüht und dann sagt, ja das müssen wir erst mal wissenschaftlich evaluieren oder herausfinden, ob das die Kinder brauchen. Natürlich können Kinder wunderbar mit Frauen großwerden und klar, aber wenn der Teil von Männlichkeiten und ich red jetzt wirklich in der Mehrzahl, wenn der Teil von Männlichkeiten so reduziert ist, welche Kinder haben Kontakt zum Opa oder zum Zivi oder zum Papa, der auch mal zuhause ist, zu einem Lehrer oder zu einem Erzieher? Das ist einfach reduziert und (...) dass Männer fehlen, die Kinder auch mit begleiten, zusammen mit Frauen. (...) Also ich denke, wir brauchen vielfältige Männlichkeiten, damit die Kinder gucken können" (Herr Grün_35).

Frau Gelb äußert als einzige Expertin Bedenken, wenn es um die männlichen Vorbilder geht. Auch sie teilt grundsätzlich die Meinung, dass mehr Männer zu mehr unterschiedlichen Vorbildern führen und dies prinzipiell für die Kinder wichtig und gut ist. Dennoch weist sie darauf hin, dass nicht allein die Tatsache, dass Männer anwesend sind, einen Vorteil für die Kinder bietet. Sie meint, dass man sehr genau hingucken muss, welche Männer (und welche Frauen) Erzieher/in werden. Sie berichtet von dem folgenden Fall:

> „... eine Studierende hat mir jetzt erzählt, ihr Anleiter, das finde ich wirklich so fatal, die arbeiten mit Jugendlichen und die sind so vierzehn und er fragt sie jetzt schon immer, ja hast du jetzt schon eine Freundin, jetzt musst dich mal ranhalten und jetzt brauchst du deinen ersten Sex und solche Dinge. Da denke ich mir doch, der hat doch eine Meise. Also jetzt ist er ein männliches Vorbild und setzt die Jungs so unter Druck, dass sie überhaupt nicht ihre eigene Zeit sein nehmen können und gucken können. Anstatt zu sagen, ja genau, das ist wichtig, dass du jetzt nicht denkst, weil ich 14 bin muss ich jetzt und so. Das finde ich so fatal" (Frau Gelb_80).

Frau Gelb berichtet hier von einem Einzelfall, dennoch ist dem Interview mit ihr zu entnehmen, dass sie eine kritische Position der Annahme gegenüber hat, man müss-

---

141 Es wäre spannend zu untersuchen, ob diese Zuschreibung auch Frauen so erleben. Auch sie können als Vorbild für Weiblichkeit angesehen werden. Weiblichkeit wäre damit an einen sozialpflegerischen Beruf gekoppelt, den die Erzieherinnen vorleben. Eine sich aufdrängende Frage ist, ob Eltern von Erzieherinnen auch erhoffen, verschiedene Formen von Weiblichkeit vorzuleben. Wünschen sie sich eine Mischung von Erzieherinnen, bei denen die einen eher pflegerisch-versorgend tätig sind, während andere zeigen sollen, dass Frauen auch anders sein können? Vgl. dazu das Zitat von Frau Gelb: „also wie wirkt das auf Mädchen und Jungen, wenn da so viele Frauen in dem Bereich sind und wenn Mädchen zwar viele Vorbilder haben, aber ich denke, wen sehen die denn? Die sehen keine Baggerführerin, keine Professorin, die sehen lauter Frauen in fürsorglichen Bereichen. Weil immer gesagt wird, die Mädchen haben ja so viele konkrete Vorbilder und die armen Jungs nicht und ich denke, dass beide darauf angewiesen sind viele Vorbilder zu haben und unterschiedlichste so" (Frau Gelb_54).

te nur den Männeranteil erhöhen und das Problem der männlichen Vorbilder sei gelöst. Sie geht deshalb davon aus, dass auch Frauen für Jungen als Vorbilder funktionieren können. Da die Vorbildfunktion als eine zentrale Aufgabe von Erziehern/Erzieherinnen angesehen werden kann, die noch dazu eine starke geschlechtsspezifische Ausprägung erhält, wurde dieses Thema sowohl als eine Kategorie bei der Einzelfalldarstellung als auch im Fallvergleich, bezogen auf den Umgang mit Geschlechtszuschreibungen, ausgewertet. Die Zuschreibung der verschiedenen Vorbildfunktionen und die widersprüchliche Annahme der Bedeutung der Erhöhung des Männeranteils zeigen, dass ein Mann alleine niemals alle Forderungen erfüllen kann. Einrichtungen, in denen mehr als ein Mann arbeitet, sind jedoch extrem selten. Die Ambivalenz, sich auf der einen Seite für einen nicht männlich konnotierten Beruf zu entscheiden und auf der anderen Seite von den meisten Interaktionspartnern/-partnerinnen ausdrücklich als ‚männlicher‘ Erzieher angesprochen zu werden, bündelt sich so zu einer individuellen Herausforderung, die zu einer Auseinandersetzung mit der eigenen Männlichkeit führen kann. In der Untersuchung der Erzieher soll dies einen wesentlichen Punkt darstellen.

Geschlechtsattributionen von Interaktionspartnern/-partnerinnen

In der theoretischen Auseinandersetzung mit der Konstruktion von Geschlecht wurde der Begriff der Geschlechtsattribution eingeführt. Geschlechtsattribution, als eine Form geschlechtsspezifischer Zuschreibungen durch Interaktionspartner/-innen, erleben Männer im Erzieherberuf ständig. Obwohl sie sich für einen Beruf entschieden haben, mit dem sie nicht dem männlichen Stereotyp entsprechen, werden sie, oft als einziger Mann in einer Einrichtung, als *männlicher* Erzieher wahrgenommen und angesprochen. Häufig, das zeigt bereits die Auswertung in Bezug auf die Vorbildfunktion, sollen Männer sehr stereotyp männliche Aufgaben erfüllen. Dazu gehört zum Beispiel die Übernahme von Hausmeistertätigkeiten, Toben, Sport und anderen männlich konnotierten Handlungen. Die Experten/Expertinnen kennen diese Zuschreibungen, von denen ihnen die Erzieher, mit denen sie zusammenarbeiten, berichten. Sie sehen diese Zuschreibungen durchaus problematisch. Frau Rot beschreibt dies so:

> „(...)wenn ein Team da ist, das von dem Mann erwartet, dass er jetzt alle Bohrlöcher bohrt, dann ist das anders. Dann sehen die Mädchen, der Mann bohrt und die Jungen sehen der Mann bohrt, und Jungen helfen ihm wahrscheinlich und die Mädchen stehen applaudierend daneben oder so, ja, also, dann haben wir geschlechtsspezifisches Erziehen vom Feinsten" (Frau Rot_20).

Frau Rot zeigt damit an, dass die Anwesenheit von Männern alleine noch keine geschlechtergerechte Pädagogik garantiert – im Gegenteil: Während in Einrichtungen, in denen kein Mann arbeitet, Frauen selbstverständlich auch handwerkliche Tätigkeiten übernehmen, scheint es in Einrichtungen, in denen ein Mann arbeitet, zu einer Trennung der Aufgaben in ‚männliche' und ‚weibliche' Bereiche zu kommen, es scheint also auch hier ein ‚Gleichheitstabu' zu geben. Dies verdeutlicht ein Interviewzitat von Frau Gelb:

> „Also das ist noch gar nicht untersucht, welche Wirkungen jetzt tatsächlich Männer haben, also und ich denke, wichtig ist einfach ein geschlechtersensibles Personal, also beide können Klischees bestätigen. Also so wie dieser eine Studierende sagt, ich muss nur reinkommen und schon wirkt das und vorher haben die Erzieherinnen selber die Glühbirne angeschraubt und das kann ja auch ein erweiterndes Bild für Kinder sein" (Frau Gelb_62).

Durch die Zuschreibung geschlechtsspezifischer Tätigkeiten besteht die Gefahr, dass erst recht Geschlechterstereotype vorgelebt werden. Frau Rot und Frau Gelb weisen darauf hin, dass das Personal entsprechend geschult werden müsste.

Die Frage ist, wie die Erzieher mit solchen Zuschreibungen umgehen. Die Experten/Expertinnen erleben, dass die Erzieher zwischen einer sehr positiven Wahrnehmung ihrer Sonderstellung und einer kritischen Auseinandersetzung mit der Zuschreibung ‚Hahn im Korb' schwanken. Herr Grün nennt folgende Beispiele:

> „(…) dann kommt von den Männern immer, sie werden in der Regel mit Begeisterung in den Einrichtungen aufgenommen und wahrgenommen, d. h. Einrichtungen freuen sich sehr auch von der Genderbalance männliche Elemente mit in der Einrichtung zu haben, in der Regel. Was sie auch berichten ist, dass allerdings sehr schnell die tradierten Rollenbilder sehr schnell wirken, dass sie also in Einrichtungen kommen und eine Kollegin sagt, und jetzt als kleines Beispiel, (…) vor ein paar Wochen hat mir das einer erzählt, endlich haben wir einen Mann, bei uns ist die Lampe kaputt, kannst du die mal reparieren, z. B. Und das erzählen sie auch, oder endlich haben wir einen Mann, jetzt kannst du mal mit den Jungs endlich Fußball spielen. Dieser junge Mann hat, der mir das erzählt, hat gesagt, ‚das Problem ist, ich hasse Fußballspielen. Bin ich jetzt kein richtiger Mann mehr?'" (Herr Grün, 17).

Das Beispiel zeigt einerseits, wie stereotyp die Attributionen an Männer und Männlichkeit in Kindertagesstätten häufig zu sein scheinen. Besonders Kolleginnen, aber auch Eltern, erwarten von den Männern, dass sie eine männliche Position einnehmen und damit eine Lücke füllen, die bisher niemandem aufgefallen war. Andererseits macht das Beispiel deutlich, wie sehr die Erzieher, besonders während der Ausbildung, von diesen Zuschreibungen irritiert werden. Der hier zitierte Auszubildende sagt, dass er Fußballspielen hasse. Erinnert man sich an die von den Experten/Expertinnen genannten Gründe für die Berufswahl, wird deutlich, dass die wenigsten Erzieher sich für den Beruf entscheiden, weil sie gerne Fußball spielen oder Lampen reparieren. Für den zitierten Erzieher schließt sich daran eine fundamentale Frage an: „Bin ich jetzt kein richtiger Mann mehr?" Es wird deutlich, wie sehr die Erzieher durch die Attributionen, die innerhalb der Institution sehr stereotyp männlich, außerhalb der Institutionen aber von Vorurteilen geleitet sind und den Männern ihre Männlichkeit eher absprechen, verunsichert werden und sich in ihrer eigenen Männlichkeit nicht sicher fühlen. In der Auswertung der Interviews mit den Erziehern sollen diese Ambivalenzen genauer untersucht werden.

Pädophilieverdacht und Vorsichtsmaßnahmen

Bereits in der Auseinandersetzung mit dem Thema ‚Pädophilie' im Kapitel 5 hat sich gezeigt, dass Männer als Hauptverdächtige gelten und dass der Verdacht gerade dann entsteht, wenn Männer sich für Berufe oder Tätigkeiten entscheiden, in denen sie viel mit Kindern in Kontakt kommen. Auch Herr Grün kennt diese Vorverteilungen:

> „(…) und es gibt natürlich diese Vermutung, wenn ein Mann den Beruf wählt, und es haben natürlich, das muss man auch dazusagen, es gab und gibt Männer, die sehr wohl wissen, die größte Chance mit Kindern in Kontakt zu kommen ist in diesem Beruf, also wähl ich diesen Beruf (…). Und das schwebt als Damoklesschwert über den Männern immer und das kommt natürlich als Diskriminierung schon, dass es auch mal auch heißt, von Menschen mit denen sie zu tun haben, mit Eltern, auch mal vielleicht mal von einer Kollegin oder so, also wenn man als Mann Erzieher wird, (…) dann hat man doch irgendwo ein Problem oder da ist man vielleicht auch ein bisschen schwul oder irgendwie sexuell schief gewickelt. (…) weil durch das, was in der Odenwald Schule passiert ist, oder was noch aufgedeckt wird oder was in den letzten Monaten in Internaten usw. aufgedeckt worden ist, nährt natürlich wieder diese Grundangst, dass die Männer ihre Sexualität einfach nicht im Griff haben und nicht unterscheiden können zwischen ihren Bedürfnissen und denen der Kindern und die Kinder einfach instrumentalisieren für ihre Bedürfnisse" (Herr Grün_31).

Herr Grün spricht in diesem Interviewausschnitt von einer grundsätzlichen Irritation, die Männer hervorrufen, wenn sie sich für den Erzieherberuf entscheiden. Dazu gehört, dass immer wieder vermutet wird, Männer, die sich für diesen Beruf entscheiden, hätten ein sexuelles Interesse an Kindern und zudem hätten sie ihre Sexualität „nicht im Griff" und können daher nicht anders, als sich an Kindern zu vergehen.[142] Deutlich wird, männliche Sexualität ist in den Augen von Eltern und Erzieherinnen zunächst einmal unkontrollierbar und damit in einem Kindergarten unerwünscht.

Das Thema des Generalverdachts zieht sich durch alle Expert/inneninterviews. Die Experten/Expertinnen berichten aus den Erfahrungen, die sie mit Erziehern haben, dass sich bei nahezu allen Erziehern das Thema ir-

---

142 Es ist auffallend, dass die beiden ‚Ängste' vor Homosexualität und vor Pädophilie häufig in einem Atemzug genannt werden. Auch bei den Interviews mit den Erziehern zeigt sich, dass Homosexualität und Pädophilie in der Wahrnehmung eng zusammen zu liegen scheinen. Dies ist historisch möglicherweise damit zu erklären, dass die Pädophilie-Bewegung in den 1970er-Jahren (s. o.) als Teil der Homosexuellen-Bewegung begann. Wahrscheinlicher ist jedoch die Assoziation und Angst vor ‚anderen' Formen von Sexualität und darunter kann sowohl Homosexualität als auch Pädophilie verstanden werden. Für ängstliche Eltern scheint die Gratwanderung nicht besonders groß zu sein und beides als gleich bedrohlich für die Kinder zu gelten.

gendwann stellt und sie dazu Stellung beziehen müssen. Besonders als im Frühjahr 2010 das Thema Missbrauch in der katholischen Kirche in den Medien heftig diskutiert wurde, waren die Erzieher in der Ausbildung sehr sensibilisiert, wie Herr Grün berichtet (Herr Grün_6).

Für die Erzieher stellt sich daher immer wieder die Frage, wie viel körperliche Nähe in ihrem Beruf angemessen ist und welche Vorsichtsmaßnahmen sie ergreifen, um nicht in Verdacht zu geraten. Dabei geht es zum Beispiel um das Wickeln von Kleinkindern. Frau Rot und Frau Gelb berichten, dass es mittlerweile Träger gebe, die diskutieren, ob Männern das Wickeln untersagt werden sollte. Dies macht deutlich, wie sehr es sich um einen Generalverdacht handelt, der sich ausschließlich auf Männer bezieht und alle Männer einbezieht. Besonders in der ‚Männerrunde' von Herrn Grün werden mögliche Vorsichtsmaßnahmen und der Umgang mit körperlicher Nähe diskutiert:

> „(…) jetzt im Sommer machen welche ihr Freizeitpraktikum, die sind mit Jugendgruppen unterwegs, da geht es um mit Sonnenmilch den Rücken eincremen und es geht um Körperkontakt oder es geht um das Thema junges Mädchen, zwölfjähriges Mädchen sagt zu ihrem männlichen Erzieher, ich bin so verspannt, kannst du mich massieren. Aber es geht auch schon im Kindergarten, wenn sie Entspannungsmeditation machen, Massage. Also ich denke, dass wir gefordert sind, als Erwachsene, da zu schauen. Ich denke, da ist ein Unterschied, ob das Kind ein T-Shirt an hat oder kein T-Shirt an hat, oder ob ich mit einem Gymnastikball massiere, oder mit den Händen und mir auch sehr bewusst mache, was bedeutet das, wenn ich ein Kind berühre (…). Das ist auch das Thema in den letzten Wochen, also um wessen Bedürfnisse geht es denn? Die Kinder haben eben nicht die gleichen wie ich als Erwachsener. Und das zu unterscheiden zu lernen ist zentral in unserem Beruf" (Herr Grün_21).

Es wird deutlich, dass das Thema ‚körperliche Nähe' von einer Anerkennung der Bedürfnisse der Kinder beeinflusst wird. Dies gilt für Frauen und Männer gleichermaßen. Männer stehen jedoch viel schneller unter dem ‚Generalverdacht', der ihr Arbeiten stark beeinflusst. Entsprechende Vorsichtsmaßnahmen, die Herr Grün hier beschreibt, sollen den Erziehern den Umgang und die körperliche Nähe mit den Kindern ermöglichen und erleichtern. Auch dadurch, dass die Erzieher nur selten alleine mit den Kindern sind, sondern es normalerweise eine Teamsituation gibt, sollen Übergriffe und der Verdacht von Übergriffen verhindert werden. Herr Blau beschreibt dies so:

> „Wir sind ja Gott sei Dank immer in Teamsituationen, wir sind ja selten allein mit Kindern und die Gefahr ist natürlich in anderen Sektoren viel, viel größer, wo einzelne Männer dann mit Kindern arbeiten. Sei es im Sportverein, sei es in den Kirchen, in Pfadfindergruppen, da ist die Gefahr erheblich größer, dass Männer, die pädophil sind sich da niederlassen mit der Hoffnung an Kinder ranzukommen. Das ist bei uns erheblich geringer, aber wir können es nicht wirklich ausschließen. Daher müssen alle tatsächlich auch ein waches Auge darauf haben aber auch einfach wissen, dass es das gibt" (Herr Blau_66).

Herr Blau macht deutlich, dass der Generalverdacht zu einer besonderen Vorsicht führen sollte, in anderen Bereichen die Gefahr aber möglicherweise noch größer ist. Dazu meint Herr Grün:

„Und das sind schon Themen, die die Männer beschäftigen und mich dann immer fragen, wie sollen wir damit umgehen, weil ich hasse das, wenn man mich generell unter Generalverdacht stellt oder wenn es so die Theorie gibt, Männer die Erzieher werden, die haben doch eh nen Knall, jetzt mal nicht ganz fachlich gesprochen, oder die haben so eine Seite. Also das ist schon ein Thema, wo wir oft auch sagen, da gibt es also eigentlich nur eins also sehr, sehr klar, sehr offen damit umzugehen, das zum Thema zu machen, das am Elternabend ansprechen, darüber zu sprechen, sich in gewisser Weise auch zu outen als Mann. Zu sagen, ich verstehe ihre Ängste, aber ich kann sehr klar trennen, meine Bedürfnisse, meine sexuellen Bedürfnisse und ich leb sie in meinem Privatleben und ich weiß, wo meine Grenzen hier in der Einrichtung sind. (…) Je mehr das in so eine Tabuzone abrutscht, desto mehr entstehen einfach Phantasien und Gerüchte" (Herr Grün_17).

Herr Grün weist hier auf naheliegende Vorsichtsmaßnahmen hin. Transparente Elternarbeit und ein offener Umgang mit dem Thema Pädophilie gehören für ihn zum richtigen Umgang mit dem Thema.

Die Präsenz dieses Themas in den Interviews mit den Experten/Expertinnen unterstreicht, wie wichtig die Auseinandersetzung mit dem Generalverdacht für die Männer und ihre Männlichkeitskonstruktion ist. Entsprechend wird in den Arbeitsplatzbeobachtungen und Interviewauswertungen ein besonderes Augenmerk auf dieses Thema gelegt.

Gesellschaftliche Anerkennung und Bezahlung im Erzieherberuf

Die Experten/Expertinnen berichten, dass den ihnen bekannten Erziehern die gesellschaftliche Anerkennung des Berufes wichtig ist, aber nicht ausschlaggebend, um den Beruf (nicht) zu ergreifen. Auch das Gehalt hat bei ihnen eine unterschiedlich wichtige Bedeutung.

Herr Blau beschreibt, dass die meisten Erzieher mit den Inhalten ihrer Arbeit sehr zufrieden sind, die gesellschaftliche Anerkennung und die niedrige Bezahlung sie jedoch unzufrieden sein lassen. Die Experten/Expertinnen sind sich darüber einig, dass das Gehalt im Erzieherberuf im Verhältnis zur Ausbildungsdauer zu gering ist. Daraus leiten sie aber unterschiedliche Schlüsse ab. Während Herr Blau davon ausgeht, dass sich viel mehr Männer für den Beruf entscheiden würden, wenn er besser bezahlt wäre, glaubt Frau Rot nicht, dass sich Männer wegen der schlechten Bezahlung gegen den Beruf entscheiden, sondern ihre Entscheidung trotz der geringen Bezahlung von anderen Kriterien abhängig machen. Sie weist darauf hin, dass die Männer auch in anderen Berufen nicht viel mehr verdienen würden. Herr Blau zeigt auf, dass das Gehalt durch berufliche Aufstiege durchaus verbessert werden kann und bei einer Vollzeitstelle (und diese sind bei seinem Träger üblich) gar nicht so schlecht wäre. ‚An der Basis', also im Erzieherbereich, besonders bei den Berufseinsteigern/-einsteigerinnen sei jedoch das Gehalt deutlich zu niedrig im Verhältnis zu der langen Ausbildung und der hohen Verantwortung. Beide machen damit deutlich, dass vor allem die Vorstellung von einem (potenziell) schlechten Gehalt Männer davon abhalten könnte, den Beruf zu wählen. Frau Gelb macht, wie die anderen Experten/Expertinnen auch, darauf aufmerksam, dass die Bezahlung nicht nur für Männer, sondern auch für Frauen sehr gering ist, dass aber Männer dies besonders wahrnehmen:

> „Ja, also einmal die geringe Bezahlung und es ist mir ein Rätsel, warum Frauen den Beruf ausü-
> ben, das muss ich schon sagen. Ich merke nur auch in den, ja Nebenbemerkungen so, (…) dass,
> also einmal machen sich schon viele unserer jungen Frauen nicht klar, wie wenig Geld das ist,
> dann haben sie glaube ich noch nicht durchgerechnet, was ich davon später alles bezahlen wol-
> len oder sie meinen, sie heiraten und haben dann schon einiges für ihre Kindererziehung gelernt
> und machen das vielleicht als Zuverdienst. Also anders kann ich mir das gar nicht erklären. Und
> ich glaube wir haben immer noch dieses im Kopf, so als Mann muss ich einen Beruf haben, mit
> dem ich mich und vielleicht eine Familie ernähren kann und da haben ja schon auch junge
> Männer gesagt, ich mach weiter, ich mach Sozialpädagogik, weil davon kann ich ja keine Familie
> ernähren und dann haben die Frauen in der Klasse geguckt, weil ich meine, das müssten sie ja
> auch tun und da ist es ihnen erst mal aufgefallen" (Frau Gelb_56).

Das Zitat verdeutlicht, wie sehr das Gehalt mit Aspekten von Männlichkeit verknüpft ist und dass Männer und Frauen sich in der Wahrnehmung des eigenen
Gehalts zu unterscheiden scheinen. Auch wenn es sich hier um eine Einzeldarstel-
lung handelt, kann das Gehalt ein spannender Aspekt bei der Analyse der Männlichkeitskonstruktionen im Erzieherberuf sein. Es soll entsprechend für die Auswertung der Interviews aufgenommen werden. Besonders der Hinweis, eine Familie
ernähren zu müssen, deutet auf ein bestimmtes Verständnis des Geschlechterverhältnisses hin, das ebenfalls näher untersucht wird. Viele Männer versuchen, indem
sie einen beruflichen Aufstieg anstreben, ihr Gehalt zu verbessern. Dazu sagt Frau
Gelb:

> „Also was ich wahrnehme von Rückmeldungen, ist dass Männer schneller in Leitungspositio-
> nen gehen, (…) dann halt die Einrichtung leiten, Hortleiter, Kindertagesstättenleiter, dass Män-
> ner da wieder überrepräsentiert sind, wenn es um Leitungspositionen geht" (Frau Gelb_50).

Und auch Frau Rot gibt an:

> „Ich glaube, es gibt vielleicht zusätzlich zur Motivation den Beruf zu ergreifen, gibt es Ge-
> schlechtsunterschiede, dass Männer tatsächlich auch immer den Fokus haben, sich beruflich
> weiter zu entwickeln und zwar nicht nur im Sinne einer besseren inhaltlichen Arbeit, sondern
> auch im Sinne einer Aufstiegschance oder so. Also, ich würde schon unterschreiben, dass Män-
> ner sich schnell auch, also eher sich hocharbeiten oder den Fokus haben etwas weiterzumachen
> oder so, als Frauen jetzt in Relation" (Frau Rot_47).

Herr Blau und Herr Grün gehen jedoch nicht davon aus, dass überproportional
mehr Männer eine Führungsposition einnehmen. Herr Blau berichtet, dass er dies
für seinen Träger durchgerechnet hat und feststellen konnte, dass die Prozentzahlen
auf den verschiedenen Hierarchiestufen etwa gleich hoch sind. Herr Grün berichtet:

> „(…) da erlebe ich keinen Unterschied zwischen Frauen und Männern, was Zusatzqualifikation,
> Weiterbildung, Weiterstudium, hab ich das Gefühl, das ist geschlechtermäßig gerade sehr gut
> verteilt. Vielleicht fällt es bei den Männern mehr auf, weil die weniger sind. Wenn die dann

weggehen oder weiterstudieren, dann ist in der Einrichtung vielleicht der einzigste Mann weg. Wenn eine Frau sagt, sie studiert noch Sozialpädagogik oder was auch immer, dann geht eine Frau, eine neue kommt" (Herr Grün_48).

Hier zeigt sich ein deutlicher Widerspruch, der sicher durch die unterschiedlichen Positionen der Interviewpartner begründet werden kann, möglicherweise aber auch durch die eigenen Geschlechterbilder der Experten/Expertinnen bedingt ist. Auf jeden Fall ist das Thema Leitung und beruflicher Aufstieg mit Männlichkeit verknüpft. Daher wird auch dieses Thema bei der Auswertung berücksichtigt.

Bedeutung des Expert/innenwissens für die weitere Untersuchung

Durch die Auswertung der Expert/inneninterviews sind zahlreiche Themen angesprochen worden, die es in der Interviewsituation und in der Auswertung von Interviews und Beobachtungen zu berücksichtigen gilt.

Zunächst einmal geht es darum herauszuarbeiten, was für ein Berufsverständnis die Erzieher haben. Die Experten/Expertinnen haben ein sehr differenziertes Bild von einem guten Erzieher gezeichnet, in den Interviews mit den Erziehern kann darauf eingegangen werden, wie sie selber den Erzieherberuf verstehen.

Zum Berufsverständnis gehört auch die Berufswahl. Einen Teil der Einzelfalldarstellungen der Erzieher wird die Frage nach der Entscheidung für den Erzieherberuf ausmachen. Auch hier geht es darum, Unterschiede und Gemeinsamkeiten zwischen den Erziehern zu entdecken, um so die Typenzuordnung vorzunehmen. Dabei wird sowohl auf den Hinweis von Frau Rot eingegangen, die davon ausgeht, dass viele Männer sich für den Beruf entscheiden, weil sie sich bewusst von typischen Männlichkeitsnormen abgrenzen wollen, als auch auf die Bemerkung von Frau Gelb, die beschreibt, dass der Erzieherberuf gerade von solchen Männern gewählt wird, die in anderen Berufen nur selten Erfolgserlebnisse haben.

Eine dritte Kategorie für die Zuordnung zu den Männlichkeitstypen bildet das biografische Geschlechter-Wissen. Hierbei spielt das eigene Bild des Geschlechterverhältnisses (Familie ernähren, Leitungsposition übernehmen) eine Rolle. Dies wird ebenfalls in der Einzelfallanalyse verwendet, um zu sehen, wie sehr sich die Männer unterscheiden.

Einen wesentlichen Teil des Berufsverständnisses von Erziehern stellte in den Expert/inneninterviews die Vorbildfunktion dar. Es zeigte sich, dass Vorbild-Sein sowohl vergeschlechtlicht als auch vergeschlechtlichend sein kann. An die Männer werden ambivalente Anforderungen gestellt, welche Art männliches Vorbild sie sein sollen. In der Auswertung der Interviews wird daher untersucht, welche Vorstellung vom Vorbild-Sein sie selbst haben und in wie weit dies geschlechtsspezifisch ist.

Auch andere Formen von Geschlechtsattributionen sollen berücksichtigt werden: Positive (Männerbonus), negative (Pädophilieverdacht) und handlungsleitende (Hausmeistertätigkeiten) Zuschreibungen sollen in die empirische Untersuchung einbezogen werden. Dabei wird herausgearbeitet, wie die Männer mit den verschiedenen Attributionen umgehen und wie sie ihr Handeln, besonders das körpernahe Handeln, beeinflussen.

Vor der Annahme, dass es mehrere Männlichkeiten auch im Erzieherberuf gibt und sich diese in Männlichkeitstypen einordnen lassen, werden die verschiedenen genannten Aspekte des Expert/innenwissens in der Auswertung daraufhin untersucht, wie sich die Erzieher in ihnen unterscheiden. Welche Bedeutung hat die Zuschreibung eines Pädophilieverdachts für Männer, die eher der komplizenhaften oder eher der alternativen Männlichkeit zugeordnet werden? Unterscheiden sie sich in der Wahrnehmung des Verdachts und in den Folgen, die sie daraus ableiten? Gleiches gilt für die Vorbildfunktion. Für welches Muster von Männlichkeit wollen die Erzieher Vorbild sein? Führt dies zu einer grundsätzlichen Verschiedenheit von Erziehern auch im Handeln mit Kindern? Diese und ähnliche Fragen sollen die Auswertung der Interviews und Beobachtungen leiten.

Bevor nun zur Auswertung dieser Punkte übergegangen werden kann, wird zunächst die Erhebungs- und Auswertungsmethode dargestellt und der Prozess der Erhebungsphase beschrieben

6.2 Interviews mit und Beobachtungen von Akteuren

Für die Analyse des ‚doing masculinity' von Erziehern wurden neben den Expert/inneninterviews Arbeitsplatzbeobachtungen im Sinne teilnehmender Beobachtung mit direkten Nachfragen und qualitative Interviews durchgeführt. Im Mittelpunkt der Auswertung stehen die qualitativen Interviews. Diese Interviews enthalten Fragen zum Arbeitshandeln, zur Biografie und zum Berufsverständnis der Erzieher. Sie wurden nach der Methode des verstehenden Interviews nach Jean-Claude Kaufmann (Kaufmann 1999) durchgeführt und ausgewertet.

Diese Methode ist an die Ethnomethodologie angelehnt und dient dem Verstehen einzelner Personen bzw. ihrer Vorstellung von Gesellschaft. Dadurch wird eine Kombination von Beobachtung und Interview gut umsetzbar. Ziel ist es, dem Gesagten zugrunde liegende Theoriekonzepte zunächst zu erkennen und anschließend durch wiederholtes Hören oder Lesen der Interviews und die Auswertung der Beobachtungen zu überprüfen. Das Interviewmaterial bildet dabei den Ausgangspunkt für die eigene Theorieentwicklung, die sich anhand der im Material gewonnenen Vorannahmen verfeinert und vertieft.[143] Kaufmann beschreibt das verstehende Interview als „ein weiches, der Theorieproduktion untergeordnetes Instrument" (ebd., S. 20).

In Übereinstimmung mit Kaufmann wurden daher zunächst – nach einer kurzen Einarbeitung ins Thema – die Interviews geführt. Wie in der qualitativen Forschung üblich, dienen die Interviews nicht der Überprüfung einer vorher festgelegten Hypothese, sondern bilden das Material, aus dem die Forscherin ständig neue Forschungsannahmen entwickelt (vgl. ebd., S. 30). Die zugrunde liegende Theoriearbeit verlief parallel zur Durchführung und Auswertung der Beobachtungen und Befragungen. Die Methode erfordert diese „enge Verbindung zwischen empirischer Arbeit und konkreter Theoriebildung" (vgl. ebd.), weil die Forschenden immer wieder auf das Verstehen des konkret Gesagten und damit empirisch Belegbaren zurückgreifen. Einzelne, relativ wenige Interviews werden in diesem Prozess intensiv analysiert und damit zu einer Grundlage für das Verstehen von Gesellschaftlichkeit. Verstehen bedeutet das „Erfassen eines von Individuen inkorporierten gesellschaftlichen Wissens" (vgl. ebd., S. 33), was in diesem Fall vor allem bezogen auf das individuelle Geschlechter-Wissen ausgewertet werden sollte.

Für die Interviews wurden Leitfäden entwickelt (s. u.). In Anlehnung an die Prämissen der qualitativen Forschung dienen sie der Anregung, möglichst frei zu erzählen. Die Interviewten sollen sich öffnen und dadurch, dass sie merken, dass ihnen zugehört wird, viel erzählen, um so für die Auswertung Material zu gewinnen, das nicht nur als Antwort auf die Fragen, sondern auch als Aussage über die eigene Vorstellung von Gesellschaft verstanden werden kann.

Akteure befragen

Das tatsächliche Vorgehen bei einer solchen Untersuchung ist immer gekennzeichnet von einem Zusammentreffen theoretischer Überlegungen mit der Realität. Im vorliegenden Fall war die größte Hürde, die es zunächst zu nehmen galt, das Aufspüren und Ansprechen von Interviewpartnern für die Arbeitsplatzbeobachtungen und -interviews. Das Ziel, mit zehn Männern einen Tag im Kindergarten zu verbringen und sie vor Ort zu interviewen, konnte durch die Kontaktaufnahme mit verschiedenen Trägern, über private Kontakte, Internetseiten und die Experten/Expertinnen realisiert werden.

Das ursprüngliche Vorhaben, ausschließlich Erzieher in Kindergärten (3- bis 6-jährige Kinder) zu besuchen, konnte leider nicht vollständig eingehalten werden, da sich teilweise erst vor Ort herausstellte, dass zwei der Erzieher am Beobach-

143 Damit weist die Methode große Ähnlichkeiten zur „Grounded Theory" auf, die ebenfalls nicht von einer vorher festgelegten Theorie, sondern von einer Theorie als Ergebnis der Untersuchungen ausgeht (vgl. Strauss/Corbin 1996).

tungstag im Hort arbeiteten und eine Einrichtung eine Krippe war. Alle Erzieher hatten aber bereits Erfahrungen in Kindergärten gemacht, konnten also auch dazu Aussagen treffen.[144] Bei einem Interviewpartner stellte sich außerdem heraus, dass er Kinderpfleger war und kein Erzieher. Da sich seine Arbeitstätigkeiten jedoch kaum von der Arbeit der Erzieher im Kindergarten unterschieden, wurde auch dieser Interviewpartner in die Auswertung einbezogen.

Insgesamt ist die Gruppe der Interviewpartner sehr heterogen. Die Erzieher unterscheiden sich im Alter (Anfang 20 bis 50 Jahre alt), in der Art Ausbildung (mit oder ohne Abitur, mit oder ohne Studium, Erzieher oder Kinderpfleger, Umschulung, Quereinsteiger usw.), im Bundesland der Ausbildung und in der Berufserfahrung. Auch die Einrichtungen unterscheiden sich sehr. Wesentlich für die Arbeitsbedingungen ist die Größe der Einrichtung und der Betreuungsschlüssel, das heißt die Gruppengröße. In kommunalen Einrichtungen in Bayern[145] ist die normale Gruppengröße für Kinder im Kindergartenalter 25, die von jeweils einer/einem Kinderpfleger/-in und einer/einem Erzieher/-in betreut werden. Kommen jüngere Kinder hinzu, verringert sich die Gruppengröße. In Elterninitiativen sind die Gruppen meistens kleiner, mit ca. 15 bis 20 Kindern pro zwei Erzieher/-innen. In der einzigen reinen Krippe, in der ein Interview durchgeführt wurde, waren vier Erzieher/-innen für 20 Kinder zuständig. Am Beobachtungstag waren jedoch drei Erzieherinnen krank und 14 Kinder anwesend. Der einzige Erzieher wurde von einer Praktikantin und einer Aushilfe unterstützt.

Die Beobachtungstage begannen morgens kurz nach dem Arbeitsbeginn des beobachteten Erziehers. Dies war häufig zwischen acht und neun Uhr, die Erzieher, die im Hort arbeiteten, begannen etwas später. In den Kindergärten und -krippen wurden die Kinder während dieser Zeit nach und nach von ihren Eltern in die Einrichtung gebracht, im Hort kamen sie selbstständig nach Schulschluss in die Einrichtung. In der Phase, in der die Kinder in die Einrichtung kamen, gab es häufig Gelegenheit, in informellen Gesprächen oder bei einer Führung durchs Haus, etwas über die Strukturen des Kindergartens und den normalen Tagesablauf zu erfahren. Die erste Beobachtungsphase dauerte je nach vom Erzieher geplantem Tagesablauf zwischen zwanzig Minuten und drei[146] Stunden. Die Zeit wurde genutzt, um zwischen der Interviewerin und den Interviewpartnern sowie zu den Kindern Vertrau-

---

144 Einige Einrichtungen und einige Bundesländer unterscheiden nicht zwischen der Betreuung von unter Drei- und über Dreijährigen und auch in der Ausbildung wird keine Unterscheidung getroffen, sodass diese Unterteilung nur eine theoretische Bedeutung gehabt hätte.

145 Da die meisten Interviews in Bayern stattfanden, wird dies hier beispielhaft vorgestellt.

146 Die dreistündige Beobachtung stellte eine deutliche Ausnahme dar. Sie kam dadurch zustande, dass der Erzieher an dem entsprechenden Tag alleine in der Einrichtung war und es erst als die Kinder zum Mittagsschlaf hingelegt worden waren, Gelegenheit gab, ein Interview zu führen. Normalerweise wurde nach 30 bis 60 Minuten mit dem ersten Interview begonnen, meistens dann, wenn alle Kinder angekommen waren und eine Kollegin die Gruppe für eine gewisse Zeit alleine übernehmen konnte.

en herzustellen. Häufig wurde die Interviewerin dabei in das Spiel der Kinder integriert (Vorlesen, Brettspiele, Bastelarbeiten), teilweise auch als Hilfe beim An- und Ausziehen der Kinder, z. B. vor einem Spaziergang, angenommen. Im Anschluss an diese erste Beobachtungsphase wurde das erste Interview[147] mit dem Erzieher geführt. Dafür war im Vorfeld ein Interviewleitfaden entwickelt worden. Dieser orientierte sich an den folgenden Themenfeldern:

- Berufsbiografie
- Ausbildung
- Berufliche Sozialisation/Erfahrungen im Berufsleben
- Arbeitsstrukturen im Kindergarten

Der erste Interviewteil diente der Einordnung und der Biografie der Erzieher und führte zu einem besseren Verständnis der Organisation. Hier wurden von den Erziehern bereits wichtige Hinweise darauf gegeben, wie sie den Erzieherberuf verstehen und warum sie sich für den Beruf entschieden haben.

Im Anschluss an die erste Interviewphase wurde in den meisten Einrichtungen das Mittagessen vorbereitet. Nach dem Essen, meistens während der Ruhephasen der Kinder, konnte das zweite Interview durchgeführt werden. Hierfür war ebenfalls ein Interviewleitfaden entwickelt worden, der so gestaltet war, dass er die Möglichkeit offen ließ, auf verschiedene beobachtete Szenen einzugehen. Er orientierte sich an den folgenden Punkten:

- Nachfragen zu beobachteten und fiktiven Szenen
- Die Kinder
- Die Teamarbeit
- Als Mann im Kindergarten
- Abschluss
- Biografische Angaben

In diesem zweiten Teil ging es um das Erleben des Tages, das heißt, es wurden zunächst beobachtete Szenen noch einmal nachgefragt (im Sinne von: „als der kleine D. vorhin geweint hat, wie ging es dir damit?"). Im Anschluss daran wurde über die Gruppe und damit auch über Vorstellungen von Unterschieden zwischen Jungen und Mädchen und die Arbeitsteilung im Team gesprochen. Erst gegen Ende des Interviews wurde das Gespräch explizit auf die Arbeit als Mann im Kindergarten gelenkt. Dies war so beabsichtigt, damit in der Auswertung unterschieden werden konnte zwischen Aussagen über Männlichkeit, die die Erzieher treffen, ohne

---

147 In einer Krippe konnte aus Zeitgründen nur ein Interview geführt werden, in dem beide Teile verbunden und leider stark verkürzt werden mussten.

dass sie danach gefragt wurden und einer bewusst angeregten Reflexion über das ‚Mann-Sein'.[148]

Nach dem Mittagsschlaf wurden in den meisten Einrichtungen die ersten Kinder abgeholt. Teilweise endete dann auch der Arbeitstag des befragten Erziehers. In anderen Einrichtungen beendete das Interview den Arbeitstag, während die Kinder bis spätestens 17 Uhr abgeholt wurden.

Wie die Durchführung erfolgt die Auswertung der Interviews nach der Methode des verstehenden Interviews. Dafür wurden die Interviews transkribiert, mithilfe des Programms MAXQDA kodiert und dann ausgewählte Interviewausschnitte interpretiert.[149]

Am Anfang der Auswertung werden beim Lesen und Kodieren der Interviews sogenannte ‚Starthypothesen'[150] (vgl. Kaufmann 1999, S. 54) gebildet, die durch die Lektüre bestehender Forschungsergebnisse und theoretischer Überlegungen ergänzt werden. „Hypothesen entstehen aus ‚unerwarteten Verknüpfungen', Vernetzungen zwischen theoretischen Kategorien, zwischen denen zuvor nie ein Zusammenhang hergestellt wurde" (ebd., S. 127). Zentral ist die „ständige Konfrontation zwischen lokalem (…) und globalem Wissen" (ebd). Damit ist das Wissen, das der Interviewpartner äußert und theoretisches bzw. gesellschaftliches Wissen, vergleichbar mit dem für diese Arbeit relevanten feldspezifischen Geschlechter-Wissen gemeint. Das empirische Material, nicht die Hypothese, ist Ausgangspunkt der Analyse und Grundlage der Theoriebildung. Dabei ist es laut Kaufmann wichtig, zwischen den Zeilen zu lesen, denn die meisten Informationen liefern die Interviewpartner in dem, was sie nicht sagen, was sie nur andeuten und was sie aussagen, indem sie über andere sprechen (vgl. ebd., S. 103 f.). Die so entstehenden Hypothesen werden durch Fragen und Ideen einer ständigen Überarbeitung ausgesetzt. Dies geschieht vor allem durch die Konfrontation mit dem Material[151] und der Frage, ob sich für

---

148 Dass diese Trennung nur bedingt funktioniert, muss berücksichtigt werden. Alle Erzieher wussten, dass sie angesprochen wurden, weil sie als Mann in diesem Beruf arbeiten. Das Geschlecht spielte damit von Beginn an eine Rolle. Es zeigte sich jedoch, dass einige Erzieher darauf nicht eingingen, während andere von Anfang an bei jeder Aussage darauf verwiesen, dass sie „als Mann" angesprochen wurden.

149 Die Kodierung diente dabei zunächst vor allem der Sortierung der Interviewtexte. So war es möglich, zu bestimmten Themen die richtigen Textstellen aufzuspüren und einer genaueren Interpretation zu unterziehen.

150 Kaufmann spricht von Hypothesen, die er als „Ausgangspunkt theoretischer Konzepte" versteht (Kaufmann 1999, S. 136). Er grenzt diese dabei von Hypothesen ab, wie sie in quantitativen Methoden verwendet werden. Seine Hypothesen stehen niemals allein, sondern sind „eingebettet in ein Gesamtmodell, durch das sie kontrolliert und aufrechterhalten [werden] und mit dem sie in Wechselwirkung" stehen (ebd.). Im weiteren Verlauf wird der Begriff der Hypothese verwendet, wie er von Kaufmann verstanden wird.

151 Kaufmann arbeitet vor allem mit den Aufnahmen, weniger den Transkripten, denn er geht davon aus, dass sich in der gesprochenen Sprache viel mehr Informationen befinden als in der geschriebe-

die Überprüfung einer Hypothese Hinweise finden lassen oder ob man zu einer anderen Hypothese übergehen sollte. Es handelt sich dabei um ein „ständige[s] Hin und Her zwischen Verstehen, aufmerksamem Zuhören, Distanzierung und kritischer Analyse", wobei immer neue Themen in den Vordergrund rücken, immer neue Blickwinkel auf den Forschungsgegenstand angewendet werden, die eigentliche Fragestellung aber nie aus den Augen verloren wird ebd., S. 32). Die Individuen werden in den Mittelpunkt der Untersuchung gestellt, denn sie sind

> „nicht nur einfache Träger von Strukturen (...), sondern aktive Produzenten des Gesellschaftlichen und als solche [verfügen sie] über ein wichtiges Wissen (...), das es von innen zu erkunden gilt" (ebd., S. 34).

So werden die Hypothesen immer wieder infrage gestellt oder an anderer Position in den Ergebnissen angesiedelt. Es gilt jedoch, einen roten Faden zu entwickeln und beizubehalten und die daraus erwachsenden theoretischen Konzepte in eine passende Reihenfolge zu bringen. Schließlich entwickelt sich nach und nach ein immer stabileres Modell theoretisch-empirischer Annahmen, die schließlich das Ergebnis bilden.

Kaufmann räumt dabei dem ‚Allgemeinwissen' einen hohen Stellenwert ein. Er geht davon aus, dass das es einen „Schatz an Kenntnissen" (ebd., S. 31) verberge, die es im Forschungsprozess herauszuarbeiten gilt. Für die vorliegende Arbeit wurde das ‚Allgemeinwissen' vor allem in Bezug auf das Geschlechter-Wissen (s. Kap. 4.1.2) einbezogen und bildet eine wichtige Analyseebene bei der Auswertung der Einzelfälle.

Die Auswertung der Interviews erfolgt zunächst durch ein ‚Eintauchen' in die erzählte Lebensgeschichte der Interviewpartner. Diese Lebensgeschichten wurden für die Einzelfalldarstellungen in Form einer Berufsbiografie aufbereitet. Wie Kaufmann vorschlägt, wurden dazu die Interviews gelesen und alle spannenden, widersprüchlichen oder auch irritierenden Punkte zunächst in eigenen Worten einmal notiert, um so in die Geschichte der Person einzudringen. Dabei werden immer wieder die Fragen an das Interviewmaterial gestellt. Im vorliegenden Fall stellte sich diese Frage etwa folgendermaßen „Welches Bild möchte der Interviewte von sich als Mann und als männlicher Erzieher darstellen?". Ausgehend davon wurden das Berufsverständnis und das (biografische) Geschlechter-Wissens der Erzieher herausgearbeitet. Gemeinsam mit der Berufsbiografie wurden so die Einzelfalldarstellungen entwickelt, die den Ausgangspunkt für die weitere Interpretation liefern.

In Anlehnung an Udo Kelle und Susann Kluge (Kelle/Kluge 1999) folgt auf die Auswertung der Einzelfälle der Fallvergleich bzw. die Fallkontrastierung, um so zu einer Typisierung von Fällen zu gelangen. Im vorliegenden Fall bedeutet dies

---

nen (vgl. Kaufmann 1999, S. 117). Seiner Meinung nach muss jedoch jede Forschende ihren eigenen Weg finden. Im vorliegenden Fall wurde hauptsächlich mit den Transkripten gearbeitet, allerdings immer wieder auch auf die Aufnahmen zurückgegriffen.

allerdings nicht, dass die Typen ausschließlich aus der Empirie entwickelt wurden. Vielmehr entstand aus theoretischen Überlegungen und ersten empirischen Ergebnissen die Annahme, dass es Typisierungen geben könnte (vgl. Kap. 4.2). Die Vergleichsdimensionen, anhand derer die Typisierung im Folgenden, vorgenommen wird, sind das Geschlechter-Wissen und das Berufsverständnis. Dabei sollen die beiden Typen so offen gehalten werden, dass es auch möglich ist, Zwischentypen ausfindig zu machen.

Im zweiten Analyseschritt werden die Typisierungen auf den Erzieherberuf übertragen und dadurch verdichtet und überprüft. Auch hier werden Fragen an das Material gestellt. Diesmal jedoch eher im Sinne eines Fallvergleichs. So kann über alle Interviews hinweg untersucht werden, was die verschiedenen Erzieher zum Beispiel zum Thema „Pädophilie" oder „Vorbild sein" gesagt haben (vgl. u. a. Kelle/Kluge 1999, S. 77). Der erste fallübergreifende Analyseschritt zielt dabei – entsprechend dem im theoretischen Teil dieser Arbeit skizzierten Vorgehen – darauf, die Beschreibung des Berufs und des Handelns als Erzieher vor dem Hintergrund des ‚doing masculinity' auszuwerten. Die Typen sollen so einer weiteren Analyse unterzogen werden: Welche Auswirkungen haben sie auf die Beschreibungen des Erzieherberufs, auf die Wahrnehmung von Geschlechtsattributionen und auf die daraus entstehenden Geschlechtsdarstellungen in der Interviewsituation?

Im dritten Analyseschritt (Kap. 8.3) werden die beschriebenen und beobachteten Handlungen der Erzieher vor dem Hintergrund der Männlichkeitstypen analysiert. Dadurch soll herausgearbeitet werden, ob und wie die Zugehörigkeit zu verschiedenen Männlichkeitstypen Auswirkungen auf das Handeln von Erziehern. Auch dies wird von Kelle und Kluge so benannt:

> „Die formale Einteilung von Fällen in Gruppen ist nur Mittel zum Zweck, um jene inhaltlichen Ordnungen bzw. ‚sozialen Strukturen' zu beschreiben, die zur Gruppierung von Fällen in Typen geführt haben. Das Zusammentreffen bestimmter Merkmalskombinationen stellt also oft die Grundlage für die Suche nach ‚inneren' oder ‚Sinnzusammenhängen' dar" (ebd., S. 80).

Ausgehend von Max Weber ist die Analyse solcher Sinnzusammenhänge die Grundlage der verstehenden Soziologie, die nicht bei der „Erfassung empirischer Regelmäßigkeiten stehen bleiben darf" (vgl. ebd., S. 80/91; Weber 1921, S. 5), sondern zu einem Verständnis gesellschaftlicher Bedingungen, im vorliegenden Fall zu einem Verständnis von Männlichkeitskonstruktionen im Erzieherberuf beiträgt.

Da die Auswertung der Einzelfälle auf der Grundlage der Interviews und der Beobachtungen stattfand, wird nun das Vorgehen und die Auswertung der Beobachtungen vorgestellt, bevor dann mit der Analyse der Interviews begonnen werden kann.

Akteure beobachten

Sowohl Alkemeyer und Villa (Alkemeyer/Villa 2010) als auch Keller und Meuser (Keller/Meuser 2011) gehen davon aus, dass für die Untersuchung von Körperlichkeit und Körperwissen bisher keine Methodologie existiert, die ‚einfach so‘ angewendet werden kann. Sie alle plädieren für eine Kombination ethnographischer Methoden mit Interviewtechniken bzw. diskursanalytischen Methoden, um so dazu beizutragen, den Körper in der soziologischen Forschung stärker zu berücksichtigen, als das durch ‚reine‘ Interviews, die sich vor allem auf das gesprochene Wort beziehen, möglich ist. Diese Verknüpfung soll im Folgenden vollzogen werden, indem die Interviews durch Beobachtungen ergänzt werden, um auch das Handeln als alltägliche Form des ‚doing masculinity‘ zu analysieren. Die Beobachtungsphasen orientierten sich an der Methode der teilnehmenden Beobachtung und an sogenannten ‚Beobachtungsinterviews‘, wie sie Martin Kuhlmann für die Durchführung am Arbeitsplatz nutzt. Das Beobachtungsinterview ist eine Mischung aus teilnehmender Beobachtung und Experteninterview, wobei der Beobachtung die größere Bedeutung zukommt und die Interviewsituationen auf kurze Nachfragen beschränkt werden (vgl. Kuhlmann 2002, S. 110). Diese Form der Befragung stammt vor allem aus der Organisationsforschung, wo sie häufig angewendet, jedoch selten methodisch ausdifferenziert wird. Ziel einer solchen Beobachtung ist es zu lernen und zu verstehen, wie Arbeitnehmer/-innen ihre Arbeit ausführen.

> „Das Ziel dieser Methoden ist eine personenunabhängige, auf typische Merkmale ausgerichtete Analyse und Beschreibung von Arbeitssituationen durch eine mitunter mehrtägige Beobachtung der Arbeitenden, während des Vollzugs ihrer Tätigkeiten sowie begleitende Gespräche, in denen es um Verständnisfragen zu den beobachteten Sachverhalten sowie die Erhebung von nicht direkt beobachtbaren Aspekten, komplexen Erfahrungsbestandteilen und sozialen Bedeutungen geht" (ebd., S. 104).

Beobachtungsinterviews haben gegenüber reinen Beobachtungen den Vorteil, dass Beobachtung und Interview gleichzeitig geschehen können, dass also bereits in der Situation Dinge nachgefragt werden können (vgl. ebd., S. 106). Da in den Kindergärten Arbeitssituationen beobachtet wurden, die davon geprägt sind, ständig wechselnde Settings, Interaktionspartner/-innen und Stimmungen vorzufinden, können Beobachtungsinterviews dort nicht ungestört durchgeführt werden. Im konkreten Fall wurden daher Beobachtung und Interview stärker getrennt, als dies bei Kuhlmann vorgesehen ist. Die Beobachtung orientierte sich verstärkt an den Ansprüchen an eine teilnehmende Beobachtung. Teilnehmende Beobachtungen dienen dazu, durch eigene körperliche Anwesenheit im Untersuchungsfeld zu verstehen, wie dort gehandelt wird. Helmar Schöne beschreibt:

> „Mit ihrer [der teilnehmenden Beobachtung, A. B.] Hilfe können subjektive Sichtweisen, die Abläufe sozialer Prozesse oder die kulturellen Regeln, die diese Prozesse prägen, verstanden werden.

Das der teilnehmenden Beobachtung zu Grunde liegende Erkenntnisprinzip heißt Verstehen"
(Schöne 2005, S. 173).

Im Sinne eines „Befremden(s) der eigenen Kultur" (Amann/Hirschauer 1997) gilt
es, durch gezieltes Beobachten bestimmter Situationen, verbunden mit einer mehr
oder weniger expliziten Fragestellung, herauszuarbeiten, wie Erzieher im Kindergarten unter besonderer Berücksichtigung von Körperlichkeit handeln. Der Sinn der
teilnehmenden Beobachtung besteht darin, dass Interaktionen und Situationen
zugänglich werden, die nicht in Form von Interviews oder anderen versprachlichten
Erhebungsformen zugänglich wären (vgl. Lüders 2006, S. 151). Dabei wird teilge-
nommen und beobachtet. Im Kindergarten konnte dies heißen, mit den Kindern zu
spielen, ihnen zu helfen oder mit ihnen den Tisch zu decken und währenddessen zu
beobachten, wie die Erzieher handeln.[152] Dies entspricht einer teilnehmenden Beobachtung, in der „Handlungen der Alltagswelt (…) unmittelbar miterlebt" werden
sollen (Rosenthal 2011, S. 102).[153]
      Ausgehend von Bourdieus Praxeologie kann eine (teilnehmende) Beobachtung
nie wertfrei oder objektiv stattfinden. Die Auswahl der Situationen, die beschrieben
werden sollten, trägt ebenso zur Darstellung bei wie die Tatsache, dass den ganzen
Tag eine fremde Person in der Einrichtung anwesend war. Die Erzieher sind mit
der ‚fremden Person' unterschiedlich umgegangen. Einige haben die Interviewerin
im Morgenkreis vorgestellt und begrüßt, andere haben den Kindern gegenüber so
getan, als wäre sie nichts Besonderes. In einigen Einrichtungen haben die Kinder
von sich aus den Kontakt gesucht und gefragt, was die Interviewerin in der Einrichtung tut („von wem bist du die Mutter?"), in anderen Einrichtungen haben die
Kinder nicht weiter Notiz von dem Besuch genommen. Dennoch ist klar, dass die
Situation immer eine andere ist, als sie es ohne Beobachtung wäre. Hirschauer stellt
fest: „Bei der teilnehmenden Beobachtung stellt sich als primäre Aufgabe, selbst
ein Teil des Feldes zu werden" (Hirschauer 1992, S. 14).
      Es ging in den Beobachtungen vor allem darum zu erfahren, in welchen Situa-
tionen, unter welchen Bedingungen und mit welchem Ziel Erzieher körperliche
Nähe zu den betreuten Kindern herstellen oder zulassen. Unter körpernahen Tätigkeiten werden solche Handlungen gefasst, in denen der Erzieher und das Kind
interagieren und dabei ihren Körper einsetzen (können). Dies sollte verglichen
werden mit den Erzählungen über solche Situationen. Die Bedeutung der Beobachtungen dient vor allem der Ergänzung und der kritischen Betrachtung von Inter-
viewzitaten.

---

152 Für eine Diskussion über die Ambivalenz zwischen Teilnahme (Herstellen von Nähe) und Beobachtung (Herstellen von Distanz), besonders in der ethnologischen Feldforschung vgl. Hauser-
   Schäublin 2003, S. 37 ff..
153 Im Kindergarten bedeutete dies auch, stundenlang auf viel zu kleinen Stühlen zu sitzen – eine Erfahrung, die Erzieher jeden Tag machen und die entsprechende Auswirkungen auf ihre Körperhaltung
   und ihr Körpergefühl hat.

Als Aufzeichnungsinstrument der Beobachtungen wurden Feldnotizen[154] geschrieben und diese dann im Anschluss an die Beobachtung zu ausführlichen Protokollen vervollständigt. Videoaufzeichnungen waren nicht möglich.[155] Meist wurden kleine Szenen protokolliert und beschrieben, welche Aufgaben der Erzieher übernimmt und wie er mit den Kindern umgeht, ob er sie berührt oder nicht, was er unternimmt, wenn ein Kind auf die Toilette muss usw. Die Protokolle gliedern sich dabei üblicherweise in die folgenden Bereiche:

- Ablauf der Beobachtungen/Interviewphasen
- Struktur des Kindergartens
- Beschreibungen von Beobachtungen unter besonderer Berücksichtigung des körpernahen Handelns
- Anmerkungen[156].

An Hirschauers Hinweis, „dass im ethnographischen Schreiben etwas zur Sprache gebracht wird, dass vorher nicht Sprache war" (Hirschauer 2001b, S. 430) orientiert, bilden die Beobachtungsprotokolle eine eigene Datenform. Ebenso wie andere Daten sind Beschreibungen von der subjektiven Wahrnehmung und Auswahl der Forschenden geprägt, die es in der Auswertung zu berücksichtigen gilt (vgl. ebd., S. 430 ff.).

Zur Auswertung der Beobachtungsprotokolle wurden diese, wie die Interviews auch, in MAXQDA übernommen und dort ebenso kodiert wie die Interviews. Auch dabei ging es vor allem um eine Sortierung, um anschließend auswählen und vergleichen zu können, wie die unterschiedlichen Erzieher in ähnlichen Situationen gehandelt haben.

Ein wesentliches Element, das später die Analyse und vor allem den Vergleich zwischen Interview und Beobachtung leiten wird, sind Widersprüche.[157] Diesen misst auch Kaufmann eine große Bedeutung zu.[158] Sie können auf verschiedenen Ebenen angesiedelt sein. Erstens können sie Anhaltspunkte für weitere Interpretati-

---

154 Für Hinweise zu „field notes" als eine Erhebungsmethode zur Untersuchung von „non-verbial behaviour" vgl. Hecht/Guerrero 1999, S. 38.

155 Dies hätte einen erheblichen Mehraufwand bedeutet, da alle Eltern der Kinder in den Einrichtungen hätten einwilligen müssen und möglicherweise deutlich weniger Erzieher und Einrichtungen sich beteiligt hätten. Dieser Mehraufwand wäre durch die zusätzlichen Ergebnisse nicht zu rechtfertigen gewesen. Vgl. auch Hirschauer, der den Mehrwert des Beschreibens gegenüber Videoaufzeichnungen hervorhebt (Hirschauer 2001b).

156 In den Anmerkungen wurden allgemeine Beobachtungen, zum Beispiel zur Stimmung in der Einrichtung oder dem Umgang der Kollegen/Kolleginnen untereinander festgehalten. Teilweise werden auch diese in die Auswertung einbezogen.

157 Vgl. zur Kontrastierung verschiedener Datenformen auch Rosenthal 2011, S. 106.

158 Er bezieht sich dabei vor allem auf Widersprüche, die er innerhalb des Gesagten aufdeckt (vgl. Kaufmann 1999, S. 142 ff.). Widersprüche sind jedoch auch zwischen dem Gesagten und dem Beobachteten zu finden.

onen bieten, besonders dann, wenn sie Unstimmigkeiten zwischen dem bisherigen theoretischen Modell und dem empirischen Material andeuten. Zweitens können sich in ihnen auch gesellschaftliche Widersprüche spiegeln, die in den Interviewpassagen dann genauso auftauchen. Drittens können Widersprüche zwischen der Ebene des Beschreibens der eigenen Handlung und dem beobachteten Handeln offenbaren und damit verdeutlichen, was nach normativen Vorstellungen richtig wäre, und was im tatsächlichen Handeln geschieht (vgl. Kaufmann 1999, S. 144 f.). Dominique Schirmer weist darauf hin, dass Widersprüche methodisch genutzt werden können, um „Grenzen, Konflikte und Veränderungen von Wertvorstellungen, Sinnhorizonten und Orientierungsrahmen aufzudecken und zu analysieren" (Schirmer 2005, S. 108). Im Folgenden wird sich in der Auswertung auf Widersprüche zwischen dem Handeln und der Beschreibung des Handelns beziehen. Dabei dienen die Protokolle nicht dazu zu ‚entlarven', dass die Erzieher sich im Handeln und Reden widersprechen, sondern dazu zu verstehen, wie im Reden und im Handeln Männlichkeit konstruiert wird.

7 Einzelfalldarstellung: Berufsbiografien und Männlichkeitstypen

In diesem Kapitel geht es darum, die befragten und beobachteten Erzieher einzeln vorzustellen und eine am Einzelfall orientierte Auswertung vorzunehmen. Im Fokus der fallspezifischen Interpretation stehen die Berufsbiografien, die Berufsentscheidung und das Berufsverständnis der Erzieher. Anhand dieser Kategorien sollen die Erzieher, wenn möglich, den theoretisch entwickelten Männlichkeitstypen zugeordnet werden bzw. soll überprüft werden, welche Ergänzungen zu den Typisierungen vorgenommen werden müssen.

Die Berufsbiografien wurden aus den transkribierten Interviews rekonstruiert, da sie nicht tabellarisch oder in einer geordneten Reihenfolge abgefragt wurden. Die meisten Darstellungen ergeben sich jedoch aus der Auswertung der Einstiegsfrage: „Erzählen Sie mir bitte, wie Sie Erzieher geworden sind und was Sie bis zum heutigen Tag beruflich gemacht haben".[159] Diese Einstiegsfrage stellt die Berufsbiografie in den Mittelpunkt. Aussagen über Orte, Familie etc. werden stark gekürzt oder verändert wiedergegeben, auch um die Anonymität der Erzieher zu wahren.

Die Entscheidung für den Erzieherberuf bzw. die Berufswahl wird im Folgenden herausgearbeitet, weil darin augenscheinlich wird, welche Überlegungen die Erzieher anstellten, bevor sie sich für den Beruf entschieden. Dabei werden auch Zweifel und Alternativen deutlich.

Im Abschnitt zum Berufsverständnis wird herausgearbeitet, was die Erzieher unter dem Erzieherberuf verstehen. Dabei werden u. a. ihre Aussagen über ‚einen guten Erzieher' interpretiert, also Aussagen, die recht allgemein gehalten sein können und zunächst nicht bedeuten, dass sie selbst ein solcher Erzieher sind. Weiterhin wird beleuchtet, mit welchem Verständnis sie selber als Erzieher arbeiten. Außerdem werden Aussagen zum Thema ‚Vorbild' ausgewertet. Die Vorbildfunktion ist im Erzieherberuf wesentlich. Wie bereits in den Expert/inneninterviews gezeigt, kann über die Vorstellung, welches Vorbild man sein möchte, viel über das vergeschlechtlichte Berufsverständnis der Erzieher abgeleitet werden.

Für die Einzelfallauswertungen werden Interviewausschnitte und beobachtete Szenen interpretiert, um ein vollständiges Bild der zehn Interviewpartner zu erhal-

---

159 Da dabei nur vereinzelt Jahreszahlen genannt wurden und die Dauer verschiedener Tätigkeiten nicht immer genau bestimmt ist, sind diese Angaben nachträglich entstanden und daher als ca.-Angaben zu verstehen. Sie wurden dennoch hinzugefügt, um eine bessere Einordung zu ermöglichen.

ten. Die genauere Analyse der einzelnen Kategorien wird zu einem späteren Zeitpunkt noch einmal fallvergleichend vorgenommen. Die Einzelfalldarstellungen werden an den Anfang des empirischen Teils gestellt, damit die Auswertung des Handelns und der Beschreibungen des Arbeitens, die in den nächsten Kapiteln vorgenommen werden, darauf aufbauen können.

Nachdem je ein Fall vorgestellt worden ist, schließt sich ein interpretativer Teil an, in dem auf der Grundlage der Darstellung eine Zuordnung zu den theoretisch entwickelten Männlichkeitstypen vorgenommen wird. Bezugnehmend auf das Theoriekapitel zum Geschlechter-Wissen (Kap. 4.1.2.) wird ausgewertet, welche Vorstellung von Geschlecht der befragte Erzieher unbewusst oder bewusst präsentiert/präsentieren möchte. Es handelt sich auf der einen Seite um das von Angelika Wetterer so bezeichnete diskursive oder *diskursfähige* Geschlechter-Wissen. Gleichzeitig wird auch das unbewusst inkorporierte Geschlechter-Wissen untersucht. Dabei ist es möglich, dass beide Seiten als Gegensatz existieren, ohne sich gegenseitig infrage zu stellen. Die Männlichkeitstypen, zu denen die Erzieher zugeordnet werden sollen, sind die komplizenhafte und die alternative Männlichkeit. Es wird sich zeigen, dass eine eindeutige Zuordnung nicht möglich ist, da es sich um Idealtypen von Männlichkeit handelt. Fast alle befragten Männer sind aber aufgrund ihrer Aussagen tendenziell eher dem einen oder dem anderen Typus zuzuordnen.

Den Abschluss des Kapitels bildet eine übergreifende Zusammenfassung, in der das Spektrum von Männlichkeitstypen und Männlichkeiten der zehn befragten und beobachteten Erzieher noch einmal dargestellt wird. Eine Tabelle soll die Unterschiede und Gemeinsamkeiten verdeutlichen und zur besseren Übersichtlichkeit der fallübergreifenden Auswertung beitragen.

Michael Becker

Biografie und Berufswahl

Michael Becker ist zum Zeitpunkt des Interviews 45 Jahre alt. Er hat Abitur gemacht und anschließend eine Lehre in einem Büroberuf absolviert. Seinen Zivildienst leistete er als Hausmeister in einem Wohnheim für Sprachschüler. In dieser Einrichtung erkannte er, dass es ihm Spaß macht, mit jungen Menschen zu arbeiten. Nach dem Zivildienst studierte Michael Becker Kunstgeschichte und arbeitete bei einer Hausaufgabenbetreuung. Über einige Umwege begann er mit Anfang 30 als Aushilfe in einer Elterninitiative (Kindergarten). Im Laufe der nächsten Jahre übernahm er dort immer mehr Verantwortung und wurde 2003 zunächst informeller, später formeller Leiter der Einrichtung. Michael Becker arbeitet bis heute in dieser Einrichtung. Mit 38 Jahren entschied er sich für eine berufsbegleitende zweijährige Ausbildung zum Erzieher. Sein Anerkennungsjahr, wie auch alle weiteren Praktika, absolvierte er in ‚seiner' Elterninitiative. Michael Becker beschreibt seine Berufswahl als fließend. Erste Kontakte zu pädagogischen Tätigkeiten hatte er eher zufällig während des Zivildienstes und des Studiums. Er entschied sich für die Ausbildung, da er nicht länger als ‚Aushilfe' angesehen werden und nicht auf den guten Willen der Elterninitiative angewiesen sein wollte, wenn es um seine Zukunftsplanung ging[160], denn erst mit der Ausbildung hatte er die Möglichkeit, auch offiziell Leiter der Einrichtung zu werden.

Die Ausbildung hat Michael Becker sehr positiv in Erinnerung. Er hat sich von der motivierten Stimmung seiner Kollegen/Kolleginnen anstecken lassen und sagt, dass dies die beste Klasse war, die er je erlebt hat. Er hat viel gelernt, was seine praktische Erfahrung gut ergänzt und dazu beiträgt, nun noch reflektierter und professioneller zu arbeiten.

Michael Becker lebt in einer Beziehung[161] ohne Kinder.

Berufsverständnis

Zentral an Michael Beckers Verständnis vom Erzieherberuf ist sein Wunsch, Kinder zur Selbstständigkeit und Eigenverantwortung zu erziehen. Dies bedeutet für ihn, den Kindern Freiraum zu schaffen, die Schwachen zu schützen und den Starken manchmal Grenzen aufzuzeigen, damit die Schwachen ihren Raum ebenso bekommen. Als Erzieher setzt Michael Becker dabei Impulse für das Handeln der Kinder, lässt sie dann aber alleine Erfahrungen sammeln.

Für Michael Becker sind ein überlegter Umgang und eine professionelle Haltung zum Thema Nähe ebenso wichtig wie eine Reflexion über eigene und fremde Bedürfnisse. Er beschreibt als eine wichtige Eigenschaft von Erziehern, die Balance zwischen Nähe und Distanz von den Kindern bestimmen zu lassen, wobei auch Erwachsene ein ausgesprochenes Recht auf die eigenen Bedürfnisse haben. Es geht ihm darum, den Kindern Räume zu eröffnen, in denen sie sich frei entfalten können und dabei darauf zu achten, dass auch die Schwächeren diese Möglichkeit haben. Dies gilt für Jungen und Mädchen gleichermaßen. In einer beobachteten Szene zeigt sich, wie wichtig für ihn die Erziehung zur Selbstbestimmung ist. Eine Frau hat auf dem Weg vom Spielplatz eines der Mädchen im Vorbeigehen berührt. Als die Kinder dies ihrem Erzieher erzählen sagt er: „Niemand darf euch einfach so anfassen. Es gibt immer Erwachsene, die einfach so Kinder anfassen, aber wenn das passiert,

---

160 Denn nur dort durfte er ohne Ausbildung arbeiten.
161 In keinem der Interviews ist danach gefragt worden, ob die Erzieher in einer homo- oder heterosexuellen Partnerschaft leben. Es wurde nur nach ‚Partnerschaft' gefragt, um dies bewusst offen zu halten. Einige Männer haben deutlich gemacht, dass sie in heterosexuellen Beziehungen sind, indem sie ihre Freundinnen/Frauen erwähnten. Einige Erzieher haben ihre Partner/-innen nicht erwähnt.

müsst ihr ihnen sagen, dass sie das nicht machen sollen (Th_P 27)[162]." Michael Becker und seine Kollegin beschließen, das Thema im nächsten Stuhlkreis anzusprechen. Sein Wunsch nach einer Erziehung zur Selbstbestimmtheit wird darin ebenso sichtbar wie die Trennung, die er zwischen Erwachsenen und Kindern vornimmt. Diese wird während der Beobachtungen häufiger verdeutlicht und später noch zum Thema werden. Zweimal unterbrechen Kinder das Interview. Michael Becker erklärt ihnen, dass nun gerade Erwachsene miteinander reden und die Kinder sich alleine beschäftigen sollen.[163] Auf diese Weise nimmt er die Kinder mit ihren Bedürfnissen zwar ernst, macht aber gleichzeitig klar, dass Erwachsene andere Bedürfnisse haben, die von den Kindern akzeptiert werden sollen. Darin möchte er sich nicht stören lassen und distanziert sich dadurch gleichzeitig von den Kindern.

Vorbildfunktion

Michael Becker versteht sich eher als *erwachsenes* Vorbild denn als männliches Vorbild. Dazu gehört für ihn, den Kindern Werte wie Offenheit, Ehrlichkeit und Selbstbewusstsein zu vermitteln, geht aber davon aus, dass das Vorleben dieser Eigenschaften durch ihn nur ein Teil des Vorbild-Seins ist. Zusätzlich ermöglicht er den Kindern, ihre eigenen sozialen Räume zu schaffen, in denen sie Selbstständigkeit und Kooperation voneinander lernen. Seine eigene Aufgabe versteht er vor allem als ein Sich-Zurückziehen und den Kindern Freiraum-Geben. Er bemüht sich in seiner Vorbildfunktion darum, eine alternative Form von Männlichkeit vorzuleben. Er sagt:

> „Ja, also das Gleiche ist auch, was ja eben auch so ein bisschen ein Thema von mir ist, Geschlechterrollen, auch da versuch ich bei den, also bin ich a) selber ein ganz gutes Vorbild oder Beispiel, weil die Kinder bei mir eben sehen, dass all das, was eben sonst eher typischerweise eher die Mütter machen oder die Mitarbeiterinnen machen, eben genauso gut Männer machen können und das Pflaster geben, Windeln wechseln, Tische putzen und so weiter ist also, also ich bin eher auch die pingeligere Haushaltskomponente als meine Kolleginnen und so dass sie das selbstverständlich von drei Jahre an sehen, dass das ganz selbstverständlich auch ein Mann machen kann" (Th_B 75).

Michael Becker zeigt, dass er sich bemüht, Alternativen zu den hegemonialen „Geschlechterrollen" zu finden. Er sieht sich dabei als männliches Vorbild, das solche

---

162 Die Kürzel hinter den Interviewausschnitten setzen sich wie folgt zusammen: Die beiden ersten Buchstaben stehen für ein anonymisiertes Merkmal der Erzieher, P steht für „Protokoll", das heißt, es handelt sich um einen Ausschnitt aus einem Beobachtungsprotokoll, B steht für den ersten Interviewteil, in dem es unter anderem um die Biografie ging. M steht für den Interviewteil zwei, in dem u. a. über die Position als Mann im Kindergarten gesprochen wurde. Die Ziffer gibt den durch MAXQDA generierten Abschnitt im Interviewtranskript an.

163 Der Kindergarten ist auch einer der wenigen, in der es einen Tisch gibt, an dem Erwachsene gut sitzen können. In den anderen Einrichtungen gibt es nur teilweise einige höhenverstellbare Stühle für die Erzieher/-innen, sie sitzen jedoch den ganzen Tag, auch beim Essen, an den kleinen Tischen.

Aufgaben übernimmt, die sonst häufig von Frauen ausgeführt werden – und dies nicht zur Unterstützung von Frauen, sondern als aktiver Part. Michael Becker weiß, dass dies nicht selbstverständlich ist und betont es entsprechend. Seine Vorbild-funktion betrachtet er als eine Aufgabe, die zum Erzieherberuf gehört, die er ernst nimmt und die sein konkretes Handeln beeinflusst. Er versteht die vergeschlecht-lichte und vergeschlechtlichende Vorbildfunktion als eine pädagogische Aufgabe des Erzieherberufs. Im Vergleich mit den anderen Erziehern wird deutlich, dass sein Verständnis von Männlichkeit von der Suche nach Alternativen zu hegemonia-len Männlichkeitsmustern geprägt ist. Er bemüht sich, im Kindergarten keine tradi-tionellen Geschlechterbilder vorzuleben; entsprechend werden Kinderbücher so ausgewählt, dass sie keine stereotypen Darstellungen enthalten und wurde die Ein-richtung so gestaltet, dass es keine Puppen- und Küchenecke gibt. Wichtig ist ihm, den Kindern vorzuleben, dass es mehr als *eine* Form von Männlichkeit gibt.

Männlichkeitstypus

Die Darstellung zeigt, dass Michael Becker sich dagegen sträubt, als stereotyp männlicher Erzieher wahrgenommen zu werden, er verhält sich ablehnend gegen-über hegemonialer Männlichkeit. Er betont, dass er sich viel um die Küche, haus-wirtschaftliche Aufgaben und die Pflege der Kinder kümmert und darauf bedacht ist, dass es keine geschlechtstypische Arbeitsteilung im Kindergarten gibt, auch um den Kindern das nicht vorzuleben. Die Tatsache, dass er dies so betont, deutet darauf hin, dass er die Stereotype kennt und sich darüber bewusst ist, etwas Unge-wöhnliches zu tun. Er versteht dabei seine Männlichkeit als ein Merkmal neben anderen, das ihn von den Kolleginnen unterscheidet.

> „… sondern auch weil ich einfach ein anderer Typ bin, mit anderen Interessen, mit anderem Temperament, mit einem anderen Intellekt und so. Also deswegen, das würde ich jetzt ehrlich gesagt gar nicht so sehr auf meine Männlichkeit zurückführen. Aber natürlich ist es so, dass ich ein Mann bin und dass ich wie gesagt anders rieche, dass ich eine andere Beweglichkeit habe und eine andere Sportlichkeit habe, ne… eine andere Sozialisation habe als die Kolleginnen."
> (Th_M 54 – 55)

Die im konkreten Fall wahrnehmbaren Unterschiede zwischen ihm und seinen Kolleginnen sind seiner Meinung nach auf Unterschiede in der Persönlichkeit, der Sozialisation und der Körperlichkeit zurückzuführen und nicht per se vom Ge-schlecht abhängig. Gegen daraus erwachsene soziale Unterschiede wehrt er sich vehement. Auf die Frage, ob er es irgendwann mal leichter hatte, weil er ein Mann ist, sagt er, dass sein Werdegang genauso schwierig war wie bei den Kolleginnen. Er weist darauf hin, dass die schlechte Bezahlung nicht mit dem Geschlecht zusam-menhängt und auch Frauen schlecht bezahlt werden. Seine hier beschriebene Hart-näckigkeit kann ihm keine Vorteile bringen.

Zusammenfassend ist festzuhalten, dass Michael Becker sowohl im Interview als auch in der Beobachtung einen sehr reflektierten Umgang mit dem Thema „Geschlecht" präsentiert. Sein Geschlechter-Wissen ist ein wissenschaftlich geprägtes, kritisches Wissen, das er versucht, auch in die pädagogische Praxis umzusetzen. Er hat auch schon Veranstaltungen zu dem Thema besucht und geleitet und er erzählt von dem Plan, selbst eine Dissertation zu einem Geschlechterthema in der Kunst zu schreiben. Er kann damit als Vertreter alternativer Männlichkeit angesehen werden und kommt dem Idealtypus relativ nahe.

Martin König

Biografie und Berufswahl

Martin König ist zum Zeitpunkt des Interviews 39 Jahre alt. Nach der Schule absolvierte er eine Ausbildung zum Schlosser und hat anschließend vier Jahre in seinem Ausbildungsbetrieb gearbeitet. Parallel war er mit großer Freude in der Jugendarbeit tätig. 1995 wurde Martin König betriebsbedingt gekündigt und begann in der Kleinstadt, in der er auch heute noch lebt, in der Verwaltung zu arbeiten. Dort blieb er drei Jahre, bevor er sich entschied, eine Ausbildung zum Erzieher zu machen.

Mit 27 Jahren begann Martin König seine Ausbildung, die ein einjähriges Vorpraktikum, ein Jahr Schule und ein einjähriges Berufspraktikum umfasste. Nachdem er seine als anstrengend und herausfordernd erlebte Ausbildung abgeschlossen hatte, arbeitete er zunächst als ‚Springer' und wurde in einem Hauptschulhort in einem ‚Problembezirk' eingesetzt. Dort sollte er alleine eine Gruppe leiten. In dieser Zeit hatte er zum ersten und einzigen Mal Zweifel an seiner Berufswahl, da er sich überfordert fühlte. Erst als er Unterstützung bekam ging es ihm besser. Wenige Monate später wurde er fester Mitarbeiter in einer großen Kindertageseinrichtung (Kindergarten und Hort) und nach einem halben Jahr ihr stellvertretender Leiter. Nach acht Jahren wechselte er als Leiter in seine jetzige Einrichtung (ebenfalls Kindergarten und Grundschulhort), wo er hauptsächlich im Hort arbeitet.

Die Entscheidung für den Beruf ist Martin König sehr schwer gefallen. Er beschreibt, dass er gerne Erzieher werden wollte, es aber vor dem Hintergrund der schlechten Bezahlung eine ziemlich unvernünftige Entscheidung war. Er hatte zu dem Zeitpunkt, als er mit der Ausbildung begann, bereits neun Jahre gearbeitet und Geld verdient und befand sich in einer Festanstellung, die er kündigte. Da er während der Ausbildung so gut wie nichts verdiente, beschreibt er die Entscheidung, mit der Ausbildung zu beginnen, vor allem als organisatorische und finanzielle Herausforderung. Ihm war von Anfang an klar, dass er sich möglichst schnell auf Leitungsfunktionen bewerben wollte.

Martin König hat drei Kinder zwischen drei und acht Jahren.

Berufsverständnis

Martin Königs Meinung nach zeichnet einen guten Erzieher aus, dass er Spaß an der Arbeit mit Kindern hat und er sich auf die Kinder einlässt – alles andere ist seiner Meinung nach erlernbar. Ihm ist es besonders wichtig, dass die Kinder ihn mögen und meint, dass dann das Umfeld nicht so wichtig sei. Er arbeitet sehr gerne mit Kindern zusammen, wobei er Hortkinder bevorzugt und nur ab und zu im Kindergarten aushilft. Am liebsten ist ihm eine Pädagogik, bei der er etwas vormacht und die Kinder, die Lust haben, mitmachen (Fa_B 96). Am beobachteten Tag macht er mit vier Kindergartenkindern eine Werkstunde.

    Martin König geht davon aus, dass er durch seine alltäglichen Handlungen Vorbild ist. Dazu gehört für ihn, die Kollegin bei weiblich konnotierten Tätigkeiten wie putzen und basteln zu unterstützen. Martin König glaubt nicht, dass er die Kinder durch sein Handeln stärker beeinflussen kann, als sie es bereits von zu Hause mitbringen. Dass die Kinder stark von geschlechterstereotypen Einstellungen der Eltern beeinflusst sind, merkt er daran, dass sie von ihm erwarten, ,wie ein Mann zu handeln', und sich zum Beispiel wundern, wenn er putzt. Den Versuch, Geschlechterstereotype aufzubrechen, beschreibt er als aussichtslos.

Männlichkeitstypus

Martin König hat eine sehr traditionelle Vorstellung vom Geschlechterverhältnis. Diese Vorstellung führt zu einem Konflikt mit seiner Berufswahl, denn seine Entscheidung mit Kindern zu arbeiten, steht entgegen seiner eigentlich klaren Trennung von ,männlichen' und ,weiblichen' Arbeitsbereichen. Er sucht daher nach Möglichkeiten, sich innerhalb des als weiblich geltenden Berufsfeldes als ,männlich' darzustellen und distanziert sich von den Pflegeaufgaben in der Kinderbetreuung und beschreibt, dass er lieber mit den Kindern werkt und Sport macht. Er erfüllt damit die Zuschreibungen als männliches Vorbild. Aufgrund seiner Entscheidung, eher mit älteren Kindern zu arbeiten und seiner Befürchtung, durch seinen Berufswechsel nicht mehr als Familienernährer zur Verfügung zu stehen, kann er als Vertreter der komplizenhaften Männlichkeit eingeordnet werden. Er stellt das Prinzip hegemonialer Männlichkeit nicht infrage, sondern akzeptiert feldspezifische Zuschreibungen. Dies wird an folgenden Aussagen deutlich:

> „Es kann sein, dass die Kollegin das [Handwerken] genauso gut kann, vielleicht sogar noch besser, wenn sie [die Kinder] aber die Wahl haben, dann gehen sie zu mir. Oder beim Fußballspielen auch, wenn die Kolleginnen mit ihnen Fußball spielen und die spielen wunderbar und dann würde ich sagen, ich mach jetzt auch mit, dann gehen sie zu mir, lieber zum Fußballspielen. D[.] sind diese klassischen Rollenverteilungen, dadurch, dass wir das Glück hier haben, dass ich Mann da bin, sind die Rollenverteilungen für die Kinder auch ganz klar gegeben. Umgeke[.] wenn es jetzt ums backen geht oder mehr so Sachen, wo die Kinder schon so im Kopf ha[.] das ist mehr auf die Frau abgestimmt, gehen sie eher zu den Frauen hin wie zu mir" (Fa_B [.]

Seine Aussagen über die Arbeitsteilung zeigen, dass er Männer und Frauen als gegensätzlich versteht. Dass er sich innerhalb des Berufes für eine Leitungsposition entscheidet, folgt dieser Logik. Selbst wenn er und seine Kolleginnen etwas gleich gut können: Die „Rollenverteilungen" bringen die Kinder von außen in die Einrichtung mit. Laut Martin König können alle Beteiligten glücklich darüber sein, dass es einen Mann und eine Frau in der Einrichtung gibt, sodass sich die Kinder mit ihren Bedürfnissen an Vertreter/-innen des „passenden" Geschlechts wenden können. Am Tag der Beobachtungen spielt Martin König mit drei Jungen draußen Basketball, werkt mit zwei Jungen und zwei Mädchen an der Werkbank, gibt das Essen aus und übernimmt häufig die Aufgabe, Kinder zurechtzuweisen oder zu sanktionieren. Seine Kollegin bastelt währenddessen mit einigen Mädchen Fensterbilder, deckt den Tisch und dekoriert den Raum für einen Kindergeburtstag.

Ein anderes Beispiel für seine traditionelle Vorstellung vom Geschlechterverhältnis ist die Beschreibung der Kinder. Während Martin König für Jungen eine eher körperliche Konfliktstrategie annimmt, unterstellt er den Mädchen, dass sie einen „Zickenkrieg" (Fa_M 106) führen, wenn sie sich streiten. Letzterer würde durchaus auch länger anhalten als ein typischer Streit unter Jungen, der nach kurzer heftiger Auseinandersetzung normalerweise schnell wieder vergessen wäre.

Martin König stellt sein stereotypes, an traditionellen Geschlechtervorstellungen orientiertes, Geschlechter-Wissen nicht infrage, sondern findet es im täglichen Erleben in zahlreichen Beispielen bestätigt. Entsprechend ambivalent ist seine Entscheidung für den Erzieherberuf. Er findet, dass es sich dabei um einen schlecht bezahlten „Frauenberuf" handelt und es fällt ihm sichtlich schwer, seine Entscheidung für diesen Beruf positiv zu würdigen. Durch seinen bewussten Aufstieg zum Leiter hat er eine Möglichkeit gefunden, sich von den Kolleginnen abzuheben und die Vorstellung von dem Beruf mit seiner Männlichkeitskonstruktion zu verbinden. Er kommt damit dem Idealtypus der komplizenhaften Männlichkeit sehr nahe.

Johannes Müller

Berufsbiografie und Berufswahl

Johannes Müller ist zum Zeitpunkt des Interviews 34 Jahre alt. Als Jugendlicher war er Ministrant und leitete vor seinem Schulabschluss die Ministrantengruppe der Gemeinde. Mit 16 schloss er die Realschule ab und wollte Bank- und Speditionskaufmann werden, erhielt aber für beide Ausbildungsberufe keine Zusage. Als er sich stattdessen entschied, die Ausbildung zum Erzieher zu beginnen, bekam er ohne Probleme einen Ausbildungsplatz und absolvierte die zwei Jahre Vorpraktikum in einem Kindergarten und in einer Einrichtung für behinderte Kinder. In der Ausbildung spezialisierte er sich auf die Tätigkeiten im Kindergarten. Bereits im

Anerkennungsjahr, als er 20 Jahre alt war, leitete er eine Kindergarten-Gruppe, wozu es einer Ausnahmegenehmigung des Kindergartenleiters und des Schuldirektors bedurfte. Nach seinem Zivildienst wurde er als Elternzeitvertretung stellvertretender Leiter eines Kindergartens und nach weiteren zwei Jahren übernahm er für fünf Jahre die Leitung eines kleinen „Dorfkindergartens". Nach einem weiteren Wechsel und einer kurzen Arbeitslosigkeit nahm er schließlich die Möglichkeit an, einen dreigruppigen Kindergarten zu leiten.

Die Berufswahl von Johannes Müller ist sehr stark beeinflusst von den positiven Erfahrungen aus der kirchlichen Jugendarbeit. Er beschreibt auch seinen Freundeskreis als sozial engagiert, sagt, dass viele seiner Freunde Berufe wie Sozialarbeiter, Krankenpfleger etc. ergriffen haben. Da auch seine Schwester eine Ausbildung zur Erzieherin gemacht hat, hatte er die Möglichkeit, sich intensiv zu informieren und konnte auch seine Eltern, die einer fünfjährigen Ausbildung skeptisch gegenüberstanden, von seinem Plan überzeugen. Relativ früh beschloss er, eine Leitungsfunktion zu übernehmen, um ein höheres Gehalt zu erlangen und seine pädagogischen Ideen besser umsetzen zu können.

Er lebt in einer Beziehung mit einer Frau und ohne Kinder.

Berufsverständnis

Johannes Müller liebt die Arbeit mit den Kindern und bemängelt, dass der Erzieherberuf heute, vor allem als Leiter einer Einrichtung, so stark von bürokratischen Arbeiten dominiert wird.

Er schätzt die Vielseitigkeit des Berufs und die Möglichkeit, sowohl mit kleinen Kindern als auch mit Jugendlichen oder behinderten Erwachsenen zu arbeiten. Für ihn selber kommt im Moment jedoch nur die Arbeit mit Kindergartenkindern infrage und er freut sich, dass er so viele verschiedene Kinder kennen lernt. Ein Erzieher muss seiner Meinung nach flexibel sein und offen für andere Menschen, mit den Eltern und den Kindern kommunizieren und vor allem in der Lage sein, auch körperliche Nähe zuzulassen. Die körperliche Nähe ist bei Johannes Müller ein zentrales Thema, vor allem weil er wahrnimmt, dass die Kinder – besonders die unter Dreijährigen – sich eigentlich viel mehr Nähe wünschen, als er aus zeitlichen Gründen geben kann. Seine Zufriedenheit in seiner Berufstätigkeit bekommt er durch die Kinder, wie er sagt:

> „(…) wenn man dann wieder die lachenden Kinder sieht, ja und die fröhlichen Kinder und die Kinder selber, auch wenn sie mal weinend auf einen zugehen und dir was geben, so viel, also Nähe, das, und dann reden und du an ihren Entwicklungsprozessen Teil hast, dann ist das ganz was anderes, ja" (Lu_M 76).

Johannes Müller ist den Kindern gegenüber sehr zugeneigt. Wie dieses Zitat zeigt, versucht er, die Kinder auf sich zukommen zu lassen. Er versteht sich dabei als ein

Begleiter, der sie auf das Leben vorbereitet und ihnen etwas mitgibt, was sie in ihrem späteren Leben gebrauchen können. Das bedeutet für ihn auch, dass er akzeptiert, wenn die Kinder ihn nicht in der Nähe haben wollen und sagt, dass er sich dann nicht einmischt. In seiner Arbeit versteht er sich explizit als männliches Vorbild. Er sagt:

> „Weil später sagen wir ja auch immer, mein Gott, Frauen sind von der Venus und Männer vom Mars also wie aus dem Buch heute.[164] Aber das passt dann da auch wieder, weil wir anders denken und das müssen einfach die Kinder lernen. Ja, aber diese Konflikte werden immer da sein. Es ist auch sehr wichtig für Mädchen, dass sie sich gegenüber den Männern, also gerade die Mädchen bei mir in der Gruppe auch mir was sagen trauen, weil der Papa ist ja dann zu Hause eigentlich mehr der … die autoritäre Person, wie gesagt, pass auf, wenn der Papa heimkommt. Ja dann denke ich, das ist wichtig für die Mädchen. Und für die Jungs ist eine andere Seite wichtig, dass sie mal toben können, wieder an den Hals hinhängen fünf Kinder an den Hals hinhängen oder mal in den Schwitzkasten nehmen oder wirklich mal schwitzen und so kämpfen, dass da, wie soll man sagen, der Schweiß runter tropft" (Lu_M 78)

„Der Papa ist zu Hause mehr die autoritäre Person" und „es ist wichtig für die Jungs zu kämpfen, bis der Schweiß tropft", beides sind Aussagen, die das Geschlechter-Wissen von Johannes Müller widerspiegeln und auf sehr hegemoniale Geschlechtervorstellungen hinweisen. Er versteht sich entsprechend als unterschiedliches Vorbild für Mädchen und Jungen. Er legt Wert darauf, dass Jungen von ihm als Vorbild lernen, ‚männlich' – was für ihn heißt: körperlich und wild – zu handeln. Die Mädchen sollen ihn als Vorbild nutzen, wenn sie lernen sollen, dass man auch mit Männern über alles reden kann und nicht alle Männer so autoritär sind wie ihre Väter. Dabei wird er durch die Tatsache, dass er ein Mann ist, zu einem männlichen Vorbild und zu einem Vorbild für Männlichkeit. Auch sein Äußeres ist Teil seiner Vorbildfunktion, so beschreibt er, dass man als Erzieher nicht gepierct, tätowiert und schlecht angezogen sein sollte. Er geht davon aus, dass, wenn er „hibbelig" wäre, die Kinder davon ebenfalls gestresst würden (Lu_M 38). Grundsätzlich findet Johannes Müller, dass Emotionalität eine wichtige Qualität ist, die Kinder lernen sollen. Entsprechend lässt er die Kinder an seiner Emotionalität teilhaben und erzählt ihnen, wenn es ihm schlecht geht, damit sie lernen, dass Weinen, Kopfschmerzen und schlechte Laune zum Alltag gehören.

Männlichkeitstypus

Die Männlichkeitskonstruktion von Johannes Müller ist davon geprägt, dass es seiner Ansicht nach eine ‚natürliche' Männlichkeit gibt, die der ‚natürlichen' Weiblichkeit konträr entgegensteht. Die Gegensätze können sich ergänzen, teilweise können auch gegengeschlechtliche Tätigkeiten oder Eigenschaften übernommen

---

164 Damit bezieht er sich vermutlich auf das gleichnamige Buch von Cris Evatt (vgl. Evatt 2005).

werden – so darf ein Mann Gefühle zeigen, solange seine Männlichkeit dadurch nicht infrage gestellt wird. Über Jungen und Mädchen sagt Johannes Müller:

> „Mädchen sind leiser, stiller, machen mehr ..., können sich selber beschäftigen leichter und brauchen, machen Spiele, die leiser sind. Also mal Tischspiele, auch mal die Puppenecke, das ist selten, dass die schreien. Jungs toben, rennen, schreien, balgen, streiten, hauen, schlagen, alles was dazugehört. Das sind Jungs, hat aber auch was mit den Muskelgruppierungen zu tun. Jeder hat zwar die gleichen Muskeln, aber bei den Männern sind sie ja dann später stärker ausgebildet als bei den Frauen, von der Muskulatur her. Und das ist bei Jungs auch schon, deswegen sind die Jungs grobmotorisch am Anfang immer weiter und die Mädchen im feinmotorischen Bereich immer viel besser. Das sieht man auch meistens am Schriftbild von Jungen und von Mädchen" (Lu_M 14).

Johannes Müller beschreibt die körperlichen Unterschiede und die daraus folgenden Fähigkeiten. Er erlebt diese Unterschiedlichkeit als biologische Tatsachen und hinterfragt sie nicht. Gleichzeitig sieht Johannes Müller es auch als seine Aufgabe an, die Kinder dazu zu erziehen, auch die gegengeschlechtliche Seite kennen zu lernen. Er sagt:

> „Also bei den Jungs, da ist es wichtig, dass man sie bewusst langsam heranführt immer mehr an die Tische, an die Stühle, das geht nicht von heute auf morgen und die Mädchen genau anders rum, dass die wegkommen von diesen Stillarbeiten, dass die auch mal powern können, dass die auch mal rennen können. (...) Die Jungs gehen genauso mal die Teller abspülen, haben wir heute auch gesehen, die haben heute, die zwei Jungs haben heute die Teller abgespült, (...)" (Lu_M 42).

Hier wird deutlich, dass es etwas Besonderes ist, wenn Jungen etwas tun, das ‚eigentlich‘ die Mädchen tun – und umgekehrt. Ausdrücke wie „auch mal powern" oder „genauso mal die Teller spülen" unterstreichen, dass die Übernahme dieser Tätigkeiten ungewöhnlich ist.

Aufgrund dieser zahlreichen Aussagen, die Johannes Müller zu seiner Vorstellung des Geschlechterverhältnisses macht, ist er dem Typus der komplizenhaften Männlichkeit zuzuordnen. Die Selbstdarstellung als heterosexueller Mann, die er im Interview verdeutlicht, und die Übernahme einer Leitungsfunktion bereits während der Ausbildung verstärken diese Einordnung. Mit der Tatsache, dass er in einem von ihm so genannten „Frauenberuf" arbeitet, überschreitet Johannes Müller die Geschlechtergrenzen, die er vorher so ausdrücklich beschreibt. Diese Überschreitung benötigt daher eine ausführliche Begründung und Rechtfertigung, die er unter anderem in seiner als väterlich zu interpretierenden Vorbildfunktion sieht. Seiner positiven Bewertung von Männern im Kindergarten entsprechend macht er deutlich, dass er genauso wertgeschätzt werden möchte wie die Kolleginnen. Auch er sieht sich als potenzieller Familienernährer, hat aber zum Zeitpunkt des Interviews (noch) keine Kinder.

Allerdings weicht Johannes Müller vom Idealtypus der komplizenhaften Männlichkeit insofern ab, als dass seine intensive körperliche Nähe zu den Kindern und seine klare Entscheidung, am liebsten mit kleinen Kindern zu arbeiten, nicht ins Bild der komplizenhaften Männlichkeit passen. Dies wird in der späteren Analyse genauer berücksichtigt.

Daniel Albers

Biografie und Berufswahl

Daniel Albers ist zum Zeitpunkt des Interviews 31 Jahre alt und lebt alleine. Nach dem Abitur absolvierte er ein freiwilliges soziales Jahr in einem Jugendclub. Er fand den Erzieherberuf dort spannend, hat ihn aber zunächst nicht für sich in Betracht gezogen. Er begann ein Chemie-Studium, das er nach drei Semestern abbrach und absolvierte anschließend mehrere Praktika und jobbte, um Geld zu verdienen. Erst in Gesprächen mit Freunden kam er zu dem Entschluss, dass er gerne Erzieher wäre und entschied sich im Altern von 24 Jahren für die Ausbildung. Er beschreibt seine Berufswahl als kompliziert und sich selber als „nicht entschlussfreudig". Auch während der Ausbildung zweifelte er ständig an seiner Entscheidung und hatte erst gegen Ende das Gefühl, das Richtige gewählt zu haben. Während der drei Jahre absolvierte er verschiedene Praktika in Kindergärten und Grundschulen, war aber nach der Ausbildung zunächst fünf Monate arbeitslos, bevor er eine Anstellung in einem Kindergarten fand. Nach zwei Jahren wechselte er in die Krippe, in der auch die Beobachtung stattfand. Er ist sehr zufrieden mit seiner Berufswahl, leidet aber unter der hohen Arbeitsbelastung, die vor allem durch die Personalknappheit hervorgerufen wird. Daniel Albers kann sich daher nicht vorstellen, den Beruf noch im Alter von 50 oder 60 Jahren auszuüben, sondern überlegt, berufsbegleitend zu studieren, um langfristig als Erziehungswissenschaftler zu arbeiten.

Berufsverständnis

Während Daniel Albers der Tätigkeit mit Krippenkindern zunächst sehr skeptisch gegenüberstand, weil er vermutete, dort nur pflegerische Arbeit zu leisten, freut er sich heute, die Kinder aufwachsen zu sehen und mitzubekommen, wie sie selbstständiger werden. Einen guten Erzieher beschreibt Daniel Albers folgendermaßen:

> „Und (man) gleichzeitig immer so neugierig ist und offen ist für Sachen und selber staunen kann und dass man den Kindern auch so ein bisschen Lernfreude noch zeigt. Das finde ich, ist bei vielen Erziehern und Erzieherinnen halt nicht mehr so. Und wenn man irgendwie Lernvorbild, also Vorbild für Lernen sein soll, dann soll man auch irgendwie selber noch ein bisschen

neugierig sein und so. So was probier ich halt immer noch viel zu machen, reinzubringen" (He_MB 207)[165].

Daniel Albers möchte für die Kinder ein Vorbild sein, denn seiner Meinung nach können die Kinder so am besten lernen. Er geht davon aus, dass er sich in dieser Einstellung von den meisten seiner Kollegen/-innen unterscheidet. In der Krippe, in der er arbeitet, wird, so sagt er, den Kindern viel Freiraum für die eigene Entwicklung gegeben.

Zu seiner Vorstellung vom Erzieherberuf gehört auch die Selbstverständlichkeit von körperlicher Nähe und Zuneigung – so sitzt beispielsweise während des gesamten Interviews ein Kleinkind halb schlafend auf seinem Schoß, weil es aus dem Mittagsschlaf aufgewacht ist. Dieses intensive Einlassen führt allerdings auch zu einer emotionalen Belastung, die durch den Personalmangel noch verstärkt wird. Er beschreibt, dass er selbst häufig an seine Leistungsgrenzen geht. Durch den Personalmangel ist auch begründet, dass sich Daniel Albers schlecht fühlt, weil er den Kindern nicht die Aufmerksamkeit geben kann, die sie bräuchten.

> „Ja, also man gibt halt auf, dass man für jedes Kind irgendwie da sein kann und jedem Kind helfen kann und so, das geht einfach nicht, mit den Mengen an Kindern, mit denen man zu tun hat. Man kann auch nicht jedes Kind retten irgendwie, wenn es im Elternhaus Probleme hat, man kann probieren denen irgendwie das Beste zu geben, aber das geht halt auch nicht so" (He_MB 120).

Es wird deutlich, dass es für Daniel Albers zur Vorstellung vom Erzieherberuf gehört, den Kindern zu helfen, gerade wenn sie aus schwierigen sozialen Verhältnissen stammen. Gleichzeitig verzweifelt er an dieser Aufgabe, weil es zu wenig Personal gibt. Er wirkt daher frustriert und beschreibt sich als „ständig überarbeitet".

Männlichkeitstypus

Daniel Albers versucht bewusst, die Gleichwertigkeit von Männern und Frauen, Jungen und Mädchen in den Mittelpunkt zu rücken und keine Unterschiede zu suchen und zu präsentieren. Zufällig hatte Daniel Albers in einem Kindergarten, in dem er gearbeitet hat, Kontakt zu einem Vater, der sich wissenschaftlich mit dem Thema ‚Männer im Erzieherberuf' auseinandergesetzt hat. Mit ihm hat er ein Projekt über geschlechtersensible Pädagogik gemacht und sich dabei mit seiner eigenen Position als Mann im Kindergarten auseinandergesetzt. Er ist also auf einer wissenschaftlichen Ebene mit dem Thema vertraut. Er sagt:

> „(…) obwohl ich schon männlicher Erzieher bin, immer noch diese männlichen Rollenklischees nur an mich gehen, so wie, dass ich Ahnung haben muss von Werkzeugen oder (…)[schwere

---

165 Da mit Daniel Albers nur ein Interview durchgeführt werden konnte, werden hier die Teile „Biografie" und „Männlichkeit" zusammengefasst.

Sachen] tragen, dass halt ich gerufen werde und halt nicht die Frauen und ähm ja, das hab ich
sehr gut auch klar gemacht, dass ich nicht Erzieher geworden bin, weil ich so der Alpha-Mann
bin und ich denk mal, das hat sich dann auch so ein bisschen normalisiert einfach. Aber auch
von Eltern teilweise, dass dann halt so, dass die ganz froh sind, endlich mal ein Mann zum Reden und so, was ja auch okay ist, wobei ich halt auch mit manchen Sachen auch gar nichts an-
fangen können, weil ich halt nicht so der Werkzeuge-, Auto-, irgendwas-Mann bin" (He_MB
187).

Daniel Albers stellt dar, dass er keine Unterschiede zwischen Männern und Frauen
im Erzieherberuf feststellt, sondern dass diese von außen an ihn und in die Einrichtung herangetragen werden. Daran sind sowohl die Kolleginnen als auch die Eltern
beteiligt, die von ihm erwarten, ‚typisch männliche' Dinge zu tun, obwohl er sich
bewusst für einen ‚untypischen' Beruf entschieden hat. Daniel Albers grenzt sich
von hegemonialen Männlichkeitsvorstellungen (Werkzeug, Auto, Fußball) bewusst
ab. Seine Reaktion zeigt, dass er seine Position intensiv reflektiert – und wohl auch
in seine Berufswahl einbezogen – hat. Er bezeichnet sich selber als „Exot" und
wünscht sich manchmal, mit einem anderen Mann zusammenzuarbeiten, weil er
glaubt, dass mehr gegenseitiges Verständnis vorhanden wäre und die Arbeitskultur
sich verändern würde. Auch im Umgang mit den Kindern bemerkt er, dass er etwas
„Besonderes" ist:

„Ja, man merkt auf jeden Fall bei den Großen [Kindern], dass man schon etwas Besonderes ist
irgendwie, dass die praktisch das Ganze, halt alle Bindungen, die so in männliche Richtung gehen, kommen natürlich auf dich so, also man ist dann schon irgendwie bei den Kindern so... ja
schon was Besonderes, ja. Weil Erzieherinnen haben sie ganz viele, aber nen Erzieher halt nur
einen. Wo ich teilweise auch nicht wusste, ob das daran lag, dass meine Arbeit auch ein bisschen
anders war, als die von den Erzieherinnen oben. Ob ich ein bisschen mehr auf die Kinder eingegangen bin und so oder an meinem Geschlecht, aber hier bei den Kleinen ist es manchmal so,
dass man solche Papakinder hat, die einfach mehr an ihrem Vater hängen als an ihrer Mutter
und dass es da hilfreich ist einfach einen Mann noch zu haben" (He_MB 179).

Die Zuschreibung die Daniel Albers von den Kindern aufgrund seines Geschlechts
erfährt, unterstreicht seine Wahrnehmung, etwas Besonderes zu sein. Vor dem
Hintergrund seines sehr reflektierten Geschlechter-Wissens zweifelt er jedoch daran, dass das etwas mit seinem Geschlecht zu tun hat, sondern vermutet seine Art
des Umgangs mit den Kindern als Grund für die besondere Wahrnehmung.

Daniel Albers' nahezu wissenschaftlich zu nennendes Geschlechter-Wissen
zeigt sich zusammenfassend an verschiedenen Punkten. Er ist sichtlich bemüht,
keine Unterscheidung auf der Grundlage des Geschlechts vorzunehmen. Die Unterschiede, die er dennoch bemerkt, kommen von außen. Seine Ausprägung des
Geschlechter-Wissens führt auch zu einem bestimmten Habitus im Umgang mit
den Kindern und seinen Ansprüchen an die Pädagogik. Es fordert von ihm allerdings ein hohes Engagement, was, durch den Personalmangel verstärkt, zu einer
hohen physischen und psychischen Belastung führt. Aufgrund seiner Sensibilisierung für das Thema hat Daniel Albers eine kritische bis ablehnende Haltung gegenüber der hegemonialen Männlichkeit eingenommen. Er scheint allerdings stellen-

weise noch auf der Suche nach seiner Männlichkeitskonstruktion, als würde er erst nach und nach zulassen, dass er einen anderen Weg gewählt hat als die meisten Männer in seiner Umgebung. Zu der Annahme, dass dies ein zeitlicher Prozess ist, trägt auch die Aussage bei, dass er zunächst nicht mit kleinen Kindern arbeiten wollte und erst nach und nach überzeugt werden konnte. Daniel Albers ist damit tendenziell der alternativen Männlichkeit zuzuordnen, auch wenn er manchmal noch unsicher scheint.

Max Schulze

Biografie und Berufswahl

Max Schulze ist zum Zeitpunkt des Interviews 27 Jahre alt und lebt in einer Beziehung. Er machte seinen qualifizierten Hauptschulabschluss und begann anschließend eine Ausbildung zum Kfz-Elektroniker, die er nach wenigen Monaten abbrach. In einer Berufsberatung wurde ihm der Erzieherberuf empfohlen und nach einem Praktikum in einer Elterninitiative begann er die Ausbildung zum Kinderpfleger. Im Anschluss an die Ausbildung war er kurze Zeit arbeitslos, erhielt aber bald eine Zusage von einer kirchlichen Einrichtung, in der Kinder im Alter von zehn Monaten bis sechs Jahren betreut werden. Er begann als Schwangerschaftsvertretung und ist dort mittlerweile seit sechs Jahren als Kinderpfleger beschäftigt.

Neben seiner Arbeit geht Max Schulze zur Abendschule, um die mittlere Reife und evtl. auch sein Fachabitur nachzuholen. Er überlegt nach dem Schulabschluss eine Ausbildung bei der Polizei zu beginnen, um dort in der Jugendarbeit zu arbeiten. Als Grund dafür nennt er die schlechte Bezahlung als Kinderpfleger. Sollte er keinen Ausbildungsplatz bei der Polizei bekommen, würde er eine Erzieherausbildung beginnen. Auf jeden Fall möchte er gerne weiter mit Kindern oder Jugendlichen arbeiten.

Max Schulze beschreibt sich selber als behütet aufgewachsen und eher wenig engagiert, so dass ihn der Beruf vor allem ansprach, weil er wenig von ihm zu verlangen schien. Auch die Vorstellung, in der Ausbildung nur von Frauen umgeben zu sein, reizte ihn zunächst. Zweifel an seiner Berufswahl hatte Max Schulze im ersten Jahr seiner Ausbildung und er überlegte mehrmals sie abzubrechen. Ihn störten vor allem das niedrige Niveau und das viele Basteln. Einer seiner Lehrer konnte ihn jedoch überzeugen, weiterzumachen und im zweiten Jahr wurden seine Noten vor allem in den praktischen Fächern deutlich besser und er bekam mehr Spaß an der Ausbildung. Heute empfindet er seinen Beruf als sehr herausfordernd und spannend.

Berufsverständnis

Max Schulze ist Kinderpfleger, aber seine Tätigkeiten unterscheiden sich nicht wesentlich von denen eines Erziehers, außer dass er von den Verwaltungsarbeiten weitgehend befreit ist und weniger an der Konzeptionierung des Kindergartens mitwirkt. Seine Darstellungsweise zeigt, dass er sich noch nicht viele Gedanken darüber gemacht hat, was er als Kinderpfleger den Kindern mitgeben möchte und was er unter einem ‚guten Erzieher' versteht. Für ihn ist das Wichtigste, dass die Kinder Spaß haben und dass er Spaß an der Arbeit mit den Kindern hat. Darüber hinaus möchte er den Kindern Werte vermitteln und den Kindern gegenüber einfühlsam sein. Seiner Meinung nach ist das Gemeinschaftsgefühl heutzutage nicht genug entwickelt und er versucht dies durch gezielte Übungen zu verändern. Dabei sieht er sich auch als Gegenpol zu den Eltern, die jeweils nur ihr eigenes Kind fördern und unterstützen. Er möchte dafür einen Ausgleich schaffen.

Männlichkeitstypus

Als jüngster Teilnehmer an der Untersuchung scheint Max Schulze noch auf der Suche nach seiner eigenen Position und seiner Haltung gegenüber hegemonialen Männlichkeitsmustern. Er berichtet, dass er in seiner Einrichtung viele Bevorzugungen erlebt und sich mit allen Kolleginnen sehr gut versteht, während es bei den Kolleginnen untereinander auch zu Konflikten kommt. Als einziger und, zum Zeitpunkt seines Eintritts in den Kindergarten, sehr junger Mann scheint er einen Bonus zu bekommen und besonders in der Kindergartenleitung eine fast mütterliche Unterstützerin gefunden zu haben. Er geht davon aus, dass dies etwas mit seiner Sonderstellung als Mann zu tun hat.

Das Geschlechter-Wissen von Max Schulze ist geprägt von Alltagsannahmen über die Unterschiede zwischen Männern und Frauen, die sich in seiner Wahrnehmung bestätigen. Frauen, so nimmt er an, sind in ihrer Arbeit körperlicher und genießen es eher, mit den Kindern zu kuscheln und sie auf dem Arm zu haben, während er selbst nach kurzer Zeit auf Distanz geht.[166]

Max Schulze sagt, dass es keine Rolle spielt, dass er einen Beruf gewählt hat, in dem hauptsächlich Frauen tätig sind. Er denkt, dass seine Freundin, eine verbeamtete Gymnasiallehrerin, gut eine Familie ernähren kann.

Für Max Schulze ist es dennoch wichtig darauf hinzuweisen, dass er vom Aussehen und der Statur her nicht für einen ‚typischen Erzieher' gehalten wird, ohne zu erklären, was für ihn ein ‚typischer Erzieher' wäre. Er möchte durch einen bestimmten Kleidungsstil seine Sportlichkeit präsentieren. Da er auch mehrmals auf seine

---

166 Vgl. dazu auch die ausführliche Analyse zum Thema „Körperliche Nähe" im weiteren Verlauf.

heterosexuelle Orientierung hinweist, ist davon auszugehen, dass er diese Selbstdarstellung nutzt, um sich als männlich, im Gegensatz zu den ,typisch verweiblichten' Erziehern abzugrenzen, die ihn in seiner relativ unsicheren Männlichkeitskonstruktion gefährden könnten.

Insgesamt ist Max Schulze seine Sonderposition bewusst und sie scheint ihm zu gefallen. Er nutzt diese Position auch für sein eigenes berufliches Weiterkommen, weil er nur so die Möglichkeit hat, zur Abendschule zu gehen. Darin wird er von seiner Chefin unterstützt und für sein Handeln nur selten verantwortlich gemacht. Gleichzeitig grenzt er sich von den Kolleginnen und ihrem Handeln ab.

Max Schulze ist in seinen Aussagen tendenziell einer komplizenhaften Männlichkeit zuzuordnen. Die Berufswahl steht damit im Konflikt zu seiner Vorstellung vom Geschlechterverhältnis und seine Männlichkeit wird mit zahlreichen Hinweisen auf sein heterosexuelles Leben und seinen sehr männlichen Körper sowie durch die Selbstdarstellung als erfolgreicher Fußballer aufrechterhalten. Dazu passt auch die Überlegung, möglicherweise in den nächsten Jahren den Beruf zu verlassen und bei der Polizei eine Ausbildung anzufangen, um dort mit Jugendlichen zu arbeiten.

Alexander Schmidt

Biografie und Berufswahl

Alexander Schmidt ist zum Zeitpunkt des Interviews 39 Jahre alt und lebt alleine. Er entschied sich direkt nach dem Realschulabschluss für die Erzieherausbildung. Das zweijährige Vorpraktikum leistete er in einem Kindergarten, während der theoretischen Ausbildung und des Anerkennungsjahres arbeitete er mit geistig behinderten Kindern. Parallel war er Barkeeper und leitete ein unabhängiges Jugendzentrum. Im Anschluss an seine Ausbildung leistete er im Alter von 23 Jahren seinen Zivildienst. Währenddessen machte er auch das „Montessori-Diplom". Anschließend begann er, als Elternzeitvertretung bei einem kirchlichen Träger zu arbeiten und wechselte nach eineinhalb Jahren zu einem städtischen Träger, wo er zunächst als mobile Kraft tätig war. Nach ca. zwei Jahren, in denen er in verschiedenen Kindergärten und Horten gearbeitet hatte, ließ er sich freistellen, um Sozial- und Medienpädagogik zu studieren. Mit 33 Jahren kehrte er 2004 zurück zu dem städtischen Träger und wurde stellvertretender Leiter eines Integrationshortes. Nach vier Jahren entschied er sich, die Stelle aufzugeben und seine Stundenzahl zu reduzieren, um sich vermehrt seiner Selbstständigkeit als Künstler zu widmen. Seit zwei Jahren arbeitet er nun in einem städtischen Grundschulhort auf einer 30-Stunden-Stelle.

Berufsverständnis

Alexander Schmidt arbeitet am liebsten mit Kindern im (Grund-)Schulalter. Er entwickelt Projekte, um die Kinder möglichst viel lernen zu lassen, so geht er beispielsweise mit ihnen in die Stadt, um Dinge, die ihnen auffallen, zu fotografieren. Er nennt als wichtigste Eigenschaft von Erziehern: „Offen sein für den momentanen Standpunkt der Gesellschaft. Politische und Wissenserziehung" (We_B 79). Dabei versteht er sich als jemand, der im Hort die Kinder und Jugendlichen in ihrer Freizeit betreut. Aus diesem Verständnis heraus erklärt er auch seine Ablehnung von Hausaufgaben. Die Hausaufgaben unterbrechen den Tagesablauf und stören seine Projekte, die teilweise über mehrere Wochen laufen. Die Aussage unterstreicht seine Selbstdarstellung: Alexander Schmidt bezeichnet sich als „Idealist", „Revoluzzer" und „Punkrocker", der selber keine Lust hatte zu lernen. Ausführlich erzählt er, dass er in der Ausbildung kein Interesse am Unterricht hatte und sich vor allem an den „Schmarrn" erinnert, den er während seiner Ausbildung gemacht hat:

> „Es gibt so diese klassischen Auswendiglerner und ‚ich muss das jetzt auswendig können, weil sonst kapier ich das nicht' und es gibt die Leute, die einfach das Hirn einschalten, was bedeutet das gesellschaftlich?, und das immer wieder hinterfragen und eigentlich kann man dann den Job schon machen. Klar muss man sich Psychologie und Zeug angucken und Pädagogik, aber wenn man ein bisschen das Hirn einschaltet, dann ist das sehr leicht, sagen wir mal so. Schon. Und von daher, Ausbildung war lustig, ich hab viel gefeiert usw. usw." (We_B 42)

Er beschreibt die Ausbildung als leicht absolvierbar, es war kein Problem, nebenher viel zu feiern. Allerdings „muss man ein bisschen das Hirn einschalten", was er getan hat und dadurch ohne großen Aufwand die Ausbildung absolvieren konnte. Alexander Schmidt versucht sich als kompetent darzustellen, was als sehr männlich gewertet werden kann. Der Hinweis auf das viele Feiern während der Ausbildung kann als „Risikohandeln"[167] interpretiert werden und deutet auf eine Orientierung an hegemonialen Männlichkeitsmustern hin. Das anschließende Studium beschreibt Alexander Schmidt rückblickend ebenfalls als mühelos, auch dabei hat er vor allem die viele Freizeit in Erinnerung, betont aber zusätzlich, dass er die „jahrgangsbeste Diplomarbeit" geschrieben hat. Dies unterstützt seine Selbstdarstellung und deutet auf eine Wettbewerbsorientierung hin, die im theoretischen Teil der vorliegenden Arbeit ebenfalls als männlich konnotiert dargestellt wurde. Auf diese Weise kann er sich von den anderen Studierenden abgrenzen. Dass diese Aussage nur eine Seite der Selbstdarstellung abbildet, wird deutlich, wenn man nach den inhaltlichen Erkenntnissen fragt. Alexander Schmidt kann seiner Ausbildung durchaus Positives abgewinnen, vor allem den Fächern Psychologie und Pädagogik. Immer wieder will er sich in der Erzählung von anderen Studierenden abheben, denn seiner Meinung nach hat er eine eigene Theorie entwickelt, während andere Studierende auf be-

---

167 Vgl. Kap. 5 dieser Arbeit.

kannte Theorien vertrauten. Er stellt so seine Individualität in den Vordergrund. Problematisch wird diese Grundhaltung, sich selbst als Gegenpol zu hierarchischen Einheiten (die er als „Obrigkeit" betitelt) zu sehen, für seine berufliche Zufriedenheit. Es frustriert ihn, dass er sich an Organisationsstrukturen und den Bedürfnissen der Eltern orientieren muss, schlecht bezahlt wird und für seine Arbeit wenig Anerkennung bekommt. Er sagt:

> „... auf jeden Fall muss man schon so sagen, dass die (...) Bedingungen jetzt von den Obrigkeiten immer krasser werden, das muss man schon auch so sehen. Also was die uns innerhalb von zehn Jahren alles gestrichen haben bei der Stadt, das geht auf keine Kuhhaut, da würde normalerweise jeder andere Job schon lange sagen, ‚hey, Generalstreik'. Wir Erzieher sind leider nur immer viel zu lieb, also ich hab es gemerkt bei der letzten Streikerei, so ‚das können wir doch den armen Eltern nicht antun' und ich so, ‚hey ich streik nicht für die Eltern, ich streik für mich'" (We_B 71).

Verantwortlich für seine Frustration sind seiner Einschätzung nach die „Obrigkeiten". Als Gegenpol zu den „lieben Erziehern" nennt er an verschiedenen Stellen im Interview das „Business" und die „Wirtschaft". Auch die Eltern tragen ihren Teil zu seiner Unzufriedenheit bei:

> „Man merkt, dass die gesellschaftliche Entwicklung der Eltern extrem sich verändert hat. Das ist meine Generation, die früher gesagt hat, wir machen mal alles besser und wo ich mir jetzt auch denke, so hey, liebe Mädels und Jungs, das was ihr macht, das ist nicht alles besser, das ist Katastrophe, was ihr teilweise treibt. Da werden Kinder in der vierten Klasse teilweise händchenhaltend noch abgeholt, ja, wo kommen wir denn da hin. Zu meiner Zeit sind wir mit vier Jahren alleine in Kindergarten gegangen, also nur so viel dazu. (...) Also die Gesellschaft ist viel zu überbehütet, was Kinder betrifft. Wie wollen die denn dann selbstständig werden?" (We_B 55).

Die Eltern, die sich vorgenommen hatten, alles besser zu machen, und zu denen er sich mit dem Satz „das ist meine Generation" selber zählt, werden hier angeklagt, denn sie behüten die Kinder zu sehr, was in der Vorstellung von Alexander Schmidt gegen die Entwicklung eines selbstständigen Individuums wirkt. Er wollte selber alles besser machen und stellt fest, dass die Regeln andere sind. Frustriert weist er darauf hin, dass früher alles besser war und die Kinder selbständiger sein durften. An einer anderen Stelle führt er noch weiter aus:

> „Entschuldigung, ich mein, ich hatte früher Löcher in der Hose, ich hatte Grasflecken drin und es war superlustig, ja. Aber da fängt es ja schon mal an, ‚oh meine Hose darf nicht dreckig werden', ja dann zieh ich halt dem Kind in Kindergarten eine Scheißjogginghose an, also die kostet einen Zehner, fertig" (We_B 57).

Vielen ähnlichen Aussagen von Alexander Schmidt ist dieser Grundton der Frustration anzumerken. Seine Wortwahl stimmt mit dieser Selbstdarstellung überein. Gleichzeitig wird hier, wie in anderen Interviewpassagen auch, deutlich, dass Alexander Schmidt in keiner Weise den Kindern die Schuld an seiner Frustration gibt. Sie sind, wie er, unfreiwillig in die Situation geraten. Für ihn ist die Arbeit mit den Kindern nach wie vor das Positive am Erzieherberuf.

Männlichkeitstypus

Alexander Schmidt stellt sich selber als kritisch dar, dies bezieht er vor allem auf ein gesellschaftliches System, dem er als „Punk", „Revoluzzer" und Gewerkschafter begegnet. Er möchte aussagen, dass er keine besondere Position einnimmt und es sich beim Erzieherberuf nicht um einen „Frauenjob" (We_B 32) handelt. Offensichtlich empfindet er dies als Abwertung seiner Leistungen. Er sagt:

> „Aber Moment, stellen Sie sich mal vor, dieser Job hier würde genauso gut bezahlt werden wie Gymnasiallehrer, Siemensvorstand, Porschevorstand, Industriemechaniker und ich würde jedes Monat mit 10.000 heimgehen. Ja, glauben Sie, dass hier keine Männer arbeiten würden?" (We_M 103).

Seiner Meinung nach würde eine Veränderung der Bezahlung auch etwas an dem Männeranteil verändern und entsprechend zu mehr Anerkennung führen. Die Tatsache, dass dort mehr Frauen arbeiten als Männer, liegt seiner Meinung nach nur an der schlechten Anerkennung und mangelnden Bezahlung, nicht andersherum. Gleichzeitig erkennt er, dass das ungleiche Geschlechterverhältnis für ihn zu einem Sonderstatus führt, was sich vor allem in einer geschlechtsspezifischen Aufgabenteilung zeigt. Er sagt:

> „Ich hab keine Gene, die dafür sorgen, dass ich den (Bohrer) irgendwie anders halte oder so und professioneller halt oder so, ich hab das auch irgendwann gelernt. Ja, wenn ein Mädel das irgendwann gelernt hat, dann kann die das wahrscheinlich genauso gut, wahrscheinlich noch besser. Also, man wird zu dem gemacht, was man ist" (We_M 73).

„Man wird zu dem gemacht, was man ist" als Teil seines Geschlechter-Wissens zeigt, dass Alexander Schmidt die Sozialisation und weniger die Biologie oder die Gene für das Entstehen eines Geschlechterunterschieds verantwortlich macht. Er teilt sozialwissenschaftliche Theorien, ist aber in der Realität immer wieder mit seinem Sonderstatus konfrontiert und weist vielfach darauf hin, dass er seine besondere Position auch gerne einnimmt. Das Bewusstsein über seine Position versucht er zu überspielen, indem er es ins Lächerliche zieht, wenn er sagt:

> „Aber es ist auffällig mit den Männern, mit denen ich Kontakt habe bei meinem Träger, gibt ja tatsächlich eine Männergruppe, wo ich gesagt habe, ‚brauch ich nicht' [lacht]. Die braucht irgendwie keiner, das ist der Witz dabei. Hat sich nur irgendwann der Personalrat einfallen lassen und da ist nie jemand hingegangen" (We_M 66).

Er lacht über die Tatsache, dass ein Personalrat dachte, die Männer im Erzieherberuf bräuchten einen eigenen Treffpunkt. Seiner Meinung nach braucht er keine Sonderbehandlung.

Zusammenfassend lässt sich sagen, dass Alexander Schmidt der Meinung ist, dass alle Menschen gleich sind und die gleichen Voraussetzungen haben, Dinge zu lernen und durch gesellschaftliche Verhältnisse zu dem zu werden, was sie sind. Die gesellschaftlichen Verhältnisse haben auch Alexander Schmidt geprägt und er ist heute ein engagierter Erzieher, der aber, von den Verhältnissen frustriert, nur noch wenig Spaß an seinem Beruf hat. Er ist mit seinen Aussagen jedoch trotz seines Bemühens, als kritisch zu gelten, dem Typus der komplizenhaften Männlichkeit zuzuordnen. An vielen Stellen macht er deutlich, dass er sich als etwas Besonderes wahrnimmt und dies durchaus mit seinem Geschlecht zusammenhängt.

Stefan Weber

Biografie und Berufswahl

Stefan Weber ist zum Zeitpunkt des Interviews 35 Jahre alt und lebt alleine. Nach der mittleren Reife auf einer Wirtschaftsschule entschied er sich, eine Ausbildung zum Sozialversicherungsfachangestellten zu machen. Bereits nach einem Monat brach er die Ausbildung jedoch ab und begann kurze Zeit später eine Ausbildung zum Maler und Lackierer, die er 1998 abschloss. Kurze Zeit später wurde er entlassen. Er absolvierte dann seinen Zivildienst im hauswirtschaftlichen Bereich eines heilpädagogischen Hortes. Dort hatte er viel Kontakt zu Kindern, Erziehern und Heilpädagogen und die Arbeit machte ihm viel Spaß. Als er anschließend wieder als Maler und Lackierer arbeitete, und im Alter von 25 Jahren einen Bandscheibenvorfall erlitt, beschloss er, sich um eine Umschulung zum Erzieher zu bemühen. Den Prozess bis zur Genehmigung der Umschulung beschreibt Stefan Weber als sehr langwierig. Dennoch absolvierte er mehrere Praktika, die als Vorpraktika für seine Umschulung anerkannt wurden, und konnte nach einem Jahr mit dem theoretischen Teil der Ausbildung beginnen, der zwei Jahre dauerte.

Im Jahr 2004 schloss Stefan Weber den theoretischen Teil seiner Ausbildung ab. Anschließend hat er „erst mal so eine Pause gebraucht von den zwei Jahren" (To_B 43). Er begann daher sein Anerkennungsjahr ein Jahr später und schloss im Alter von 32 Jahren die Ausbildung ab. Während dieser Zeit arbeitete er in einem Hort, im Anschluss dann für kurze Zeit in einem Kindergarten, wo er sehr unzufrieden war. Anfang 2008 wechselte er zu einem großen Träger und arbeitete zunächst als Springer. Bei einem großen Träger zu arbeiten, sagt ihm vor allem deshalb zu, weil er die Möglichkeit hat, die Einrichtung zu wechseln, wenn sie ihm nicht gefällt. Sein Lebenslauf ist von weiteren Wechseln geprägt. Zum Zeitpunkt des Interviews arbeitet er seit ca. zwei Monaten in einer städtischen Einrichtung mit Hort und Kindergarten.

Die Entscheidung für den Erzieherberuf hat Stefan Weber sehr bewusst getroffen, nachdem er im Zivildienst mit Erziehern und Heilpädagogen in Kontakt gekommen war. Allerdings hängt seine Zufriedenheit mit dem Beruf sehr stark von der jeweiligen Einrichtung ab, was bereits zu zahlreichen Wechseln geführt hat. Viele Elemente des Erzieherberufs, wie zum Beispiel die Arbeit mit Kindergarten-

oder Krippenkindern lehnt er mit den Worten „das geht gar nicht" kategorisch ab. Auch dass er vormittags im Kindergarten ‚aushelfen' muss, gefällt ihm nicht.

Berufsverständnis

Stefan Weber beschreibt, dass er Arbeitsstellen bevorzugt, in denen er mit Schulkindern arbeiten kann. Er erlebt seinen Beruf dann als sehr stressig, wenn man viele Dinge auf einmal machen muss, das Ganze schlecht planbar ist und die Personalausstattung dazu führt, dass man morgens nicht weiß, wie der Tag ablaufen wird. Er beschreibt, dass er kaum Zeit hat, seine Arbeit zu planen und es schwierig ist, seine Pausen einzuhalten. Die Arbeit mit Schulkindern erleichtert die Planbarkeit ein wenig, denn der Stundenplan der Schule und die lange Zeit, die nachmittags mit Hausaufgaben verbracht wird, lassen wenig Raum für spontane Planänderungen.

Stefan Weber beschreibt den Erzieherberuf zunächst als einen helfenden Beruf. Ein guter Erzieher sollte die Kinder, besonders solche, die in schwierigen Verhältnissen aufwachsen, unterstützen, ihren Platz im Leben zu finden. Dies war seine Motivation für die Berufswahl und ist die Einstellung, die er im Interview präsentieren möchte. Zum Ende des Interviews gibt es jedoch eine Situation, die deutlich macht, dass Stefan Weber das durchaus nicht immer so sieht. Es geht um die Frage, in welchem Umfeld sich der Kindergarten befindet und woher die Kinder kommen:

> „Puuh, ja hier im Norden, das ist so eigentlich, ja wir haben viele ausländische Kinder und so, wo auch viele Eltern haben, die gar nicht arbeiten oder wo nur ein Elternteil berufstätig ist. Wir haben auch Alleinerziehende, ja … oder die Eltern gar nicht arbeiten, Hartz IV kriegen und trotzdem dann hier sind und die dann trotzdem dann auch in den Ferien angemeldet sind und man sagt sich, ‚hallo, für was meldest du dann überhaupt dein Kind an, wenn du eh zuhause bist?'" (To_M 68).

Stefan Weber widerspricht sich damit deutlich. Seine vorhergehende Aussage, dass er den Erzieherberuf gewählt hat, um Kindern aus schwierigen Verhältnissen zu helfen, macht er zunichte, wenn er sagt, dass Kinder von Hartz-IV-Empfängern keinen Hortplatz bekommen sollten. Er fährt fort, dass es ihm darum geht, dass diese Kinder nicht den Kindern von arbeitenden Eltern einen Hortplatz „wegnehmen" sollten und dass sich Eltern, die Hartz IV beziehen „in ein gemachtes Nest" setzen (To_M 70). Er geht davon aus, dass die Hälfte der Kinder keinen Platz hätte, wenn man eine Arbeitsbescheinigung der Eltern fordern würde. Es geht aus dem Interview nicht hervor, warum er diese unterschiedlichen Positionen vertritt. Möglichweise möchte er sich nicht festlegen und es ist ihm selber nicht klar, dass hier ein Widerspruch liegt.

Männlichkeitstypus

Sein Sonderstatus als Mann im Erzieherberuf hat für Stefan Weber eine wichtige Bedeutung. Viele seiner Äußerungen sind vor dem Hintergrund zu verstehen, dass er diese Position nie vergisst. Immer wieder kommt er auf seine „Sonderrolle", die Vorstellung vom „Einzelgänger" oder auch „Einzelkämpfer" zu sprechen. Er stellt sich so als ‚anders' dar, was zwar positiv für die Kinder und deren Eltern ist, für ihn aber negative Folgen hat, weil er zum Außenseiter wird. Er berichtet, dass er von anderen Leuten, z. B. bei Ausflügen wie ein „Aussätziger" behandelt wird (To_B 55 und dass er sich immer wieder um Anerkennung und Respekt bemüht und gegen Benachteiligungen wehren muss. Er fühlt sich zum Beispiel dadurch benachteiligt, dass er häufig Hausmeistertätigkeiten übernehmen soll. Stefan Weber geht davon aus, dass Männer und Frauen sich in der Ausführung des Erzieherberufs grundsätzlich voneinander unterscheiden. Er sagt:

> „Weil man immer sagen muss, pass auf, ich bin ein Mann, ich bin keine Frau, ich hab, bin grundlegend anders wie ihr, ich mach das grundlegend anders mit den Kindern und ich denke, ja, ich glaube so, die Anerkennung dessen, dass man so mit den Kindern, dass es ganz viele Kinder gibt, die das jeden Tag aufs Neue austesten und immer wieder die Grenzen und das merkt man ganz oft bei Kindern, die ganz viel rumdiskutieren. (…) Frauen haben immer, also wir hatten vorher auch Kollegen hier, die da einfach nichts gemacht haben, ja, die haben das einfach laufen lassen, das war denen völlig wurscht und so, wo ich gesagt hab, so pass auf, da muss man einfach auf den Tisch hauen und musst einfach auch mal klar sagen, du pass auf, das geht so einfach nicht und, aber trotzdem ja, aber trotzdem muss man auch immer so eine menschliche Seite haben" (To_M 89).

Die Unterscheidung zwischen Erziehern und Erzieherinnen macht Stefan Weber hier an der Durchsetzungsfähigkeit fest. Während Frauen und Kinder „rumdiskutieren", sieht er es als seine ‚männliche' Aufgabe an, auch mal auf den Tisch zu hauen und seine Position durchzusetzen. Auf diesem Weg zeigt er den Kindern Grenzen auf. Die Frauen – die er hier mit Kollegen bezeichnet – haben seiner Meinung nach diese Durchsetzungsfähigkeit nicht. Gleichzeitig gehört zum Erzieherberuf aber auch das „Menschliche" dazu, was er zum Schluss anspricht. Für Stefan Weber ist das Besondere an einem männlichen Erzieher, dass er beide Seiten vereint. Sein ‚männliches', also ungewöhnliches Handeln, so sagt er implizit, wird täglich zum Thema, weil er sich ständig um Anerkennung für seinen Weg bemühen muss. In dieser Interpretation wird klar, warum er sich als Außenseiter und „Einzelkämpfer" versteht. Es kostet ihn Kraft, täglich seine Vorstellung von Erziehung durchzusetzen und er bezieht dies klar auf sein Handeln als Mann.

Stefan Weber versteht sich in seiner Tätigkeit als ein Vorbild für die Kinder, wobei es eine seiner Aufgaben ist, den Jungen als Ansprechpartner zu dienen und den Mädchen zu zeigen, dass man „nicht nur mit Puppen spielen" kann. Deutlich wird jedoch, wie er zwischen Jungen und Mädchen unterscheidet:

> „Aber ähm, naja, ich find es ist einfach für die Entwicklung von Kindern ist es unheimlich wichtig, dass man als Mann da ist und dass man da auch was vermittelt und dann auch, also ich war jetzt im Sommer auch mal mit drüben mit denen Fußball spielen und so und wo die einfach auch Spaß haben, wo ich dann auch gesagt habe, naja Mädels, Gotteswillen, die dürfen da auch, die haben da auch Zutritt. Also da heißt es jetzt nicht, das dürfen jetzt nur Jungs. Also, ich glaub, (…) das ist ja auch das Gute dran, dass man da einfach mal weggegangen ist von, von diesem Ganzen, ja, es dürfen auch Jungs mit Barbiepuppen spielen, ne. Also das ist ja allein schon, allein schon so was, ne. Früher hat man gesagt, um Gottes Willen, also wenn ein Junge mit Barbiepuppen spielt, das geht ja gar nicht, ne. Heute ist es so ganz selbstverständlich" (To_M 93).

In diesem Ausschnitt verdeutlicht Stefan Weber seine Vorstellungen von Jungen und Mädchen. Für ihn ist eben nicht selbstverständlich, wenn beide das Gleiche tun. Die Unterschiede werden immer wieder reproduziert, dadurch dass die Mädchen eben „auch Zutritt" haben, wenn er mit den Jungen Fußball spielt. Genauso wenig ist es selbstverständlich, wenn Jungen mit Barbies spielen, sondern es fällt Stefan Weber auf. Das feldspezifische, diskursfähige Geschlechter-Wissen, das hier deutlich wird, geht von der Gleichheit der Geschlechter aus. Im unbewussten Geschlechter-Wissen von Stefan Weber ist die Unterscheidung jedoch deutlich erkennbar.

Die Darstellung von Stefan Weber zeigt, dass die Zuordnung zu einem der beiden Männlichkeitstypen nicht eindeutig möglich ist. Stefan Weber scheint weder alternativ noch komplizenhaft zur hegemonialen Männlichkeit zu stehen, auf den ersten Blick scheint er hier genauso unentschieden, wie in seiner Berufswahl und seinem Berufsverständnis. Er hat bewusst einen männlich konnotierten Beruf als Maler und Lackierer abgelehnt, als er merkte, dass er lieber in einem anderen Bereich arbeiten möchte. Allerdings kann er auch dort nicht richtig Fuß fassen, was sich in den zahlreichen Stellenwechseln zeigt. Er wirkt darüber unzufrieden und frustriert. Gleichzeitig ist für ihn die Unterscheidung in ‚männlich' und ‚weiblich' sehr bedeutungsvoll, sie gilt sowohl für Kinder als auch für Erwachsene und führt dazu, dass er sich als Mann in einer Sonderposition wahrnimmt. Diese Sonderposition erlebt er allerdings eher negativ und lässt ihn mit seinem Beruf tendenziell eher unzufrieden sein. Stefan Weber kann damit nicht eindeutig einem der beiden Männlichkeitstypen zugeordnet werden. Es scheint, als würde er zwischen beiden Seiten hin und her wechseln.

Christian Jahn

Biografie und Berufswahl

Christian Jahn ist zum Zeitpunkt des Interviews 28 Jahre alt und lebt in einer Beziehung. Nach der Hauptschule erlangte er an der Wirtschaftsschule die mittlere

Reife und war anschließend sehr unentschlossen, was seine Berufswahl anging. Er entschied sich zunächst, auf die Fachoberschule zu gehen und dort den sozialen Zweig zu absolvieren. Nach sechs Monaten brach er die Schule ab, jobbte sechs Monate und entschied sich dann, die Erzieherausbildung zu beginnen. Er leistete zwei Jahre Vorpraktikum in einem Kindergarten und in einer schulvorbereitenden Einrichtung und absolvierte anschließend die zwei Jahre dauernde schulische Ausbildung. Währenddessen machte er mehrere kürzere Praktika. Bis zum Ende der theoretischen Ausbildung überlegte er, die Ausbildung abzubrechen, weil er sehr unzufrieden war. Das einjährige Berufspraktikum absolvierte er dann jedoch in einer Elterninitiative, in der es ihm gefiel und in der er seit mittlerweile fünf Jahren arbeitet. Seit einigen Monaten hat Christian Jahn seine Arbeitszeit reduziert, um sich ein weiteres Standbein als Musiker und Musiklehrer aufzubauen.

Die Entscheidung für den Beruf bezeichnet Christian Jahn als eine „Verzweiflungstat". Er hat sich beim Arbeitsamt über alle möglichen Berufe informiert und sich dann erinnert, dass er auch früher in der Jugendarbeit tätig war und die ihm viel Spaß gemacht hat. Seine damalige Freundin hat auch die Ausbildung zur Erzieherin gemacht und ihn auf die Idee gebracht, Erzieher zu werden.

Berufsverständnis

Christian Jahn hat während der Ausbildung ständig an seiner Berufswahl gezweifelt. Erst in der Elterninitiative, in der er jetzt arbeitet, hat er seinen Zugang zu dem Beruf gefunden. Seine Begeisterung für den Beruf ist nur vor diesem Hintergrund zu verstehen. Er sagt:

> „Ich bin froh, dass es so gekommen ist, weil letztendlich hier, was ich hier erlebe, ist halt echt der Hammer. Dieses hierarchiefreie Arbeiten und auch die Freiheit, die die Kinder haben und auch die Freiheit die ich dadurch auch habe. Das ist schon eigentlich... also ich hab viel Glück gehabt in meinem Leben. Also ich bin jemand, der viel Glück hat und ähm... ich bin hier schon aus gutem Grund, denke ich" (Sp_B 31).

Für Christian Jahn ist vor allem die (Hierarchie-)Freiheit, die er erlebt, ausschlaggebend, in dem Beruf zu bleiben. Sie passt zu seiner Vorstellung, sich im Leben nichts vorschreiben zu lassen und er schätzt es, dass dies auch für die Kinder in der Einrichtung gilt. Die Aussage „ich bin hier schon aus gutem Grund" zeigt, dass er sich wohl fühlt. Entsprechend spricht er seine Meinung über den Erzieherberuf, wie er ihn in der Ausbildung kennen gelernt hat, sehr deutlich aus:

> „Ich weiß nicht, es hat einfach so was, ‚erziehen', das ist so, ‚ich bestimme über dich, wie du zu werden hast' oder so. Das ist so ... ja, ist auch egal ... ich find nen guten Erzieher macht eigentlich das Gegenteil aus, so dass er schaut, dass er auf die jeweilige Gruppe oder Zielgruppe irgendwie eingehen kann, dass er die da nehmen kann, wo sie stehen, von der Entwicklung her oder von den Bedürfnissen, dass sie ... ja dass man auch immer spontan genug ist, sein Denken irgendwie auf die Situation umzustellen" (Sp_B 73).

In dieser Beschreibung grenzt sich Christian Jahn klar von einer Vorstellung von Erziehung ab, in der von anderen das Ziel vorgegeben wird. Seiner Meinung nach ist es Aufgabe des Erziehers zu erkennen, was ein Kind braucht und was ihm gut tut. Es entspricht seiner Vorstellung von Freiheit, nicht fremdbestimmt zu werden, sondern seine Tages- und Lebensplanung selbst zu bestimmen und dabei unterstützt zu werden. In der besuchten Einrichtung bestimmen die Kinder weitgehend selbst, was sie machen möchten und es gibt nur wenige feste zeitliche Vorgaben (etwa für das gemeinsame Mittagessen), die Aktivitäten der Erzieher funktionieren als Angebote für die Kinder.

Männlichkeitstypus

Christian Jahn sagt, dass er sich, als er mit der Ausbildung angefangen hat, zunächst darüber gefreut hat, mit so vielen Mädchen zusammenzuarbeiten. Nach einiger Zeit hat er aber festgestellt, dass es ihm schwer fällt, dort seinen eigenen Platz zu finden (Sp_B 39). Auch von seinen Freunden musste er sich „irgendwelche dummen Späße anhören" (Sp_B 9). Dennoch sagt er, dass er es mittlerweile ganz normal findet, als Mann Erzieher zu sein.[168]

Das Geschlechter-Wissen von Christian Jahn ist von zwei Richtungen geprägt. Auf der einen Seite sieht er seine Annahmen über geschlechtliche Arbeitsteilung bestätigt, wenn er sagt, dass Frauen eher bereit seien, die hauswirtschaftlichen Arbeiten zu übernehmen, während die Männer in seiner Einrichtung den Kindern diese Aufgaben übergeben. Auch im Umgang mit Verletzungen sagt er, dass Männer gelassener sind und sich „weniger Stress machen" (Sp_M 99). Auf der anderen Seite möchte er diese Unterschiede nicht bestätigen und es wird im folgenden Zitat deutlich, dass er sich selbst nicht sicher ist, welche Position er einnehmen möchte:

> „Also, ich.... teilweise mag ich es überhaupt nicht, diese Vergleiche zu ziehen, weil es auch Frauen gibt, die Fußball spielen und rumtoben, aber sowas ist zum Beispiel mal eher, oder das erlebe ich zum Beispiel hier von Männern eher und ähm.... ja eigentlich muss man es eigentlich so sehen, dass .... dass es insgesamt die Vielzahl der Mitarbeiter ganz egal welchen Geschlechts, dass die einfach durch die Neigungen und so ihre Sachen halt mitbringen. Aber es ist schon, finde ich, also ähm, vielleicht sind Frauen einfach teilweise ein bisschen empathischer oder so und haben also eher so diesen Mutterinstinkt vielleicht, ich weiß es nicht, manche sind hier auch Mütter. (...) Und auf der anderen Seite, also Männer die... keine Ahnung, es ist halt mehr Bewegung würde ich sagen, also mehr sportliche Sachen oder so. Auspowern und Toben, Schnitzen und Werkzeuge und so was zum Beispiel. Wobei es da alles gibt. Also wir haben mal nen Zivi gehabt, der ist Künstler, der studiert Kunst gerade, und der hat halt die ganze Zeit mit den

---

168 Die Einrichtung, in der Christian Jahn arbeitet, ist die einzige besuchte Einrichtung, in der mehr Männer als Frauen arbeiten. Dies liegt möglicherweise daran, dass das Konzept der Elterninitiative viele Männer anspricht. Dies kann hier nicht näher untersucht werden. Aussagen über die Zusammenarbeit zwischen Frauen und Männern sind daher anders zu bewerten als in Einrichtungen, in denen ein einzelner Mann als Erzieher arbeitet.

> Kindern gebastelt und so Spitzenideen einfach gehabt. Und mein Ding ist halt die Musik und ich schau auch, dass ich viel Musik mit den Kindern mach. Und das ergänzt sich so. Das sind schon die Besonderheiten, die Männer in Kindergärten mitbringen" (Sp_M 81).

Christian Jahn geht auf der einen Seite davon aus, dass Neigungen und persönliche Erfahrungen wichtiger sind als geschlechtliche Zuschreibungen, die er nicht verallgemeinern will. Er geht davon aus, dass die Einzelbeobachtungen, die er macht, nicht verallgemeinerbar sind. Dennoch meint er, dass Frauen empathischer seien, spätestens, wenn sie Kinder bekommen, einen „Mutterinstinkt" entwickeln und die entstehenden Unterschiede dafür sorgen, dass Männer „Besonderheiten in den Kindergärten mitbringen". Diese Besonderheiten werden von Christian Jahn mit stereotyp männlichen Vorstellungen beschrieben und er verallgemeinert seine Einzelfallbeobachtung nun doch, obwohl er sagt, dass er nicht pauschalisieren will. Da Christian Jahn grundsätzlich findet, dass Strukturen, vorgegebene Denkweisen einen in der Freiheit einschränken, widerspricht die Vorstellung von Geschlechterstereotypen seiner Einstellung. Er sagt:

> „Nee, ich find es eher gut, wenn man sich frei macht von diesen gesellschaftlichen Denkensweisen und wie was sein soll und wie es bisher auch immer war ... also ich weiß nicht, wenn ich mich da zu sehr drauf eingelassen hätte, dann hätte ich so einen Beruf wahrscheinlich nicht gemacht" (Sp_M 113).

Christian Jahn möchte Geschlechterstereotype und gesellschaftliche Denkweisen ablehnen und sich von ihnen frei machen. Seine Entscheidung, Erzieher zu werden, ist ihm vor diesem Hintergrund leichter gefallen. Dennoch zeigt sich, dass sein Geschlechter-Wissen von verschiedenen gesellschaftlichen Einflüssen geprägt ist. Zum einen gibt es die Vorstellung, dass Männer und Frauen unterschiedliche Fähigkeiten, Interessen und „Instinkte" mitbringen. Häufig sind diese Unterschiede seiner Meinung nach jedoch auf der Ebene der Persönlichkeit und des Charakters zu finden, als dass sie mit dem Geschlecht zusammenhängen. Auf der anderen Seite verallgemeinert er seine Erfahrungen und sieht, dass Frauen eher die hauswirtschaftlichen Tätigkeiten übernehmen, während die Männer für den Sport, die Musik und andere außergewöhnliche Tätigkeiten zuständig sind. Es scheint, als ist Christian Jahn noch auf der Suche nach einer für ihn logischen Vorstellung vom Geschlechterverhältnis.

Insgesamt entspricht dies auch Christian Jahns Suche nach dem eigenen Weg im Leben. Er weiß noch nicht, ob es der Erzieherberuf oder die Musik sein soll und ob er selber Kinder haben möchte oder lieber nach Auftritten mit der Band feiern gehen will. Daher ist ihm die Freiheit, die ihm die Einrichtung bietet, so wichtig. Diese soll für ihn genauso gelten wie für die Kinder, die er betreut. Die Zuordnung zu einem der beiden Männlichkeitstypen ist von dieser Suche ebenfalls geprägt. Es wird deutlich, dass Christian Jahn hegemoniale Männlichkeitsmuster ablehnt, damit ist er tendenziell dem Typus der alternativen Männlichkeit eher zuzuordnen. Gleichzeitig scheint er aber noch auf der Suche nach einer eigenen Form von

Männlichkeit zu sein. Die Einrichtung, in der er arbeitet, kann diese Suche beeinflussen. Einerseits besteht die Möglichkeit, dort alternative Männlichkeitsmuster als Vorbilder zu erleben, denn es arbeiten mehrere Männer dort. Andererseits scheint auch die Möglichkeit zu bestehen, dass gerade dadurch, dass Männer und Frauen dort gemeinsam arbeiten, geschlechtsstereotype Aufgabenteilungen umso stärker bestehen bleiben, weil sie als passender erlebt werden.

Herbert Meier

Berufsbiografie und Berufswahl

Herbert Meier ist mit 50 Jahren der älteste Teilnehmer der Untersuchung. Er machte Abitur und bezeichnet sich anschließend als „orientierungslos". Erst durch den Zivildienst als Hausmeister einer Jugendeinrichtung erkannte er, dass er „was mit Menschen" machen möchte und entschloss sich, die Erzieherausbildung zu beginnen. Er absolvierte zwei Jahre Vorpraktikum in verschiedenen Kindergärten. Anfang der 1980er-Jahre begann er mit der zweijährigen theoretischen Ausbildung, die mehrere Praktika in Kindergärten und Horten beinhaltete. Nach dem Anerkennungsjahr bekam er eine Anstellung in einer Einrichtung in einem Problembezirk. Der Anfang war für ihn sehr stressig, doch im zweiten Jahr änderten sich die Strukturen dort und es gefiel ihm zunehmend besser. Nachdem er acht Jahre in der Einrichtung gearbeitet hatte, wechselte er in einen anderen Kindergarten, wo er drei Jahre als Elternzeitvertretung arbeitete. Im Alter von 37 Jahren bewarb er sich neu und wechselte in eine Einrichtung, in der er wiederum acht Jahre blieb. Anschließend erfüllte er sich einen Traum und wechselte in eine Kindertageseinrichtung im Ausland. Da er dort nur eine befristete Stelle hatte, musste er nach einem Jahr zurück nach Deutschland. Er entschied sich, in eine andere Stadt zu ziehen und begann 2009 als Springer bei einem großen Träger zu arbeiten. Nach einem Jahr konnte er als Elternzeitvertretung auf seine jetzige Stelle in einem großen Kindergarten wechseln. Er hofft, dort noch zwei Jahre bleiben zu können.

Seine Berufswahl beschreibt Herbert Meier als „Aha-Erlebnis, so keine so langen Überlegungen" (Sc_B 19). Er sagt, dass einige Freunde und Bekannte irritiert waren von seiner Berufswahl, weil sie ihn nicht für temperamentvoll genug hielten. Mittlerweile findet er aber, dass ihn gerade seine ruhige und ausgeglichene Art dazu befähigt, gut mit Kindern umzugehen.

Herbert Meier lebt alleine.

Berufsverständnis

Über seine Ausbildung sagt Herbert Meier, dass sie ihm sehr gut gefallen hat. Er habe an den Lippen der Dozenten „gehangen" und später gemerkt, dass die Praxis häufig anders aussieht, was ihn vor allem im ersten Berufsjahr häufig frustriert hat. Auch den ständigen Personalmangel und den schlechten Betreuungsschlüssel kritisiert Herbert Meier, weil beides die Arbeit mit Kindern beeinträchtigt.

Herbert Meier arbeitet am liebsten mit Kindergarten- und Grundschulkindern. Die Bedürfnisse der Kinder haben dabei vor allen anderen bürokratischen Aufgaben Vorrang (Sc_B 53). Im Interview, sagt er, dass egal, was sonst zu tun ist, die Bedürfnisse der Kinder im Mittelpunkt stehen. Er versteht sich als „Ersatzzuwendungsperson" (Sc_M 31), zu der die Kinder kommen können und sich auch Nähe und Zuneigung abholen dürfen, wenn ihnen danach ist. Herbert Meier weist gleichzeitig darauf hin, dass der Erzieherberuf längst nicht nur aus der Arbeit mit den Kindern besteht, sondern viele andere Anforderungen mit sich bringt, die häufig dazu führen, dass für die Kinder zu wenig Zeit bleibt. Er hat nicht den Wunsch, irgendwann beruflich etwas anderes zu machen oder nebenbei ein aufwendiges Hobby auszuleben. Im Gegenteil, Herbert Meier ist von allen befragten Erziehern am längsten in dem Beruf tätig. Er kann die Veränderungen des Berufs über 20 Jahre beschreiben und hat Erfahrungen in verschiedenen Städten Deutschlands und im Ausland gesammelt. Er ist für seinen Beruf umgezogen und freut sich, dass er im Ausland neue Fähigkeiten erlernt hat.

Männlichkeitstypus

Herbert Meier spricht seine besondere Position als Mann im Kindergarten immer wieder an. Auch von Eltern, Kindern und Kolleginnen wird er auf die Unterschiede hingewiesen. Er sagt:

> „Gut, als Mann bin ich in jedem Kindergarten bei den Kindern immer sofort willkommen gewesen. Aufgrund des Geschlechts, weil einfach so wenig Männer gibt und so und ja, was mir da so auffällig ist auch, wenn ich so einen Kindergarten verlassen habe, also die meisten Eltern oder Angehörige, die mich immer überreden wollten nicht zu gehen, das waren meistens alleinerziehende Mütter, mit dem Argument, ahh, Mensch, mein Kind, hat, Sie sind die einzige männliche Bezugsperson, die mein Kind hat und so, wollen Sie nicht doch bleiben?" (Sc_M 33)

Sowohl die Kinder als auch die Eltern und hier besonders die Mütter nehmen ihn als Mann wahr und er erfährt dadurch besondere Aufmerksamkeit. Die Anforderungen an ihn sind, die männliche Bezugsperson für die Kinder zu sein und ‚typisch männliche' Aufgaben zu übernehmen, wozu vor allem gehört, mit den Jungen Fußball zu spielen (Sc_M 90). Dabei orientiert er sich an den Vorstellungen von Männlichkeit, die von ihm erwartet werden. Er nimmt seine besondere Position vor allem als von außen zugeschrieben wahr und fühlt sich von den Zuschreibungen angesprochen.

Die folgende Aussage zeigt, wie Herbert Meier Unterschiede zwischen Mädchen und Jungen wahrnimmt:

> „Wenn es unter Jungen Konflikte gibt werden die, kommt es öfter vor, dass die handgreiflich ausgetragen werden, also das ist jetzt allgemein, nicht auf diese Gruppe bezogen, und bei Mädchen, da ist es mehr so die verbale Auseinandersetzung, die aber manchmal auch schlimmer sein kann als bei den Jungen. Da gibt es ja diesen Ausdruck Zickenalarm, so" (Sc_M 72).

Der Begriff „Zickenalarm", der sich in mehreren Interviews findet, ist ein medial geprägter Begriff, der eine scheinbar unterschiedliche Art des Streitens von Männern und Frauen beschreiben soll. Er wird übernommen, um deutlich zu machen, dass Mädchen und Jungen sich auch in der Wahrnehmung von Herbert Meier unterscheiden, dies aber nicht durch den Erzieher beeinflusst wird, sondern von den Kindern so ‚mitgebracht' wird.

Er selber beschreibt, dass er Kinder als gleich betrachtet. Auf die Frage, ob er das Gefühl hat, mit Mädchen und Jungen unterschiedlich umzugehen, sagt er:

> „Nein. Nein. Das ist nicht vom Geschlecht abhängig, das ist mehr abhängig vom Charakter des Kindes. Es gibt die ganz sensiblen, da muss man bisschen vorsichtiger sein und behutsamer. Das ist eine Charakter- und keine geschlechtsspezifische Sache" (Sc_M 72).

In seiner Vorstellung ist die unterschiedliche Behandlung seinerseits aufgrund der unterschiedlichen Charaktereigenschaften wichtiger als aufgrund geschlechtsspezifischer Unterschiede.

Herbert Meier bedauert, dass es so wenige Männer – als Erzieher und Väter – im Kindergarten gibt. Er wünscht sich, dass sich mehr Väter in der Kinderbetreuung engagieren und damit auch für ihn zum Ansprechpartner werden. Dieser Wunsch zeigt deutlich, wie bedeutsam für Herbert Meier seine Position als Mann im Kindergarten ist. Er fühlt sich mit den Vätern aufgrund des gleichen Geschlechts verbunden.

Herbert Meiers Geschlechter-Wissen ist neben dem Gleichheitsdiskurs von seiner Erfahrung als einziger (älterer) Mann geprägt. Beides führt bei ihm zu einer Wahrnehmung, dass vor allem das Umfeld und die Erfahrungen der Kinder für eine Unterscheidung zwischen ihm und seinen Kolleginnen, aber auch zwischen Jungen und Mädchen verantwortlich sind. Herbert Meier scheint weder dem alternativen noch dem komplizenhaften Männlichkeitstypus zuzuordnen zu sein, weil er sich zu seinem Verhältnis zur hegemonialen Männlichkeit kaum äußert. Aufgrund seiner langjährigen Berufserfahrung scheint er eine gewisse Routine darin entwickelt zu haben, nicht dem Typus der hegemonialen Männlichkeit zu entsprechen, dennoch lehnt er ihn nicht explizit ab, sodass er auch keine alternative Männlichkeit zu leben scheint. Er befindet sich damit eher außerhalb der beiden theoretischen Idealtypen, denn auch zwischen den beiden ist er nicht richtig eingeordnet.

Thorsten Bauer

Biografie und Berufswahl

Thorsten Bauer ist zum Zeitpunkt des Interviews 38 Jahre alt. Mit 18 Jahren machte er den Realschulabschluss und wollte zunächst Kinderkrankenpfleger werden, sah sich jedoch der Anforderung mit kranken Kindern zu arbeiten nicht gewachsen und entschied sich für die Erzieherausbildung. Sein Vorpraktikum absolvierte er in verschiedenen Einrichtungen und ging für die theoretische Ausbildung in eine kirchliche Fachakademie. Sein Anerkennungsjahr absolvierte er im Kindergarten. Im Anschluss an die Ausbildung war er zunächst arbeitslos. Über vom Arbeitsamt finanzierte Praktika gelang ihm nach einem Jahr der Berufseinstieg. Ende der 1990er-Jahre begann er in einem kirchlichen Kindergarten zu arbeiten und wurde dort nach einiger Zeit Gruppenleiter. Als eine seiner Kolleginnen die Leitung der Einrichtung übernahm, traten erhebliche Konflikte auf, sodass er sich nach insgesamt acht Jahren dort zur Kündigung entschloss. Thorsten Bauer bewarb sich 2007 bei einem großen Träger und begann dort als mobile Einsatzkraft. Nach einiger Zeit in verschiedenen Einrichtungen wechselte er ca. zwei Monate vor dem Interviewtermin in seine jetzige Einrichtung, wo er Gruppenleiter wurde.
Thorsten Bauer lebt in einer Partnerschaft ohne Kinder.

Berufsverständnis

Thorsten Bauer hat seine Ausbildung sehr gefallen, er spricht von einer guten Klassengemeinschaft und meint, dass er auf seine berufliche Tätigkeit gut vorbereitet wurde. Allerdings hat er einige Dinge erst in Fortbildungen erlernt, wie zum Beispiel Elterngespräche zu führen oder Konflikte im Team zu lösen. Sein Lieblingsfach in der Ausbildung war Psychologie.
Thorsten Bauer arbeitet am liebsten im Kindergarten. Er sagt, dass er schon verschiedene Altersstufen ausprobiert hat und im Kindergarten „hängen geblieben" ist, weil es ihm dort am besten gefällt. Er findet es schön, die Kinder aufwachsen zu sehen, mitzuerleben, wie sie selbstständiger werden und ist am Ende des Kindergartenjahres traurig, wenn sie als Schulkinder gehen. Über den Erzieherberuf sagt er:

> „Das Wichtigste überhaupt ist, die Kinder in ihrer Eigenart, in ihrer Selbstständigkeit, in ihrer Persönlichkeit zu unterstützen, zu fördern und zu begleiten, dass die wirklich Fortschritte machen können, dass sie einfach selbstständig werden und auf die Schulfähigkeit vorbereitet werden, auf das spätere Leben. Da werden einfach verschiedene Grundlagen gelegt, das finde ich einfach das Wichtigste und auch das Spannendste an diesem Beruf" (Gu_M 238).

Thorsten Bauer bezeichnet sich selber als kreativ, er malt und bastelt gerne, und kann dies mit Kindergartenkindern am besten umsetzen.

Thorsten Bauer hat zahlreiche Fortbildungen besucht, unter anderem zum Sozialwirt und im Qualitätsmanagement, was ihn beides für Leitungspositionen qualifizieren soll. Er kann sich vorstellen, wenn er älter ist, die Arbeit mit den Kindern zugunsten einer übergeordneten Stelle, zum Beispiel im Bereich der Qualitätssicherung aufzugeben, denn er fände es „komisch" im Alter von 50 Jahren noch im „Kinderdienst" zu sein. Dies begründet er unter anderem mit den körperlichen Belastungen, die der Beruf mit sich bringt. Wichtig ist ihm auch jetzt schon, dass hierarchische Positionen eingehalten werden. Dadurch grenzt er sich in seinen Tätigkeiten von seiner Kollegin, einer Kinderpflegerin, ab.[169] Thorsten Bauer weiß, dass Kinderpflegerinnen häufig jahrelang Erfahrung in ihrer Gruppe haben[170], er sagt aber, dass sie bestimmte Tätigkeiten „nicht können". Dieses Können ist als ‚Dürfen' zu interpretieren, sie können/dürfen etwas nicht, weil es nicht ihre Aufgabe ist. Thorsten Bauer bedauert, dass dies zu Neid führen kann, möchte aber nicht, dass die Kinderpflegerinnen meinen, „sie hätten das Sagen". Er besteht darauf, dass Regeln und damit auch hierarchische Ebenen eingehalten werden und kann sich auf diese Weise selbst besser positionieren.[171] Regeln, Verbote und Anweisungen sind für Thorsten Bauer sehr wichtig. Dies wird auch in der Arbeit mit den Kindern deutlich, wie vor allem das Protokoll von einer Einheit mit Kartoffeldruck zeigt:

> „Die Kinder beginnen mit Pinseln die Kartoffeln zu bemalen und zu stempeln. Meistens machen sie nichts Bestimmtes, sondern stempeln in allen möglichen Farben bis es braun wird. Immer wieder wollen einzelne Kinder auch mit dem Pinsel auf das Blatt malen oder die Stempeldrucke mit gemalten Linien verzieren. Thorsten Bauer reagiert jedes Mal sehr deutlich: ‚Heute wird nicht mit Pinseln gemalt, heute Stempeln wir. Malen darfst du ein andermal'" (Gu_P 21).

In dieser, wie auch in anderen Situationen, wird deutlich, dass Thorsten Bauer klare Vorstellungen davon hat, wie etwas funktionieren soll. Er ist teilweise verhältnismäßig streng zu den Kindern, die seine Vorstellungen nicht erfüllen und setzt zum Beispiel störende Kinder im Mittagskreis auseinander.[172]

Männlichkeitstypus

Thorsten Bauer war bereits in der Ausbildung der einzige Mann in seiner Klasse, geht aber davon aus, dass sich seitdem viel verändert hat und heute deutlich mehr

---

169 In seiner Gruppe mit 25 Kindern arbeiten eine Kinderpflegerin und er als Erzieher. Dies ist in einigen besuchten Einrichtungen Standard. In vielen Einrichtungen unterscheiden sich die Tätigkeiten der beiden Berufsgruppen kaum, oft teilen sie sich auch die Verwaltungsarbeiten und schreiben gemeinsam Beobachtungsbögen etc., auch wenn dies nicht vorgesehen ist.

170 Die Kinderpflegerin, mit der er zusammen arbeitet, ist seit mehr als zehn Jahren in der Einrichtung.

171 Die Bedeutung von Leitungsfunktionen für die Konstruktion von Männlichkeit wird im weiteren Verlauf dieser Arbeit noch ausführlich untersucht.

172 Solche Sanktionen konnten in anderen Einrichtungen nicht beobachtet werden.

Männer Erzieher werden.[173] Auf die Frage, ob es etwas Besonderes ist, als Mann im Kindergarten zu arbeiten, sagt Thorsten Bauer:

> „[zögert] War es am Anfang, aber mittlerweile möchte ich wie jeder andere Mitarbeiter auch behandelt werden. Wird ja auch gemacht bei meinem Träger, da wird sehr viel Wert drauf gelegt. Mit den gleichen Rechten und Pflichten eigentlich" (Gu_M 161-166).

Er sagt, dass es am Anfang etwas Besonderes war, als Mann im Kindergarten zu arbeiten. Dies macht er vor allem an der Tatsache fest, dass er nur unter Frauen arbeitet, bezieht sich damit also eindeutig auf sein Geschlecht. Gleichzeitig bemerkt er, dass auch von seinem Träger verlangt wird, das Männer und Frauen die gleichen Rechte und Pflichten haben. Durch das Erwähnen dieser Tatsache und die Einschränkung „eigentlich" zeigt er, dass es für ihn immer noch etwas Besonderes ist, auch wenn es mittlerweile „in Ordnung" ist.

Thorsten Bauer erzählt im weiteren Verlauf des Interviews von Unterschieden zwischen Männern und Frauen, die er macht oder die von ihm erwartet werden. Er sagt, dass er nicht gut wickeln und den Mädchen keine Haare flechten kann und dass er bei hauswirtschaftlichen Dingen unbegabt sei, was manchmal zu Konflikten mit Kolleginnen führt. Diese unterschiedlichen Fähigkeiten hängen seiner Meinung nach mit seinem Geschlecht zusammen und werden von ihm nicht infrage gestellt. Immer wieder findet er sich in Situationen wieder, in denen er ,typisch männliche' Dinge tun soll, wie zum Beispiel schwere Sachen tragen und Dinge reparieren. Thorsten Bauer ist nicht besonders groß und sehr schmächtig und er versucht, seinen Kolleginnen deutlich zu machen, dass er nicht stärker ist als sie. Auf der anderen Seite sagt Thorsten Bauer, dass er selber auch an sich arbeiten musste:

> „(…) das musste ich auch selber lernen in der Zeit, dass ich nicht zu laut bin und dann nicht schreie. Weil Kinder empfinden eine Männerstimme viel lauter, als wenn eine Frau laut wird und wenn ich laut werde, dann haben die Angst. Das ist klar. Drum habe ich mir das wirklich abgewöhnt da im Garten zu schreien oder in der Gruppe laut zu werden, sondern auch zu den Kindern hinzugehen und die direkt anzusprechen und dann klappt das genauso" (Gu_M 187).

Seine körperliche Voraussetzung – seine Stimme – ist etwas, was ihn von den Kolleginnen unterscheidet und ihn zu etwas Besonderem im Kindergarten macht. Durch diese Darstellung kann Thorsten Bauer wiederum seine männliche Sonderposition hervorheben. Er geht davon aus, dass die Kinder ihn nicht anders behandeln als eine Frau. Sie gehen genauso auf ihn zu wie auf die Kolleginnen, erwarten die gleiche Behandlung. Er selber ist dabei vorsichtiger, so geht er nicht mit Mädchen auf die Toilette und sagt, dass er Kinder nicht auf den Schoß nimmt. Seine Sonderstellung als Mann ist ihm bewusst und beeinflusst die Darstellung seines Handelns.

---

173 Diese Vermutung teilen die meisten befragten Erzieher. Möglicherweise hängt es damit zusammen, dass sie selbst immer mehr Erzieher kennen lernen. Die tatsächlichen Ausbildungszahlen sind in den vergangenen Jahren kaum merklich angestiegen.

Insgesamt stellt die Auswertung Thorsten Bauers Widersprüchlichkeit dar. Er ist sichtlich bemüht, in aufwendigen Projekten den Kindern etwas beizubringen, setzt dies dann aber nur teilweise um. Er möchte den Kindern die Möglichkeit zur Selbstentfaltung und Kreativitätsentwicklung geben, ist aber enttäuscht, wenn die Kinder nicht das tun, was er von ihnen erwartet. Er schätzt die Zusammenarbeit im Team und stellt die verschiedenen Hierarchiestufen im Alltag nicht infrage. Auch sein Geschlechter-Wissen ist entsprechend zweigeteilt: Zum einen möchte er als Mann unter Frauen gleich behandelt werden, zum anderen stellt er im Interview seine Position als Mann – und Gruppenleiter – in den Vordergrund und geht von einer Hierarchisierung aus. Diese Ambivalenzen machen eine Zuordnung zu einem der beiden Männlichkeitstypen schwieriger. Seine deutliche Orientierung an hegemonialen Männlichkeitsformen und sein starkes Hierarchiedenken zeugen jedoch von einem Verständnis von Männlichkeit, das eher der komplizenhaften Männlichkeit zuzuordnen ist.

Fallvergleich: Komplizenhafte und alternative Männlichkeit

Nachdem die befragten und beobachteten Erzieher ausführlich vorgestellt wurden, sollen nun die Einzelfälle vergleichend nebeneinander gestellt werden, um das Spektrum aufzuzeigen, in dem sie sich bewegen und die Typenzuordnungen im Vergleich noch einmal zu verdeutlichen. Bereits die Einzelfalldarstellungen konnten veranschaulichen, dass sich die Männer in ihrem Berufsverständnis, ihren Biografien und in ihren Einstellungen gegenüber hegemonialen Männlichkeitsmustern zum Teil deutlich voneinander unterscheiden, sich teilweise aber auch recht ähnlich zu sein scheinen.

Biografie und Berufswahl

Die Darstellung der befragten Männer im Vergleich zeigt eine erstaunliche Bandbreite von (Berufs-)Biografien. Die Männer sind zwischen 27 und 50 Jahren alt. Sechs der befragten Erzieher leben in einer Partnerschaft und vier nicht. Nur einer von ihnen hat Kinder, die beiden jüngsten Teilnehmer (Max Schulze und Christian Jahn) können sich vorstellen, einmal Kinder zu haben.

Auffällig ist die Bedeutung von persönlichen Erfahrungen, die die Entscheidung für den Erzieherberuf bei den meisten Erziehern erst ermöglicht haben. Michael Becker, Stefan Weber und Herbert Meier nennen den Zivildienst als ausschlaggebend, bei Daniel Albers war es ein freiwilliges soziales Jahr, das ihn auf die Idee brachte, Erzieher zu werden. Michael Becker, Martin König, Johannes Müller und Alexander Schmidt beschreiben die Erfahrung in der Jugendarbeit (kirchliche

Arbeit, Hausaufgabenbetreuung, Jugendzentrum) als einen Grund, die Erzieherausbildung zu beginnen.

Die Entscheidung für den Beruf scheint den meisten der befragten Erzieher
nicht leicht gefallen zu sein. Immerhin drei von ihnen haben vor der Ausbildung
einen ganz anderen Beruf erlernt und ihn teilweise auch ausgeübt; so hat Michael
Becker Kunstgeschichte studiert, Martin König war Schlosser, Stefan Weber Maler
und Lackierer. Daniel Albers und Max Schulze haben ihre Ausbildung (Chemie-
Studium und Kfz-Elektroniker) abgebrochen, bevor sie sich für die Erzieherausbildung entschieden. Und auch Johannes Müller, Thorsten Bauer und Christian Jahn
haben zunächst einen anderen Ausbildungswunsch gehabt (kaufmännische Ausbildung, Kinderkrankenpfleger, Fachoberschule) und sich erst, als die erste Wahl
scheiterte, für die Ausbildung zum Erzieher entschieden. Nur Herbert Meier (der
sich bis zum Zivildienst als orientierungslos beschreibt) und Alexander Schmidt
haben den Erzieherberuf als erste Wahl angegeben. Die meisten Männer, die zunächst in einem anderen Beruf arbeiteten, erinnerten sich vor allem in Krisensitua-
tionen wie Krankheiten, Arbeitslosigkeit oder Orientierungslosigkeit an ihre Erfahrungen mit Jugendlichen und Kindern und entschieden dann, diesen Weg zu wählen.

Die Ausbildung hat den Interviewpartnern unterschiedlich gut gefallen. Max
Schulze, Alexander Schmidt, Johannes Müller und Christian Jahn, die alle ihre Ausbildung direkt nach der Haupt- oder Realschule im Alter von 16 bis 19 Jahren begonnen haben, fühlten sich unterfordert. Sie beschreiben die ‚Bastelaufgaben' als
praxisfern und schildern, dass die Selbstreflexion, die einen wesentlichen Teil der
Ausbildung einnimmt, ihnen zwar im jetzigen Berufsleben hilft, von ihnen zur Zeit
der Ausbildung aber als sinnlos wahrgenommen wurde. Sie beschreiben sich außerdem aufgrund ihres Geschlechts als Außenseiter und haben sich in dieser Position
entweder nicht wohl gefühlt oder stellen im Interview ihre Sonderstellung als besonders positiv dar, wie das Beispiel von Alexander Schmid zeigt. Max Schulze,
Johannes Müller und Christian Jahn beschreiben, dass sie während der Ausbil-
dungszeit immer wieder überlegt haben, die Ausbildung abzubrechen.

Thorsten Bauer hat seine Ausbildung ebenfalls direkt nach der Realschule im
Alter von 19 Jahren begonnen und hat sie sehr positiv in Erinnerung. Allerdings
bemängelt auch er die Praxisferne und dass er sich viele Kenntnisse (Elterngespräche führen, Gruppe leiten, Verwaltungsaufgaben) erst in der Praxis und durch Fortbildungen aneignen musste. Herbert Meier, der die Ausbildung nach dem Zivildienst gemacht hat, war von ihr begeistert, beschreibt jedoch einen „Praxisschock"
beim Berufseinstieg.

Für Michael Becker, Stefan Weber und Martin König war die Ausbildung eine
Umschulungsmaßnahme bzw. die Möglichkeit, zeitlich verkürzt als Quereinsteiger
in den Beruf zu gelangen. Da sie bereits andere Berufe erlernt hatten, waren sie
entsprechend älter. Für sie war jene Zeit vor allem langwierig, denn sie mussten auf

das gewohnte Gehalt verzichten oder nebenbei arbeiten und waren froh, als sie die zwei Jahre absolviert hatten. Sie beschreiben die Zeit als arbeitsintensiv und lehrreich und vor allem Michael Becker und Martin König haben die Klassengemeinschaft als ausgesprochen positiv und motivierend in Erinnerung. Anscheinend entspricht eine Umschulungsmaßnahme eher den Bedürfnissen der Erzieher als die lange Ausbildung im Anschluss an die Schule.

Fast alle befragten Erzieher beschreiben ihren Berufseinstieg als negatives Erlebnis. Sie fühlten sich schlecht eingearbeitet, alleine gelassen, überfordert und nicht vorbereitet auf die Situation, mit den Kindern alleine zu sein. Vor allem die Elternarbeit wurde als große Herausforderung wahrgenommen, auf die sie nicht vorbereitet waren. Besonders die Erzieher, die als ‚mobile Kraft' oder ‚Springer' ihren Berufseinstieg erlebt haben, wurden zuerst dort eingesetzt, wo es akuten Personalmangel gab. Sie mussten innerhalb kürzester Zeit eine neue Einrichtung kennenlernen und häufig als einziger Erzieher neben einem Kinderpfleger/einer Kinderpflegerin eine ihnen unbekannte Gruppe leiten. Dies ist besonders denjenigen schwergefallen, die ihren Berufseinstieg in ‚Problembezirken' erlebt haben. Die meisten Befragten sagen, dass das erste Jahr extrem anstrengend war und sie an ihrer Berufswahl zweifelten.

Nachdem sich die Erzieher in ihren Berufsfeldern eingearbeitet haben, entschieden sie sich für sehr unterschiedliche Karrierewege. Dennoch fällt in den Biografien auf, dass von den zehn Befragten drei (Martin König, Michael Becker, Johannes Müller)[174] eine Einrichtung leiten und einer bereits Leitungserfahrung hat, diese aber wieder abgegeben hat (Alexander Schmidt).

Heute arbeiten die Erzieher in Einrichtungen, die ihren Vorlieben entsprechen. Während Martin König, Alexander Schmidt, Stefan Weber am liebsten im Hort arbeiten, haben Johannes Müller, Max Schulze, Herbert Meier und Thorsten Bauer ihren Arbeitsplatz im Kindergarten, weil sie lieber mit kleinen Kindern arbeiten. Daniel Albers arbeitet als einziger Erzieher lieber in der Krippe, auch wenn er sich das zu Anfang nicht vorstellen konnte. Für Christian Jahn und Michael Becker kommen nur ihre jeweiligen Elterninitiativen als Arbeitgeber infrage.

Berufsverständnis

Eine große Gemeinsamkeit bezüglich des Berufsverständnisses der Erzieher besteht darin, dass sie sich alle als Vorbild für die Kinder verstehen und die Kinder in ihren Bedürfnissen und Ansprüchen ernst nehmen. Dabei legen sie großen Wert darauf, die Kinder ‚auf das Leben vorzubereiten'. Ein zentraler Punkt ist die Erziehung zur Selbstständigkeit und Selbstbestimmtheit. Michael Becker, Daniel Albers und Chris-

---

174 Dabei werden Gruppenleitungen nicht mitgezählt, denn diese sind die ‚normale' Position für Erzieher/-innen im Kindergarten.

tian Jahn stellen diesen Teil der Erziehung explizit in den Mittelpunkt ihres Berufsverständnisses und richten ihre Pädagogik danach aus. Besonders Christian Jahn überträgt seine Vorstellungen von einem Leben in Freiheit auf sein pädagogisches Konzept, das den Kindern viel Freiheit und Selbstständigkeit ermöglichen soll. Michael Becker setzt sich in seiner Elterninitiative mit viel Engagement für eine situative Pädagogik ein.

Johannes Müller und Max Schulze betonen ihre Aufgabe, den Kindern soziale Werte und ein friedliches Miteinander vorzuleben, auch um sie auf eine Welt vorzubereiten, in der die Gemeinschaft ihrer Meinung nach an Bedeutung verloren hat. Beide arbeiten in kirchlichen Einrichtungen, was diesen Anspruch möglicherweise verstärkt. Ihr Umgang mit den Kindern ist von Nähe und Zuwendung gekennzeichnet. Fürsorgliche und pflegerische Aufgaben gehören für sie genauso selbstverständlich zum täglichen Arbeiten, wie das Erspüren der Bedürfnisse der Kinder und eine Balance zwischen Nähe und Distanz.

Martin König, Stefan Weber und Thorsten Bauer sehen es als ein Ziel ihrer Tätigkeit, die Kinder auf die Schule vorzubereiten bzw. sie in den ersten Schuljahren im Hort zu begleiten. Dazu gehört, dass sie lernen, sich in Strukturen zurechtzufinden, aufmerksam zu sein, Regeln zu befolgen etc. Alle drei gehen deutlich strenger mit den Kindern um als die anderen beobachteten Erzieher und arbeiten mit sehr klaren (Projekt-)Strukturen.

Alexander Schmidt geht es in seiner Pädagogik, entsprechend seines Selbstbildes als kritischer Bürger, darum, die Kinder für politische Meinungsbildung zu interessieren. Er leitet Fotoprojekte mit den Kindern an, die ihre Aufmerksamkeit für die Umgebung schulen sollen. Herbert Meier, der älteste und erfahrenste Erzieher, stellt die Bedürfnisse der Kinder in den Mittelpunkt. Sie sollen sich sicher und geborgen fühlen und in einer behüteten Umgebung aufwachsen können.

Geschlechter-Wissen

Zum feldspezifischen, diskursfähigen Geschlechter-Wissen aller befragten Erzieher gehört die Annahme, dass Männer und Frauen, Jungen und Mädchen gleichberechtigt sein sollen. Auch wenn sich Jungen und Mädchen in der Wahrnehmung der Erzieher an vielen Punkten unterscheiden, soll dies auf keinen Fall zu einer Benachteiligung für das eine oder andere Geschlecht führen. Diese grundsätzliche Annahme von Gleichbehandlung und Gleichberechtigung bedeutet nicht, dass die befragten Erzieher Jungen und Mädchen nicht unterscheiden würden. Alle Erzieher nehmen Unterschiede zwischen den beiden Genus-Gruppen wahr. Dabei lassen sich jedoch verschiedene Erklärungsmuster für diese Unterscheidung ausmachen.

Die eine Gruppe der Erzieher (Martin König, Herbert Meier, Johannes Müller und Stefan Weber) geht davon aus, dass Jungen und Mädchen naturgegeben unterschiedlich sind, was sich u. a. in ihren unterschiedlichen Streitkulturen, ihren Spielvorlieben, ihrer Lautstärke und der Körperlichkeit ihres Handelns zeigt. Johannes Müller und Stefan Weber betonen, dass sie es als Teil ihrer Pädagogik verstehen, den Jungen die Eigenschaften und Tätigkeiten der Mädchen (wie Tische decken und basteln) und den Mädchen die Vorlieben der Jungen (wie Fußballspielen und Toben) näherzubringen. Sie stellen jedoch fest, dass dies sehr mühsam ist, denn die Unterschiede sind ihrer Meinung nach aus den Elternhäusern mitgebracht oder biologisch bedingt und damit nur schwer beeinflussbar. Diese Form des Geschlechter-Wissens entspricht einem verbreiteten Alltagswissen, das davon ausgeht, dass biologisch-genetisch-hormonelle Unterschiede zwischen Männern und Frauen zu unterschiedlichem Handeln und unterschiedlichen gesellschaftlichen Positionen führen. Das feldspezifische Wissen von Gleichberechtigung führt dazu, dass die Erzieher versuchen, die Unterschiede durch eine gezielte Handlungsaufforderung zu minimieren, was jedoch nicht immer zu gelingen scheint. Eigene Beobachtungen und Erfahrungen der Erzieher führen dazu, dass sich die Erzieher in ihrer grundsätzlichen Annahme der Verschiedenheit immer wieder bestätigt sehen, selbst wenn sie nur in Einzelfällen auftauchen (z. B. der vielzitierte „Zickenkrieg" oder die Abneigung von Jungen fürs Basteln). Die Erzieher, die dieses Geschlechter-Wissen präsentieren, wurden tendenziell dem Typus der komplizenhaften Männlichkeit zugeordnet.

Die andere Gruppe der Erzieher (Michael Becker, Alexander Schmidt und Daniel Albers) geht davon aus, dass die Kinder in ihrer Geschlechtlichkeit erst wenig geprägt sind und die Einflüsse im Kindergarten stark auf sie einwirken. Alle drei sind sehr bemüht, die Unterschiede zwischen den Kindern im Interview nicht auf das Geschlecht, sondern auf die Persönlichkeit, den Charakter und die individuellen Vorlieben zurückzuführen. Die Grundannahme ist, dass die Sozialisation als viel bedeutender eingeschätzt wird als etwa biologisch-genetische Unterschiede. Dieses Verständnis spiegelt sich in einer Pädagogik wider, die versucht, die Kinder in ihrer Individualität zu fördern und die sich für einen gleichberechtigten Umgang mit den unterschiedlichen Bedürfnissen und Persönlichkeiten einsetzt. Bei dieser Form des Geschlechter-Wissens handelt es sich um ein Wissen, das weniger medial vermittelt wird, als dass es ein wissenschaftliches Fachwissen repräsentiert. Auffallend ist, dass alle drei Männer dieser Gruppe studiert bzw. ein Studium begonnen haben. Auch wenn Kunstgeschichte und Chemie keinen direkten Bezug zum Thema haben, zeigt sich eine Offenheit für den wissenschaftlichen Diskurs zum Thema Geschlecht und der Versuch, ihn in ihre Realität zu übertragen. Die Erzieher mit diesem Geschlechter-Wissen wurden dem Typus der alternativen Männlichkeit zugeordnet.

Das Geschlechter-Wissen überträgt sich auch auf die Vorstellung von der eigenen Vorbildfunktion. Johannes Müller und Martin König machen deutlich, dass ihre Vorbildfunktion gerade für Jungen extrem wichtig ist. Beide haben früh eine

Leitungsposition übernommen und legen Wert darauf, sich so von den Kolleginnen und dem ‚normalen' Berufsweg abzuheben. Beide haben sehr hegemoniale Vorstellungen vom Geschlechterverhältnis und verstehen Männer und Frauen als gegensätzlich komplementär.

Thorsten Bauer, Alexander Schmidt, Stefan Weber und Max Schulze gehen davon aus, dass Erzieherinnen und Erzieher sich in ihrem Handeln unterscheiden. Ihre eigene Form des Handelns, die sie als körperlich eher distanziert beschreiben, empfinden sie als professioneller als die fürsorglichere und körperliche Form, mit der ihrer Meinung nach Frauen mit Kindern umgehen. Hier zeigt sich, wie das Gleichheitstabu (vgl. Kap. 3) auch innerhalb dieses Berufsfeldes funktioniert.[175]

Michael Becker legt sehr viel Wert darauf, die Unterschiede zwischen den Erziehern und Erzieherinnen auf eine unterschiedliche Sozialisation und Körperlichkeit zurückzuführen und nicht auf geschlechtsspezifische Merkmale. Auch hier spiegelt sich sein wissenschaftlich reflektiertes Geschlechter-Wissen wider.

Neben dem Umgang mit den Kindern ist die Wahrnehmung der eigenen Position für das Geschlechter-Wissen der Erzieher von Bedeutung. Auch dabei gilt das feldspezifische Wissen von Gleichheit und Gleichberechtigung. Für alle Männer gilt, dass sie von ihren Kolleginnen und den Eltern nicht anders behandelt werden möchten als die Kolleginnen.[176] Dennoch werden sie häufig als ‚andere' angesprochen. Teilweise nutzen sie dieses ‚Anderssein', um sich als ‚männlich' darzustellen.[177]

Daniel Albers, Herbert Meier und Thorsten Bauer möchten sich als ‚gleich' zu den Erzieherinnen verstanden wissen, beschreiben jedoch, dass Interaktionspartner/-innen ihnen immer wieder zu verstehen geben, dass sie etwas Besonderes sind, etwa indem sie besondere Aufgaben übernehmen müssen und explizit als Mann angesprochen werden. Sie betonen, dass sie Dinge nicht anders machen oder besser können als Erzieherinnen, sondern ihnen dies nur zugeschrieben wird.

Mit diesen Beschreibungen verweisen die Erzieher auf die Bedeutung des Feldes und die Auswirkungen eines feldspezifischen Geschlechter-Wissens auf das eigene Geschlechterverständnis. Für alle Erzieher scheint es eine große Bedeutung zu haben, wie ihre Interaktionspartner/-innen sie ansprechen und sie dadurch erst zu ‚männlichen' Erziehern werden lassen. Dies geschieht vor allem vor dem Hintergrund, dass es so wenige Männer in diesem Beruf gibt, sie also einer besonderen

---

175 Eine ausführliche Analyse der Abgrenzung von Frauen und weiblich konnotierten Tätigkeiten erfolgt im Kapitel 8.
176 Auf die Bedeutung des Einflusses von außen auf die Männlichkeitskonstruktion wird in Kapitel 8.1. ganz besonders eingegangen.
177 Diese Wahrnehmung wird in den folgenden Kapiteln vor dem Hintergrund der Männlichkeitstypen genauer analysiert.

Wahrnehmung unterliegen. Die weiteren Untersuchungen sollen zeigen, wie die Erzieher mit diesen Zuschreibungen umgehen.

Männlichkeitstypen

Ausgehend von dem von Raewyn Connell entwickelten Modell hegemonialer Männlichkeit, in dem sie verschiedene Männlichkeitstypen in einem hierarchischen Verhältnis fasst, wurden für die vorliegende Arbeit Typenbezeichnungen übernommen und weiterentwickelt. Der Typus komplizenhafter Männlichkeit sollte dabei dem Typus alternativer Männlichkeit gegenübergestellt werden. Beide Männlichkeitstypen werden aus ihrem Verhältnis zur hegemonialen Männlichkeit verstanden (s. Kapitel 4.2). Diesen Idealtypen sollten nun anhand der Einzelfalldarstellungen die befragten und beobachteten Erzieher zugeordnet werden.

Die untersuchten Erzieher kommen den Idealtypen unterschiedlich nah. Michael Becker zum Beispiel kann als Vertreter des alternativen Männlichkeitstypus angesehen werden, da er an vielen Stellen darauf hinweist, wieso und auf welche Art und Weise er die hegemoniale Form von Männlichkeit ablehnt. Im Alter von 45 Jahren scheint er seine Position sehr gefestigt zu haben. Christian Jahn und Daniel Albers sind ebenfalls beide dem Typus der alternativen Männlichkeit zugeordnet worden, sie sind jedoch beide an einigen Stellen stark geprägt von hegemonialen Männlichkeitsmustern, von denen sie sich über ihre Berufswahl mehr und mehr distanzieren. Es scheint, dass mit zunehmendem Alter hier eine Verfestigung der Position eintritt. Bei Christian Jahn ist die Zuordnung zur alternativen Männlichkeit noch relativ uneindeutig, diese scheint sich erst im Zuge der Arbeit in einer Elterninitiative zu festigen. Möglicherweise wirken hier biografisch bedingte Vorstellungen, die erst nach und nach von seinen Erfahrungen im Berufsleben beeinflusst werden.

Dem Typus der alternativen Männlichkeit steht die komplizenhafte Männlichkeit gegenüber. Martin König wurde als jemand eingeordnet, der mit seinen Männlichkeitsvorstellungen dem Idealtypus der komplizenhaften Männlichkeit sehr nahekommt. Er hat zwar einen Beruf gewählt, der ihn davon abhält, eine hegemoniale Männlichkeit zu leben, versucht aber, indem er eine Leitungsposition einnimmt und sich als Familienernährer präsentiert, hegemoniale Züge zu wahren und stellt die männliche Hegemonie nicht infrage. Er profitiert in seiner Position damit von der ‚patriarchalen Dividende‘. Seine Vorstellung von zwei komplementären Geschlechtern sieht er durch entsprechende Zuschreibungen seitens der betreuten Kinder bestätigt. Johannes Müller kann ebenfalls als Vertreter der komplizenhaften Männlichkeit verstanden werden, allerdings ist die Zuordnung nicht ganz so eindeutig. Seine körperlich zugeneigte Form der Arbeit mit Kindern und seine deutliche Positionierung im Feld als Erzieher im Kleinkindbereich könnten sein Männlichkeits-

modell infrage stellen, denn sowohl körperliche Nähe zuzulassen als auch pflegerische Aufgaben zu übernehmen, wurden als weiblich konnotierte Tätigkeiten beschrieben. Entsprechend nutzt er gängige Männlichkeitsvorstellungen und die
Selbstdarstellung als ,Vater' der Einrichtung sowie die Darstellung seiner Leitungsposition, um seine an hegemonialen Mustern orientierte Männlichkeit zu verdeutlichen. Max Schulze, der jüngste Interviewpartner, scheint von seinem Elternhaus
und den Zuschreibungen, die er durch Kollegen/Kolleginnen und Freun-
de/Freundinnen erlebt, stark beeinflusst zu sein. Er geht von großen Unterschieden
zwischen Männern und Frauen aus und präsentiert sich in einer Sonderposition, die
er mit seinem Geschlecht begründet. Allerdings macht er den Eindruck, als würde
sich das möglicherweise im Laufe der nächsten Jahre ändern, da er sich seit seiner
Entscheidung die Ausbildung zum Kfz-Mechatroniker abzubrechen, bereits stark
verändert zu haben scheint. Im Moment benötigt er noch eine klare Positionierung
als heterosexueller, sportlicher Mann, um seine Männlichkeit nicht zu gefährden.
Thorsten Bauer ist ähnlich einzuordnen. Er scheint unsicher in seiner Männlichkeit,
da er dabei ist, die ihm bekannte komplizenhafte Männlichkeit ein Stück weit zu
verlassen, ohne bisher eine neue Positionierung gefunden zu haben. Auch Alexander Schmidt gilt als Vertreter des komplizenhaften Typus, auch wenn er sich bemüht,
sich als kritisch und teilweise alternativ darzustellen. Diese Selbstdarstellung macht
er jedoch dadurch zunichte, dass er sehr großen Wert darauf legt, als Mann eine
besondere Behandlung zu bekommen.

Stefan Weber schließlich scheint sich genau in der Mitte zwischen den beiden
Polen zu befinden. Seine Selbstdarstellung wirkt in vielerlei Hinsicht unentschlossen, davon sind sein Berufsverständnis, seine Berufswahl und sein Geschlechter-
Wissen betroffen. Dies macht es schwer, ihn eindeutig zuzuordnen, tendenziell
wurde er jedoch aufgrund unterschiedlicher Aussagen dem Typus der komplizenhaften Männlichkeit zugeordnet. Herbert Meier dagegen, kann nicht zugeordnet
werden. Er ist nicht unentschlossen, sondern präsentiert sich außerhalb dieses Systems und gibt zu wenig Hinweise, die eine Zuordnung möglich machen.

Bevor nun im nächsten Kapitel mit der fallübergreifenden Auswertung begonnen wird, fasst die folgende Tabelle die zehn Interviewpartner noch einmal zusammen. Enthalten sind das Alter, die Position in der Einrichtung und einige Stich-
punkte, die als zentrale Aussagen aus der Einzelfallauswertung zu verstehen sind.
Die Tabelle dient dem Vergleich, aber auch der Übersichtlichkeit für den späteren
Fallvergleich.

Name	Alter	Position, Art der Einrichtung	Besondere Merkmale der Einzelfallauswertung	Männlichkeitstypus
Michael Becker	45	Leiter kleine Elterninitiative	Bewusste Trennung zwischen den Bedürfnissen von Kindern und Erwachsenen Ernstnehmen der unterschiedlichen Bedürfnisse Erziehung zu Selbstständigkeit und Selbstbestimmung Reflektiertes Geschlechter-Wissen	Alternative Männlichkeit
Martin König	39	Leiter zweigruppiger Kindergarten und Hort, öffentlich	Betonung der Darstellung als männliches Vorbild An traditionellen Geschlechterbildern orientiert Leitungsfunktion zur Abgrenzung vom ‚Frauenberuf‘	Komplizenhafte Männlichkeit
Johannes Müller	34	Leiter dreigruppiger Kindergarten, kirchlich	Vorbild für friedliches Miteinander Übernahme einer väterlichen Position Klare Vorstellung von der Unterschiedlichkeit der Geschlechter	Komplizenhafte Männlichkeit
Daniel Albers	31	Erzieher in einer Kinderkrippe, Wohlfahrtsverband	Erziehung zur Selbstständigkeit Unterschiede zwischen Geschlechtern von anderen „gemacht" Emotionale Verbundenheit und Überlastung	Alternative Männlichkeit
Max Schulze	27	Kinderpfleger in einer Kooperationseinrichtung, kirchlich	Vermittlung sozialer Werte wie Gemeinschaftlichkeit und Miteinander Gut behütet und von der Einrichtung umsorgt Unterschiede im Handeln von Männern und Frauen	Komplizenhafte Männlichkeit, zunehmende Ablösung von hegemonialen Vorstellungen
Alexander Schmidt	39	Erzieher (30 Stunden/Woche) im Grundschulhort, öffentlich	Idealismus bei der Berufswahl Frustration über die Realität Sozialisation und gesellschaftliche Verhältnisse prägen die Geschlechterbilder	Komplizenhafte Männlichkeit, sieht sich jedoch selber als sehr kritisch/alternativ

Stefan Weber	35	Erzieher im Hort, öffentlich	Unbeständigkeit und häufige Arbeitsplatzwechsel Widersprüchlichkeit in der Berufsmotivation Einzelkämpfer-Dasein auf der Grundlage des Geschlechts	Wechsel zwischen beiden Typisierungen, leichte Tendenzen zur komplizenhaften Männlichkeit
Christian Jahn	28	Erzieher in einer Elterninitiative (3 Tage/Woche)	Freiheit und Eigenständigkeit für die Kinder Hierarchiefreiheit und Selbstbestimmtheit für das eigene Leben und Arbeiten Auf der Suche nach einer eigenen Theorie über das Geschlechterverhältnis, Gleichheitsdiskurs und Erfahrungen stimmen nicht überein	Auf der Suche nach passendem Männlichkeitsmodell, tendenziell alternative Männlichkeit
Herbert Meier	50	Erzieher im Kindergarten, städtisch	Die Bedürfnisse der Kinder stehen im Mittelpunkt 20 Jahre Berufserfahrung, fühlt sich als Mann alleine Unterschiede zwischen den Geschlechtern werden vor allem von außen in die Einrichtung getragen Umgang mit den Kindern am Charakter orientiert, nicht am Geschlecht	Nicht zuzuordnen
Thorsten Bauer	38	Erzieher im Kindergarten, städtisch	Auf das Leben und die Schulfähigkeit vorbereiten Männlichkeit hat starken Einfluss auf das Handeln Widersprüchlichkeit zwischen Erzählung und Handlung	Komplizenhafte Männlichkeit

Tabelle 2: Übersicht der befragten Erzieher

Mit diesem Auswertungsschritt konnte gezeigt werden, dass von verschiedenen Männlichkeiten innerhalb des Feldes der Kinderbetreuung und -erziehung auszugehen ist. Wie Connell in ihren Untersuchungen gezeigt hat, lassen sich diese Männlichkeiten in Typen zusammenfassen. Die Typen wurden aufgrund ihres Verhältnisses zur hegemonialen Männlichkeit gebildet. Es zeigt sich, dass die beiden Typen alternative und komplizenhafte Männlichkeit als entgegengesetzte Pole eines Kontinuums verstanden werden können und die Männer sich mit ihren Männlichkeitsvorstellungen eher in die eine oder in die andere Richtung verorten lassen.

Im Folgenden soll nun untersucht werden, wie die verschiedenen Männlichkeiten sich im Handeln und im Reden über den Erzieherberuf darstellen.

8 Männlichkeitskonstruktionen zwischen Vorbild und Verdacht

In diesem Kapitel soll fallübergreifend die Konstruktion von Männlichkeit in den Erzählungen über den Erzieherberuf untersucht und mit den Beobachtungen verglichen werden. Die Auswertung wird unterteilt in die Untersuchung der Geschlechtsattributionen, die die befragten Erzieher wahrnehmen, der Geschlechtsdarstellungen, die sich im Interview finden lassen und dem Umgang mit körperlicher Nähe, wie er sich bei den Erziehern beobachten lässt. In den ersten beiden Teilkapiteln zeigt sich als zentrales Thema, dass die Erzieher sich als etwas ,Besonderes' wahrnehmen und darstellen. Diese Sonderposition kann sowohl positiv (,das Vorbild') als auch negativ (,der Verdächtige') verstanden werden und das körpernahe Handeln der Erzieher unterschiedlich stark beeinflussen.

8.1 ,Doing masculinity' durch Geschlechtsattributionen

In den theoretischen Grundlagen wurde formuliert, dass Geschlechtsattributionen wesentliche Elemente des ,doing masculinity'-Prozesses sind. Damit ist gemeint, dass Interaktionspartner/-innen in Form von Zuschreibungen dafür sorgen, jemanden eindeutig einem Geschlecht zuzuordnen. Erzieher werden also erst dadurch zu ,männlichen' Erziehern, dass ihnen jemand diese Männlichkeit zuschreibt.

Zunächst wird nun im Folgenden untersucht, welche Zuschreibungen die Erzieher von unterschiedlichen Interaktionspartnern/-partnerinnen wahrnehmen. Diese werden zu den verschiedenen Männlichkeitstypen in Beziehung gesetzt. In der Auswertung der Erzählung über die Zuschreibungen kann herausgearbeitet werden, welche Attributionen die Erzieher besonders ansprechen und es stellt sich die Frage, warum sie genau diese Zuschreibungen als handlungsleitend wahrnehmen.

8.1.1 ,Der Besondere' – von Erziehern wahrgenommene positive Zuschreibungen

Die Zuschreibungen, die Männer im Erzieherberuf erleben, sind davon gekennzeichnet, dass sie aufgrund ihres Geschlechts als etwas ,Besonderes' angesehen werden. Die Expert/inneninterviews und die Auseinandersetzung mit Männern in fürsorgenden Berufen (vgl. Kap. 5) deuten darauf hin, dass Männer, die sich für den

Erzieherberuf entscheiden, innerhalb ihrer Einrichtungen sehr positiv wahrgenommen werden, da angenommen wird, dass sie eine Lücke füllen.

Der Beruf der Erzieherin ist traditionell, ebenso wie die häusliche Pflege, Betreuung und Erziehung von Kindern, fast ausschließlich von Frauen ausgeübt worden.[178] Entsprechende Tätigkeiten, die aus der Privatsphäre zunehmend in den öffentlichen Arbeitsmarkt übergegangen sind, waren und sind daher bis heute weiblich konnotiert. Die in den letzten Jahren entstandene Diskussion um das ‚Fehlen der Männer in der Erziehung‘ ist also nicht einer neuen Abwesenheit von Männern geschuldet, sondern einer Diskussion darüber, ob die sogenannte ‚Feminisierung der Erziehung‘ nicht möglicherweise den Kindern – und hier wird vor allem von Jungen gesprochen – schaden könnte (vgl. Kap. 3.2). All dies trägt zu einer positiven Aufwertung von Männern bei, die sich für den Erzieherberuf entscheiden. Welche verschiedenartigen positiven Zuschreibungen die Männer auf der Grundlage ihres Geschlechts wahrnehmen, sollen die folgenden Beispiele zeigen.

Hahn im Korb und Männerbonus

Als ‚Hahn im Korb‘ wird sprichwörtlich ein einzelner Mann bezeichnet, der in einer Gruppe von Frauen durch eben diese Frauen versorgt wird. Dabei nimmt er eine vermeintlich konkurrenzlose Sonderposition ein. Die Bezeichnung ‚Hahn im Korb‘ taucht in vielen Interviews auf und wird von den Erziehern einerseits ablehnend benutzt, andererseits aber durchaus auch mit einem gewissen Stolz erwähnt. Johannes Müller berichtet:

> „Früher hab ich das noch mehr genossen, als Mann im Kindergarten, weil da hat es immer geheißen, der Hahn im Korb. Auch in der Schule und jetzt auch im Kindergarten. Mittlerweile sag ich, wenn ich das schon hör, dann krieg ich Zustände. Ich bin kein Hahn im Korb, im Gegenteil. Ihr wisst gar nicht, was ich alles leisten muss, was ich erdulden muss von Frauen auch" (Lu_B 76).

Dieser Interviewausschnitt zeigt, dass Johannes Müller diese Position zunächst sehr positiv wahrgenommen hat. Mittlerweile, so sagt er zumindest, möchte er nicht mehr als „Hahn im Korb" angesehen werden, da er die dazugehörigen Privilegien nicht (mehr) bekommt, sondern „im Gegenteil" viel mehr leisten und erdulden muss als seine Kolleginnen. Er bezieht sich dabei auf seine Männlichkeit, indem er darauf hindeutet, dass er „von Frauen" viel erdulden muss. Die Position des Besonderen fordert also aus seiner Sicht viel von ihm. Johannes Müller beschreibt, dass

---

178 Bevor es entsprechende Mutterschutz- und Elternzeitregelungen Frauen möglich machten, sich für die Versorgung der Familie aus der Erwerbsarbeit zurückzuziehen, waren es die Großmütter und andere Frauen, die sich um die Kinder kümmerten. Es scheint keinen Zeitraum in der Geschichte zu geben, in der diese Arbeiten hauptsächlich von Männern übernommen wurden (vgl. Vinken 2001, S. 18).

ihm diese Position früher jedoch genutzt hat. Er erwähnt einen „Männerbonus"
und verdeutlicht dies anhand folgender Erzählung:

> „Da hab ich damals auch in dem Kindergarten auch einen männlichen Praxisanleiter gehabt und
> einen männlichen Kindergartenleiter (…), der mich dann weitergeführt und angeleitet hat und
> da hab ich damals schon eine Gruppe selber geleitet, das waren aber nicht 25 Kinder, sondern
> es waren 16 Kinder (…). Ist auch untypisch normalerweise im Berufspraktikum so die Gruppe
> zu leiten und zu führen, normal nicht. Darf man normalerweise gar nicht, aber der Direktor
> damals von der Fachakademie ist mir entgegengekommen und hat gesagt, ja, ist in Ordnung,
> wenn Sie es sich zutrauen und war halt da sehr kooperativ und hat gesagt, er kennt auch den
> Leiter da und er kennt mich als Person, also weil er mich im Unterricht ja gehabt hat, hat er ge-
> sagt, ja das ist okay. Da machen wir mal eine Ausnahme, ist in Ordnung. War vielleicht ein
> Männerbonus, sag ich jetzt mal" (Lu_B 17).

In der Erzählung von Johannes Müller wird deutlich, wie bedeutsam für ihn die
Tatsache ist, dass er von einem Mann gefördert wurde und dass er als Mann bereits
im Berufspraktikum mit einer Ausnahmeregelung eine Gruppe leiten durfte. Er
berichtet, dass ihm der Einrichtungsleiter und der Direktor „entgegengekommen"
sind und ihm zutrauten, eine Gruppe zu leiten.[179] Die Zuschreibungen, die er durch
diese Interaktionspartner wahrnimmt und beschreibt, sind Zutrauen, Kooperationsbereitschaft und ein Männerbonus im Sinne eines Vertrauensvorschusses. All
diese Zuschreibungen nimmt er von Männern wahr und dies ist für ihn und für
seine Konstruktion von Männlichkeit wichtig. Johannes Müller wurde dem Typus
der komplizenhaften Männlichkeit zugeordnet – für ihn haben Unterschiede zwischen Männern und Frauen eine wichtige Bedeutung. Seine Position als ‚männlicher' Mann im Kindergarten sieht er durch diese Zuschreibungen gestärkt. Die
Position des „Hahns im Korb", des von Frauen umsorgten Mannes lehnt er dagegen ab. Er möchte von Männern als Mann anerkannt werden, nicht von Frauen als
‚Sonderling' umsorgt werden.

Max Schulze spricht ebenfalls von einem Männerbonus. Für ihn scheint die
Position des „Hahns im Korb" jedoch nicht negativ besetzt zu sein. Er berichtet,
dass er es teilweise leichter hat und in der Einrichtung bevorzugt wird, so kann er
sich beispielsweise einfacher Urlaub nehmen als seine Kolleginnen und wird von
der Chefin bevorzugt behandelt, um seine Abendschule absolvieren zu können. Als
jüngster Interviewpartner präsentiert er sich wie eine Art umsorgter ‚Ziehsohn',
dem seine Sonderrolle bewusst ist und die er darauf zurückführt, als Mann in der
Einrichtung bevorzugt zu werden, wie er es beschreibt: „Also ich glaub schon, dass
ich einige Sachen, wenn ich eine Frau wäre, nicht dürfte oder nicht so leicht kriegen
würde" (Be_M 179). Auch Max Schulze nimmt die Zuschreibungen als Geschlechtszuschreibungen wahr. Es ist nicht überprüfbar, ob die Entscheidung seiner

---

179 Auf die Bedeutung der Selbstdarstellung als „Leiter" einer Einrichtung wird unter dem Stichwort
   „der Mächtige" später noch detailliert eingegangen.

Chefin tatsächlich mit seinem Geschlecht zusammenhängt, Max Schulze nimmt sie
jedoch so wahr und kann sich so in der Interviewsituation als männlich darstellen.
Martin König beobachtet Bevorzugungen von Männern, wenn es um Leitungspositionen geht. Er sagt:

> A: „Also gerade was, sag ich mal die Aufstiegschancen betrifft, wird man als Mann eher bevor-
> zugt, hab ich das Gefühl."
>
> F: „Wie kommt das?"
>
> A: „Kann ich Ihnen nicht sagen, (...) es ging schon los mit der Stellvertretung, da hatte ich das
> Gefühl, es waren auch einige Frauen da, aber die haben gesagt, wir nehmen uns einen Mann,
> warum auch immer. Vielleicht weil es zu viele Frauen in dem Beruf gibt, kann natürlich auch
> sein, dass man sagt man ist froh, wenn man mal ne männliche Funktionsstelle besetzen kann.
> Aber es ist deutlich leichter sich als Mann bis zu einer gewissen Position sag ich mal, sich vor-
> zuarbeiten"(Fa_M 206-208).

Martin König beschreibt das Phänomen zunächst nicht nur für sich, sondern generell für alle Männer in seinem Beruf, erläutert es dann aber an einem persönlich
erlebten Beispiel. Damit kann er deutlich machen, dass es seiner Meinung nach mit
dem Geschlecht, nicht mit der individuellen Person zusammenhängt, wenn Männer
bevorzugt werden. Er beschreibt mehrmals, dass es „nur sein Gefühl" ist, dass die
Kolleginnen einen Mann „warum auch immer" bevorzugen. Er geht davon aus,
dass es ihnen deutlich leichter gemacht wird, sich „vorzuarbeiten". Dies liegt seiner
Meinung nach daran, dass es „so viele Frauen in dem Beruf" gibt, was dazu führt,
dass „man froh ist, mal ne männliche Funktionsstelle zu besetzen". In der Darstellung von Martin König liegt also die Bevorzugung im männlichen Geschlecht bedingt. Nicht die Qualifikation, sondern die Tatsache, ein Mann zu sein, führt zur
schnelleren Beförderung. Diese Aussage bestärkt die Zuordnung von Martin König
zum Typus der komplizenhaften Männlichkeit. Diese ist gekennzeichnet von der
Übernahme hegemonialer Männlichkeitsmuster, zu denen unter anderem gehört,
dass Männer eher eine Leitungsposition übernehmen als Frauen.

Auch von Seiten der Eltern erleben die Erzieher einen „Männerbonus". Nicht
nur Max Schulze und Martin König berichten, dass viele Eltern es toll finden, dass
ein Mann im Kindergarten arbeitet, auch Daniel Albers sagt:

> „Also, es gibt auch Eltern, die wirklich sagen, dass sie ihr Kind halt, also die es als positiv emp-
> funden haben, bevor sie ihr Kind angemeldet haben, dass es hier einen Mann gibt. Und ja, ich
> hab noch keine negativen Reaktionen bekommen" (He_MB 175).

Er beschreibt weiter, dass auch die Kinder diese positiven Zuschreibungen teilen.

> „Ja, man merkt auf jeden Fall bei den Großen, dass man schon etwas Besonderes ist irgendwie,
> dass die praktisch das Ganze, halt alle Bindungen, die so in männliche Richtung gehen, kom-
> men natürlich auch auf dich so, also man ist dann schon irgendwie bei den Kindern so ... ja schon
> was Besonderes, ja. Weil Erzieherinnen haben sie ganz viele, aber nen Erzieher halt nur einen"
> (He_MB 179).

Daniel Albers wurde dem Typus der alternativen Männlichkeit zugeordnet. Die Zitate unterstützen diese Zuordnung nur teilweise. Er präsentiert sich als durchaus reflektiert gegenüber dem Thema Männlichkeit. Er nimmt die Unterschiede wahr und beschreibt sie relativ distanziert: „... es gibt auch Eltern, die wirklich sagen" kann als Verwunderung interpretiert werden. Die Attributionen durch die Kinder bestärken dies: Sie machen ihn zu etwas Besonderem, weil er ein Mann ist. Dies kann er vor dem Hintergrund seiner Sensibilisierung für die Wahrnehmung unterschiedlicher Bedürfnisse von Jungen und Mädchen begründen.

Die hier dargestellten positiven Zuschreibungen zeigen, wie sehr die Männer auch von ihren Interaktionspartnern zu ‚etwas Besonderem gemacht‘ werden. Männlichkeit wird relativ schnell mit Leitungsfunktionen verknüpft und die Position des ‚Besonderen‘ kann für die Männer positive Konsequenzen haben (im Gegensatz zum Token-Status, der für Frauen in ‚Männerberufen‘ häufig negativ besetzt ist, s. Kap. 3). Es zeigt sich auch, dass die Wahrnehmung der positiven Zuschreibungen die zuvor vorgenommene Zuordnung zu den Männlichkeitstypen unterstützen kann. Dies soll im weiteren Verlauf dieses Kapitels überprüft werden.

Hausmeistertätigkeiten

Technikkompetenz wurde im Rahmen der Auseinandersetzung mit Männlichkeit und in den Expert/inneninterviews als männlich konnotierte Eigenschaft dargestellt. Studien über Männer im Erzieherberuf (vgl. Kap. 3.1) wiesen darauf hin, dass Erzieher erleben, dass ihnen technische Aufgaben zugewiesen werden. Im Kindergarten wird Technikkompetenz vor allem sichtbar, wenn es um Reparatur und Instandhaltung im Gebäude geht oder wenn Computerkenntnisse gefragt sind.

Alexander Schmidt beschreibt, dass ihm vonseiten der Kolleginnen Fähigkeiten zugeschrieben werden, die er nicht hat bzw. die er nicht zu seinen beruflichen Kompetenzen zählt. Er erlebt eine Übertragung von Hausmeistertätigkeiten und (technischen) Reparaturaufträgen. Dazu sagt er, dass er mehr Arbeit hat als die Kolleginnen,

> „... eben dadurch, ‚schrauben Sie doch mal die Garderobe hin!‘, ‚könnten Sie da mal mit der Leiter da hoch?‘. Aber ich hab Höhenangst. ‚Könnten Sie da trotzdem mal da hoch, weil ich brauch die nicht hochgehen?!‘. Oder ‚ihhh eine Maus, machen Sie doch mal die Maus weg!‘. ‚Könnten Sie mal den toten Vogel im Garten beerdigen?‘ Ja, definitiv. Alles was technisch ist z. B. Ist ganz komisch. Computer z. B., okay, ich muss auch sagen, Hintergrundgeschichte ist, ich nehm jeden Rechner auseinander und bau ihn dann wieder zusammen und das Ding funktioniert dann auch besser, hat man halt hier auch nicht, aber eine Kollegin, die sich damit auskennt, die könnte das genauso. Also das sind jetzt lauter solche Sachen, wo ich mir denk, das kann jeder. Mei ich kann es halt zufälligerweise, klar schraube ich dann die Garderobe hin oder steig auf die Leiter oder mach den Rechner oder Sonstiges. Aber hm..." (We_M 87).

Hier beschreibt Alexander Schmidt, wie ihm in der Interaktion mit Kolleginnen Männlichkeit zugeschrieben wird. Zunächst lehnt er diese Zuschreibungen ab und versucht, deutlich zu machen, dass er nicht aufgrund seines Geschlechts besser zu solchen Handlungen fähig ist. Im weiteren Verlauf macht er jedoch deutlich, dass er diese Zuschreibung durchaus nutzt, um sich selbst als technikkompetent darzustellen. Er kann seine Sonderstellung in der Einrichtung dadurch deutlich machen, dass er sich als kompetent darstellt, wenn es um die Reparatur von Computern geht. Die Darstellung des ‚Besser-Könnens‘ zieht sich durch das gesamte Interview mit Alexander Schmidt und damit auch durch seine Männlichkeitskonstruktion. Er wurde dem Typus der komplizenhaften Männlichkeit zugeordnet, auch wenn er versucht, sich als alternativ zu präsentieren.

Die Erfahrung der Zuschreibung von technischem und handwerklichem Können teilt Alexander Schmidt mit vielen seiner Kollegen. Sie müssen sich damit umgehen, immer gerufen zu werden, wenn schwere Dinge zu tragen sind oder es etwas zu reparieren gibt. Teilweise fühlen sie sich durch diese Zuschreibungen in ihrer Sonderposition bestätigt, die sie als besonders kompetenten Kollegen darstellt. Auffallend ist, dass diese Kompetenzzuschreibung nichts mit dem eigentlichen Beruf als Erzieher zu tun hat, wohl aber mit Kompetenzen, die männlich konnotiert sind. Die Erzieher nehmen die Zuschreibungen möglicherweise positiv wahr, weil sie ihre durch die Berufswahl durchaus infrage gestellte Männlichkeit unter Umständen wieder herstellen kann.

Martin König zum Beispiel findet es selbstverständlich, den Kolleginnen beim Tragen schwerer Kisten zu helfen. Er sagt, er sei bereit zu helfen oder, wenn es wirklich um Körperkraft geht, besondere Arbeiten zu übernehmen:

> „(…) wenn man als Mann dann immer so hingestellt wird, man muss die Männerarbeiten auch machen. Das fand ich teilweise, also wo ich dann auch gesagt habe, jetzt ist dann mal gut. Ja, wo es dann hieß, da muss gemalert werden, dann muss was abgesägt werden, dann muss dann das gemacht werden, wo es immer hieß, ach da ist doch der Herr König da, der kann das doch bestimmt. Ich hab dann zwei, drei Mal gesagt, ja bis dahin und dann ist gut, es sind ja andere auch noch da. Da muss man sich halt zu begrenzen wissen" (Fa_M 183).

Martin König berichtet, dass er als Mann gefragt wird, bestimmte Tätigkeiten zu übernehmen. Er empfindet dies als Aufforderung, die eindeutig und ausschließlich mit seinem Geschlecht zusammenhängt, und nicht zum Beispiel damit, dass er gelernter Schlosser ist, also mit solchen Anfragen auch als Handwerker angesprochen werden könnte. Deutlich wird eine Verknüpfung mit seinen Männlichkeitsvorstellungen. Martin König, als Vertreter der komplizenhaften Männlichkeit, nimmt die Zuschreibungen wahr, die seinem Muster entsprechen: Männer sind in seiner Weltsicht für handwerkliche Tätigkeiten zuständig, er geht nicht davon aus, dass auch Frauen diese Aufgaben übernehmen könnten. Er sieht die Zuschreibung allerdings im Widerspruch zu seiner Beruflichkeit als Erzieher und übernimmt die Tätigkeiten nur unter Protest.

Die von den Erziehern wahrgenommene Zuschreibung an ihre Technikkompetenz, die häufig mit der Übertragung von Hausmeistertätigkeiten einhergeht, orientiert sich an hegemonialen Männlichkeitsbildern. In der Auseinandersetzung mit dem Erzieherberuf (s. Kap. 2) wurde beschrieben, dass häufig auch solche Kolleginnen in eine geschlechtsspezifische Arbeitsteilung ‚zurückfallen', die, bevor ein Mann in ihrer Einrichtung anfing zu arbeiten, männlich konnotierte Aufgaben übernommen hatten. Die Beispiele der untersuchten Erzieher bekräftigen diese Vermutung. Auffallend ist, dass nur Männer, die dem Typus der komplizenhaften Männlichkeit zugeordnet wurden, diese Zuschreibungen wahrnehmen. Sie fühlen sich als Männer angesprochen und können sich dadurch als ‚männliche' Erzieher darstellen.

Irritationen und Normalisierungen

Fürsorgearbeit, dies wurde ebenfalls in der Auseinandersetzung mit Männlichkeit gezeigt, wird weiblich konnotiert. Männer, die fürsorgliche Aufgaben übernehmen, gefährden damit die Wahrnehmung von ihnen als ‚männlich'. Sie setzen sich dadurch gewissen Irritationen aus. Daniel Albers beschreibt, dass seine Kolleginnen anfangs neugierig bis irritiert waren:

> „Also ich glaube, am Anfang fanden sie es alle ein bisschen seltsam, weil sie jetzt auch noch nicht viel mit Männern zu tun hatten in dem Beruf, aber ja, ich hatte ich hatte irgendwie dann auch so den Anspruch, dass ich auch zeige, dass ich halt alles kann und nicht nur Fußballspielen und Handwerkern oder so und denk mal, das hat sich dann normalisiert, einfach weil sie gesehen haben, dass ich ganz normal arbeite" (He_MB 183).

Die Beschreibung macht deutlich, dass Daniel Albers von seinen Kolleginnen zunächst Unverständnis für seine Berufswahl wahrgenommen hat. Aus dieser wahrgenommenen Irritation entwickelte er jedoch eine Motivation: Er wollte beweisen, dass er „ganz normal arbeitet". Die Normalität muss jedoch erst einmal hergestellt werden, weil keine/r der Interaktionspartner/-innen weiß, was es bedeutet, wenn ein Mann als Erzieher „ganz normal" arbeitet. Wie bereits gezeigt wurde, kann „ganz normal" bedeuten, für die lauten und schwierigen Kinder, das Toben und die Hausmeistertätigkeiten zuständig zu sein. Daniel Albers verdeutlicht seine Vorstellung von Männlichkeit im Umgang mit solchen Zuschreibungen in der folgenden Sequenz:

> „Dass halt, obwohl ich schon männlicher Erzieher bin, immer noch diese männlichen Rollenklischees nur an mich gehen, so wie, dass ich Ahnung haben muss von Werkzeugen oder (…) [schwere Dinge] tragen, dass halt ich gerufen werde und halt nicht die Frauen und ähm ja, das hab ich sehr gut auch klar gemacht, dass ich nicht Erzieher geworden bin, weil ich so der Alpha-Mann bin und ich denk mal, das hat sich dann auch so ein bisschen normalisiert einfach" (He_MB 187).

Daniel Albers spricht von „Rollenklischees", die an ihn herangetragen werden und denen er begegnen muss. Er tut dies, indem er sich mit ihnen und seiner Position als Mann in der Einrichtung auseinandersetzt. Er sagt, dass er einen Beruf gewählt hat, in dem er nicht hegemonialen Vorstellungen von Männlichkeit entsprechen muss und will. Diese Reflexivität entspricht der Zuordnung zur alternativen Männlichkeit, er wehrt sich gegen die Zuschreibung als „Alpha-Mann" und grenzt sich von anderen Männlichkeiten ab.

Stefan Weber und Max Schulze nehmen solche Irritationen weniger vonseiten der Kolleginnen, sondern vor allem außerhalb der Einrichtung wahr. Max Schulze beschreibt:

> „Weiß nicht, da kam es mir, also wenn wir z. B. Ausflüge gemacht haben, dann hab ich gedacht, die Leute schauen mich alle an. Mittlerweile, wahrscheinlich schaue ich schon gar nicht mehr, also da achte ich da gar nicht mehr drauf, wahrscheinlich tun sie es immer noch, aber ich glaub, dass es einfach ein bisschen normaler geworden ist. Also erstens kenn ich ja von meiner Ausbildung her auch mehrere Männer, die in dem Beruf arbeiten und zweitens seh ich auch immer öfter Männer, die mit Kindern irgendwas zu tun haben. Also wahrscheinlich fällt es mir auf, weil ich da drauf achte, weil ich selber ein Mann bin, aber mittlerweile würde ich sagen, nö. Ich seh das als normal an" (Be_M 141).

Max Schulze hatte zu Beginn seiner Tätigkeit die Wahrnehmung, dass er angeschaut wird, weil es nicht ‚normal' ist, was er tut. Das Beispiel zeigt, wie diese Zuschreibung mit seinem eigenen Gefühl, nicht ‚normal' zu sein, zusammenhängt, denn im Laufe der Zeit hat es sich für ihn ‚normalisiert', als Mann Erzieher zu sein. Damit meint Max Schulze einerseits, dass er selbst immer mehr Erzieher kennenlernt, andererseits geht er davon aus, dass es immer mehr Männer in dem Beruf gibt, seine Berufswahl sich also auch gesellschaftlich ‚normalisiert'.[180] Diese Wahrnehmung entspricht seinem Männlichkeitstypus. Max Schulze wurde dem Typus der komplizenhaften Männlichkeit zugeordnet, allerdings deutet nicht nur dieses Zitat darauf hin, dass diese Zuordnung sich in absehbarer Zeit wandeln wird – die Orientierung an hegemonialen Männlichkeitsmustern scheint sich teilweise aufzulösen.

Christian Jahn hat Irritationen über seine Berufswahl vor allem vonseiten seiner Freunde wahrgenommen:

> „… und auch jetzt immer wieder kommt, ‚Was Erzieher'? Und ‚völlig außergewöhnlich'.(…) Ja, von meinen Freunden da hab ich mir natürlich auch immer wieder irgendwelche dummen Spä-

---

180 Diese Vermutung wurde mehrfach angesprochen. Der Anteil steigt zwar an, befindet sich jedoch nach wie vor auf einem so niedrigen Niveau, dass das den Erziehern kaum auffallen kann. Beim statistischen Bundesamt heißt es: „Nach wie vor ist der Anteil der Männer, die beruflich in der Kindertagesbetreuung tätig sind, relativ gering - allerdings zog es in den letzten Jahren etwas mehr Männer in diesen Beruf. Wie das Statistische Bundesamt mitteilt, waren im März 2010 in Deutschland rund 15 400 Männer unmittelbar mit der pädagogischen Betreuung von Kindern in einer Kindertageseinrichtung befasst oder als Tagesvater aktiv. Gegenüber März 2007 ist das eine Steigerung um 39%. Damit ist der Anteil der Männer an allen Beschäftigten in Kindertagesbetreuung in diesen drei Jahren von 2,9% auf 3,5% in 2010 gestiegen." (Deutsches Statistisches Bundesamt 2010).

> ße auch anhören müssen, aber ich mein es war okay und ich hab so... es war schon irgendwie gut, es war jetzt nicht irgendwie mein Traumjob, so klassische Sachen, so war es einfach nicht, aber es war okay und auch in der Arbeit hat es einfach gepasst, also auch in den Praktika, also ich bin da immer recht gut reingekommen und so und ich habe immer gemerkt, so in der Erzieherschule, wo ich angefangen habe, war so ein Mann pro Klasse ähm auf 20 Frauen, und wo ich gegangen bin waren es dann schon zwei bis vier pro Klasse" (Sp_B 9).

Christian Jahn beschreibt hier eine ähnliche Entwicklung wie Max Schulze: Er hat sich „dumme Späße" anhören müssen, die darauf beruhten, dass er sich als Mann für einen weiblich konnotierten Beruf entschieden hat. Nach und nach empfindet er es aber als „normaler", dass Männer Erzieher werden, dabei beruft er sich auf einen kleinen Anstieg der Zahlen, die er in der Ausbildung wahrgenommen hat. Christian Jahn genügt diese scheinbare ,Normalisierung' jedoch nicht. Er grenzt sich von seinem Beruf immer noch ab, indem er beschreibt, dass es nicht sein „Traumjob" ist, sondern dass es „passt" und er „gut reingekommen ist".

In diesem Abschnitt zeigt sich, dass Irritationen vor allem von den Erziehern wahrgenommen wurden, die selbst unsicher in ihrer Berufswahl waren. Daniel Albers, Stefan Weber, Max Schulze und Christian Jahn haben lange mit der Entscheidung für diesen Beruf gerungen und überlegen teilweise immer noch, ihn wieder zu verlassen. Bei allen ist diese Unsicherheit, wie gezeigt wurde, mit einer Männlichkeitsvorstellung verknüpft, die ursprünglich einen weiblich konnotieren Beruf nicht vorsah. Die Verunsicherung deutet darauf hin, dass diese Männer möglicherweise aus einem Umfeld stammen, in dem eine solche Berufswahl als sehr ungewöhnlich wahrgenommen wurde. Erst im Laufe der Zeit und durch eine wahrgenommene und begründungsbedürftige „Normalisierung" können die Erzieher eine eigene Position entwickeln, die sie zu einem selbstbewussten Umgang mit den Irritationen befähigt.

Männliche Bezugsperson für Kinder und Väter

Eine weitere Zuschreibung, die die befragten Erzieher aufgrund ihres Geschlechts erleben, ist die der männlichen Bezugsperson. So sagt Daniel Albers:

> „Also, es gibt auch Eltern die wirklich sagen, dass sie ihr Kind halt, also die es als positiv empfunden haben, bevor sie ihr Kind angemeldet haben, dass es hier einen Mann gibt. Und ja, ich hab noch keine negativen Reaktionen bekommen" (He_MB 175).

Er macht deutlich, dass er sich von den Eltern ,als Mann' angesprochen fühlt. Herbert Meier berichtet, dass diese positiven Zuschreibungen auch von Kindern kommen können: „Gut, als Mann bin ich in jedem Kindergarten bei den Kindern immer sofort willkommen gewesen. Aufgrund des Geschlechts, weil es einfach so wenig Männer gibt und so" (Sc_M 33). Er bezieht sich ausdrücklich darauf, dass er als Mann bei den Kindern willkommen ist und dass die Kinder sich freuen, wenn ein Mann in der Einrichtung arbeitet. Seiner Erfahrung nach waren vor allem allein erziehende Mütter traurig, wenn er eine Einrichtung verlassen hat. Diese Meinung teilt auch Alexander Schmidt (We_M 64). Im Geschlechter-Wissen der Erzieher scheint es wichtig zu sein, dass Kinder Männer und Frauen als Vorbilder[181] für Männlichkeit und Weiblichkeit brauchen. Sie nehmen besonders von allein erziehenden Müttern und deren Kindern eine Ansprache als männliche Bezugsperson wahr. Die Zusammenarbeit zwischen Männern und Frauen wird entsprechend positiv bewertet, denn sie deckt, nach Meinung der Erzieher ‚beides', also männliche und weibliche Erziehende als Vorbilder, ab und führt zu einem familiären Gefühl in der Kinderbetreuung, wie Michael Becker beschreibt:

> „Es gibt auch schon Eltern, die hier gesagt haben, dass es hier manchmal so eine bisschen familiäre Atmosphäre hier hat, weil wir eben auch Mann und Frau sind sozusagen, wenn wir zu zweit arbeiten, aber ich hab auch da, ich mag da jetzt auch nicht, also meine Autorität leidet auch nicht drunter, also wenn ich dann laut spreche oder streng bin, dann hören die Kinder genauso ..." (Th_M 35).

Für eine familiäre Atmosphäre sorgt in den Augen von Michael Becker die Anwesenheit von einem Mann und einer Frau. Er erlebt diese Zuschreibung durch die Eltern. Dabei wird deutlich, dass ihm aufgrund seines Geschlechts die männliche, väterliche Position zugeschrieben wird. Diese Funktion übernimmt er in einigen Teilen und widerspricht damit seiner sonst deutlich präsentierten Abwertung hegemonialer Männlichkeitsmodelle. Es scheint ihm wichtig, eine autoritäre Position innezuhaben. Diese bekommt er jedoch in seiner Argumentation nicht durch die Übernahme der väterlichen Position zugeschrieben, sondern muss sie durch lautes Sprechen und eine gewisse Strenge aufrechterhalten. Offensichtlich ist seine Vorstellung von Vaterschaft nicht automatisch mit Autorität verknüpft – im Gegenteil, er befürchtet an Autorität zu verlieren, weil die Stimmung zu familiär würde. Sein Vaterbild entspricht damit seiner Vorstellung, eine alternative Form von Männlichkeit im Erzieherberuf zu leben.

Männliche Erzieher nehmen nicht nur wahr, dass sie für die Kinder besondere Ansprechpartner sind, sondern auch für die Eltern und hier ganz besonders für die Väter, wie Max Schulze berichtet:

> „Ja, also die Mütter besprechen immer mehr so die Dinge, die ums Kind gehen und die Väter kommen her und sagen, ja hast' das Fußballspiel gesehen am Wochenende, also die besprechen schon so ganz normale Themen mit mir, als wenn ich sie ich weiß nicht, irgendwo, am Stammtisch treffen würde" (Be_M 145).

Auch durch solche Zuschreibungen fühlen sich die Erzieher als ‚männliche' Erzieher angesprochen. Max Schulze empfindet sich durch die unterschiedliche Ansprache durch Väter und Mütter in seiner besonderen Position bestärkt, die dadurch entsteht, dass er ein Mann ist. Themen wie Sport und „ganz normale Themen", über die er mit Vätern sprechen kann, sorgen dafür, dass er sich von den Frauen

---

181 Auf die Bedeutung der „Vorbildfunktion" wird weiter unten noch ausführlich eingegangen.

abgrenzen kann, die mit ihm über die Kinder sprechen wollen. Man kann diese Beschreibung als eine Unsicherheit mit der eigenen Professionalität interpretieren. Aufgabe des Erziehers wäre es, mit den Eltern vor allem über die Kinder zu sprechen. Die Väter sprechen ihn aber ‚als Mann' an, sie sehen in ihm nicht den Erzieher ihrer Kinder, sondern jemanden, mit dem sie über „Stammtisch"-Themen sprechen können. Offensichtlich wissen beide Interaktionspartner nicht, wie ein Umgang zwischen Vater und Erzieher aussehen könnte, also suchen sie sich Themen, von denen sie annehmen, dass sie sie aufgrund ihres gleichen Geschlechts verbinden. Sie stellen in einer solchen Interaktion Männlichkeit her und orientieren sich dabei an hegemonialen Männlichkeitsvorstellungen. Martin König und Alexander Schmidt gehen ebenfalls davon aus, dass Väter aufgrund ihrer Anwesenheit eher in den Kindergarten und Hort kommen, um ihre Kinder abzuholen. Auch sie verstehen sich dann als ‚männlichen' Ansprechpartner.

Christian Jahn arbeitet als einziger befragter Erzieher auch mit anderen Männern zusammen. Er stellt die Attributionen der Eltern weniger geschlechtsspezifisch dar, sondern nimmt wahr, dass die Eltern sich freuen, dass es so viele verschiedene Bezugspersonen für die Kinder gibt und jedes Kind seine Bedürfnisse befriedigen kann, weil immer ein/-e Erzieher/-in gerade dazu passt, was das Kind braucht. Dazu zählt er auch die Tatsache, dass die Männer im Kindergarten sehr unterschiedlich sind.

Die hier gefundene Geschlechtsattribution von Männlichkeit und (spezieller, ‚männlicher') Kompetenz wird von fast allen befragten Erziehern sehr positiv aufgenommen und gerne ausgefüllt. Hier sehen sie sich in ihrer Berufswahl bestätigt, denn es zeigt sich, dass Erzieher sowohl für die Kinder als auch für die Eltern/Väter eine wichtige Funktion übernehmen. Die Zuschreibung stärkt die Männer entsprechend ihrer eigenen Geschlechtsdarstellung. Michael Becker, der an anderen Stellen eine traditionelle Männlichkeit bewusst ablehnt, stellt in diesem Zusammenhang fest, dass von den Eltern durchaus eine solche Männlichkeit gewünscht wird – und er die Zuschreibung auch übernehmen kann.

8.1.2   ‚Der potenzielle Täter' – Männlichkeitsattributionen und Pädophilieverdacht

Neben den positiven Zuschreibungen lassen sich auch negative finden; eine soll nun herausgegriffen werden: die Zuschreibung des Erziehers als potenzieller Täter. Im Kapitel 8.3 wird später genau untersucht, welche Auswirkungen die positiven und negativen Zuschreibungen auf das Handeln, das ‚doing masculinity' der Erzieher haben.

> „Die Irritation von Seiten der Eltern, (…) waren natürlich auch da. Also Eltern sehen einem männlichen Erzieher, gerade im Kindergartenbereich ganz genau auf die Hände erst einmal" (Lu_B 43).

Dieses Zitat deutet darauf hin, dass das ‚Besonderssein‘, das die Erzieher wahrnehmen, auch negativ ausgelegt werden kann. ‚Besonders sein‘ kann auch heißen ‚verdächtig sein‘. Die Ausarbeitung zum Thema „Pädophilieverdacht" (s. Kap. 5) hat gezeigt, dass Männer dem Generalverdacht der Pädophilie deutlich häufiger ausgesetzt sind als ihre Kolleginnen.

Den befragten Erziehern ist der Generalverdacht sehr bewusst, alle kommen in den Interviews von sich aus auf ihn zu sprechen. Christian Jahn bringt es auf den Punkt, indem er sagt:

> „... also am Anfang, wo ich da dieses Vorpraktikum gemacht habe, da haben schon, sind manche Eltern vorsichtiger gewesen, wegen einem Mann, weil der so ... warum macht ein Mann sowas? Ob da irgendwelche Neigungen dahinter stecken oder so ... und ... also da könnte ich mir schon vorstellen, dass man irgendwie welche Schwierigkeiten kriegt oder so..." (Sp_M 85).

Manche der Interviewpartner haben bereits Anschuldigungen erlebt, andere versuchen dem vorzubeugen, indem sie bestimmte Tätigkeiten gar nicht erst ausführen. Naheliegende Reaktionen, wie ein weinendes Kind auf den Arm zu nehmen, werden so verkompliziert. Durch die ständig mitschwingende mögliche Unterstellung wird gleichzeitig ein bestimmtes Bild von Männlichkeit verfestigt.

Eine Tätigkeit, die sich als besonders kritisch erweist, ist das Wickeln, von dem Max Schulze erzählt, dass er es am Anfang nicht machen wollte, weil er Angst hatte, ihm würde ein sexuelles Interesse unterstellt. Gleichzeitig gehört Wickeln, wie auch sonstige Körperpflege, zur Arbeit eines Erziehers im Kleinkindbereich dazu. Für die Erzieher kann ein innerer Konflikt dadurch entstehen, dass sie sich unter Beobachtung fühlen und wissen, dass bestimmte Handlungen bei ihnen viel schneller zum Missbrauchsverdacht führen, als dies bei Kolleginnen der Fall wäre. In manchen Einrichtungen gibt es besondere Regeln, wie zum Beispiel, dass Männer nur mit offener Tür wickeln dürfen oder wenn jemand anders mit im Raum ist. Das folgende Zitat von Johannes Müller verdeutlicht diese ungleiche Behandlung:

> „... dass eben zum Beispiel wenn ich jemanden wickeln musste im zweiten Ausbildungsjahr, dass eine Erzieherin mitgehen musste und mir auf die Finger gucken musste, also ich durfte eigentlich nicht alleine gehen. Bis eine gewisse Vertrauensbasis da war, dann haben sie mich alleine gehen lassen, ja. Ist okay, denk ich mir, aber da sagt man auch immer, weil es genauso Frauen sein könnten, ja. Also es ist zwar sehr, eigentlich ungewöhnlicher, aber es ist auch machbar. Und irritierend war in dem Fall, dass man eigentlich wieder nicht die Gleichberechtigung gehabt haben, dass den Frauen nicht auf die Finger geschaut wurde, aber bei den Männern" (Lu_B 43).

Es wird deutlich, dass solche Anweisungen – solange sie nur für die Männer gelten[182] – dazu führen, den Männern die Gefährdung, die potenziell von ihnen aus-

---

[182] Diese Aussagen sollen hier keinesfalls als Plädoyer gegen Vorsichtsmaßnahmen missverstanden werden. Die Statistiken zeigen leider, dass es immer wieder Männer gibt, die solche Situationen ausnutzen und Kinder missbrauchen. Deutlich werden sollte allerdings, dass dies einerseits viele Männer zu Unrecht unter Generalverdacht stellt und andererseits Frauen als potenzielle Täterinnen ignoriert. Dies kann Männer durchaus abschrecken, diesen Beruf zu wählen oder in ihm länger zu ver-

geht, ständig bewusst zu machen. Der Generalverdacht des Kindesmissbrauchs wird so Teil der von den Erziehern wahrgenommenen Geschlechtsattribution, dient also dem ‚doing masculinity' durch Interaktionspartner/-innen. Die Konsequenzen solcher Unterstellungen verdeutlicht Johannes Müller:

> „Mich hat mal eine Kindergartenmutter gefragt, das ist kein Geheimnis, sie hat gemeint, ‚entschuldigen Sie Herr Müller, Sie können so gut mit Kindern umgehen, mein Kind schwärmt von Ihnen, jetzt muss ich mal persönlich fragen, entweder, ich kann es mir nicht vorstellen, wenn man Erzieher wird, muss man entweder schwul sein, also homosexuell, oder man muss Kinder misshandeln.' Da war ich natürlich schockiert, weil ich das mit, entweder ich bin weder homosexuell, das kann ich sicher sagen (lacht), oder ohne dass ich Kinder misshandle, hab ich, war beleidigt, aber hab ich der Frau damals meine Meinung gesagt, dass es nicht sein muss, das ist bitte ein falsches Bild. Sie hat sich dann auch tausendmal entschuldigt, hat auch später noch, aber es war dann schon ein kleiner Vertrauensbruch da, weil sie mich einfach abgestempelt hat" (Lu_B 43).

In diesem Zitat wird deutlich, dass Johannes Müller die Unterstellung, entweder homosexuell zu sein oder gar Kinder zu missbrauchen[183], als schockierend wahrnimmt. Er sagt, er war beleidigt und schildert einen Vertrauensbruch. Das Zitat zeigt, wie die Unterstellung funktioniert, wenn sie offen angesprochen wird. Viel häufiger geschieht sie aber unausgesprochen oder unbewusst.

Thorsten Bauer hat eine ganz konkrete Verdächtigung vonseiten einer Mutter erlebt, die er folgendermaßen schildert:

> „... die Sorge von den Müttern finde ich durchaus berechtigt, wenn man das dann hinterher aber auch so klären kann, dass sie wissen, dass sie bei mir da nichts zu befürchten haben. Schlimm wär es, wenn jemand weiterhin auf solchen Vorwürfen beharren würde, wenn was nicht stimmt, weil wie soll ich das denn beweisen, dass es wirklich nicht so war. Drum sag ich ja, seit diesem Zeitpunkt nehm ich niemanden mehr auf den Schoß, da hab ich Schlafwache gehabt und das Kind war nur bei mir auf dem Schoß um sich eine Hörspielkassette auszusuchen und das war so ein halbdunkler Raum, das hat das dann daheim halt erzählt. Das war so die einzige Situation in meinem Berufsleben, wo ich damit so in Konflikt gekommen bin. Das mach ich nie mehr" (Gu_M 49).

Mit diesem Beispiel zeigt Thorsten Bauer, wie die Zuschreibung als Mann auch eine Zuschreibung als Verdächtiger bedeuten kann. Die hier erwähnte Mutter hat eine Situation, in der ein Kind bei einem Mann auf dem Schoß sitzt, als gefährlich eingestuft, die gleiche Situation mit einer Frau wäre ihr vermutlich unverdächtig erschienen. Das Beispiel macht deutlich, wie sensibilisiert Eltern sind und welche Formen

---

bleiben. Vorsichtsmaßnahmen, die Kinder vor sexueller Gewalt schützen, sollten daher für Erzieher und Erzieherinnen gleichermaßen gelten und sind nur über einen transparenten Umgang mit diesem Thema umzusetzen, der auch ein gutes Wissen über kindliche Sexualität einbezieht. Vgl. hierzu auch Cremers/Krabel 2012.

183 Erstaunlich ist die Kombination von Homosexualität und Kindesmissbrauch. Beides wird hier als ‚Abweichung' von ‚normaler' männlicher Sexualität verstanden und scheint in der Erzählung von Johannes Müller in den Augen der Mutter zu erklären, warum jemand gut mit Kindern umgehen kann. Zum Thema „Abgrenzung von Homosexualität" vgl. Kapitel 8.2.1.

von körperlicher Nähe seitens der Männer bereits als verdächtig wahrgenommen werden. Es zeigt sehr gut, in welchem Spannungsfeld sich die Erzieher bewegen. Auf der einen Seite wollen sie ‚natürlich' und das heißt hier häufig auch ‚körpernah' mit den Kindern umgehen, auf der anderen Seite wird zu viel Nähe als ‚unpassend' erlebt. Die Erzieher erleben Zuschreibungen, die auf hegemonialen Männlichkeits-bildern basieren: Männlichkeit und Zärtlichkeit oder Zuneigung werden schnell als sexuell aufgeladen wahrgenommen und von den Eltern als verdächtig eingestuft, da männliche Sexualität als unkontrollierbar gilt (vgl. Kap. 5).

Max Schulze nimmt solche Zuschreibungen vor allem durch die Medien wahr, „weil das hört man ja immer oder liest es oder sieht es im Fernsehen" (Be_M 167). Vonseiten der Eltern hat er noch keine entsprechenden Zuschreibungen erlebt. Auch Martin König verweist auf „die Medien" als Informationsquelle, in denen er über Kindesmissbrauch erfahren hat und sagt, dass er „dem vorbeugen möchte". Er berichtet, dass in seiner Einrichtung, in Situationen, in denen seiner Meinung nach Vorsicht geboten ist, eine Geschlechtertrennung[184] vorgenommen wird. Dazu ge-hört beispielsweise das Umziehen im Schwimmbad, das er im Folgenden beschreibt:

> „Da muss man auch ein Auge drauf haben als Mann, das ist, was ich jedem Erzieher sag, der männlich ist auch, sage, dann muss er sehr genau schauen, was er macht und wie er es macht. D. h. wenn es ums Umkleiden geht, immer schauen, dass wenn es nicht anders geht, dass min-destens eine andere Erzieherin noch dabei ist, dass man nie alleine ist beim Umziehen mit de-nen und einfach drauf schauen immer" (Fa_M 198).

Auch er bezieht sich hier explizit auf die Tatsache, dass man „als Mann", sogar noch einmal bestärkt durch die Aussage „als Erzieher, der männlich ist" darauf achten muss, was man beim Umziehen tut und er diese Vorsicht auch seinen Kolle-gen rät.

Die verschiedenen Beispiele zeigen, wie präsent die Attribution „potenzieller Täter" für die Erzieher ist. Sie scheinen die Attribution nicht generell abzulehnen, sondern können die Eltern durchaus verstehen.

Johannes Müller, Martin König und Thorsten Bauer rechtfertigen das vorsich-tige Verhalten der Eltern. So berichtet Thorsten Bauer zum Beispiel, dass Mütter möglicherweise selbst schlechte Erfahrungen gemacht hätten und deshalb beson-ders sensibilisiert wären. Johannes Müller erzählt, dass es in der Umgebung vor nicht allzu langer Zeit einen Fall gab, in dem ein Kind vergewaltigt und getötet wurde. Auch dies kann seiner Meinung nach entschuldigen, warum die Eltern ihm gegenüber misstrauisch sind. Diese drei Männer sind alle dem Typus der kompli-zenhaften Männlichkeit zugeordnet worden. Die Zuschreibungen, die sie wahrneh-men, orientieren sich an ihrer eigenen Vorstellung von Männlichkeit. Auch sie

---

184 Auch hier zeigt sich, dass Frauen als Täterinnen nicht infrage kommen (dürfen), denn es gibt in den allermeisten Einrichtungen überhaupt nicht die Möglichkeit, dass Jungen mit männlichen Betreuern in die Umkleide gehen, weil gar keine Männer anwesend sind. Und es gibt in Einrichtungen ohne Männer (vermutlich) auch keine entsprechenden Diskussionen.

nehmen Männlichkeit als potenziell bedrohlich wahr und können die Sorgen der Eltern teilen. Michael Becker, als Vertreter der alternativen Männlichkeit, nimmt das Thema ganz anders auf. Er sieht sich nicht als potenziellen Täter, sondern, wenn überhaupt als Opfer. Er berichtet:

> „Also ich kann mich jetzt an ein einziges Kind erinnern, das war in meiner Anfangszeit, das mag dann auch vielleicht was mit mir zu tun gehabt haben, das war ein Kind, das war mit einer alleinerziehenden Mutter, die wohl relativ häufig wechselnde Partner hatte und die eh auch so ein bisschen so ne Tendenz zur Frühreife hatte, also die war Schulkind, Vorschulkind, als ich da hinkam dann und das war wirklich in meinen ersten Monaten, die ist dann auch in die Schule gekommen, (…) d. h. die hab ich drei Monate erlebt und das war so ein Kind, die sich dann so auf deinen Schoß gesetzt hat und so auch ein bisschen gerieben hat und so, also wo man schon sagen kann, das hatte so sexuelle Tendenzen und das fand ich sehr seltsam damals und das habe ich halt dann einfach abgewehrt. Also da hab ich dann immer gesagt, nee, das mag ich nicht und gehst du bitte runter und so, aber das war in 13 Jahren das einzige Kind, das mir so aufgefallen ist" (Th_M 36).

Es wird deutlich, dass Michael Becker auf die Frage, wie es ihm damit geht, wenn Kinder anhänglich sind oder kuscheln wollen, keine Bedenken hat, dass er als potenzieller Täter angesehen werden könnte. Die „sexuellen Tendenzen" gingen vom Kind aus, er musste sie abwehren. Der Vergleich mit den Erziehern des anderen Typus zeigt, wie die Wahrnehmung von Geschlechtsattributionen durch die eigene Vorstellung von Männlichkeit geprägt wird. Erst durch diesen Kontrast kann deutlich werden, wie sehr die Erzieher sich durch ihre Offenheit für entsprechende Wahrnehmungen in ihren Handlungen beeinflussen lassen und nicht nur durch die Zuschreibungen selbst. Auch Michael Becker könnte sicher bestimmte Zuschreibungen als Verdächtigungen interpretieren, tut dies aber vor dem Hintergrund einer alternativen Männlichkeitskonstruktion nicht. Entsprechend gibt es in seiner Einrichtung keine Vorsichtsmaßnahmen. Er geht davon aus, dass die Kinder von selbst eine Grenze haben, wie viel Nähe sie zulassen möchten. Damit dreht er wiederholt die Perspektive um, er bezieht sich in keiner Weise als potenzieller Täter in die Erzählung mit ein. Von ihm aus dürfen alle Kinder auf seinem Schoß sitzen und mit ihm kuscheln und werden in den Arm genommen, wenn sie traurig sind.

8.1.3   Zusammenfassung

In diesem Teilkapitel konnte gezeigt werden, wie Geschlechtsattributionen von Erziehern zum Männlichkeitstypus passend wahrgenommen werden. Während die Erzieher, die eher der komplizenhaften Männlichkeit zugeordnet wurden, vor allem hegemoniale Vorstellungen von Männlichkeit wahrnehmen und diese in der Interviewsituation widerspiegeln, finden sich bei den Erziehern, die dem Typus der alternativen Männlichkeit zugeordnet wurden, nur selten Hinweise darauf, dass sie solche Zuschreibungen überhaupt wahrnehmen. Wenn sie sie wahrnehmen, distanzieren sie sich und versuchen, ihr Handeln davon wenig beeinflussen zu lassen. Die verschiedenen wahrgenommenen Formen der Geschlechtsattribution zeigen, dass die Männer längst nicht immer ‚Hahn im Korb‘ sind. Anders als bei Frauen, die als Minderheit in männlich dominierten Berufen arbeiten und dort einen (negativen) Token-Status erhalten (vgl. Kap. 3 oder Williams 1991 und Heintz et al. 1997), finden sich die Männer in positiv konnotierten Positionen wieder – zumindest, wenn anfängliche Irritationen erst einmal überwunden sind. Sie werden als zusätzliche Bezugsperson für die Kinder (vor allem für die Jungen) und auch für die Väter angesehen, und begründen damit ihre – für die eigene Männlichkeitskonstruktion ungewöhnliche – Berufswahl. Erzieher des komplizenhaften Typus beschreiben außerdem einen ‚Männerbonus‘, der ihnen den Weg in Leitungspositionen erleichtert hat. Ebenso fühlen sie sich als ‚Hausmeister‘ angesprochen, eine weitere Zuschreibung, die ihre Männlichkeit in den Vordergrund rückt. In ihren Erzählungen können sie so vor der Interviewerin und vor sich selbst deutlich machen, dass ihre ‚untypische‘ Berufswahl nicht zu einer ‚Verweiblichung‘ führt, sondern zu einer positiv bewerteten ‚männlichen‘ Sonderstellung innerhalb eines weiblich geprägten Berufsfeldes.

Die Wahrnehmung des Pädophilieverdachts lässt sich ebenfalls typenspezifisch ausdifferenzieren. Während die Erzieher, die der komplizenhaften Männlichkeit zugeordnet wurden, den Verdacht wahrnehmen und er sie in ihrem Handeln beeinflusst, wird er von den Erziehern des Typus der alternativen Männlichkeit kaum wahrgenommen. Damit ist nicht gemeint, dass sie sich dem Thema verweigern würden. Es scheint eher so, als hätten sie sich damit auseinandergesetzt und eine gefestigte Position gefunden, sodass sie Zuschreibungen nicht als Anschuldigungen erleben.

Insgesamt lassen sich die Zuschreibungen, die auf der Grundlage des Geschlechter-Wissens und des Berufsverständnisses getroffen wurden, in der Wahrnehmung von Geschlechtsattributionen wiederfinden. Die mehr oder weniger starke Orientierung an einer hegemonialen Form von Männlichkeit wirkt sich darauf aus, wie Männer Zuschreibungen von außen aufnehmen und wie sie mit ihnen umgehen. Das folgende Teilkapitel wird zeigen, wie sehr auch die Geschlechtsdarstellung der Erzieher von ihrer eigenen Männlichkeitskonstruktion beeinflusst wird.

8.2   ‚Doing masculinity‘ durch Geschlechtsdarstellungen

Geschlechtsdarstellungen gelten als wesentliches Element der Herstellung von Geschlecht bzw. Männlichkeit. Im Theorieteil wurde dies in Anlehnung an Erving Goffman und Stefan Hirschauer diskutiert. Im Folgenden liegt ein wesentliches Augenmerk darauf, wie die Erzieher Beschreibungen aus ihrem beruflichen Selbstverständnis nutzen, um dadurch ihre Position als männlicher Erzieher darzustellen. Dazu werden unterschiedliche Kategorien ausgewertet, die sich alle mit dem Verständnis des Erzieher*berufs* auseinandersetzten. Auf die konkreten Tätigkeiten der Erzieher wird im darauffolgenden Teilkapitel eingegangen.

8.2.1 ‚Der Andere' – ‚doing masculinity' durch Abgrenzung von Weiblichkeit

Männlichkeit herzustellen bedeutet – dies haben die theoretischen und empirischen Vorüberlegungen deutlich gemacht – sich von Weiblichkeit abzugrenzen. Das Gleichheitstabu (vgl. Kap. 3) fordert, dass etwas, das als weiblich gilt, nicht als männlich gelten kann und umgekehrt.

Neun der zehn befragten Erzieher ist gemeinsam, dass sie in ihrer Ausbildung und in ihrem Arbeitsalltag fast ausschließlich mit Frauen zusammenarbeiten. Alle berichten, dass sie viel von älteren Kolleginnen gelernt haben und deren Erfahrungen schätzen. Die Kolleginnen dienen ihnen damit als Vorbild. Gleichzeitig wurde bereits in der Auswertung der Geschlechtszuschreibungen deutlich, dass es für einige Männer wichtig zu sein scheint, einer ‚Verweiblichung' entgegenzuwirken, der sie sich durch ihre Berufswahl ausgesetzt sehen. Dies kann vor allem durch eine Abgrenzung und möglicherweise auch durch eine Abwertung von allem weiblich Konnotierten gelingen.

Ein Beispiel für eine solche Abgrenzung ist die Bewertung der Art, wie die Kolleginnen angeblich miteinander reden. Johannes Müller, Martin König und Stefan Weber beschreiben sie als „typisch weiblich" und werten sie ab, indem sie von „Gegacker", „dummem Geschwätz", „Zickerei" und „Getratsche" sprechen, von dem sie genervt sind oder waren. Christian Jahn bezieht sich dabei nur auf die Ausbildung, nicht auf sein jetziges Arbeiten.

Johannes Müller und Martin König weisen darauf hin, dass es diese Form der Unterhaltung in ihren Einrichtungen (nicht so stark) gibt, weil sie als Mann die Stimmung – in ihren Augen positiv – verändern. Martin König beschreibt dies so:

> „Was nicht heißt, es wird nicht geredet, aber es wird nicht so (...) dieses typische (...) was Frauen vielleicht gerne haben, ja dass sie sich über den und den ne halbe Stunde unterhalten können, der hat jetzt das schon wieder und der hat jetzt das schon wieder. Jetzt hat die neue Schuhe, so was gibt es eigentlich kaum, so was fällt weg" (Fa M 158).

Hier bezieht sich Martin König auf gängige Klischees über Weiblichkeit, die er benennt und abwertet. Dazu gehört die Vorliebe für Schuhe genauso wie der Hinweis, dass Frauen sich „eine halbe Stunde (über einen anderen) unterhalten können". Solche Aussagen entstammen einem aktuellen, gesellschaftlich akzeptierten Geschlechter-Wissen, das u. a. in zahlreichen Fernseh- und Comedy-Formaten aufgegriffen und reproduziert wird.[185] Die Erzieher unterscheiden sich in ihrer Darstellung von den Kolleginnen dadurch, dass sie über andere Themen reden, wie Johannes Müller angibt:

> „Und welcher Mann mag schon Basteltante oder Klatschtante genannt werden. Das hassen die Männer. Wir ratschen auf eine andere Art und Weise. Wir sind immer, ja immer Ratschtanten, einen Ratschonkel gibt es eigentlich nicht, von der Sprache her. Aber wir sagen in dem Fall auch Ratschtanten, aber wir ratschen über Sport hauptsächlich, Fußball von mir aus, Männer, ja. Politik dann ein bisschen. Frauen halt über Kinder und Familie oder Freundinnen, das ist bei denen ratschen. Also da ist wieder der Unterschied da" (Lu_M 92).

Johannes Müller macht deutlich, dass sich seine Vorstellungen von Unterschieden zwischen Männern und Frauen in den Themen, über die sie reden, widerspiegeln. Er sagt „da ist wieder der Unterschied da" und fühlt sich dadurch bestätigt. Ihm geht es dabei nicht in erster Linie um die Unterscheidung, er möchte auf keinen Fall „Ratschtante" genannt werden („Wir Männer hassen das") und das Wort „Ratschonkel" gibt es nicht. Er versteht sich als Vertreter von Männlichkeit, wenn er „Wir" sagt und damit alle Männer oder zumindest männlichen Erzieher meint.

Die bisher erwähnten Erzieher sind alle dem Typus der komplizenhaften Männlichkeit zugeordnet worden, außer Christian Jahn, der aber, wie bereits beschrieben, seine Meinung gegenüber dem Reden der Frauen seit seiner Ausbildung verändert zu haben scheint. Neben dem Reden über weiblich konnotierte Themen versuchen diese Erzieher sich auch im Umgang mit den Kindern von den Kolleginnen zu unterscheiden. Johannes Müller sagt:

> „Es war auch schon so, dass dann vier, fünf Jungs auf mir draufgeflackt waren, also solche Situationen, da ist ein Mann wieder gut in einem Frauenberuf, ist sehr wichtig und sehr gut, weil eine Frau kriegt dann vielleicht Kreuzwehschmerzen oder kann das auch nicht verkraften, wenn da vier, fünf am Hals hängen, das packt eine Frau nicht. Ein Mann, der packt sie dann auch. Das ist aber auch so, dass ich sie dann wirklich ab und zu mal so ein bisschen in Schwitzkasten nehm, dass sie sehen, halt, aaahhh, dass sie nichts machen können, dass auch der Stärkere gewinnt, quasi" (Lu_M 38).

Johannes Müller stellt seine Vorstellung von Männlichkeit explizit dar. Im Gegensatz zu einer Frau ist er kräftig genug, um „vier, fünf Jungs", die sich an ihn hängen, zu verkraften. Sie dürfen mit ihm toben und an ihm lernen, dass der Stärkere gewinnt. Da eine Frau davon seiner Meinung nach Rückenschmerzen bekommen würde, ist es gut, dass es auch Männer in diesem „Frauenberuf" gibt. Die Abgrenzung von Frauen trägt damit zu seiner Männlichkeitsdarstellung bei. Auch wenn es um weiblich konnotierte Aufgaben geht, stellt Johannes Müller solche Unterscheidungen fest:

---

185 Vgl. zum Beispiel, das mittlerweile in der 34. Auflage erschienene Buch „Warum Männer nicht zuhören und Frauen schlecht einparken" (Pease/Pease 2008) oder den erfolgreichen deutschen Comedian Mario Barth, der vor bis zu 50.000 Zuschauer/-innen auftritt.

„Und jetzt ist ja bald Laternen basteln, da trifft's mich genauso, da hab ich auch kein Problem damit. Es ist auch wichtig, dass ich grad als Gruppenleiter muss ich viel wissen über die Kinder, d. h. wo sind die Stärken, wo sind die Schwächen, (…)" (Lu_M 74).

Zunächst einmal macht Johannes Müller deutlich, dass er ebenso bastelt wie seine Kolleginnen, wenn auch ungern und seltener, wie das „da trifft's mich auch" zeigt. Allerdings stellt er sich als Gruppenleiter dar. Diese Position ist männlich konnotiert, sie macht ihn zu etwas Besonderem. So gibt er dem Basteln, wenn es von ihm ausgeführt wird, eine andere Bedeutung: Es geht ihm nicht um das Basteln an sich, sondern um die Beobachtung und Einschätzung der Stärken und Schwächen der Kinder. Er grenzt sich davon ab, ‚nur' zu basteln, wie die Kolleginnen das tun.

Martin König, der ebenfalls der komplizenhaften Männlichkeit zugeordnet wurde, stellt die Situation etwas anders dar. Er betont, dass die Kollegin und er sich jeweils absprechen, wer welche Aufgaben übernimmt, und dass die Kolleginnen und er gleichberechtigt sind. Allerdings beschreibt er, dass seine Kolleginnen sich meistens für Backen, Basteln und Drinnenspielen entscheiden, während er draußen Sport mit den Kindern macht, beim Basteln „aushilft", die Verwaltungs- und Leitungsaufgaben und die Elterngespräche übernimmt.

Am deutlichsten distanziert sich Alexander Schmidt vom Handeln der Frauen. Häufig, wenn er Kolleginnen zitiert, ahmt er eine Kleinkind-Stimme nach:[186]

> „Also (…) mir ist es eben auch aufgefallen, dass eben zu diesen habdiwabdidu-Kindergartensprache [in Kleinkind-Stimme], das machen Männer nicht oder weniger. (…) Es kommt wirklich vor, ‚aber was hast du denn jetzt, auwei, weinst du? Hast du da dein Fußi aufge…?' [spricht weinerlich, mit Kinder-Stimme] vorhin ja auch[187], hey, ‚hast dich aber g'scheid rissen, ist schon fies mit dem Pflaster und Zeug' [spricht laut und deutlich mit Erwachsenen-Stimme]. Ich kann auch normal mit den Leuten reden, (…) alberner Scheiß. (…) Also das fällt auf, dass Männer anders mit den Kindern sprechen" (We_M 64-66).

Alexander Schmidt macht durch seine Zitierweise und die Art, über die Kolleginnen zu sprechen, deutlich, dass er deren Art des Handelns nicht ernst nimmt und abwertet. Er empfindet die Art der Kolleginnen als „albernen Scheiß" und kann so sein Handeln und Sprechen als „männlich", also erwachsen und ernsthaft, darstellen. Er versucht sich durch diese Darstellung als professionellen Erzieher zu präsentieren. Weiterhin nimmt er bei den Kolleginnen eine zu starke Vorsicht wahr, die er ebenfalls negativ darstellt:

> „… und mir fällt noch auf, dass das Sicherheitsverständnis anders ist. Eben, da sind wir wieder bei dem Thema überbehütet. Ja, mein Gott, dann fliegt das Kind halt mal hin und hat sich auf-

---

186 Alexander Schmidt hat durchgehend eine sehr ‚lebhafte' Art zu sprechen. Er erzählt viel, indem er andere wörtlich zitiert oder nachahmt, er nutzt Gesten und Bewegungen, um sich zu erklären und verstellt seine Stimme, nutzt nichtsprachliche Ausdrücke usw. All dies ist schriftlich nur schwer darzustellen und wird durch Erläuterungen in Klammern verdeutlicht.

187 Er bezieht sich auf eine zuvor erlebte Szene, in der ein Kind sich den Finger aufgerissen hatte und von ihm mit einem Pflaster versorgt wurde.

geschürft. (…) Also das ist der Unterschied. Also auch mal eine Gefahr zulassen oder ja, mein Gott, dann wird halt die Hose dreckig" (We_M 66).

Durch seine Wortwahl wertet Alexander Schmidt das Verhalten seiner Kolleginnen ab. Er macht deutlich, dass er deren Sicherheitsverständnis übertrieben findet und meint, dass seine Lockerheit im Umgang mit den Kindern den besseren Weg darstellt. Dies kann als eine kindgerechte Form des von Meuser beschriebenen „Risikohandelns" interpretiert werden, die Alexander Schmidt präsentiert und damit Männlichkeit darstellt (vgl. Kap. 5) Bei Stefan Weber, Thorsten Bauer und Max Schulze finden sich ähnliche Aussagen über die Arbeitsteilung, die unter dem Stichwort ‚körpernahes Handeln' genauer betrachtet werden.

Die bisher vorgestellten Erzieher waren alle dem Typus der komplizenhaften Männlichkeit zugeordnet worden. In der Tendenz verbindet sie, dass sie Unterschiede zwischen ihrem Handeln und dem von Kolleginnen vor dem Hintergrund ihrer Männlichkeit darstellen. Es zeigen sich jedoch auch innerhalb der Gruppe weitere Differenzierungen. Während Johannes Müller und Martin König die Unterschiede zwischen dem eigenen Handeln und dem der Kolleginnen nicht bewertend nebeneinanderstellen, sondern auf die positiven Effekte hinweisen, die dadurch entstehen, dass Männer und Frauen sich in der Arbeit ergänzen, wertet Alexander Schmidt das Handeln der Kolleginnen deutlich ab. Alexander Schmidt war dem Typus der komplizenhaften Männlichkeit zugeordnet worden, möchte sich jedoch selbst als alternativ reflektiert, also eher als Vertreter der alternativen Männlichkeit präsentieren. Möglicherweise entsteht aus dem Drang, sich kritisch zu präsentieren für ihn die Notwendigkeit, alles andere abzuwerten. Seine Selbstbeschreibung als „Revoluzzer" und „Punkrocker" stimmt mit dieser Haltung überein, die aus seinem Selbstbild entsteht.

Neben der Abgrenzung von Weiblichkeit wird die Abgrenzung von Homosexualität in vielen Interviews angesprochen. Homosexualität kann als eine Form von ‚Verweiblichung' angesehen werden, die die Männlichkeit der Erzieher infrage stellen würde. Keiner der befragten Erzieher berichtet von einer homosexuellen Partnerschaft[188], aber mehrere Männer machen deutlich, dass sie *nicht* homosexuell sind. Dies sind vor allem Johannes Müller und Max Schulze. Die Vermutung, homosexuell zu sein, werten sie als eine Gefährdung ihrer Männlichkeit und weisen sie im Interview deutlich zurück. Max Schulze stellt sich dafür als attraktiven jungen Mann dar, der in der Schule von den Kolleginnen die Attribution als möglicher männlicher Sexualpartner erfahren hat. Er sagt jedoch, dass ihn das nicht interessiert hat, weil er eine Freundin hat. Auf diesem Weg nutzt er die Darstellung der Zuschreibung auch, um etwas über sich auszusagen: Erstens ist er heterosexuell, zweitens attraktiv und drittens treu. Alle drei Eigenschaften sind für seine Männlichkeitskonstruktion extrem wichtig, denn er möchte nicht als „typischer Erzieher" wahrge-

---

188 Sie wurden danach auch nicht gefragt.

nommen werden. „Typische Erzieher" können seiner Meinung nach zumindest beim Thema Attraktivität nicht mit ihm mithalten.

Neben den Erziehern, die so deutlich die Unterschiede zwischen Männern und Frauen und eine starke Abgrenzung von Homosexualität hervorheben, gibt es auch drei Männer, für die die Darstellung der Männlichkeit weniger Bedeutung zu haben scheint und die entsprechend kaum Unterschiede zwischen Männern und Frauen formulieren. Michael Becker, Daniel Albers und Herbert Meier gehen davon aus, dass die Gemeinsamkeiten zwischen Männern und Frauen überwiegen und andere Unterschiede bedeutender sind. Michael Becker legt großen Wert darauf, dies darzustellen:

> „Ich denke auch, dass wir die Arbeit so aufgeteilt haben intern, dafür hab ich auch gesorgt, dass wirklich wie gesagt, wenn ich jetzt hier nicht sitzen würde, dann hätte ich auch die Windeln gewechselt und ja, also dass da jetzt gar nicht von vornherein Mann-Frau-Aufgaben aufkommen, sondern und hier, ich bin eher der, der noch Dreck in der Küche wegmacht, als die beiden Kolleginnen, die sehen da eher mal drüber hinweg" (Th_M 57).

Michael Becker zeigt, dass er sich bemüht, keine geschlechtsspezifischen Unterscheidungen zwischen sich und seinen Kolleginnen zu machen. Dass er dennoch auf das Thema eingeht, soll zeigen, dass dies eine bewusste Entscheidung seinerseits ist. Ähnliche Äußerungen finden sich auch bei Herbert Meier und Daniel Albers. Die Männlichkeitskonstruktion dieser Männer erfolgt also nicht über die Abgrenzung von Weiblichkeit, sondern über andere Themen. Daniel Albers grenzt sich vor allem von den „Altkräften" ab:

> „Also das Haus hat irgendwie so eine Geschichte, die noch so ein paar Altkräfte mit sich rumtragen, dass halt wirklich hier mal eine Chefin war, die ziemlich schlecht war und auch so die Abteilungen gegeneinander ausgespielt hat und irgendwie hat es sich immer noch ein bisschen gehalten, dass die Abteilungen alle so für sich arbeiten und auch wenn jetzt neue Leute drin sind und wir viel gemacht haben irgendwie fürs Team, irgendwie kommt das immer wieder. Es gibt Momente, da läuft alles super und alle verstehen sich und dann sobald es bisschen stressig wird und so, fangen alle an, wieder für sich selbst hinzuarbeiten. Ja und dann gibt es halt Leute, die arbeiten sich halt halbtot hier und dann gibt es Leute, die sind ein bisschen entspannter und das frustriert dann halt wieder andere so" (He_MB 108).

Daniel Albers möchte als moderner und professioneller Erzieher wahrgenommen werden. Dabei ist ihm wichtig, sich selber als zuverlässig und teamorientiert darzustellen und sich von den Kolleginnen abzugrenzen, die diesem Ideal nicht entsprechen. Immer wieder stellt er im Interview seine Arbeitsüberlastung dar, die auch zu einer Anerkennung seiner Leistung führen soll.

Michael Becker grenzt sich vor allem von den Kindern ab und stellt sich so als erwachsene Person mit eigenen Bedürfnissen und Ansprüchen dar (vgl. Einzelfalldarstellung). Seine Vorstellung vom Erzieherberuf ist davon viel stärker geprägt als von seinem Geschlecht. Findet er in seiner Darstellung doch einmal Unterschiede zwischen sich und seinen Kolleginnen, betrachtet er diese vor allem als individuelle

Unterschiede (Geruch, Hautgefühl, Stimmlage), nicht als verallgemeinerbar und auf das Geschlecht zurückzuführen.

Herbert Meier beschreibt zwar Unterschiede in der Arbeitsteilung zwischen sich und den Kolleginnen, diese sind aber nicht mit seinem Geschlecht in Verbindung zu bringen. Er präsentiert eine Form von Männlichkeit, die ohne stereotype Männlichkeitsmuster auskommt und versteht sich in erster Linie als einfühlsamer und geduldiger Erzieher, der die Bedürfnisse der Kinder in den Mittelpunkt stellt. Damit fällt er, wie bereits mehrfach beschrieben, auch unter diesem Aspekt aus der Typisierung heraus. Er kann weder der einen noch der anderen Gruppe tendenziell zugeordnet werden.

8.2.2   ‚Das Vorbild' – ‚doing masculinity' als Vorbild

Eine Besonderheit am Erzieherberuf ist die Vorbildfunktion. Erzieher und Erzieherinnen reproduzieren das bestehende Geschlechterverhältnis nicht nur wie jeder andere Mensch, sondern sie haben durch ihren Beruf großen Einfluss auf die Kinder, die sie erziehen und betreuen. In Anlehnung an Pierre Bourdieu lässt sich die Vorbildfunktion als eine vergeschlechtlichte und eine vergeschlechtlichende Vorbildfunktion verstehen. Vergeschlechtlicht, weil die Erzieher selbst einen bestimmten (und gesellschaftlich unterschiedlich geprägten) Habitus inkorporiert haben. Vergeschlechtlichend ist die Vorbildfunktion deshalb, weil die Männer auf die Geschlechterbilder der Kinder und damit der zukünftigen Gesellschaft einwirken und unterschiedliche Muster von Männlichkeit weitergeben.

Im Expertenwissen zeigten sich zahlreiche Anforderungen an männliche Vorbilder, die hier noch einmal wiederholt werden sollen. Die Erzieher werden als Vorbilder angesehen für:

• Jungen, damit diese sich an der Entwicklung der eigenen Männlichkeit an ihnen orientieren können,

• für Mädchen, damit diese lernen, mit Männern umzugehen, besonders dann, wenn sie mit abwesenden/ohne Väter/-n aufwachsen,

• für alle Kinder, weil sie an ihnen ‚Männlichkeit' und ‚Weiblichkeit' entwickeln können.

• für Männlichkeiten, weil Kinder lernen, dass es verschiedene Formen von Männlichkeit gibt.

Aus dieser Vielzahl der Anforderungen war in der Auswertung des Expertenwissens auf ambivalente Anforderungen an Männer im Erzieherberuf hingewiesen worden (vgl. Kap. 6.2). In diesem Teilkapitel soll untersucht werden, wie die Erzieher die Darstellung ihrer Vorbildfunktion zur Darstellung von Männlichkeit nutzen.

Gemeinsam ist allen Erziehern, dass sie davon ausgehen, dass die Kinder sie nachahmen und sich an ihnen orientieren. Die Männer unterscheiden sich allerdings darin, welche Bedeutung sie der Vorbildfunktion zuschreiben. Im folgenden Beispiel beschreibt Daniel Albers, wie er sich als Vorbild versteht:

> „Naja, Kinder lernen ja immer am Modell, also was sie sehen, das übernehmen sie auch und dass wir halt immer probieren, was weiß ich, dass man hier Konflikte ordentlich löst oder auch dass wir Erwachsenen untereinander miteinander ordentlich reden, dass man mit den Kindern ordentlich redet und so, dass man halt keine körperlichen Aggression irgendwie hat, einfach probiert, dadurch so ein Vorbild für friedliches Miteinander zu sein. Und gleichzeitig immer so neugierig ist und offen ist für Sachen und selber staunen kann und dass man den Kindern auch so ein bisschen Lernfreude noch zeigt. Das finde ich, ist bei vielen Erziehern und Erzieherinnen halt nicht mehr so" (He_MB 207).

Daniel Albers versteht sich vor allem als Vorbild für das Erwachsensein und geht dabei auf ein friedliches Miteinander und eine Kultur, in der Konflikte „ordentlich" gelöst werden, ein. Wieder wird deutlich, dass er sich in seinem Verständnis von seinen Kollegen/Kolleginnen abgrenzt und sich als professionellen Erzieher darstellen möchte. Er denkt jedoch auch darüber nach, ob er für Jungen eine besondere Bedeutung hat:

> „... hab ich auch schon drüber nachgedacht. Weiß ich nicht. Kann ich nicht sagen. Ich sag mal, vielleicht ist es für Jungs manchmal ganz gut, einen anderen Jungen zu haben, oder jemand, der sie vielleicht eher versteht vielleicht auch, so ein paar Jungsthemen einfach mehr nachvollziehen kann, als die älteren Frauen" (He_MB 209).

Daniel Albers versteht sich neben dem ‚allgemeinen' Vorbild als Ansprechpartner für die Jungen, die seiner Meinung nach gerade bei den älteren Frauen mit ihren Themen nicht auf Verständnis stoßen. Damit bezieht er sich jedoch vermutlich auf Erzieher, die mit älteren Kindern arbeiten, denn in der Krippe, in der er arbeitet, stellt er solche Differenzen nicht fest.

Johannes Müller stellt die geschlechtsspezifische Bedeutung seiner Vorbildfunktion anders dar:

> „Einige Familien haben gar keine Väter. Ja, da sind, also sagen wir mal, da kann es auch ein Kommen und Gehen sein von Vätern oder das ist die alleinerziehende Mama. So die Alleinerziehende … Der Junge oder das Mädchen braucht auch den Mann als Vorbildfunktion, dass es beide Seiten kennenlernt. Das kann im Familienkreis natürlich der Opa übernehmen, wenn der Opa vor Ort ist natürlich. Wenn der Opa jetzt 300 km weit weg ist, dann wird er das nicht haben" (Lu_M 78).

Johannes Müller begreift seine Vorbildfunktion vor allem vor dem Hintergrund, dass er ein Mann ist. Er ist Vorbild für Männlichkeit, und zwar für seine Form von Männlichkeit, die sich an hegemonialer Männlichkeit orientiert und sich von Weiblichkeit abgrenzt. Die geschlechtsspezifische Bedeutung zeigt sich auch darin, dass für ihn die Unterscheidung zwischen der Vorbildfunktion, die er für Jungen einnimmt, von der für Mädchen unterscheidet:

> „Da gibt es die zwei Unterschiede, wie gesagt, für Jungs zum balgen auch, aber auch den Strengen, aber auch die liebevolle Art, dass ich auch wie eine Frau reagieren kann, dass ich sag, hock dich mal auf meinen Schoß, weil das Männer nicht so oft machen, dass sie Jungen auf den

> Schoß hocken oder dann über den Schmerz reden, den Indianerschmerz, ich komm halt auf das Beispiel zurück, weil das wirklich ein gutes Beispiel immer ist und man kann es sich auch leicht vorstellen. (…) Und für die Mädchen natürlich, dass sie wissen, dass ich auch als Mann Gefühle zeigen kann, ja. Dass sie auch dahin gehen können zum Papa, dass sie da eine andere Vorbild- funktion, ein anderes Menschenbild prägen können, ja" (Lu_M 82).

Johannes Müller unterscheidet zwischen Jungen und Mädchen, Männern und Frau- en sehr deutlich. Er möchte den Jungen mitgeben, dass auch Männer Nähe zulassen und über Gefühle reden. In diesem Verständnis der Vorbildfunktion zeigt sich, dass Johannes Müller sich nicht ausschließlich an hegemonialen Männlichkeitsmustern orientiert. Es zeigen sich Tendenzen, im Berufsleben alternative Männlichkeitsfor- men zu integrieren und sie an die Kinder weiterzugeben. Seine Vorstellung einer Geschlechterunterscheidung geht nicht einher mit einer Abwertung weiblich kon- notierter Eigenschaften. Die Aussage „dass ich auch wie eine Frau reagieren kann" zeigt, dass Männlichkeit für ihn zwar im Gegensatz zu Weiblichkeit verstanden wird, dass es für ihn aber kein Problem darstellt, für einen kurzen Moment auch die andere Seite einzunehmen. Es wurde bereits angesprochen, dass Johannes Müller dies vor allem als eine väterliche Position versteht, in der er Zuneigung und ‚männ- liche' Autorität verknüpft.

Michael Becker teilt mit den anderen Erziehern die Vorstellung, dass die Vor- bildfunktion zu seinem Beruf dazugehört. Er sagt:

> „Jeder (…) der mit Kindern arbeitet, ist ein Vorbild. Wenn du hier reinkommst und nur einen Tag da bist, dann bist du auch schon ein kurzes Vorbild sozusagen, weil Kinder sich immer an was orientieren, was eben schon weiter ist als sie und das sind die kleineren Kinder, also die größeren Kinder für die kleineren Kinder und natürlich die Erwachsenen für die Kinder und das, und die Rolle nehm ich auch sehr ernst. Also natürlich muss man schon schauen, dass man das, was man von den Kindern erwartet, auch einigermaßen selber auf die Reihe kriegt. Und deswegen bin ich auf jeden Fall ein Vorbild, ja" (Th_M 64)

Die Vorbildfunktion ist für ihn wesentlicher Bestandteil der Arbeit im Kindergar- ten. Er leitet daraus ab, dass er sich darüber bewusst sein sollte, wie er sich verhält und was er den Kindern vorlebt, damit sie sich an ihm orientieren können. Da sich Michael Becker viel mit der Bedeutung von Geschlecht auseinandergesetzt hat, ist ihm die Funktion, Vorbild für Männlichkeit zu sein, sehr bewusst. Anders als bei Johannes Müller, der die Erzählung über die Vorbildfunktion nutzt, um seine eigene Männlichkeit darzustellen, heißt dies aber für Michael Becker, reflektiert mit männ- lichen und weiblichen Stereotypen umzugehen:

> „Ja, also das Gleiche ist auch, was ja eben auch so ein bisschen ein Thema von mir ist, Ge- schlechterrollen, auch da versuch ich bei den, also bin ich a) selber ein ganz gutes Vorbild oder Beispiel, weil die Kinder bei mir eben sehen, dass all das, was eben sonst eher typischerweise eher die Mütter machen oder die Mitarbeiterinnen machen, eben genauso gut Männer machen können und das Pflaster geben, Windeln wechseln, Tische putzen und so weiter ist also, also ich bin eher auch die pingeligere Haushaltskomponente als meine Kolleginnen und so dass ich das selbstverständlich von drei Jahre an sehen, dass das ganz selbstverständlich auch ein Mann ma-

chen kann. (...) Und das ist auch ein wichtiges pädagogisches Ziel von mir, dass man da drauf achtet" (Th_B 75).

Michael Becker versteht sich als ein Vorbild für die von ihm gelebte alternative Männlichkeit. Er möchte den Kindern vorleben, dass die traditionelle Aufgabenteilung zwischen Männern und Frauen nicht unveränderbar ist. Er geht davon aus, dass viele Kinder bei ihren Eltern eine stereotype Aufteilung erleben und er diese durch das Vorleben von Alternativen verändern kann.

Die Beispiele zeigen, dass sich auch in der Vorbildfunktion zwei unterschiedliche Ausprägungen finden lassen und diese mit der Zuordnung zu den Männlichkeitstypen in Übereinstimmung gebracht werden können. Während Männer des komplizenhaften Typus ihre Vorbildfunktion so verstehen, dass die Jungen – mit Ausnahmen – lernen sollen, wie Männer im Sinne einer hegemonialen Männlichkeit handeln, geht es Vertretern des alternativen Männlichkeitstypus darum, ihre alternative Vorstellung von Männlichkeit an die Kinder weiterzugeben.

Allerdings zeigt sich auch, dass die Linie nicht immer trennscharf zu ziehen ist. Johannes Müller als Vertreter der komplizenhaften Männlichkeit und Daniel Albers als Vertreter der alternativen Männlichkeit gehen beide davon aus, speziell ein Vorbild für Jungen zu sein.

Unterschiede zwischen den Vertretern der beiden Männlichkeitstypen finden sich vor allem darin, welche Geschlechtsdarstellung sie daraus ableiten, wie sie also zum ‚doing masculinity' beitragen: Während sich Johannes Müller als starker, körperlich fitter und gleichzeitig emotionaler Mann darstellt, präsentiert sich Michael Becker als hauswirtschaftlich engagiert und reflektiert im Umgang mit dem Geschlechterverhältnis. Männlichkeit wird von beiden Typen als Begründung für die eigene Vorbildfunktion verstanden, jedoch unterschiedlich interpretiert, da sie entweder eine alternative oder eine an hegemonialen Mustern orientierte Männlichkeit vorleben und weitergeben möchten.

8.2.3   ‚Der Mächtige'– ‚doing masculinity' durch Leitungsfunktionen

Ein klassisches Element des ‚doing masculinity' ist die Ausübung von Macht über andere – dies wurde bereits gezeigt. Für Kindergärten wurde in einer Studie des Bundesfamilienministeriums formuliert: „Während die Mehrheit der Erzieherinnen in der Kita verbleiben möchte, strebt die Mehrheit der männlichen Erzieher eine Leitungsposition oder ein weitergehendes Studium an" (BMFSFJ 2010b, S. 40). Damit würden sie der Annahme des „glasen escalator" entsprechen, das in der Auseinandersetzung mit Männern in fürsorglichen Berufen angesprochen wurde (vgl. Kap. 3). Im Folgenden soll untersucht werden, wie die befragten Erzieher im Interview über die Thematik der Leitung Männlichkeit darstellen. Martin König, Michael Becker und Johannes Müller sind Leiter der Einrichtungen, in denen sie

arbeiten. Alexander Schmidt hat bereits Erfahrungen in (stellvertretenden) Leitungspositionen gesammelt, sich aber entschieden, diesen Weg nicht zu gehen. Es
werden daher im Folgenden nur die drei aktuellen Leiter untersucht.
Martin König und Johannes Müller haben im Interview ausführlich über ihre
Leitungsfunktion berichtet. Beide Erzieher haben sich als Vertreter des komplizenhaften Männlichkeitstypus bisher so dargestellt, dass ihre Berufswahl in ihrer Erzählung einer besonderen Legitimierung bedarf. Die Leitungsfunktion bietet sich als
Legitimierungsmöglichkeit an. Beide haben sich sehr früh für eine Leitungsposition
entschieden, Johannes Müller ist bereits während der Ausbildung Leiter einer kleinen Gruppe gewesen. Er berichtet:

> „Bei den Kolleginnen insgesamt musste man sich dann auch schon öfters durchsetzen, weil
> damals war ich Praktikant, hab dann den Status praktisch zum Erzieher erworben in dem Jahr,
> aber man musste ja sagen, dann hat es geheißen, du bist ja nur Praktikant, dann bin ich schon
> mal aus der Haut gefahren und hab gesagt, du das diskutieren wir jetzt, ja, vielleicht hast du 20
> Jahre Erfahrung oder von mir aus zehn Jahre Erfahrung, aber ich will, dass du mich voll ernst
> nimmst als Kollegen, ja. Ich nehm dich auch ernst, ja?' (…). Also es gab schon auch da Gesprä-
> che zwischen Kinderpflegerin und mir, auch deftige Gespräche, wo ich mir halt den Schneid
> nicht abkaufen lassen darf, ja. Hat man als Mann wieder leichter, vielleicht, dass man wirklich
> als Person, also groß, stark oder einfach groß dasteht und dann die Frau eher was kleines, zierli-
> ches, kann sein, muss nicht in jedem Kindergarten klein und zierlich sein und dann einfach sei-
> ne Argumente setzt, ja" (Lu_B 66).

Es wird deutlich, dass seine besondere Position, mit Anfang zwanzig und noch
während der Ausbildung bereits eine Gruppe zu leiten, nicht nur auf positive Reaktionen stieß. Johannes Müller stellt sich als jemand dar, der mit solchen Situationen
umgeht, sie ausdiskutiert, aber auch darauf besteht, dass seine formale Position
höher bewertet wird als seine – zu diesem Zeitpunkt – kaum vorhandene Berufserfahrung. Er erläutert, dass es für ihn einfacher ist, sich durchzusetzen, weil er ein
Mann ist, denn dies heißt, um in seinem Bild zu bleiben: groß und stark zu sein,
bereit zu sein, sich auf Diskussionen einzulassen und Konflikte auszutragen. Damit
stellt er sich den Kolleginnen als überlegen dar. Er nutzt die Beschreibung dieser
Situation, um sich als ‚männlicher' Mann in einem hegemonialen Sinne zu präsentieren. Männlichkeit ist für ihn mit einer besonderen Körperlichkeit verbunden, die
ihn im Konflikt mit einer Frau dominant werden lässt. Johannes Müller berichtet
weiterhin, dass er nach der Ausbildung nicht in der Einrichtung bleiben konnte und
sich entschied, in eine Einrichtung zu wechseln, in der er schnell stellvertretender
Leiter und schließlich Leiter werden konnte. Er begründet diese Entscheidung mit
zwei Aspekten:

> „Man will dem Kindergarten auch was mitgeben, deswegen hab ich eigentlich auch schon meh-
> rere Kindergärten hinter mir, wo ich immer so einen Touch mitgeb, wo ich selber mich weiter-
> entwickeln möchte, weil einfach diesen Stil weitergeben, situationsorientierter Ansatz (…)"
> (Lu_B 68).

Johannes Müller macht deutlich, dass es ihm auch um Macht geht, er möchte bestimmen, wie in seiner Einrichtung gearbeitet wird und seine Vorstellung von guter Pädagogik weitergeben. Als zweiten Grund nennt er die finanzielle Situation. Da er sich vorstellen kann, eine Familie zu gründen, möchte er mehr verdienen, denn seine ideale Vorstellung ist, dass seine Frau in der Familie zu Hause bleiben kann.[189] Beide Darstellungen dienen auch zur Darstellung von Männlichkeit. Ähnlich gilt dies auch für Martin König, der bereits während seiner Umschulung zwei Kinder hatte. Auch er begründet sein Bestreben, schnell eine Leitungsfunktion zu übernehmen, mit der finanziellen Situation. Er hat daher ziemlich schnell nach der Ausbildung eine Stelle als stellvertretender Leiter bekommen. Dazu sagt er:

> „Das war relativ viel Verantwortung auch dann, was man hatte, wo man reingewachsen ist. Und da hab ich dann auch mitgekriegt, dass es nicht nur die Erziehung am Kind ist, sondern auch viel Schreibarbeit und Büroarbeit und Verwaltungsarbeit ist, die immer mehr zunimmt auch. (…) Und da hat sich das Bild ein bisschen gewandelt auch, weil man ja dann extra Freistellungsstunden kriegt, wo man dann die Verwaltungsarbeit machen kann und ich dann eigentlich schon gemerkt hab, ich bin eigentlich lieber am Kind wie im Büro. Ist hier auch ähnlich aber dadurch, dass es hier ein kleineres Haus ist, ist es auch schneller abgearbeitet" (Fa_B 58).

Für Martin König war die finanzielle Seite der ausschlaggebende Grund, eine Leitungsfunktion zu übernehmen. Die zusätzliche Arbeit, die dadurch anfällt, beschreibt er als Belastung und sagt, dass er „lieber am Kind" arbeitet. Damit macht er gleichzeitig deutlich, dass er sich von den Kolleginnen unterscheidet, die „nur am Kind" arbeiten. Ihm ist die Anerkennung durch die Kinder wichtiger als die Büroarbeit. Martin König war vor seiner Umschulung in einer Stadtverwaltung tätig. Von dort aus hatte er sich bewusst für eine Tätigkeit entschieden, in der er mehr mit Menschen zu tun hat, die Ablehnung der Verwaltungstätigkeiten kann mit dieser Erfahrung zusammenhängen.

Michael Becker sieht die zusätzlichen Aufgaben als Leiter einer Elterninitiative sehr viel positiver:

> „Es ist ja kein Zufall, dass jetzt in vielen (…) Einrichtungen Männer eben jetzt als Leitung arbeiten und gar nicht mit den Kindern arbeiten, weil sie das wohl auch anstreben und weil das halt besser zu ihrem Profil passt, oder wie auch immer. Aber mir geht's da konkret auch um die Aufgaben, also ich würde mir halt jetzt nur in Anführungszeichen mit der Kinderarbeit einfach ein bissel unterfordert vorkommen und mir ist einfach wichtig, dass ich eben auch Aufgaben hab, die darüber hinaus gehen, wie mit der Elternarbeit, wie mit der Organisation hier, wie mit ja, Einrichtung des Arbeitsplatzes usw." (Th_M 59).

Michael Becker ist daran interessiert, in seiner Einrichtung gestaltend mitzuarbeiten und andere Aufgaben zu übernehmen, und nicht ‚nur' mit den Kindern zu arbeiten. Diese Aussage kann vor dem Hintergrund der Auseinandersetzung mit Erwerbsarbeit und Männlichkeit als ein hegemoniales Bild von Männlichkeit interpretiert werden. Michael Becker geht davon aus, dass er sich damit von anderen Männern in

---

189 Zur Auseinandersetzung mit Männlichkeit und Verdienst vgl. das folgende Kapitel.

Leitungsfunktionen unterscheidet, die seiner Einschätzung nach gerne weniger mit den Kindern arbeiten wollen und deshalb eine Leitungsposition anstreben. Michael Becker stellt damit seine alternative Männlichkeit im Kontrast zur komplizenhaften Männlichkeit dar. Er möchte sich, dies wurde bereits mehrfach gezeigt, nicht in erster Linie von Frauen abgrenzen, sondern von anderen Männern, die andere Männlichkeitsformen leben.

Der Führungsanspruch der drei Erzieher mit Leitungsfunktionen ist übereinstimmend als ein Wunsch nach Gestaltung der Einrichtung und des eigenen Arbeitsraumes zu verstehen. Die Typenzuordnungen sind an dieser Stelle nicht trennscharf, eine Grenze scheint eher zwischen den Erziehern zu verlaufen, die eine Führungsposition haben und denen, die sie nicht haben (wollen). Am ehesten unterscheiden sich die drei Einrichtungsleiter in der Begründung, einen besseren finanziellen Status erreichen zu wollen, wie das folgende Teilkapitel zeigen wird.

8.2.4   ‚Der Unterschätzte' – Bezahlung und Männlichkeit

Bereits in der Feldbeschreibung und in den Expert/inneninterviews wurde auf die Bezahlung im Erzieherberuf eingegangen. Verglichen mit der Ausbildungsdauer ist die Bezahlung in den ersten Berufsjahren sehr gering und lässt sich nur durch die Übernahme von Leitungspositionen steigern. Die Bezahlung ist für die interviewten Erzieher ein wichtiges Thema und wird in fast allen Interviews angesprochen.

Die Bezahlung ist bei keinem der befragten Männer ausschlaggebend für die Berufswahl gewesen, aber sie hat sie auch nicht davon abgehalten, den Erzieherberuf zu erlernen. Besonders den Männern, die in Umschulungen oder nach anderen Arbeitserfahrungen den Erzieherberuf ergriffen haben, war bewusst, dass sie sich auf ein Arbeitsfeld einlassen, in dem die Bezahlung eher gering ist. Allerdings hätten die meisten von ihnen in ihren ‚Ursprungsberufen' auch nicht wesentlich mehr verdient. Zum Vergleich: Das Mindestgehalt für einen Maler und Lackierer beträgt etwa 2.100 Euro, die Vergütung bewegt sich also auf einem ähnlichen (niedrigen) Niveau wie die für Erzieher/-innen. Die Ausbildung ist allerdings vergütet und dauert nur zwei bis drei statt fünf Jahre (vgl. ebd., S. 13). Beide Einkommen sind damit in deutschen Großstädten kaum ausreichend, um Miete und Lebenshaltungskosten u. U. für eine Familie zu decken.

Im Folgenden soll das Thema ‚geringe Bezahlung' und ‚mangelnde Anerkennung' als Teil der Geschlechtsdarstellung interpretiert werden, da sich Anerkennung von beruflicher Arbeit immer auch in der Bezahlung widerspiegelt und damit ein Thema für Männlichkeit sein könnte. Thorsten Bauer sagt:

> „Aber ich kann verstehen, wenn Männer das nicht so gerne lernen wollen, weil man wirklich nicht allzu viel verdient in diesem Beruf. Also der Verdienst könnte schon auch mehr sein" (Gu_M 165). … „Wenn er [ein am Beruf interessierter Mann] sagt, er würde gerne eine Familie

gründen und dann ernähren wollen, dann kommt er mit dem Gehalt nicht aus. Das muss man einfach dazu wissen" (Gu_M 230).

Er spricht damit explizit an, dass Männer diesen Beruf nicht wählen, weil die Bezahlung zu gering ist. Er geht nicht darauf ein, dass Frauen in diesem Beruf gleich viel bzw. wenig verdienen, er somit verstehen würde, wenn auch Frauen den Beruf nicht wählen würden. Er begründet seine Aussage mit dem Ideal, als Mann eine Familie ernähren zu können. Auch wenn Thorsten Bauer selbst keine Familie zu ernähren hat, bezieht er sich auf das hegemoniale Bild des männlichen Alleinverdieners. Er macht klar, dass diese Position durch die Entscheidung, Erzieher zu werden, gefährdet ist und kann Männer verstehen, die deswegen den Beruf nicht wählen. Diese Meinung teilen auch Max Schulze, Martin König, Herbert Meier und Johannes Müller, der sagt:

„Es ist eigentlich kein Beruf, wo jetzt ein Erzieher eine Familie ernähren kann, sag ich ganz klar. Da müssen wirklich beide arbeiten, also Mann und Frau. Es ist jetzt kein Job, wo man sagen kann, naja, nee die Frau kann zuhause bleiben und der Mann arbeitet, ja, geht nicht, geht nicht [Seufzen]" (Lu_B 68).

Auch Johannes Müller hat bisher keine Kinder, kann sich aber in naher Zukunft vorstellen, welche zu haben. Er sagt, dass man mit dem Gehalt als Erzieher kein Alleinverdiener werden kann, sondern dass „Mann und Frau" arbeiten müssen. Diese Perspektive ist ihm bewusst und er bedauert dies.

Hinter diesen Aussagen steht eine bestimmte Familien- und Männlichkeitskonstruktion, die den Mann als Ernährer sieht, der für das finanzielle Auskommen der gesamten Familie zuständig ist. Die Erzieher, die so über das Einkommen sprechen, sind alle dem Typus der komplizenhaften Männlichkeit zugeordnet worden, die Einstellung findet sich in diesen Aussagen wieder. Ihre am hegemonialen Männlichkeitsideal orientierte Männlichkeit wird bedroht, wenn die Männer feststellen, dass sie von ihrer Arbeit keine Familie ernähren könnten.[190] Entsprechend müssen sie auf diese Ungerechtigkeit aufmerksam machen und sprechen das Thema Bezahlung von sich aus an und beziehen es ausdrücklich auf ihre Männlichkeit. „Man kann davon keine Familie ernähren" sagt nicht nur, dass der Erzieherberuf schlecht bezahlt ist, er ist besonders *für einen Mann* als (potenziellen) Vater zu schlecht bezahlt.

Auch für Max Schulze ist die niedrige Bezahlung ein Thema. Er überlegt, den Beruf aufzugeben und eine Ausbildung bei der Polizei zu beginnen, um dort mit auffälligen Kindern oder Jugendlichen zu arbeiten. Als ausschlaggebenden Grund für diese Überlegungen nennt er die schlechte Bezahlung als Kinderpfleger:

„Ich mein, (…) was verdient man als Kinderpfleger, ich krieg hier 1.350 netto, ich mein, wenn ich mir jetzt überleg, wenn ich auch irgendwann mal eine Familie hab oder so, dann wird's ja

---

190 Auffallend ist, dass die meisten befragten Männer gar keine Familie ernähren (müssen), denn nur einer von ihnen hat Kinder. Die Aussage ist also rein hypothetisch zu verstehen, sie verdeutlicht ihre Vorstellung vom Geschlechterverhältnis.

> schon krass, also das geht eigentlich gar nicht. Ich mein, [Stadt XY] ist jetzt auch nicht die bil-
> ligste Stadt. Ja, das ist eigentlich schon so der Hauptgrund" (Be_B 124).

Max Schulze geht davon aus, dass sein Gehalt nicht ausreichen würde, wenn er eine
Familie hätte. Er ist der einzige Kinderpfleger unter den Interviewpartnern, das
heißt, sein Einkommen ist geringer als das der Kollegen und er hat noch weniger
Aufstiegschancen, da er keine Gruppenleitung übernehmen darf. Seine Freundin ist
verbeamtete Lehrerin und er sieht die positiven Seiten eines festen und relativ hohen Einkommens, was ihn dazu motiviert, die Abendschule zu machen und mit der
mittleren Reife eine weitere Ausbildung oder vielleicht das Abitur anzustreben.
Allerdings sagt er auch:

> „Also bei uns, also ich muss ja sagen, bei uns, wir haben so diese umgekehrte Rollenverteilung.
> Meine Freundin, die hat schon gesagt, ‚also, wenn wir mal Kinder haben sollten, dann bleibst du
> zuhause!' Aber nicht, weil ich das gelernt habe, sondern weil sie, ich weiß nicht, sie will lieber
> arbeiten. (…) Also ich hätte da jetzt kein Problem damit" (Be_M 197).

Max Schulze bestätigt hier die bereits angedeutete Vermutung, dass die Zuordnung
zum Typus der komplizenhaften Männlichkeit nicht ganz festgelegt ist. Er ist als
jüngster Interviewpartner möglicherweise noch nicht eindeutig zuzuordnen. Während er sich auf der einen Seite an hegemonialen Männlichkeitsmustern orientiert,
lernt er durch seinen Beruf, auch über Alternativen nachzudenken.

Auf der anderen Seite stehen Erzieher, die beschreiben, dass sie den Beruf sowohl für Männer als auch für Frauen für zu schlecht bezahlt halten. Dazu gehören
Alexander Schmidt, der sich in der Gewerkschaft engagiert, und Michael Becker,
der sagt:

> „Also ich hab bis vor vier Jahren hier noch für einen Hungerlohn gearbeitet und die Sachen, die
> ich mir hier erkämpft hab oder so, das war für mich, denke ich, genauso hart wie für jeden an-
> deren oder für jede andere, in dem Fall dann, also das war alles sehr, sehr mühselig. Betriebsren-
> te usw. eineinhalb Jahre hingedingst bis, also nicht nur für mich, sondern auch für die Kolleginn-
> nen (…) weil die Strukturen einfach so sind, dass die Frauen bezahlt sind und also auch einfach
> insgesamt schlecht (…)" (Th_M 73).

Nach Michael Beckers Einschätzung hängt die schlechte Bezahlung mit den Strukturen zusammen. Er geht davon aus, dass die Bezahlung in seinem Beruf deshalb so
schlecht ist, weil in sogenannten ‚Frauenberufen' die Bezahlung eine untergeordnete
Rolle spielt. Ausdrücklich bezieht er die Kolleginnen mit ein und unterscheidet sich
dadurch von den Erziehern, die das Gehalt nur für einen (potenziellen) männlichen
Familienernährer für zu niedrig halten.

Herbert Meier ist vor allem verärgert über die schlechte Anerkennung des Berufes:

> „Ich hab viele Jahre auch die Erfahrung gemacht, dass gerade in unserem Land unser Beruf im
> Kindergarten nicht so ganz ernst genommen wird. Also weil immer so getan wird, dass Erzieher
> hätten ja nichts oder so gut wie gar nichts zu tun und es haben auch viele Eltern so bekannt, die
> mal so geblieben sind, dass unser Alltag eigentlich ganz anders verläuft, als sie sich das vorge-

stellt haben, dass es nicht der bequeme Beruf ist. Und (…) das ist ein Punkt, wo ich mich oft diskriminiert fühlte und so, wenn Leute so erzählt haben, das ist doch ein bequemer Job und so. Da wurde ich dann auch oft, das ist jetzt nichts geschlechtsspezifisches, egal ob Mann oder Frau, da hab ich auch oft sarkastisch reagiert, weil ich mich da diskriminiert fühlte. Also wenn der Beruf total runtergemacht wird. Also ich erlebe, habe den Alltag oft erlebt, ohne Springer, mit krankheitsanfälligem Personal, viele Kinder, man konnte viele geplante Sachen nicht machen und dann noch so herablassende Bemerkungen" (Sc_M 114).

Herbert Meier formuliert seinen Ärger über die mangelnde Anerkennung eher geschlechtsneutral. Dennoch trifft ihn die schlechte Anerkennung möglicherweise besonders hart, weil es in einer Gesellschaft, die sich an hegemonialen Männlichkeitsbildern orientiert, besonders auffällt, als Mann einen so wenig anerkannten Beruf auszuüben. Darauf geht er aber nicht weiter ein. Es zeigt sich zum wiederholten Mal, dass Herbert Meier nicht einem der beiden Typen von Männlichkeit zuzuordnen ist.

Den befragten Erziehern ist gemeinsam, dass das niedrige Gehalt als demotivierend und als nicht gerechtfertigt für die verantwortungsvolle Arbeit, die sie leisten, erlebt wird. Es hat sich jedoch gezeigt, dass Männer in Anlehnung an ihre Männlichkeitskonstruktion die niedrige Bezahlung unterschiedlich bewerten. Vor allem für die Männer des komplizenhaften Männlichkeitstypus stellt die schlechte Bezahlung eine Bedrohung ihrer Vorstellung eines Geschlechterverhältnisses dar. Diejenigen Männer, die dem Typus der alternativen Männlichkeit nahestehen, beziehen die schlechte Bezahlung weniger auf ihre individuelle Situation, sondern auf gesellschaftliche Verhältnisse.

8.2.5   Zusammenfassung

Anhand der Analyse der vier ausgewählten Kategorien ‚Abgrenzung von Weiblichkeit', ‚Vorbild', ‚Macht und Leitung' und ‚Gehalt' wurde gezeigt, wie Erzieher über die Beschreibungen ihrer Beruflichkeit Männlichkeit herstellen. Dabei stellte sich heraus, dass die eigene Männlichkeitskonstruktion eine wichtige Bedeutung dafür hat, wie die Erzieher sich als ‚männliche' Erzieher darstellen. Während es vor allem für die Männer, die dem Typus der komplizenhaften Männlichkeit zugeordnet wurden, wichtig ist, sich von Frauen und weiblich konnotiertem Handeln abzugrenzen, um so ihre Sonderstellung hervorzuheben, legen Männer des alternativen Typus Wert darauf, dass die Unterschiede nicht auf das Geschlecht zurückzuführen sind. Bei ihnen finden sich kaum Hinweise darauf, dass sie ihre Berufswahl dadurch legitimieren müssen, dass sie sich als besonders ‚männlich' darstellen. Sie suchen die Abgrenzung eher über andere Eigenschaften, zum Beispiel, indem sie sich als besonders professionell oder pädagogisch gut ausgebildet darstellen. Auch diese Darstellung kann, im Rückgriff auf die Auseinandersetzung mit Männlichkeit und Erwerbsarbeit (vgl. Kap. 5) als ‚männlich' interpretiert werden, stellt jedoch das Geschlecht weniger in den Mittelpunkt. Es hat sich auch gezeigt, dass die Typen nicht trennscharf sind, sondern, dass manche Erzieher sich zwischen den beiden Ausprägungen hin und her bewegen und je nach Untersuchungskategorie eher in die eine oder eher in die andere Richtung tendieren. Die Typen stellen sich – dies zeigt sich immer deutlicher – als tendenzielle Ausprägungen des Umgangs mit hegemonialer Männlichkeit dar.

8.3   ‚Doing Masculinity' durch körpernahes Handeln

Es soll nun untersucht werden, ob und wie diese Männlichkeitstypen Einfluss auf das körpernahe Handeln der Erzieher haben, abgeleitet werden Überlegungen über den Einfluss des Handelns auf die Hexis der Erzieher. Im Unterschied zu den vorhergegangenen Teilkapiteln werden die Männlichkeitstypen nun zum Ausgangspunkt der Untersuchung.

Für viele Kinder sind die Erzieher/-innen über weite Strecken des Tages Hauptbezugspersonen. Die Kinder fordern von den Erziehern/Erzieherinnen Nähe und Zuwendung und haben viele Grundbedürfnisse, die nur durch körpernahe Tätigkeiten erfüllt werden können. Körpernahe Arbeit ist damit ein wesentliches Element der Arbeit von Erziehern/Erzieherinnen. Für die folgende Auswertung wurden die körpernahen Handlungen ‚Nähe und Zärtlichkeit geben', ‚Pflegen und Versorgen', und ‚Trösten' herausgefiltert. Diese drei Kategorien wurden bereits in den Expert/inneninterviews angesprochen und haben sich in den vorangegangen Analyseschritten als zentral für die Arbeit im Erzieherberuf herauskristallisiert. Dabei sind vor allem ‚Nähe und Zärtlichkeit geben' und ‚Versorgen und Pflegen' weiblich konnotiert und könnten vor allem für Männer des komplizenhaften Typus problematisch sein. Als eine ganz konkrete Tätigkeit wurde darüberhinaus das Trösten herausgegriffen. Trösten ist sowohl mit Worten als auch mit körpernahem Handeln möglich, kann also mehr oder weniger ‚weiblich' konnotiert sein.

Grundlage für die Auswertung des körpernahen Handelns sind zum einen die Interviews, in denen es im zweiten Teil darum ging, bestimmte (teilweise beobachtete) Situationen noch einmal nachzuerzählen bzw. die Erzieher an Beispielen erzählen zu lassen, wie sie sich in dieser Situation verhalten. Zum anderen werden die Beobachtungsprotokolle in die Auswertung einbezogen, die ein besonderes Augenmerk auf die körperliche Nähe legen.[191] Zusätzlich sollen auch mögliche mimeti-

---

191 In allen Einrichtungen war deutlich, dass die Erzieher mit zahlreichen Aufgaben so beschäftigt sind, dass es nur selten zu ruhigen Phasen kam, in denen eine geplante Aktivität über einen längeren Zeitraum ablaufen konnte. Wenn es solche Phasen gab, so waren diese meist sehr kurz (max. 30 Minuten). In keiner Einrichtung konnte zum Beispiel eine Vorlese-Szene beobachtet werden, was ursprünglich geplant war. Es ist nicht klar, ob es diese Situationen in den Einrichtungen nur selten gibt

sche Prozesse (vgl. Kap. 4.1.5) in die Interpretation einbezogen werden. Da die Beobachtungen jedoch keinen Veränderungsprozess darstellen können – dazu müssten sie viel länger dauern – geht es dabei vor allem um erzählte Veränderungen.

8.3.1   Zärtlichkeit und Nähe

Zunächst soll untersucht werden, wie die verschiedenen Männlichkeitstypen mit der Anforderung umgehen, dass die Kinder körperliche Nähe und Zärtlichkeit von den Erziehern einfordern. In den theoretischen Vorüberlegungen wurde dargestellt, dass Männlichkeit sich durch Gewaltbereitschaft und Körperferne konstruieren lässt, beides Eigenschaften, die den Anforderungen des Erzieherberufs diametral entgegenstehen. Im Folgenden werden nun zuerst die Erzieher untersucht, die dem Typus der komplizenhaften Männlichkeit zugeordnet wurden, anschließend die der alternativen Männlichkeit zugeordneten Erzieher.

Johannes Müller hat einen auffallend körpernahen Umgang mit den Kindern. Bereits bei der Begrüßung am Morgen legt er Wert darauf, dass die Kinder zu ihm kommen und ihm die Hand geben. Dabei streichelt er ihnen häufig kurz über den Kopf oder berührt sie am Arm. Er präsentiert sich so selber als offen für Berührungen. Nachdem am Beobachtungstag alle Kinder angekommen sind, lässt sich die folgende Situation beobachten:

> Während des Morgenkreises sitzen alle Kinder, Johannes Müller und ich im Kreis auf dem Boden. Eine Kollegin sitzt auf einem Stuhl in der Runde. Die Kinder werden jedes einzeln singend begrüßt. Es werden Herbstlieder gesungen und der Kalender auf den heutigen Tag eingestellt. Johannes Müller stellt mich den Kindern vor. Zu Beginn ist ein Junge unaufmerksam und lässt sich von allem Möglichen ablenken. Er ist noch sehr klein. Ohne Worte nimmt Johannes Müller ihn auf den Schoß, wo er den Rest des Morgenkreises sitzt, so besondere Aufmerksamkeit bekommt und mit Johannes Müllers Händen spielen und klatschen darf. Das scheint dem Kind gut zu gefallen, es ist bei der Sache. (…) Auch die Kollegin, die während des Morgenkreises auf einem Stuhl zwischen den Kindern sitzt, hat die ganze Zeit ein Mädchen auf dem Schoß (Lu_P 23).

In diesem Protokollausschnitt zeigt sich, dass der Umgang von Johannes Müller mit den Kindern von körperlicher Nähe gekennzeichnet ist.[192] Er integriert sich in ihren Kreis und stellt damit körperliche Nähe her. Im Gegensatz zu seiner Kollegin, die auf einem Stuhl sitzt, verringert er seine Körpergröße, sodass er mit stehenden Kindern auf Augenhöhe ist. Die Tatsache, dass die Interviewerin in den Sitzkreis aufgenommen und vorgestellt wird, ist im Vergleich zu anderen Einrichtungen eine Besonderheit. Das Auf-den-Schoß-Nehmen des kleinen Jungen ist weder als Strafe

---

oder ob sie wegen der Beobachtung nicht zustande kam – etwa weil die Erzieher glaubten, dann gäbe es nichts zu beobachten. Dies sind Fragen, die durch das Material nicht geklärt werden können.
192 Besonders auffällig wird dies erst im Vergleich mit den anderen Erziehern.

noch als Belohnung gedacht, sondern dient der besseren Aufmerksamkeit im Morgenkreis. Berührungsängste oder eine Scheu vor zu viel Nähe sind nicht zu beobachten. Johannes Müller hat seinen eigenen Körper (Hexis) den Anforderungen der Kinder angepasst.

In einer anderen Szene albert Johannes Müller mit einem Mädchen herum, dabei kitzelt und piekt er sie am ganzen Körper (Lu_P 23). Im Interview sagt er:

> „Was wichtig ist auch, viel Geduld, viel Liebe und keine Scheu vor Kontakt ist ganz wichtig, also auch Nähe zulassen, Kontakt, das heißt auch mal ein Kind auf den Schoß nehmen, das brauchen die Kinder in dem Alter, weil wir ja auch Kinder unter drei haben" (Lu_B 80).

Johannes Müller spricht hier von „Liebe" zu den Kindern, zu der auch gehört, körperliche Nähe herzustellen und zuzulassen. Dabei bezieht er sich vor allem auf die unter Dreijährigen, aber das Protokoll zeigt, dass er mit allen Kindern diesen intensiven körperlichen Kontakt sucht. ‚Liebe' ist eine Gefühlsäußerung, die sich sonst vor allem im familiären Kontext findet. Der Begriff deckt sich daher mit seinem ‚väterlichen' Berufsverständnis. Ausdrücklich spricht Johannes Müller auch das Auf-den-Schoß-Nehmen an. In den Expert/inneninterviews und in der theoretischen Auseinandersetzung mit dem ‚Pädophilieverdacht' ist das Auf-den-Schoß-Nehmen immer wieder als ein besonders ‚riskanter' Moment dargestellt worden, weil die Kinder dabei dem Erzieher und seinem Intimbereich sehr nahe kommen. Für Johannes Müller scheint sich dieses Problem nicht zu stellen. Er macht deutlich, dass es um die Bedürfnisse der Kinder geht, nicht darum, dass er gerne Kinder auf den Schoß nimmt. Er sagt „sie brauchen das". Auf die Frage „Wenn jetzt Kinder kuschelig und anhänglich sind, wie ist das für dich?", sagt Johannes Müller:

> „Für mich ist es in erster Linie gar kein Problem, ja. Wobei ich dann schon auch assoziier, aufpassen muss, dass sie nicht zu anhänglich werden, weil ich brauch ja dann spätestens im Vorschulkindalter, (…) wenn die Übergänge kommen, (…) also von Kindergarten in Grundschule, dass das nicht zu, dass die Abnabelung nicht Probleme bereitet. Haben wir z. B. letztes Jahr, (…) da haben wir zwei Mädchen gehabt, die haben sich wirklich sehr schwer getan, die haben wirklich, wo der letzte Kindergartentag war, Rotz und Wasser geheult. (…) Also Nähe zulassen ist schon wichtig, aber man muss sich auch mit der Zeit auch ein bisschen abgrenzen können, also Distanz bewahren" (Lu_M 44).

Johannes Müller sagt spontan, dass anhängliche und kuschelige Kinder kein Problem für ihn darstellen. Er versteht die Frage so, als könnte es problematisch für ihn sein und diese Vermutung möchte er zerstreuen. Das Wahren von Distanz wurde bereits mehrfach als eine Form des ‚doing masculinity' beschrieben. Im Vergleich zu den anderen beobachteten Erziehern ist Johannes Müller jedoch jemand, der sehr wenig Distanz wahrt. Dies könnte als Kontrast zu der Zuordnung zur komplizenhaften Männlichkeit verstanden werden, denn dem Bild der komplizenhaften Männlichkeit entsprechend wäre Männlichkeit eher durch distanziertes Verhalten herzustellen. Bereits mehrfach wurde jedoch Johannes Müllers Berufsverständnis als sehr väterlich interpretiert. Vor diesem patriarchalen Verständnis von Männlichkeit kann er seine Form von Nähe und Zärtlichkeit als eine ‚männliche‘ Art der Zuwendung legitimieren. Sie ist nicht als ‚mütterliche‘ oder ‚verweiblichte‘ oder gar als sexuell aufgeladene Nähe interpretierbar. Als problematisch stellt Johannes Müller zu viel Nähe eher aus Sicht der Kinder dar, wenn sie kurz vor dem Übergang in die Grundschule stehen. Sein Hinweis auf eine ‚Abnabelung‘ kann als ein Prozess verstanden werden, den beide Seiten (Erzieher und Kinder) durchmachen. Die Interpretation als väterliche Nähe erklärt den intuitiven ‚natürlichen‘ Umgang mit den Kindern. Für Johannes Müller scheint diese Position sehr gefestigt zu sein, er zeigt keine Anzeichen von Unsicherheit[193] im Umgang mit körperlicher Nähe.

Eine so gefestigte Männlichkeitskonstruktion haben Max Schulze und Thorsten Bauer (noch) nicht erreicht. Beide wurden ebenfalls dem Typus der komplizenhaften Männlichkeit zugeordnet und berichten, dass sie Nähe eher vermeiden und sie nur, wenn sie sich nicht vermeiden lässt, zulassen, aber nicht aktiv herstellen. Auffallend ist, dass sich die Beschreibungen durch die Erzieher dabei von den Beobachtungen unterscheiden. Max Schulze beschreibt:

> „Ja, also wenn sie zu anhänglich werden, z. B. die J. (…), die ist schon, die hab ich zwar eingewöhnt und die ist total auf mich fixiert gewesen, also da versuchen wir dann schon so eine Grenze, also ich versuch das, weil mir das auch unangenehm ist und dann zu anhänglich werden und nur auf mich fixiert sind, dann versuch ich schon so eine Grenze zu machen, ne, oder ich sag jetzt einfach mal, du gehst jetzt einfach mit der K. (Kollegin) mit und spielst mit der" (Be_M 48).

Max Schulze beschreibt den Umgang mit einem Kind, das er eingewöhnt hat. Er sagt zunächst, dass seine Kollegin und er versuchen, Distanz zu wahren, verbessert sich dann aber und sagt, dass *er* versucht, Distanz zu wahren. Er möchte eine Grenze setzen, damit die Kinder nicht zu anhänglich werden, denn das wäre ihm „unangenehm". Die Beobachtung zeigt jedoch, dass seine Distanziertheit im Umgang mit den Kindern nicht so stark ist, wie er sie im Interview darstellt. Er nimmt die kleineren Kinder selbstverständlich auf den Arm und auf den Schoß, wenn sie Nähe brauchen. Es wird deutlich, dass Max Schulze Nähe und Zärtlichkeit nicht vermeidet, sie jedoch von sich aus relativ wenig herstellt. Ausgehend von der Zuordnung von zum Typus der komplizenhaften Männlichkeit ist diese Wahrung von Distanz für ihn ein Mittel zur Wahrung seiner ‚männlich-distanzierten‘ Position, die er für seine Männlichkeitskonstruktion benötigt. Männlichkeit bedeutet für Max Schulze vor allem ‚Nicht-Weiblichkeit‘:

---

193 Wenn hier und im Folgenden von ‚Unsicherheit‘ die Rede ist, ist dies nicht in einem psychologisierenden Sinne gemeint. Vielmehr geht es darum, dass die Erzieher ihr Handeln als selbstverständlich darstellen und sich keine Ambivalenzen zeigen, etwa in der Auswertung der Beobachtung und der eigenen Darstellung. Später wird sich zeigen, dass andere Erzieher eine größere ‚Unsicherheit‘ aufweisen, zum Beispiel dann, wenn sich Handlung und Darstellung widersprechen. Häufig zeigt sich eine solche ‚Unsicherheit‘ auch im Umgang mit der Interviewerin, etwa, wenn die Erzieher sie nicht begrüßen oder sich wie in einer Prüfungssituation verhalten. Diese Form der ‚Unsicherheit‘ ist jedoch nicht Thema der Untersuchung gewesen.

> „… also ich hab das Gefühl, dass Frauen mehr genießen als, sag ich mal, Männer. Also ich kann jetzt nur von mir aus reden, ich mein, ich drück sie zwar und ich lass sie da und das ist auch schön, aber dann nach ein, zwei Minuten sag ich schon, das ist okay und. Also wenn ich jetzt die U. oder meine andere Kollegin seh, dann geht das schon ein bisschen länger. Also ich versuch mich dann immer gleich ein bisschen davon zu distanzieren" (Be_M 50).

Auffallend ist, dass Max Schulze zwar Nähe zulässt („ich drück sie", „ich lass sie da"), diese aber von sich aus begrenzt. Er beginnt seine Ausführungen damit, dass er sagt, dass Männer anders handeln als Frauen. Anschließend betont er, dass er nur von sich ausgehen kann. Dennoch wird deutlich, dass er sich als Vertreter einer distanzierten Männlichkeit versteht und den Frauen einen anderen Umgang mit Nähe und Zärtlichkeit zuschreibt. Die Darstellung der Distanziertheit ist ihm besonders gegenüber der Interviewerin wichtig. Im Handeln mit den Kindern erhält die Distanzierung weniger Bedeutung und ist weniger stark zu beobachten. Einen solchen Bruch zwischen Interview und Beobachtung kann man in stärkerer Form bei Thorsten Bauer feststellen, der ebenfalls der komplizenhaften Männlichkeit zugeordnet wurde.

Alexander Schmidt ist im Interview die Ablehnung von Nähe und Zärtlichkeit wichtig, auch er beschreibt, dass er eine Grenze ziehen muss. Er sagt:

> „Auch ne Grenze zeigen können. (…) Oder mal neben hinsetzen und ‚hei, heute bist du aber schmusig'. Also ich bin jetzt nicht so, der die Kinder dann so knuddelt, ich bin nicht der (…) Elternteil. Sondern ich versuch schon ne gewisse Grenze zu wahren, aber ich leg' halt dann mal einen Arm auf die Schulter, und hei, alber ein bisschen rum ganz einfach. Aber ich sag auch die Grenze, du pass mal auf, jetzt habe ich gerade keine Zeit zum Kuscheln oder Schmusen, weil ich muss noch dies und jenes machen. Such dir mal ne andere Beschäftigung. (…) Schnapp dir deine Mama heute Abend und pack die ein" (We_M 26).

Wie die anderen Männer dieses Typus auch, spricht Alexander Schmidt davon, dass er sich bemüht, eine Grenze zu ziehen. Dafür nutzt er den Satz „Ich habe gerade keine Zeit", der darauf verweist, dass es für ihn Wichtigeres zu tun gibt, was als eine sehr männliche Form der Distanzierung interpretiert werden kann. Alexander Schmidt greift stattdessen auf legitimierte männlich konnotierte Formen der Berührungen zurück, indem er den Kindern einen Arm auf die Schulter legt. Er macht damit deutlich: „Ich bin nicht deine Mutter" und grenzt sich von ‚Weiblichkeit' oder ‚Mütterlichkeit' ab. Dies unterstreicht er, indem er sagt, „Schnapp dir deine Mama heute Abend und pack die ein".

Die Beispiele zeigen, dass es für Männer, die der komplizenhaften Männlichkeit zugeordnet wurden, wichtig zu sein scheint, sich im Interview als ‚männlich-distanziert' zu präsentieren. Sie greifen dabei auf hegemoniale Männlichkeitsmuster zurück, die in Abgrenzung von Weiblichkeit oder Mütterlichkeit funktionieren. Johannes Müller findet eine Legitimierung darin, sich als väterlich zu präsentieren, was sowohl emotionale und körperliche Nähe möglich macht, sie aber deutlich männlich konnotiert belässt.

Die so entstehende eher distanzierte Haltung den Kindern gegenüber hat Auswirkungen auf die Hexis der Erzieher. Da die Kinder von sich aus die Nähe einfordern, die Erzieher jedoch meinen, Distanz wahren zu müssen, kann man davon ausgehen, dass sich dies im Sinne eines mimetischen Prozesses (vgl. Kap. 4.1.5) auf die Körperlichkeit der Erzieher auswirkt. Während bei Johannes Müller gezeigt werden konnte, dass er selber offen auf die Kinder zugeht und seine Hexis sich den Bedürfnissen der Kinder angepasst hat, ist davon auszugehen, dass die Erzieher, die Distanz wahren wollen, nicht so offen auf die Kinder zugehen, wie sie es vielleicht tun würden, wenn sie keine Angst hätten, dadurch ihre Männlichkeit zu gefährden oder unter Pädophilieverdacht zu geraten. Eine eher distanzierte, weniger zugewandte Form der Körperhaltung wird so Teil ihrer männlichen Hexis – und den Kindern vorgelebt.

Bei den Männern, die dem Typus der alternativen Männlichkeit zugeordnet wurden, stellt sich das Thema Nähe und Zärtlichkeit anders dar. In den Beobachtungen finden sich zum Beispiel die folgenden Szenen:

> Da viele Kinder noch kaum sprechen können, geschieht die Kommunikation fast ausschließlich körperlich. Daniel Albers wird hin und her gezogen, die Kinder kuscheln sich an, hängen an ihm und können nur durch Körpersprache oder Ja-Nein-Fragen auf ihre Bedürfnisse hinweisen (He_P 18).

> Während des ganzen Tages kommen immer wieder einzelne Kinder auf Michael Becker zu und nehmen ihn in den Arm oder wollen von ihm in den Arm genommen werden. Er kuschelt mit den Kindern, streichelt sie, geht auf ihre Augenhöhe und ist sehr zärtlich im Umgang mit den Kindern (Th_P 30).

> Zwischen dem Erzieher und den Kindern gibt es ständig Berührungen, die Kinder nehmen ihn in den Arm, hängen sich an ihn, wollen kuscheln. Christian Jahn geht ganz selbstverständlich damit um. Viele Kinder kommen vielleicht deshalb an, weil sie ihn so lange nicht gesehen haben, denn er hatte die letzten Wochen Urlaub (Sp_P 4).

Die Beispiele machen deutlich, dass die körperliche Nähe für diese Erzieher zum Alltag zu gehören scheint und von ihnen aktiv hergestellt wird. Die Kinder wollen und dürfen mit den Erziehern kuscheln, wenn sie das Bedürfnis haben. Dies deuten die Erzieher durch ihre eigene Körperhaltung an. Vor allem die Darstellungen, mit denen diese Erzieher ihren Umgang mit den Kindern beschreiben, unterschieden sich von den vorher genannten, sie weisen selten auf Grenzen oder Distanzierungsversuche hin. So berichtet Daniel Albers aus seiner Erfahrung:

> „Es ist schon was anderes mit Kindergartenkindern oder gerade Krippenkindern muss man viel körperlicher arbeiten als mit Größeren. (...) Manchmal kann es schon belastend sein, aber es gibt dann auch Tage, wo dann, gerade wenn man hier so die einzige Bezugsperson ist und so, wenn einfach zu viele Kinder an einem hängen irgendwie. Dann ist es schon zu nah oder zu viel auf einmal. Das kann man dann irgendwann auch nicht mehr. Aber so im Großen und Ganzen ist es okay" (He_MB 146).

Daniel Albers macht deutlich, dass für ihn der körperliche Umgang mit Kindern einen Großteil seiner Arbeit ausmacht. Nähe und Berührungen belasten in nicht generell, sondern nur dann, wenn er der einzige ist, der den Kindern zur Verfügung steht. Eine Grenze würde er höchstens ziehen, wenn es ihm zu anstrengend wird. Auch Christian Jahn stellt Nähe und Zuneigung nicht als problematisch dar:

> „Oder wir haben so nen Ruheraum gehabt, also unten ist ja auch so ein Erker. Wo man den Vorhang zuziehen kann, Matratzen, Kassette an, Buch vorlesen und dann haben wir uns halt alle da rein gelegt zusammen" (Sp_M 47).

Die Erzählung zeigt, dass für Christian Jahn körperliche Nähe zum Alltag dazu gehört und von ihm aktiv hergestellt wird. Er zieht sogar einen Vorhang zu, was die Situation noch intimer macht und für die Erzieher des komplizenhaften Typus undenkbar wäre.[194]

Michael Becker geht auf die körperliche Nähe ebenfalls nicht als Abgrenzung ein, sondern beschreibt sie als Bestandteil seines Berufes:

> „(…) wir haben hier ja immer wieder auch Elterndienste, wo einfach alle einfach belagert werden, die hier her kommen und die sich dann auch einfach anfassen lassen (…). Da denke ich, ist es schon wichtig, dass man das zulässt und das muss man selber auch mögen – also niemand könnte diesen Job machen, denke ich, der eigentlich nicht auch gerne angefasst wird oder der einfach eher eine gesunde Distanz haben möchte (…)" (Th_B 58).

Michael Becker geht davon aus, dass Nähe und „angefasst werden" zu den Anforderungen gehört, die an einen Erzieher auch körperlich gestellt werden. Er sagt, dass man den Beruf nicht ausüben kann, wenn man diese Nähe nicht zulassen würde. Dabei bezieht er sich auf eine „gesunde Distanz", die seiner Meinung vonseiten der Kinder nicht immer gewahrt wird. Damit grenzt er sich von Männlichkeitstypen ab, die versuchen, auf Distanz zu Kindern zu bleiben. Entsprechend seines Berufsverständnisses (s. Kap. 7.1) ist es für Michael Becker wichtig, eine erwachsene Position beizubehalten und sich nicht wie ein Kind in die Gruppe einzufügen. Er versteht eine „gesunde Distanz" als professionelles Verhalten.

Die Interpretation, dass die Erzieher des Typus der alternativen Männlichkeit aktiv Nähe herstellen, dürfte ebenfalls Auswirkungen auf ihre Hexis haben. Sie beschreiben im Gegensatz zu den Erziehern des komplizenhaften Typus nicht, dass sie lernen mussten, ihr Handeln im Laufe der Berufstätigkeit zu verändern, sie versuchen nicht, zum Beispiel durch Vermeidung von körperlicher Nähe Grenzen zu setzen. Sie leben den Kindern eine alternative Form des männlichen Habitus auch körperlich vor und präsentieren eine Offenheit für körperliche Nähe.

Die verschiedenen Beispiele haben gezeigt, dass die Zuordnung zu den Typen sich auch in der Herstellung von Nähe und Zärtlichkeit wiederfinden lassen und die Männlichkeitskonstruktionen der Erzieher Auswirkungen auf den Umgang mit körpernahem Handeln und damit auch auf ihre eigene Körperlichkeit haben. Auf-

---

194 Vgl. die Beschreibung des Mittagsschlafs weiter unten.

fällig ist, dass sich die Erzieher des komplizenhaften Typus vor allem von Frauen und Weiblichkeit distanzieren, während Michael Becker als Vertreter der alternativen Männlichkeit sich auch von anderen Männlichkeiten distanziert.[195] Im Folgenden soll untersucht werden, ob dies auch in konkreten Arbeitshandlungen der Fall ist.

8.3.2 *Pflegen und Versorgen*

Eine besondere Form von Nähe stellt sich in der Pflege und Versorgung von Kindern ein, wobei die Pflegeelemente weniger werden, je älter die betreuten Kinder sind. Wickeln[196], Füttern und Umziehen gehören in der Krippe selbstverständlich zu den Aufgaben der Erzieher/-innen, aber auch im Kindergarten gibt es Kinder, die gewickelt oder auf die Toilette begleitet werden. Manchmal müssen Kinder umgezogen werden beispielsweise, weil sie beim Spielen dreckig geworden sind oder sich eingenässt haben. Im Folgenden soll untersucht werden, wie die Erzieher, vor dem Hintergrund der Zuordnung zu den Männlichkeitstypen, mit diesen Anforderungen umgehen. Dabei werden vor allem die Aussagen und Beobachtungen zum Wickeln und zur Vorbereitung und Betreuung des Mittagsschlafes ausgewertet. Ausgehend von den Expert/inneninterviews, der Beschäftigung mit dem Pädophilieverdacht und den bisherigen Auswertungsergebnissen lässt sich vermuten, dass besonders für Männer, die der komplizenhaften Männlichkeit zuzuordnen sind, körperliche Nähe problematisch werden könnte. Zum einen gefährden sie damit ihre Männlichkeitskonstruktion, da sie sich als eher distanzierte Männer darstellen wollen. Zum anderen sind sie empfänglicher für Zuschreibungen, die sie als potenzielle Täter ansprechen.

Max Schulze und Johannes Müller, als Vertreter der komplizenhaften Männlichkeit, berichten, dass sich ihr Umgang mit dem Wickeln im Laufe der Zeit verändert hat. Max Schulze sagt:

> „Und ja, so mit wickeln und das, ja, das war schon ganz neu, Neuland für mich und, mei, jetzt mach ich es auch, zack zack, aber damals war das schon uuhh... ich riech's mal lieber nicht und schick's weiter. Ja, das war schon, da bin ich schon sehr vorsichtig rangegangen. Vor allem, ich wusste auch nicht, man hört auch immer hier Kind vergewaltigt und unsittlich angefasst berührt und dann ist man nochmal doppelt vorsichtig, was man da macht mit Wickeln und ja, das war schon so eine Hemmschwelle für mich, die ich erst mal überwinden musste, aber ansonsten" (Be_B 88).

---

195 In diesem und den folgenden Unterkapiteln werden jeweils exemplarisch einzelne Erzieher in den Mittelpunkt gestellt und als beispielhaft für einen Typus verstanden.

196 Alle Interviewpartner geben in den Interviews an, dass sie auch wickeln (würden), wenn sie Kinder in der Gruppe haben/hätten, die gewickelt werden müssten. Das in den Expert/inneninterviews angesprochene „Wickelverbot" für Männer scheint es in den besuchten Einrichtungen nicht zu geben.

Max Schulze beschreibt, wie er zunächst versuchte, die Notwendigkeit des Wickelns zu übersehen und sagt, dass dies mit einer Hemmschwelle zu tun hatte, die darin begründet lag, dass er Angst vor der Zuschreibung des potenziellen Täters hatte. Er beschreibt sich als „sehr vorsichtig". Im weiteren Verlauf des Interviews erzählt er, dass er mit den Kolleginnen über diese Hemmschwelle redete. Sie sagten, das wäre „Quatsch" und brachten ihm das Wickeln bei (Be_B 90). Heute wickelt er die Kinder in der Einrichtung, wenn es nötig ist.

Die Reaktionen, die Johannes Müller erlebte, sind gegensätzlich. Seine Kolleginnen waren ihm gegenüber misstrauisch, als es um das Wickeln ging. Während seiner ersten Ausbildungsjahre war immer eine Kollegin dabei, um ihm „auf die Finger [zu] schauen" (Lu_B 43), bis er das nötige Vertrauen erworben hatte, um mit den Kindern alleine gelassen zu werden. Wie sich diese beiden unterschiedlichen Zuschreibungen seitens der Kolleginnen begründen lassen, wird in den Interviews nicht deutlich. Heute stellt Johannes Müller das Wickeln vor allem als logistisches Problem in seiner Einrichtung dar, das viel Zeit in Anspruch nimmt. Er beschreibt, dass die Kolleginnen und er sich darin absprechen, wer jeweils für das Wickeln zuständig ist. Weiterhin präsentiert er das Wickeln als einen wichtigen Moment, um Nähe zu den Kindern herzustellen:

> „Und vor allem beim Wickeln ist es ja ganz wichtig, dass man da auch bisschen Spaß macht, bisschen kitzelt, bisschen Wickelspiele macht, ja. Also ganz einfache Sätze, was weiß ich, ,kommt ein Mäuslein, kommt ein Mäuslein' und so, dass die Kinder einfach Spaß dran haben, dass es was Natürliches ist" (Lu_M 62).

Es wird deutlich, dass Johannes Müller das Wickeln, seit er sich das Vertrauen der Kolleginnen erworben hat, als selbstverständliche Aufgabe übernimmt. Die Aussage, „dass es was Natürliches ist", lässt sich auf den Vorgang des Wickelns beziehen, aber auch darauf, dass die Kinder das Wickeln durch einen Mann als etwas ,Natürliches' erleben. Möglicherweise versichert er sich auch selber, nichts Ungewöhnliches zu tun. Auch dies ist vor der Interpretation zu verstehen, dass sich Johannes Müller als väterlicher Erzieher präsentieren möchte. Diesen Status und dieses Selbstbild musste er sich jedoch scheinbar erst erwerben.

Bei beiden Erziehern zeigt sich, dass sie sich zu Anfang viel mit dem Thema Wickeln vor dem Hintergrund ihres Mann-Seins auseinandergesetzt haben. Ihr Geschlecht beeinflusst dabei ihr Handeln. Im Laufe der Zeit wurde den Erziehern Vertrauen entgegengebracht, sodass sie Selbstvertrauen entwickeln konnten und sich ihre Angst vor Verdächtigungen legte.

Dies gilt auch für Herbert Meier, Stefan Weber und Martin König, die zwar nicht Wickeln, aber Kinder auf die Toilette begleiten.[197] Für Martin König stellt der

---

197 Üblicherweise haben die Einrichtungen Toiletten-Räume, in denen es Kabinen gibt, in die man von oben hereinsehen kann. Auf die Toilette begleiten, bedeutet nicht in diese Kabinen mit reinzugehen, sondern im Vorraum zu warten und ggf. bei der Hygiene oder beim An- und Ausziehen zu helfen.

Umgang mit der Intimpflege ebenfalls kein Problem dar, er berichtet, dass dies zu seinen täglichen Aufgaben gehört:

> „Ja, natürlich. Die kennen uns ja alle, die rufen uns dann, 'Popo putzen' oder so (…). Oder 'ich hab die Hose nicht mehr aufgekriegt'. Ja, das passiert halt" (Fa_M 204).

Dieser Selbstverständlichkeit stehen die Aussagen von Thorsten Bauer gegenüber. Auch er ist der komplizenhaften Männlichkeit zugeordnet worden. Er ist der einzige Erzieher, der sich auch nach vielen Jahren Berufserfahrung noch unsicher zeigt, wenn es um das Begleiten auf die Toilette geht. Er möchte nicht, dass dies falsch aufgefasst wird.

> „Oder mit Mädchen auf Toilette gehen, das find ich auch etwas heikel, gerade auch mit türkischen Mädchen, ich weiß nicht, ob das die Eltern so wollen. Da würd ich auch eher sagen, das soll dann die (Kollegin) oder jemand anderes machen" (Gu_M 192).

Thorsten Bauer macht deutlich, dass er vor allem ein Problem damit hat, Mädchen auf die Toilette zu begleiten, grenzt dies dann noch mal auf „türkische Mädchen" ein. Dabei bezieht er sich auf den einen möglichen Wunsch der Eltern. Die Aussage zeigt, dass Thorsten Bauer vor allem durch (mögliche) Zuschreibungen von außen verunsichert wird.

Für die Männer, die der komplizenhaften Männlichkeit zugeordnet wurden, scheinen also Zuschreibungen von außen eine wichtige Bedeutung zu haben. Diese können entweder Vertrauen aufbauen, wie im Beispiel von Max Schulze und Johannes Müller, oder sie können zu weiteren Verunsicherungen führen, wie das Beispiel von Thorsten Bauer belegt. Es wird deutlich, dass Wickeln und Pflegen nicht, wie die zuvor ausgewertete Kategorie wegen der Angst vor ‚Verweiblichung' abgelehnt wird, sondern vor dem Hintergrund der Zuschreibung als ‚männlich' im Sinne des Generalverdachts, dem sich Männer gegenübersehen.

In den Interviews mit Christian Jahn, Michael Becker und Daniel Albers als Vertreter der alternativen Männlichkeit tauchen das Wickeln und die Intimpflege nicht als Problem auf. Es finden sich keine Hinweise darauf, dass sie sich über eine mögliche Verunsicherung Gedanken gemacht haben. In den Interviews wird das Thema Wickeln nicht angesprochen. Aus den Beobachtungsprotokollen geht hervor, dass alle drei in die Körperpflege der betreuten Kinder eingebunden sind. Daniel Albers ist in der Krippe während des Tages über weite Strecken damit beschäftigt, die Kinder zu wickeln, umzuziehen und zum Mittagsschlaf zu legen und wieder anzuziehen. In der Einrichtung, in der Christian Jahn arbeitet, stehen die Toilettentüren den ganzen Tag offen und immer wieder sieht man Kinder auf der Toilette sitzen. Michael Becker muss zwischendurch das Interview unterbrechen, weil ein Kind sich eingenässt hat und er ihm beim Umziehen hilft. Eine Verunsicherung, wie sie die Erzieher spüren, die der komplizenhaften Männlichkeit zugeordnet wurden, wird von den Männern der alternativen Männlichkeit nicht zum Thema gemacht.

In vielen Einrichtungen gehört ein Mittagsschlaf zum täglichen Ablauf. Dabei sind die Erzieher unterschiedlich stark involviert. Daniel Albers arbeitet als einziger Mann, der der alternativen Männlichkeit zugeordnet wurde, in einer Einrichtung, in der die Kinder einen Mittagsschlaf machen und dafür entsprechend umgezogen und in Schlafräume gelegt werden.[198] Beim Mittagsschlaf bleibt er als Bezugsperson in der Nähe und horcht während des Interviews in den Schlafraum, ob alles in Ordnung ist. Als ein Kind aufwacht, holt er es aus dem Schlafraum und es bleibt während des Interviews auf seinem Schoß sitzen. Immer wieder wacht es auf und schläft, an Daniel Albers angekuschelt, wieder ein. Diese Nähe und Zuneigung zu geben, gehört zu seinen Arbeitsaufgaben. Normalerweise legt er sich mit den Kindern hin, bis alle schlafen:

> „Und dann gibt es Kinder, die schlafen von alleine ein, dann gibt es Kinder, da muss man sich echt danebenlegen und auch mal den Arm auf die legen, dass die einschlafen. Das ist unterschiedlich" (He_MB 154).

Die Beschreibung zeigt, dass Daniel Albers den Kindern während des Mittagsschlafs Geborgenheit gibt, indem er sie streichelt oder einen Arm um sie legt, damit sie einschlafen können. Er geht davon aus, dass die Kinder unterschiedliche Bedürfnisse an Nähe haben, auf die er entsprechend reagiert. An diesem Beispiel zeigt sich auch der Einfluss auf die Hexis von Daniel Albers. Er stellt aktiv Nähe her und zwar durch Körperkontakt und eine Körperhaltung die für eine vertrauensvolle Atmosphäre sorgt. Im weiteren Verlauf des Interviews beschreibt er, dass er diese Situation selbst auch als Entspannung und als Pause an einem anstrengenden Tag erlebt.

Auch in anderen Einrichtungen gibt es einen geregelten Mittagsschlaf. Bei Thorsten Bauer und Herbert Meier bauen die Kolleginnen nach dem Mittagessen die Matratzen für die Kinder auf und gehen mit ihnen in den Ruheraum. Beide Erzieher haben währenddessen Pause bzw. Vorbereitungszeit. Sie berichten, dass sich das in den Einrichtungen bereits so eingespielt hatte, bevor sie anfingen, dort zu arbeiten. Beide haben aber bereits in anderen Einrichtungen Erfahrungen mit der ‚Schlafwache' gemacht. Thorsten Bauer als Vertreter des Typus der komplizenhaften Männlichkeit sagt, dass er versucht zu vermeiden, die Schlafwache zu übernehmen.

> „Ja, vertretungsweise hab ich es hier auch schon übernommen gehabt. Das ist klar, dass man mal für nen anderen einspringt. Nee, Kinder sollen ja auch bei jemandem schlafen, den sie kennen, also nicht bei irgendjemand anderem im Haus. Genau. (…) Ist auch so eine Tätigkeit, die jetzt nicht gerade sehr anspruchsvoll ist und muss ich dann, und mach ich nicht gerne, sag ich

---

198 In den besuchten Elterninitiativen gibt es keinen geregelten Mittagsschlaf für die Kinder über 2–3 Jahren. Auch in den Einrichtungen, in denen Johannes Müller und Martin König arbeiten, gibt es keinen Mittagsschlaf, weil die Kinder nur bis mittags betreut werden. Im Hort von Alexander Schmidt wird ebenfalls keine Mittagsruhe gehalten, weil die Kinder erst nach der Schule kommen.

ganz ehrlich. Ich mach's, wenn es vom Personellen her nicht anders geht, aber ansonsten bin ich ganz froh, dass meine Kollegin das macht" (Gu_M 68-76).

Thorsten Bauer übernimmt keine Schlafwache und begründet das zunächst damit, dass er noch nicht lange in der Einrichtung arbeitet. Er findet, die Kinder sollten von jemandem beaufsichtigt werden, den sie kennen, sich selbst zählt er (noch) nicht dazu. Im weiteren Verlauf wird jedoch deutlich, dass er die Schlafwache nicht gerne übernimmt, weil der die Tätigkeit nicht anspruchsvoll genug findet. Das Gleiche sagt er an anderer Stelle auch über die Gartenaufsicht. Er versucht sich damit von seinen Kolleginnen abzuheben. Bereits weiter oben wurde deutlich, dass ihm die Hierarchie, die zwischen Erziehern/Erzieherinnen und Kinderpflegern/-pflegerinnen herrscht, sehr wichtig ist und er sie in seiner Gruppe aufrechterhalten möchte. Tätigkeiten wie Schlafwache oder Gartenaufsicht entsprechen nicht seiner Vorstellung von anspruchsvoller erzieherischer Arbeit, er sieht sich selber lieber als jemand, der Projekte mit pädagogischem Nutzen anbietet. Eine zusätzliche Begründung für die Ablehnung der Schlafwache könnte darin liegen, dass er erlebt hat, wie gegen ihn ein Missbrauchsverdacht ausgesprochen wurde, der auf einer Szene in einem abgedunkelten Zimmer beruhte (s. o.). Er vermeidet solche Situationen, indem er sich auf Projektarbeit spezialisiert, in der es um eine fachliche Anleitung, nicht um die Pflege oder Versorgung von Kindern geht. Dies trägt auch zu einer ,männlichen' Professionalität bei, die er präsentieren möchte.

In der Einrichtung von Max Schulze schlafen die Kinder nach Altersgruppen getrennt. Dabei lässt sich die folgende Szene beobachten:

> Für die Mittagsruhe werden zwei Räume hergerichtet. Es gibt einen abgedunkelten Schlafraum für die ganz kleinen Kinder, in dem die Erzieherinnen sie zum Schlafen legen. Die älteren Kinder bringen die Matratzen, auf denen Mittagsschlaf gemacht wird in den Gruppenraum von Max Schulze und legen sich dort hin. Es kommen auch die älteren Kinder aus den anderen Gruppen zum Ruhen in diesen Raum. (…) Es läuft leise Musik und Max Schulze sitzt auf einem Stuhl zwischen den Matratzen. Die meisten Kinder dösen oder schlafen, hin und wieder sagt ein Kind etwas. Dann ermahnt Max Schulze es, ruhig zu sein (Be_P 22-23).

Die Kinder werden in dieser Einrichtung angehalten, selbstständig den Raum herzurichten. Max Schulze übernimmt die Aufsicht der älteren Kinder. Die Betreuung funktioniert vor allem als Form von Kontrolle. Er sitzt zwischen den Kindern und sorgt für Ruhe. Körperliche Nähe, wie sie von Daniel Albers beschrieben wird, ist hier nicht zu beobachten, seine Körperhaltung ist so distanziert, dass die Kinder ihn nicht berühren können. Die kleineren Kinder werden von den Kolleginnen betreut. Was zunächst wie eine zufällige Arbeitsteilung aussieht, erklärt Max Schulze so:

> „Ja [lange Pause, zögern], ich, also was ich, wo ich vorsichtiger bin, was auch meine Kolleginnen und so verstehen, dass ich nicht mit in den Schlafraum mit zum Schlafen geh [der Schlafraum ist der abgedunkelte Raum für die kleineren Kinder]. Ich weiß nicht, das mag ich nicht. Ich mach's zwar, also ich mach es auch ab und zu, so dass die Kinder nicht gleich erschrecken, wenn ich nach einem halben Jahr mal mit zum Schlafraum, Schlafen gehe, deswegen geh ich schon einmal im Monat vielleicht mit, aber sonst machen das eher so meine Kolleginnen. Da

bin ich schon etwas vorsichtig, weil das hört man ja immer oder liest es oder sieht es im Fernsehen. Also das ist so das Einzigste" (Be_M 167).

In diesem Interviewausschnitt wird deutlich, wie sehr der sogenannte Generalverdacht Max Schulze in seinem Handeln beeinflusst. Ähnlich wie im Umgang mit dem Wickeln zeigt sich, dass er vorsichtig ist und keinen Verdacht aufkommen lassen möchte. Er hat deshalb entschieden, und wird hierin von seinen Kolleginnen unterstützt, dass es besser ist, wenn er keine Schlafwache bei den kleineren Kindern übernimmt. Dabei bezieht er sich darauf, dass man „im Fernsehen" immer wieder von Fällen von Kindesmisshandlung hört. Seine Kolleginnen unterstützen ihn bei seiner Entscheidung. Anders als beim Wickeln, bei dem ihm seine Kolleginnen Vertrauen entgegenbrachten und er seine ‚Hemmschwelle' überwinden konnte, verstehen oder teilen sie beim Mittagsschlaf seine Befürchtungen. Sie geben ihm deshalb andere Aufgaben. Dennoch sagt Max Schulze, dass er hin und wieder die Schlafwache übernimmt, damit die Kinder keinen Schreck bekommen, wenn sie aufwachen. Möglicherweise soll diese Maßnahme auch seine eigene Angst überwinden helfen.

Bereits in der vorangegangenen Auswertung hatte sich die Vermutung ergeben, dass besonders die Männer, die dem komplizenhaften Männlichkeitstypus zugeordnet wurden, die Zuschreibung des Pädophilieverdachts stärker beeinflusst als andere. Thorsten Bauer und Max Schulze zeigen deutlich, wie sie versuchen, diesem Verdacht zu entgehen. Damit stehen sie im Gegensatz zu Daniel Albers oder Christian Jahn, für die Zärtlichkeit und Zuneigung auch in einer intimen Situation wie dem Mittagsschlaf selbstverständlich sind und von ihnen aktiv hergestellt werden.

Herbert Meier ist auch unter diesem Aspekt weder der einen noch der anderen Gruppe zuzuordnen. Er ist zwar zurzeit nicht an der Mittagsruhe beteiligt, beschreibt aber, dass er in anderen Einrichtungen die Schlafwache mit viel Freude übernommen hatte:

> „Also wenn es zu unruhig ist, dann erzähl ich manchmal leise eine Geschichte oder les' ein Bilderbuch vor. Also da krieg ich die Kinder viel eher ruhig, als wenn ich jetzt die dauernd ermahne. Ich hab meistens eine Geschichte oder ein Bilderbuch, wobei das ist jetzt auch eine (…) meiner größten Stärken, ich hab auch jetzt in dem Jahr im Ausland gelernt, wie man selber Geschichten entwirft und auch anhand von Bildkarten" (Sc_M 43).

Herbert Meier beschreibt vor allem seine Kompetenzen und Methoden, die er anwendet, um den Kindern das Einschlafen zu erleichtern. Berührungen und körperliche Nähe tauchen in seiner Beschreibung nicht auf, sie scheinen für ihn keine Relevanz zu haben. Im Unterschied zu Max Schulze und Thorsten Bauer liegt diese Vermeidung von körperlicher Nähe aber nicht an der Angst, des Missbrauchs verdächtigt zu werden. Er beschreibt vielmehr seine Stärken, die er vor allem in der methodischen Umsetzung sieht. Dies kann durchaus als ‚männlich' im Sinne einer Distanziertheit und einer Professionalität interpretiert werden.

8.3.3 Trösten

Das Thema körperliche Nähe soll nun noch einmal an der konkreten Handlung des Tröstens untersucht werden. Dies wurde in den Interviews explizit abgefragt und bei den Beobachtungen besonders berücksichtigt. Die Gründe, warum Kinder weinen, sind zahlreich. Sie können Schmerzen haben, sich verletzt oder gestritten haben, sie weinen aus Trotz oder weil sie sich von ihren Eltern ‚verlassen' fühlen. Die befragten Erzieher beschreiben alle, dass sie es als erste Aufgabe des Tröstens sehen, zunächst einmal herauszufinden, warum ein Kind weint. Erst dann wird entschieden, wie sie vorgehen, und wie sie das eigentliche Trösten angehen wollen.

Ausschnitte aus allen Interviews deuten darauf hin, dass sich die Männer der unterschiedlichen Typen in ihrem Handeln nicht besonders unterscheiden, sondern darstellen, dass Körperkontakt als eine ‚intuitive Form' des Tröstens und als Teil der eigenen körperlichen Reaktion für sie selbstverständlich ist. Dazu nehmen sie Kinder auf den Arm oder den Schoß, um sie zu beruhigen und ihnen Geborgenheit und Schutz zu geben. Damit lösen sich alle Erzieher ein Stück weit von hegemonialen Männlichkeitsmustern. Die bisherigen Untersuchungen lassen vermuten, dass besonders für die Männer, die der komplizenhaften Männlichkeit zugeordnet wurden, zu viel körperliche Nähe beim Trösten problematisch sein könnte. Das Vorgehen beim Trösten soll daher nun vor dem Hintergrund der Typenzuordnung untersucht werden.

Johannes Müller als Vertreter der komplizenhaften Männlichkeit beschreibt sein Trösten folgendermaßen:

> „(…) Wenn es sich verletzt hat, dann, meistens nehm ich es in den Arm oder auf den Schoß, muss ich ja auch gucken, ob das Kind das auch will oder einfach nur stehen will und zuhören will, also auch vom Alter abhängig. (…) Die Kinder sollen ja auch lernen, gerade wenn sie weinen, dass Weinen erlaubt ist, das ist auch ganz wichtig, das sind Gefühle, wo sie äußern dürfen und sollen, das andere Kind (…) wahrnehmen und nicht dieses leck-mich-am-Arsch-Gefühl entwickeln, also wirklich, (…) ich hab ihn geschlagen, der weint jetzt, ist mir wurscht" (Lu_M 30).

Johannes Müller macht deutlich, dass Weinen eine zugelassene Gefühlsäußerung ist. Dabei geht er vor allem darauf ein, dass auch das Gegenüber, also der Verursacher des Weinens, erleben soll, was sein Handeln ausgelöst hat. Dazu müssen beide Seiten ihre Gefühle zeigen dürfen. Er betont den Lerneffekt für die Kinder. Dass dies für ihn nicht selbstverständlich ist, zeigt der folgende Interviewausschnitt:

> „Normal sind ja wir Jungs und Männer eigentlich nicht so erzogen worden, weil es heißt ja schon immer, ‚Indianer kennt keinen Schmerz' als Junge und deswegen sag ich ja, Tränen sind wichtig, weinen dürfen ist wichtig. Das gilt nicht nur für Mädchen, sondern auch für Jungs, ja. Und dann nicht sagen, ja mei ist schon gut und ohhh, ohhh, ohhh, das geht nicht. Sondern ernsthaft sagen, aahhh, ja auch seine Gefühle äußern, ja ‚ich hätte jetzt auch geweint, ich müsste jetzt auch weinen, wenn ich meine Hand aufgeschlagen hätte, dann würde ich auch heulen und wer weiß, ich würd' wahrscheinlich auch zur Mama wollen'. So mit den Kindern reden, wie na-

türlicherweise, aber dann sagen, ich bin ja jetzt da für deine Mama oder für deinen Papa, ich nehm' dich jetzt in den Arm, komm' ich tröste dich" (Lu_M 48).

In diesen Zitaten beschreibt Johannes Müller, dass für ihn trösten und in den Arm nehmen dem Männlichkeitsmuster, mit dem er („wir Jungs und Männer") aufgewachsen ist, widerspricht. Er beschreibt eine Norm, die vorsieht, dass vor allem Jungen lernen, ihre Gefühle zu unterdrücken. Diese Vorstellung von Männlichkeit möchte er nicht weitergeben, sondern vorleben, dass Jungen, genauso wie Mädchen, weinen dürfen und lernen sollen, ihre Gefühle zu zeigen. Deshalb macht er sich den Kindern zum Vorbild und erklärt ihnen, dass Weinen akzeptiert wird und er auch weinen würde, wenn er in der gleichen Situation wäre. Er sieht sich in solchen Situationen als Ersatz für die Eltern, sagt „ich bin jetzt da für deine Mama oder für deinen Papa". Daran schließt sich für ihn an, die Kinder in den Arm zu nehmen. Er beschreibt damit diese Form der körperlichen Nähe als eine elterliche oder väterliche Nähe, was er über den Zusatz „natürlicherweise" verstärkt. Er drückt damit eine ‚väterliche' Körperlichkeit aus. Die wiederholte Darstellung einer väterlichen Position ermöglicht ihm, intensive Nähe zuzulassen, die seine Männlichkeitskonstruktion nicht gefährdet, ihn aber vom Generalverdacht des Kindesmissbrauchs enthebt.

Auch Martin König befürchtet, in seiner komplizenhaften Männlichkeitskonstruktion gefährdet zu werden, wenn er zu viel Nähe zu den Kindern zulässt:

> „Ja, dann würde ich das Kind zu mir holen, das versuchen zu beruhigen und dann gibt es verschiedene Möglichkeiten, je nachdem wie das Kind reagiert. Entweder es bleibt bei *einem* oder man schaut, dass es in einen anderen Kreis kommt, wo es abgelenkt wird oder man nimmt es mal auf'n Schoß für zwei, drei Minuten. Einfach so zum Eingewöhnen, für's warm werden für das Kind" (Fa_M 28).

Martin König macht deutlich, dass es zunächst einmal darum geht, das Kind abzulenken. Auf den Schoß nimmt er es nur kurz, was er betont, indem er auf „zwei, drei Minuten" verweist. Indem er sagt, dass es „für's warm werden für das Kind ist", wenn er körperliche Nähe herstellt, kann er verdeutlichen, dass es um das Kind geht, nicht um seine eigenen Bedürfnisse.

Alexander Schmidt möchte sich von seinen Kolleginnen abgrenzen:

> „Da gibt es ja 100 verschiedene Methoden ganz einfach. Bestimmt nicht ‚a wuziwuziwu', weil ein Kind weint genau deswegen. Wär kein Erwachsener und kein Mensch weit und breit, würde das Kind nicht heulen. Meistens so" (We_M 20).

Laut Alexander Schmidt gibt es verschiedene „Methoden", um zu trösten und dazu gehört kein ‚Verhätscheln', was er mit „awuziwuzizu" beschreibt. Er distanziert sich mit dieser Aussage von seinen Kolleginnen, die seiner Meinung nach mit den Kindern nicht erwachsen genug umgehen, sondern mit ihnen reden, als wären sie zu einem Gespräch noch nicht in der Lage. Dieses Handeln wertet er deutlich ab.

Thorsten Bauer zeigt beim Trösten wiederholt eine große Unsicherheit im körperlichen Umgang mit Kindern. In dem Beobachtungsprotokoll über den Besuch in seiner Einrichtung wird die folgende Szene beschrieben:

> Thorsten Bauer sitzt mit mehreren Kindern am Tisch und macht Kartoffeldruck. Es ist die erste Aktivität des Tages, immer wieder werden noch Kinder gebracht, die meist von ihren Eltern an der Tür verabschiedet werden. Eine sichtbare Begrüßung durch den Erzieher erfolgt normalerweise nicht. Zwischendurch wird ein Mädchen von seinem Großvater in die Einrichtung gebracht. Es weint, weil es nicht in den Kindergarten will. Thorsten Bauer geht zur Tür und zieht das Mädchen von seinem Opa weg. Dabei redet er beruhigend auf es ein: ‚Du bist doch schon groß, komm her'. Er nimmt das Mädchen mit an den Tisch, wo der Kartoffeldruck stattfindet. Er setzt es sich auf den Schoß, streichelt es ein bisschen und schon nach kurzer Zeit weint es nicht mehr (Gu_P 22).

In der Szene wird ein intuitives Vorgehen beschrieben. Ein weinendes Kind möchte sich nicht von seinem Großvater verabschieden, eine Szene, wie sie in allen besuchten Kindergärten zur morgendlichen Übergabe dazugehört. Der Erzieher geht zu dem Kind, nimmt es auf den Arm und tröstet es, indem er es in der Gruppe integriert und ablenkt. Thorsten Bauer setzt sich dafür das Kind auf den Schoß und es hört schnell auf zu weinen, der Großvater ist vergessen.

Im Interview wird nach solchen Szenen gefragt.

> F: „Ich hab gesehen Sie nehmen die dann auch auf den Arm und streicheln sie und so."

> A: „Wo ich vorsichtig bin, ist auf den Schoß nehmen. Als Mann, das mach' ich nicht oder nicht mehr. Die können kuscheln kommen hier oder hier (zeigt auf seine beiden Seiten), aber ich möchte sie nicht so auf'n Schoß nehmen, da kann dann nämlich leicht ... (zögert)... vielleicht das falsch aufgefasst werden."

> F: „Da achten Sie so drauf?"

> A: „Ja schon, weil da war mal auch so ein Fall im ersten Kindergarten, dass ich da regelrecht verdächtigt worden bin von einer Mutter. Die ist auch zur Leitung gegangen, die Leitung stand aber auch noch, das war noch die alte Leitung damals[199], die stand auch hinter mir und das hat sich dann doch als falsch auch erwiesen gehabt und die Mutter hatte sich aber dann hinterher bei mir entschuldigt (lacht)" (Gu_M 42 – 47).

Die Antwort auf die Frage macht deutlich, dass Thorsten Bauer Angst hat, zu viel körperliche Nähe zuzulassen. Dies bezieht er explizit auf seine Männlichkeit: „Als Mann, da mach' ich das nicht mehr". Vor dem Hintergrund der erlebten Anschuldigung rechtfertigt er seine Zurückhaltung, als eine Entscheidung, die er nach dem Vorfall der ‚Verdächtigung' getroffen hat. Die erlebten Anschuldigungen haben Konsequenzen für sein weiteres berufliches Handeln.

Die beobachtete Szene und die Darstellung des Erziehers widersprechen sich. Während im alltäglichen Handeln das körpernahe Handeln und „auf den Schoß

---

199 „Damals" bezieht sich hier auf eine andere Sequenz aus dem Interview: Thorsten Bauer hat nach einem Konflikt mit der neuen Leitung die Einrichtung gewechselt. Mit der alten Leitung hatte er sich gut verstanden.

Nehmen" selbstverständlich scheinen, stellt Thorsten Bauer im Interview dar, dass er Kinder nicht auf den Schoß nehmen würde, weil er sich nicht dem Pädophilieverdacht aussetzen möchte. Er gibt jedoch an, dass es sich dabei nicht um eine generelle Ablehnung von körperlicher Nähe handelt, da die Kinder sich seitlich an ihn kuscheln dürfen, sondern nur um die intime Situation des auf-den-Schoß-Nehmens. Aus den Beobachtungsprotokollen geht hervor, dass Thorsten Bauer die Kinder vergleichsweise häufig auf den Arm nimmt. Dieses Handeln scheint ihm nicht bewusst zu sein, er beschreibt sich selber deutlich distanzierter, als dies zu beobachten ist. Da er bereits eine Anschuldigung erlebt hat, stellt er sich als besonders vorsichtig dar und beschreibt, dass er im Laufe der Zeit seine körperlichen Reaktionen verändert hat. Dieser Veränderungsprozess kann als mimetischer Prozess verstanden werden, der Auswirkungen auf die vergeschlechtlichte Hexis hat.

Thorsten Bauer wurde nach der Einzelfalldarstellung dem Typus der komplizenhaften Männlichkeit zugeordnet. Zusätzlich finden sich in der Auswertung immer wieder Hinweise darauf, dass er extrem unsicher im Umgang mit Erwachsenen (Interviewerin, anschuldigende Mutter, Leitung, die ihn nicht unterstützt) ist. Im Umgang mit den Kindern fühlt er sich dagegen sicherer. Die Orientierung an einer hegemonialen Männlichkeit, die zu der Zuordnung zur komplizenhaften Männlichkeit führte, kann als ein Festhalten an bekannten Formen von Männlichkeit verstanden werden. Möglicherweise ist dies das einzige Männlichkeitsmodell, das Thorsten Bauer kennt und daher zu übernehmen versucht. Gleichzeitig steht sein Berufsverständnis, zu dem körperliche Nähe und Zuneigung gehören, dem ihm bekannten Männlichkeitsmuster entgegen, so dass er unsicher wird. In der Interviewsituation muss er diese Unsicherheit überspielen, indem er sich als besonders distanziert darstellt und sein körpernahes Handeln negiert. Dazu kommt die Erfahrung mit der Anschuldigung des Missbrauchs, die seine Unsicherheit verstärkt und zusätzlich dafür sorgt, dass er keinen Verdacht aufkommen lassen möchte. Auch dies gelingt seiner Meinung nach am ehesten, wenn er sich als männlich-distanziert darstellt. Die Kinder fordern von ihm jedoch ein anderes Verhalten und seine Reaktionen weichen teilweise von der Darstellung ab.

Bei den Erziehern, die der alternativen Männlichkeit zugeordnet wurden, stellt sich diese Problematik nicht bzw. anders. Für Michael Becker, Daniel Albers und Christian Jahn ist Körperkontakt zum Trösten selbstverständlich. In ihren Darstellungen finden sich keine Begründungen oder Rechtfertigungen für ihr körpernahes Handeln. Häufig zeigt sich dies bereits in der ersten Reaktion auf die Frage „Was tust du, wenn ein Kind weint?" wie das folgende Zitat von Christian Jahn deutlich macht:

> „(…) die ersten Fragen sind eigentlich immer, was es braucht eigentlich und dann wenn es sich beruhigt hat, wenn man es mal so getröstet hat, so auf den Arm genommen hat, dann kann man drüber reden, was passiert ist, und dann entweder verarzten oder so was" (Sp_M 19).

Christian Jahn schildert das „auf den Arm Nehmen" als einen Teil des Tröstungsprozesses. Erst dann wird das Kind verarztet oder weiter befragt. Es gibt keinen Hinweis darauf, dass er versucht, die Nähe einzuschränken oder ein Kind möglichst kurz auf dem Arm zu halten. Im Mittelpunkt steht das Bedürfnis des Kindes. Ähnlich findet sich dies auch im Interview mit Daniel Albers. Er macht deutlich, dass auf den Arm nehmen und „drücken" der erste Schritt zum Trösten ist. Erst dann kann geklärt werden, was der Auslöser für das Weinen ist und es wird entsprechend reagiert. In seinen Aussagen findet sich kein Hinweis darauf, dass er die Nähe als problematisch empfindet oder tendenziell eher vermeiden möchte.

Neben den bisher genannten Erziehern lassen sich jedoch auch noch einige finden, für die der körpernahe Umgang beim Trösten nicht so eindeutig auszuwerten ist. Dies wird bei Herbert Meier deutlich:

> „Gut, dass ich das Kind behutsam anspreche. Wie, das ist auf die Persönlichkeit des Kindes zurechtgeschnitten und so. Wo es weh tut, wenn es sich weh getan hat. Da frag ich zuerst, sag mir zuerst wo es wehtut, zeig mir die Stelle, vielleicht muss ich dir einen Kühlbeutel holen und so. (…) wenn's notwendig ist, dann nehm ich manchmal das Kind an der Hand" (Sc_M 21).

Herbert Meier beschreibt, wie in anderen Interviewsituationen auch, vor allem seine professionelle Kompetenz. Er befragt die Kinder nach ihren Problemen und besorgt bei Bedarf einen Kühlbeutel. Wenig in seiner Erzählung deutet darauf hin, wie es ihm in der Situation geht und welche Überlegungen er zum Thema körperlicher Nähe bereits angestellt hat. Möglicherweise ist die Vermeidung solcher Themen als Hinweis darauf zu werten, dass er unsicher ist, wie er sich in der Interviewsituation darstellen soll. Er vermeidet persönliche Elemente, und der körpernahe Umgang mit den Kindern scheint bedeutungslos. Besonders der letzte Satz „wenn's notwendig ist, nehm ich manchmal das Kind an der Hand", ist gerade bei verletzten Kindergartenkindern eine sehr zurückhaltende Form von Nähe.

Die Auswertung der Kategorie „Trösten" verdeutlicht noch einmal den Umgang der verschiedenen Männlichkeitstypen mit körpernahem Handeln. Während sich alle zu diesem Thema untersuchten Männer darin einig sind, dass Körpernähe für das Trösten ein wichtiges Element ist und weinende Kinder auf den Arm oder auf den Schoß nehmen, finden sich in den detaillierteren Interpretationen Hinweise darauf, dass die Männer, der Zuordnung zu einem bestimmten Typus entsprechend, ihr Handeln unterschiedlich darstellen möchten. Die Erzieher, die dem Typus der komplizenhaften Männlichkeit zugeordnet wurden, scheinen zu viel körperliche Nähe beim Trösten als Gefährdung ihrer Männlichkeitskonstruktion zu sehen. Sie plausibilisieren ihr Handeln in der Interviewsituation, indem sie die körperliche Nähe als vom Kind eingefordert oder als väterliche Vorgehensweise darstellen. Spannend ist, dass besonders bei diesen Männern Brüche zwischen den Beobachtungen und den Interviews festgestellt wurden, die die Unsicherheit mit der körperlichen Nähe noch einmal verdeutlichen konnten. Männer des Typus der alternativen Männlichkeit scheinen keine Notwendigkeit darin zu sehen, ihr Verhalten zu recht-

fertigen. Sie stellen das ,auf den Arm' oder ,den Schoß Nehmen' der Kinder als
intuitives Verhalten dar, das sie bisher nicht weiter bedacht haben.

8.3.4   Zusammenfassung

In der vorangegangenen Auswertung wurden die verschiedenen Männlichkeitstypen
zur Grundlage der Auswertung des körpernahen Handelns gemacht. Es zeigte sich,
dass vor allem bei weiblich konnotierten Tätigkeiten die Zuordnung zu den Männlichkeitstypen bedeutungsvoll wird. Während die Erzieher des komplizenhaften
Typs versuchen, sich von ihren Kolleginnen zu unterscheiden und sich von weiblich
konnotiertem Handeln abzugrenzen, grenzen sich die Erzieher des alternativen
Typus stärker von hegemonialen Männlichkeitsmustern ab.

Auch in konkreten Handlungen zeigen sich solche Unterschiede. Während für
die Erzieher des komplizenhaften Männlichkeitstypus ein langsamer Vertrauensaufbau zu den Interaktionspartnern/-partnerinnen nötig ist, bis sie sich auf intime
Situationen einlassen (oder dies nicht tun, wenn das Vertrauensverhältnis nicht
besteht), gehören körpernahe Tätigkeiten für Vertreter der alternativen Männlichkeit selbstverständlich zum Arbeitsalltag dazu. Sie stellen in diesen Situationen aktiv
Nähe her. Im Gegensatz zum komplizenhaften Typus hat dabei die Angst vor dem
Missbrauchsverdacht keinen bedeutenden Einfluss auf ihr Handeln. Erzieher des
komplizenhaften Männlichkeitstypus reagieren sehr viel vorsichtiger auf mögliche
Anschuldigungen, ihre körpernahe Arbeit wird durch den Generalverdacht stärker
beeinflusst. Diese Erzieher sind empfänglicher für Zuschreibungen von außen, sei
es durch die Kolleginnen, die Eltern oder auch die Interviewerin.

Insgesamt bestätigten sich damit die beiden Idealtypen von Männlichkeit als
Kontinuum. Zusätzlich zeigen sich weitere Differenzierungen innerhalb der Grup-
pen. Besonders innerhalb der komplizenhaften Männlichkeit gibt es Unterschiede
darin, wie mit den Anforderungen an körperliche Nähe umgegangen wird. Die eine
Form funktioniert über eine Legitimation der körperlichen Nähe. Durch positiven
Zuspruch von Kolleginnen und die Einnahme einer positiv anerkannten Sonderpo-
sition (z. B. ,Väterlichkeit') entwickeln diese Erzieher im Laufe der Zeit ein größeres
Selbstbewusstsein und legitimieren so die körperliche Nähe vor der ,Gefahr der
Verweiblichung'.

Eine andere Untergruppe bilden Erzieher, die ebenfalls dem Typus der komplizenhaften Männlichkeit zugeordnet wurden, aber offensichtlich einen solchen
Vertrauensaufbau nicht erlebt haben und für sich selbst keinen sicheren Umgang
mit der Sonderposition entwickeln konnten. Sie versuchen das Herstellen von Nähe
zu umgehen oder sich im Interview als besonders distanziert zu präsentieren. Bei
den Erziehern dieser Untergruppe finden sich am ehesten Brüche zwischen den

Beobachtungen und den Interviewaussagen. Ihr Handeln wird durch den ständig präsenten Verdacht des Kindesmissbrauchs stark beeinflusst. Es zeigen sich außerdem Auswirkungen auf die Hexis der Erzieher. Auch wenn die Beobachtungen nicht ausreichen, um Veränderungen festzustellen, gibt es doch Hinweise darauf, dass der Männlichkeitstypus Einfluss auf die Körper der Erzieher hat. Die Erzieher inkorporieren bestimmte Handlungen, lernen in mimetischen Prozessen, wie es für einen Erzieher angemessen ist, mit den Kindern körperlich umzugehen. Je nachdem, wie stark sich die Erzieher von Zuschreibungen z. B. des Pädophilieverdachts in ihrem Handeln beeinflussen lassen, so stark verändert sich auch ihr körperliches Handeln. Da dies mit den Typenzuordnungen im Zusammenhang steht, ist davon auszugehen, dass sich die Hexis der Erzieher angleicht – erstens an die Anforderungen an Männer im Erzieherberuf, zweitens an die eigenen Vorstellungen von Männlichkeit je nach Männlichkeitskonstruktion. Die körperliche Dimension des ‚doing masculinity' wird so von der Männlichkeitskonstruktion des Erziehers beeinflusst.[200]

---

200 Nicht zu vernachlässigen sind in diesem Zusammenhang die Auswirkungen der kleinen Stühle, auf denen Erzieher/-innen täglich sitzen, die eingeschränkte Kommunikationsfähigkeit der Kinder und der fast ständig hohe Lärmpegel, der in den meisten Kindertageseinrichtungen herrscht. Auch dies beeinflusst die Körper der Erzieher, wurde aber in der Auswertung nicht berücksichtigt.

9 Ergebnisse und Diskussion

Wie konstruieren Erzieher Männlichkeit? Oder genauer: Wie stellen Erzieher in der Interaktion im Kontext eines weiblich konnotierten Feldes Männlichkeit her? Dies waren die zentralen Fragen der vorliegenden Studie. Ausgehend davon wurden Interviews und Beobachtungen mit zehn Erziehern durchgeführt, die Kinder im Alter von ca. eins bis ca. zehn Jahren betreuen, wobei der Schwerpunkt auf Erziehern lag, die im Kindergarten (also mit Kindern der Altersstufe drei bis sechs Jahre) arbeiten. Um die Ausgangsfrage zu konkretisieren, wurden die folgenden Aspekte herausgegriffen und aus der Perspektive des ,doing masculinity' näher betrachtet:

- Warum und auf welchen Wegen entscheiden sich Männer für den Erzieherberuf und welches vergeschlechtlichte Berufsverständnis liegt ihrem beruflichen Handeln zugrunde?

- Welche Erwartungen, Zuschreibungen und „Geschlechtsattributionen" (vgl. Hirschauer 1989, siehe Kapitel 4.1.4.) nehmen die Erzieher von ihren Interaktionspartnern/-partnerinnen wahr? Wie gehen sie mit diesen um?

- Wie stellen die Erzieher durch ihre Erzählungen im Interview Männlichkeit dar und her?

- Wie stellen sie Geschlecht im Sinne des ,doing masculinity' im körpernahen Handeln mit Kindern her?

Die Ergebnisse der Auswertung sollen im Folgenden zusammengefasst werden. Dabei wird das Ergebniskapitel in zwei Teile unterteilt. Im ersten Teil werden die empirischen und die theoretischen Ergebnisse im Sinne einer praxeologischen Herangehensweise zusammengeführt, im zweiten Teil werden die Ergebnisse noch einmal aus verschiedenen Frageperspektiven beleuchtet und diskutiert.

9.1 Theoretische und empirische Ergebnisse

Im vorliegenden Buch wurde der Frage nachgegangen, wie Männer im Erzieherberuf Männlichkeit konstruieren. Damit war die erste theoretische grundlegende Annahme, dass Geschlecht etwas ist, das in sozialen Situationen hergestellt wird. In diesem Ansatz ist zentral, dass jeder Akteur sich im Handeln als weiblich oder männlich präsentiert, um dem Gegenüber eine eindeutige Zuordnung zu ermöglichen. Es ist kulturell nicht möglich, beiden Genus-Gruppen anzugehören, insofern wird die Herstellung von Eindeutigkeit zu dem wichtigsten Kriterium des ,doing gender'. Für die eindeutige Herstellung wird ein entsprechendes Wissen darüber benötigt, was in der jeweiligen Kultur als männlich und was als weiblich gilt. Im Theorieteil wurde aus der Perspektive verschiedener Theoretiker/-innen herausgearbeitet, wie ,doing gender' bzw. ,doing masculinity' geschieht. Die ausgewählten Soziologen/Soziologinnen sind dabei alle in der Forschungsrichtung des Sozialkonstruktivismus verortet, das heißt, sie gehen davon aus, dass nicht biologische Faktoren das Geschlecht bestimmen, sondern dieses durch ein eindeutig einem Geschlecht zugeordnetes Verhalten präsentiert werden muss. Geschlecht wird damit in Interaktionen hergestellt, also in Situationen, in denen mindestens zwei Interaktionspartner/-innen beteiligt sind (vgl. Goffman 2001a). Hirschauer beschreibt diesen Prozess als „Geschlechtsanerkennung" und unterteilt ihn in die „Geschlechtsdarstellung" und die „Geschlechtsattribution" (vgl. Hirschauer 1994, S. 672). Beides wurde für die vorliegende Arbeit im Hinblick auf das ,doing masculinity' von Erziehern untersucht.

Einen Ausgangspunkt für die Untersuchung von Männern im Erzieherberuf bildete die Feststellung, dass es sehr wenige Männer in diesem Beruf gibt, zurzeit jedoch zahlreiche Initiativen unternommen werden, um dies zu ändern (vgl. die Seiten www.koordination-mannerinkitas.de). Der Wunsch, mehr Männer für den Erzieherberuf zu gewinnen, konfrontiert die Erzieher mit zahlreichen Anforderungen, die mit ihrem Geschlecht zusammenhängen. Gleichzeitig wurde davon ausgegangen, dass es für Männer eine Gefährdung ihrer Männlichkeit darstellen könnte, in einem hauptsächlich von Frauen ausgeübten Beruf zu arbeiten. Wie die Auseinandersetzung zum Thema Männlichkeit gezeigt hat, wird Männlichkeit nicht mit fürsorgenden Berufen konnotiert. Männer, die im Erzieherberuf arbeiten, müssen daher mit Zuschreibungen umgehen, die sie als ,verweiblicht' oder ,verweichlicht' abwerten. Dies liegt unter anderem darin begründet, dass der Erzieherberuf immer schon weiblich konnotiert war und dies bis heute ist.

Seit dem späten 18. Jahrhundert gab es in Deutschland Anfänge einer institutionalisierten Kinderbetreuung, die lange Zeit als Teil der Armenfürsorge funktionierte. Zunächst hatte Friedrich Fröbel, der als Begründer der Kindergärten gilt, das Ziel formuliert, dass sich Frauen dort auf ihre Rolle als Mutter vorbereiten und Anregungen für die Kindererziehung erhalten sollten. Es ging also weniger um die Kinder als vielmehr um die ,Ausbildung' der Mütter. Die ersten Einrichtungen dienten dabei auch der Möglichkeit für Mütter, einer Lohnarbeit nachzugehen und gleichzeitig die Kinder betreut zu wissen. Die Kinder wurden in den Einrichtungen versorgt. Später versuchte Fröbel, Volksschullehrer für den Erzieherberuf weiterzubilden (vgl. Rabe-Kleberg 2005, S. 44). Da sich jedoch keine Männer fanden, die bereit waren, die Ausbildung zu absolvieren, wurden ausschließlich Frauen zu Erzieherinnen ausgebildet. Sobald diese heirateten, verließen sie den Beruf wieder. Für die Ausbildung musste ein Schulgeld bezahlt werden, sodass nur Töchter bürgerlicher Eltern die Ausbildung absolvieren konnten. Da es Anfang des 19. Jahrhunderts sehr ungewöhnlich war, dass Frauen überhaupt eine Ausbildung erhielten, nahmen die Schülerinnenzahlen erst rund um die Revolution von 1848 zu, als vor allem liberale Elternhäuser ihre Töchter in die Ausbildung schickten, die damit auch als ein Teil der Frauenemanzipation verstanden werden kann (vgl. Ebert 2006, S. 39).

Die Vorstellung vom Erzieher-/-innenberuf war geprägt von der Annahme der ‚geistigen Mütterlichkeit' (vgl. ebd., S. 64), d. h., es wurde davon ausgegangen, dass junge Frauen aufgrund ‚natürlicher' Veranlagungen für den Beruf geeignet waren, Männer dagegen nicht. Dieses Bild hat sich über mehr als ein Jahrhundert als Grundmodell des Berufsbildes bewahrt, sodass sich bis heute kein männliches Äquivalent herausbilden konnte. Mit Öffnung der Ausbildung für Männer wurde zunächst versucht, als Gegenpol die ‚geistige Ritterlichkeit' einzuführen, dieses Ideal hat sich jedoch nicht durchsetzen können. Unausgesprochenes Ziel dieses Anliegens war, eine Arbeitsteilung innerhalb des Erzieher-/-innenberufs einzuführen, in der Erzieherinnen vor allem für pflegende und hauswirtschaftliche Tätigkeiten zuständig wären, während ihre Kollegen das ‚Ganze' im Blick hätten, sich also auch um die Verwaltung und pädagogische Konzepte kümmerten (vgl. Rudlof 2005, S. 86).

Bis heute liegt der Männeranteil in diesem Beruf trotz leichter Steigerung immer noch unter fünf Prozent (je nach Zählweise kommt man auf etwa 3 bis 5 Prozent, vgl. Stuve et al. o.J., S. 6 ff.; BMFSFJ 2010b, S. 18). Etwas höher ist der Anteil in Großstädten, was unter anderem an der höheren Anzahl von durch Elterninitiativen gegründeten Einrichtungen liegt, in denen häufiger Männer arbeiten als in öffentlichen Kindergärten (vgl. ebd., S. 18).

Aktuell und für die kommenden Jahre absehbar kommt es in einigen Regionen Deutschlands zu einem Personalmangel im Erzieherberuf, der zu einem politischen Bemühen um „Mehr Männer in Kitas" (ebd.) führt. Diese Bemühungen werden häufig mit einem spezifischen Wissen über Geschlecht gekoppelt, das heißt, die Erzieher werden mit besonderen Anforderungen konfrontiert, weil sie Männer sind. Zu diesen Anforderungen gehört, dass sie ein männliches Vorbild für Kinder – besonders für Jungen – sein und damit idealerweise Jungen später zu besseren Leistungen in der Schule motivieren sollen. Jungen werden zunehmend als „Bildungsverlierer" (Diefenbach 2010) in den Fokus gerückt, auch wenn ein Zusammenhang zwischen dem Anteil weiblicher Bezugspersonen und Schulerfolg von Jungen bisher nicht nachweisbar ist (vgl. Rohrmann 2006).

Es zeigt sich entsprechend in mehreren Studien, dass Männer im Erzieherberuf ausdrücklich als ‚männlich' angesprochen werden. Sie sollen zahlreiche Aufgaben übernehmen, die als besonders männlich gelten, wie etwa Fußball spielen, Technikkompetenz beweisen oder strenge Erziehungsmethoden anwenden (vgl. Kasiske et al. 2006; BMFSFJ 2010b). Ausgehend von diesen unterschiedlichen Zuschreibungen wurde eine Ambivalenz vermutet, die sich auf das Handeln von Erziehern auswirken könnte. Diese Ambivalenz könnte die Männlichkeitskonstruktionen von Erziehern beeinflussen, da Männern, die sich in einem solchen Berufsfeld bewegen, ihr Geschlecht möglicherweise besonders bedeutsam erscheint. Jemand, der aufgrund seines Geschlechts eine Sonderrolle einnimmt, ist sich möglicherweise ständig bewusst, welches Geschlecht er hat und mit welchen Zuschreibungen und Erwartungen dieses in dem jeweiligen Feld verknüpft ist.

Zusätzlich ist der Erzieher/-innenberuf auch deswegen für die Fragestellung nach der Konstruktion von Männlichkeit von hohem Interesse, weil durch ihn Vorstellungen von Männlichkeit, Weiblichkeit und dem Geschlechterverhältnis in den Betreuungseinrichtungen an die nächsten Generationen weitergegeben werden. Am Beispiel dieses Berufs lassen sich also möglicherweise Hinweise darauf finden, wie Männlichkeit hergestellt, reproduziert und weitergegeben wird.

Von diesen Beobachtungen und Vorannahmen ausgehend, wurde in der vorliegenden Studie aus der Perspektive des ,doing gender'-Ansatzes untersucht, wie die Männlichkeitskonstruktionen von Erziehern von verschiedenen Faktoren beeinflusst werden. Es zeigte sich, dass diese vor allem

• das Feld mit seinen spezifischen Anforderungen und Zuschreibungen,

• kulturell geprägte, hegemoniale Muster von Männlichkeit, zu denen Männer sich verhalten müssen und

• das Wissen über Geschlecht/Männlichkeit, im Sinne eines biografischen und allgemein-medienvermittelten Geschlechter-Wissens

sind. Diese drei Faktoren sind ausführlich diskutiert worden. Zum Abschluss sollen die Ergebnisse vor dem Hintergrund der theoretischen Überlegungen noch einmal zusammenfassend dargestellt werden.

Ausgehend von Bourdieus Feld-Habitus-Theorie (vgl. Bourdieu 1998) wurde aufgezeigt, dass in einem Feld bestimmte Regeln gelten, die einen feldspezifischen Habitus und ein feldspezifisches Geschlechter-Wissen prägen. Kinderbetreuung wurde als ein solches Feld beschrieben. Die für diese Arbeit wichtigsten Akteure im Feld sind die Erzieher. Sie interagieren mit ihren Kollegen/Kolleginnen, den Kindern und teilweise mit Eltern. Sie verständigen sich gemeinsam mit diesen, meist ohne es auszusprechen, darüber, welche Regeln im Feld gelten. Dies gilt auch für Vorstellungen von Geschlecht und Männlichkeit. Sünne Andresen und Irene Dölling (vgl. Andresen/Dölling 2004) zufolge gilt innerhalb eines Feldes ein bestimmtes Geschlechter-Wissen als ,passend'. Ein solches Wissen kann als „doxisches Wissen" (Dölling 2007, S. 15) bezeichnet werden, also als ein Wissen, von dem man nicht weiß, dass man es hat. Zum feldspezifischen Geschlechter-Wissen gehören neben dem verbreiteten Wissen über geschlechtsspezifische Arbeitsteilungen häufig auch bestimmte Annahmen darüber, wie Männer, Frauen und Kinder angeblich ,sind', was also als männlich oder weiblich gilt. Auch dieses Wissen nimmt Einfluss auf das ,doing masculinity' von Erziehern im Kindergarten.

Männlichkeit wird häufig mit Dominanz, körperlicher Stärke, Präsenz in der Öffentlichkeit und Handlungsvermögen verknüpft, während Weiblichkeit sich

durch Fürsorglichkeit, Privatheit, Untergebenheit und körperliche Passivität darstellt. Dies hat Pierre Bourdieu am Beispiel der kabylischen Gesellschaft gezeigt
(vgl. Bourdieu 2005) und wurde von Angelika Wetterer und anderen auf die heutige
Erwerbsarbeitswelt übertragen (vgl. Wetterer 2002). Bestehende Studien der Män-
ner- und Männlichkeitsforschung konnten zeigen, dass die Herstellung von Männlichkeit nach wie vor durch eine starke Identifikation und Verankerung in der Berufstätigkeit erfolgt, verbunden mit einem Aufstiegs- und Leitungsstreben. Zur
Herstellung von Männlichkeit gehört auch, seinen Körper (zu) wenig zu beachten
und ihn gewissen Risiken auszusetzen. Dies geschieht etwa durch eine Gewaltbereitschaft und damit verknüpft auch die Bereitschaft, Gewalt auszuhalten, was ebenfalls als männlich gilt (vgl. Bereswill 2006). Männlichkeit wird von Männern außerdem und in erster Linie dadurch hergestellt, dass sie sich von Weiblichkeit und
weiblich konnotierten Tätigkeiten abgrenzen. Als ‚männlich' bezeichnete Eigenschaften werden dabei häufig als wertvoller angesehen als weiblich konnotierte.
Auch in Berufsbildern spiegelt sich diese Zweigeschlechtlichkeit wider, so gelten
Berufe, die mit ‚männlichen' Eigenschaften verknüpft werden, wie etwa Manager-
oder technische Berufe, als prestigeträchtiger als pflegende und dienstleistende
Berufe, die häufig weiblich konnotiert sind (vgl. z. B. Gottschall 1998, S. 84). Diese
Zuschreibung hat Auswirkungen auf die gesellschaftliche Anerkennung und die
Bezahlung. Männer, die sich für den Erzieherberuf entscheiden, wählen damit ein
Berufsfeld mit relativ schlechter Bezahlung und wenig gesellschaftlicher Anerkennung. Dies liegt unter anderem auch in der Ausbildung begründet. Deutschland ist
neben Österreich das einzige europäische Land, in dem die Ausbildung zum Erzie-
her/zur Erzieherin nicht an Hochschulen, sondern an Fachschulen erfolgt, die nur
einen mittleren Schulabschluss als Zugangsvoraussetzung erfordern.

Neben dem Konzept des Geschlechter-Wissens ist vor allem das Verhältnis
von Männlichkeiten untereinander ein zentrales theoretisches Fundament dieser
Untersuchung. Raewyn Connell hat in ihrer Theorie mehrere Männlichkeitstypen in
einem hierarchischen Verhältnis angeordnet (vgl. Connell 2006). Diese Typisierung
wurde aufgenommen und erweitert. Connell spricht von einer hegemonialen Männlichkeit, der vor allem weiße, heterosexuelle, erwerbstätige, gesunde Männer entsprechen. Den Begriff der Hegemonie übernimmt Connell dabei von Antonio
Gramsci, der verdeutlicht, dass keine körperliche Gewalt nötig ist, um eine Hegemonie aufrechtzuhalten, sondern dass kulturelle Normen und Muster dafür sorgen,
dass die hegemoniale Form von Macht nicht infrage gestellt wird (vgl. u. a.
Connell/Messerschmidt 2005). Mit dieser Darstellung ähnelt Connell dem Verständnis der symbolischen Macht von Bourdieu (vgl. Bourdieu 2005, S. 65). Da nur
sehr wenige Männer mit diesem Typus vollständig übereinstimmen, geht Connell
davon aus, dass es sich um einen Idealtypus handelt, dem andere Männer und
Männlichkeiten nacheifern.

Als weitere Männlichkeiten benennt Connell marginalisierte, untergeordnete und komplizenhafte Männlichkeiten. Marginalisierte und untergeordnete Männlichkeiten sind dabei Typen, denen Männer zum Beispiel aufgrund ihres ethnischen Hintergrunds oder ihrer Berufstätigkeit/Arbeitslosigkeit entsprechen – Erzieher wären nach Connells Theorie dem Typus der untergeordneten Männlichkeit zugeordnet. Sie erfüllen die Anforderungen der hegemonialen Männlichkeit nicht. Durch die Entscheidung gegen einen männlich dominierten Beruf widersprechen sie zunächst grundsätzlich ein Stück weit den hegemonialen Erwartungen an Männer und Männlichkeit. Manche Erzieher lösen diesen Widerspruch jedoch wieder auf, indem sie sich dennoch und besonders deutlich an hegemonialen Männlichkeitsmustern orientieren, um die eigene Männlichkeit vor sich selbst und vor anderen zu präsentieren und damit auch aufrechtzuhalten. Diese Erzieher können dem Typus der komplizenhaften Männlichkeit zugeordnet werden. Als komplizenhaft bezeichnet Connell alle Männlichkeitstypen, die der hegemonialen Männlichkeit nicht entsprechen, sie aber für prinzipiell erstrebenswert halten (vgl. Connell 2006, S. 100).

In der kritischen Auseinandersetzung mit Connells Ansatz wird in der Literatur immer wieder darauf verwiesen, dass sie mehrere Ebenen in ihrer Theorie verknüpft. Zum einen bildet sie Idealtypen ab, zum anderen beschreibt sie mit den gleichen Begriffen Machtverhältnisse. Um diese enge Verknüpfung aufzuheben, wurde in der vorliegenden Untersuchung, in Anlehnung an Meuser (vgl. Meuser 2006b; Meuser 2010), von einer männlichen Hegemonie gesprochen, wenn das Machtverhältnis gemeint ist, und von hegemonialer Männlichkeit, wenn es um einen bestimmten Typus von Männlichkeit geht. Die hegemoniale Männlichkeit wird dabei – ebenfalls mit Meuser – als „Orientierungsmuster" oder „generatives Prinzip" (Meuser 2006b, S. 161) verstanden.

Davon ausgehend, dass Männer, die den Erzieherberuf ergreifen, nie dem Typus der hegemonialen Männlichkeit entsprechen, wurde untersucht, in wieweit sie das System der männlichen Hegemonie und das Leitbild der hegemonialen Männlichkeit dennoch stützen und sich selbst darin verorten. So sollte herausgearbeitet werden, ob sie der komplizenhaften Männlichkeit zuzuordnen sind oder nicht. Da die Theorie von Connell allerdings keinen Männlichkeitstypus vorsieht, der sich bewusst gegen die hegemoniale Männlichkeit stellt, wurde zusätzlich der Typus der ‚alternativen Männlichkeit' konstruiert. In ihm werden Männlichkeiten zusammengefasst, die versuchen, Alternativen zu hegemonialen Männlichkeitsmustern zu leben, indem sie sich möglichst wenig an diesen orientieren.

Diese beiden Männlichkeitstypen, der komplizenhafte und der hegemoniale Typus, bilden die Grundlage für die empirische Untersuchung. Zunächst wurden die Erzieher auf der Grundlage der Einzelfallauswertungen, ihrer Biografie und ihres Geschlechter-Wissens den unterschiedlichen Männlichkeitstypen zugeordnet. Es stellte sich heraus, dass die Zuordnungen nicht immer eindeutig möglich sind. Die Männlichkeitstypen werden daher als Idealtypen verstanden – Männlichkeit ist tendenziell eher komplizenhaft oder eher alternativ. Die individuellen Erzieher lassen sich auf einem Kontinuum einordnen lassen, dessen zwei Pole die beiden Idealtypen darstellen.

Von den untersuchten Erziehern konnten drei tendenziell dem Typus der alternativen Männlichkeit zugeordnet werden, sechs Männer wurden dem Typus der komplizenhaften Männlichkeit zugeordnet. Ein Interviewpartner ließ sich nicht nach diesem Modell einordnen, weil er weder bewusst auf der Suche nach Alternativen zu sein scheint, noch sich stark an der hegemonialen Männlichkeit orientiert. Es scheint also noch weitere Formen von Männlichkeit im Erzieherberuf zu geben, die sich durch die konstruierten Typen nicht darstellen lassen. Auffallend war, dass besonders die jüngeren Interviewpartner in ihrer Zuordnung noch nicht ganz eindeutig waren. Einer wurde tendenziell der komplizenhaften Männlichkeit zugeordnet, ein anderer der alternativen. Bei beiden scheint es eine Tendenz zu geben, sich im Laufe der ersten Berufsjahre von hegemonialen Vorstellungen immer weiter zu distanzieren, was bei Christian Jahn schon weiter fortgeschritten ist als bei Max Schulze.

In der Auswertung der Interviews mit den Erziehern stellte sich heraus, dass das spezifische Geschlechter-Wissen im Feld der institutionellen Kinderbetreuung von einem ‚Gleichheitsdiskurs' geprägt ist (vgl. auch Andresen et al. 2003, S. 154). Grundsätzlich gilt für alle Erzieher und in allen Einrichtungen, dass Jungen und Mädchen gleichberechtigt sind und in diesem Sinne erzogen werden sollen. Die Erzieher unterscheiden sich dabei jedoch darin, ob sie von einer grundsätzlichen Gleichheit oder einer grundsätzlichen Differenz zwischen Jungen und Mädchen (und auch zwischen Männern und Frauen) ausgehen. Ihr Geschlechter-Wissen ist unbewusst entweder von Gleichheits- oder von Differenzansätzen geprägt, wie sie auch von der Frauenforschung beschrieben werden. Dabei vertreten die Erzieher, die der komplizenhaften Männlichkeit zugeordnet wurden, eher den Differenzansatz, während diejenigen, die der alternativen Männlichkeit zuzuordnen sind, eher von einer prinzipiellen Gleichheit von Jungen und Mädchen ausgehen. Diejenigen Erzieher, die von einer Differenz ausgehen, sehen es als schwierig an, von Jungen weiblich konnotierte Tätigkeiten (wie Tische decken, basteln) und von Mädchen männlich konnotiertes Verhalten (wie Fußball spielen oder laut sein) zu erwarten. Die Erzieher verstehen es jedoch als ihre Aufgabe, im Sinne der Gleichberechtigung, mit den Kindern auch die jeweils entgegengesetzte Seite zu üben, auch wenn dies, in ihren Augen, biologischen Veranlagungen widerspricht. Dieses Einüben ist jedoch immer als Ausnahmesituation gekennzeichnet.

Erzieher, die eher einen Gleichheitsansatz internalisiert haben, gehen davon aus, dass die Kinder ohne solche geschlechtsspezifischen Veranlagungen in die Kinderbetreuung kommen und dort zu weiten Teilen ‚geformt' werden können. Das heißt, sie lernen erst in der Einrichtung geschlechtstypisches Verhalten kennen – oder eben nicht. Diese Erzieher sehen es als bedeutend an, den Kindern ein geschlechtsuntypisches Verhalten vorzuleben, damit sie in ihrer Individualität gefördert und nicht in geschlechterstereotypen Mustern erzogen werden.

Neben den Erziehern haben auch andere Akteure im Feld ein bestimmtes Geschlechter-Wissen. Kollegen/Kolleginnen und Eltern bringen ebenso wie die Kinder und die Träger von Einrichtungen bestimmte Vorstellungen darüber mit, was sie als männlich und weiblich empfinden. Daraus leiten sie Zuschreibungen an die anderen Akteure/Akteurinnen ab. In der vorliegenden Arbeit wurden vor allem die Geschlechtsattributionen untersucht, die die Erzieher wahrnehmen. Unter Geschlechtsattributionen wurde ausgehend von Stefan Hirschauer der Teil des ‚doing gender'-Prozesses verstanden, in dem das Geschlecht von anderen anerkannt und zugeschrieben wird (vgl. Hirschauer 1989, S. 109). So werden bestimmte Erwartungen an Männer und Frauen gerichtet, damit sie eindeutig als Männer und Frauen anerkannt werden. Solche Zuschreibungen sind damit Einflussfaktoren auf das ‚doing masculinity'.

In der Auswertung zeigte sich, dass die Erzieher Zuschreibungen immer vor dem Hintergrund ihrer Sonderposition und ihrer Männlichkeitskonstruktion wahrnehmen. Sowohl positive wie auch negative Zuschreibungen machen deutlich, dass sie als Mann etwas Besonderes in der Einrichtung sind und sie sich durch diesen Sonderstatus nicht diskriminiert fühlen, sondern ihn meistens positiv umdeuten. Besonders die Erzieher, die dem Typus der komplizenhaften Männlichkeit zugeordnet wurden, nutzen die Attributionen, um sich im Interview als männlich darzustellen. Sie berichten von einem ‚Männerbonus', den sie erfahren und der ihren beruflichen Aufstieg fördert und von (technischen u. a.) Kompetenzzuweisungen, die sie zwar einerseits ablehnen, andererseits jedoch nutzen, um sich als professionell und kompetent zu präsentieren. Sie entsprechen damit in ihren Aussagen eher der Vermutung eines „Glass Escalators" als der des negativ besetzten „Token-Status" (vgl. Williams 1992). Auch Zuschreibungen, die vor allem von Eltern formuliert werden, wie etwa die, dass Erzieher ein Vorbild für Männlichkeit und ein besonderer Ansprechpartner für Jungen und Väter seien, stärken diese Sonderposition. Die Erzieher, die diese Zuschreibungen wahr- und sie als handlungsleitend übernehmen, erfüllen damit die Anforderungen, die im Feld an sie gestellt werden, nämlich als männliche Erzieher eine besondere Position einzunehmen und damit nicht zur ‚Normalität' zu werden. Es gelingt ihnen so, ihre Männlichkeit trotz der weiblich konnotierten Berufswahl aufrechtzuhalten und sie auch im Interview zu präsentieren.

Das Thema Vorbild erhält damit in den feldspezifischen Anforderungen eine große Bedeutung. Erzieher sollen als männliche Identifikationsfiguren für Jungen zur Verfügung stehen und für Mädchen als Beispiel für Männlichkeit als Ergänzung zum Vater auftreten (vgl. die Auswertung der Expert/inneninterviews). Was dabei als Männlichkeit verstanden wird, ist häufig mit hegemonialen Vorstellungen von Männlichkeit, die vonseiten unterschiedlicher Interaktionspartner/-innen an die

Erzieher herangetragen werden, verknüpft. Dazu gehört, dass Männer als ‚wilder‘ erlebt und erwartet werden. Sie sollen mit den Kindern toben und raufen und Dinge tun, die Frauen nicht zugetraut werden. Dies beinhaltet auch, solche Sportarten in die Kinderbetreuung zu integrieren, die Frauen seltener spielen, wie beispielsweise Fußball oder Basketball (vgl. BMFSFJ 2010b, S. 45). Auch Handwerken und das Ausführen technischer Arbeiten, das hat die Auswertung der Experten/innen-interviews und der Interviews mit Erziehern gezeigt, wird von den meisten Männern erwartet. Von Erziehern wird also weniger verlangt, den Kindern ein Vorbild für ‚alternative‘ Formen von Männlichkeit zu sein, als vielmehr Männlichkeit in einem hegemonialen Sinne vorzuleben.

Neben positiven Zuschreibungen erleben Erzieher auch den Generalverdacht der Pädophilie. Dies ist die am stärksten geschlechts- und feldspezifische Zuschreibung, die Frauen so gut wie nie erleben und die in dieser Deutlichkeit nur innerhalb dieses Feldes ausgesprochen wird. Die Analyse von entsprechenden Studien macht deutlich: Männer sind im Fall von Kindesmissbrauch nach den vorliegenden Statistiken die Mehrheit der Täter.[201] Ob unter den männlichen Tätern auffallend viele Erzieher sind, ist nicht nachprüfbar. Für diese Untersuchung bedeutender ist jedoch die Annahme, dass Männer, die sich für den Erzieherberuf entscheiden, verdächtigt werden, weil sie sich für ein Berufsfeld entscheiden, das für Männer so ungewöhnlich ist. Die beteiligten Interaktionspartner/-innen stellen sich daher schnell die Frage, warum ein Mann gerade diesen Beruf wählt und vermuten leicht entsprechende sexuelle Interessen. Es zeigte sich in der Auswertung, dass die Erzieher des komplizenhaften Typus den Verdacht stärker wahrnehmen als die Erzieher, die dem alternativen Typus zugeordnet wurden.

Diejenigen Erzieher, die die (positiven und negativen) Zuschreibungen nicht wahrnehmen oder nicht als handlungsleitend übernehmen, widersprechen damit ein Stück weit den Anforderungen des Feldes. Sie wünschen sich ‚Normalität‘, also nicht ständig als Männer aufzufallen, während es den anderen Interaktionspartnern/-partnerinnen wichtig zu sein scheint, sie ‚als Mann‘ anzusprechen und wahrzunehmen, also keine ‚Normalität‘ entstehen zu lassen. Der Wunsch nach ‚Normalität‘ gilt besonders für die Erzieher, die dem Typus der alternativen Männlichkeit zugeordnet wurden. Für sie wird damit das ‚doing masculinity‘ teilweise verkompliziert. Sie können nicht ‚einfach‘, wie ihre Kollegen, die Zuschreibungen annehmen und sich damit als männlich darstellen. Sie müssen, um eine eigene Position zu entwickeln, ihre alternative Männlichkeit erst einmal selbst als Männlichkeit anerkennen, um sie dann auch gegen Anforderungen, die an sie auf der Grundlage ihres Geschlechts gestellt werden, durchsetzen zu können. Diese besondere Reflexion der Position als Mann im Kindergarten kann dazu führen, dass sie die Verdächtigung als

---

201 Wie hoch der Anteil von Frauen als Täterinnen ist, ist nicht bekannt. Es wird – ebenso wie bei Männern als Täter – eine hohe Dunkelziffer vermutet.

potenzieller Täter nicht so deutlich wahrnehmen wie ihre Kollegen des Typus der komplizenhaften Männlichkeit. Sie verstehen sich als ‚normal' in der Einrichtung und legen keinen besonderen Wert darauf, ‚männlicher' Erzieher zu sein. Die Zuschreibung als potenzieller Täter trifft sie damit weniger.

Die drei Faktoren, das Feld, das Wissen und kulturell-hegemoniale Männlichkeitsnormen, wirken auf das ‚doing masculinity' von Erziehern ein. In der vorliegenden Untersuchung wurde anschließend an diese theoretischen Überlegungen und empirischen Ergebnissen untersucht, wie das Handeln, der Habitus und die Körper der Erzieher von den Einflüssen geprägt werden. Dabei stellte sich heraus, dass sich auch in Bezug auf ihr Handeln und ihr ‚doing masculinity' Unterschiede je nach Männlichkeitstyp beschreiben lassen. Untersucht wurden Unterschiede zwischen den Erziehern der jeweiligen Männlichkeitstypen im Hinblick

• auf die Geschlechtsdarstellung,

• auf den Habitus/Hexis und

• auf das körpernahe Handeln mit Kindern.

Das Habitus-Konzept, wie es für diese Arbeit verwendet wurde, beruht auf den praxeologischen Untersuchungen und Überlegungen von Pierre Bourdieu. Grundlage von Bourdieus Arbeiten ist die Annahme, dass sich Theorie und Praxis/empirische Untersuchungen gegenseitig befruchten und Ergebnisse von Forschungsarbeiten theoretische Erkenntnisse über soziale Praxis sind (vgl. Bourdieu 1976). Ein wesentliches Resultat seiner Arbeiten wie auch eines seiner bedeutendsten Analysewerkzeuge ist das Habitus-Konzept. Mit diesem Konzept gelingt es Bourdieu, das Individuum als vergesellschaftetes Individuum zu beschreiben, das zu dem, was es ist, nur wird, weil es gesellschaftliche Strukturen und Positionen inkorporiert. Bourdieu spricht daher von sozialen Akteuren als „Existenzform von Gesellschaft" (vgl. Bourdieu 1982). Im Habitus eines Akteurs zeigen sich seine soziale Position und damit auch Herrschafts- und Machtverhältnisse. Diese sind in den Körper und das Wissen der Individuen eingeschrieben. Die Einschreibung erfolgt meist „symbolisch" (Bourdieu 2005, S. 63), d. h. durch kulturell vermittelte Normen und Werte, nicht durch physische Gewalt. Auf diese Weise werden auch das Wissen über das aktuelle Geschlechterverhältnis (vgl. Geschlechter-Wissen) und daraus abgeleitete unterschiedliche Verhaltensregeln für Männer und Frauen zum Teil des Habitus.

Am Beispiel der „männlichen Herrschaft" (Bourdieu 2005) zeigt Bourdieu, wie in den Habitus von Individuen nicht nur ihre gesellschaftliche Position, sondern auch ihr Geschlecht eingeschrieben wird. Dabei macht Bourdieu deutlich, dass das Geschlechterverhältnis als männliches Dominanzverhältnis nicht durch körperliche Gewalt umgesetzt werden muss, sondern sich durch Akte symbolischer Gewalt aufrechthält und weitergegeben wird. Dies sorgt dafür, dass das Geschlechterverhältnis in seiner scheinbaren Natürlichkeit nicht infrage gestellt wird. Durch die

Inkorporierung in den je individuellen Habitus stellt sich die Frage nach möglicher Veränderung für die meisten Akteure/Akteurinnen nicht. Das Geschlechterverhältnis ist so sehr Teil des eigenen Lebens, des eigenen Habitus, dass eine andere als die männliche Herrschaft nicht denkbar ist.

Der Habitus ist damit auch abhängig von dem Feld und der Gesellschaft/Klasse/Schicht, in der sich der Akteur bewegt, denn es gelten jeweils unterschiedliche Regeln (vgl. Bourdieu 1998; Bourdieu 1991), die inkorporiert werden. Neben in der Ausbildung bewusst gelernten Verhaltensregeln gehören zum Habitus vor allem die unbewussten Regeln, wie etwa eine unausgesprochene Übereinkunft darüber, dass in Kindergärten meist ein legerer Kleidungsstil herrscht und die Erzieher nicht im Anzug und mit Krawatte zur Arbeit erscheinen. Ebenso werden Verhaltensnormen im Umgang mit Kindern mehr oder weniger bewusst erlernt und in körperliches Handeln eingeschrieben – sie werden also Teil des feldspezifischen praktischen Sinns. Nach heutigen pädagogischen Prinzipien wird gelernt und in den Habitus eingeschrieben, dass Kinder zur Strafe nicht geschlagen werden, sondern Konflikte auf der sprachlichen Ebene gelöst werden sollen. Gleichzeitig wird ein bestimmter und wie gezeigt werden konnte, geschlechtsspezifischer körperlicher Umgang inkorporiert. Der Habitus ist damit das Ergebnis eines langen Lernprozesses, der sich größtenteils unbewusst abspielt und nicht erinnert wird. Viele der unbewussten Regeln gelten für Männer und Frauen, Jungen und Mädchen unterschiedlich. In den Interviews lässt sich beispielsweise heraushören, dass für Jungen gewalttätige Auseinandersetzungen teilweise toleriert werden, während Mädchen eher zugesprochen wird, dass sie keine körperliche Gewalt ausüben, sondern psychische. Immer wieder wurde in den Interviews auf den sogenannten ‚Zickenkrieg‘ verwiesen, womit gemeint ist, dass Mädchen ihre Streitigkeiten vor allem über eine bestimmte Art zu reden oder miteinander umzugehen (nicht miteinander sprechen, gegenseitiges Ausschließen vom Spielen etc.) ausführen. Die Bezeichnung ‚Zickenkrieg‘ kann dabei durchaus als Abwertung dieses Verhaltens interpretiert werden. Wenn Kinder durch entsprechende Zuschreibungen lernen, wie sie sich als Junge oder Mädchen verhalten sollen, wird dies Teil des geschlechtsspezifischen Habitus.

In der vorliegenden Studie wurden die Geschlechtsdarstellungen als Teil des Habitus und als Teil des ‚doing masculinity‘-Prozesses verstanden. Dabei orientiert sich die Darstellung an den Erwartungen des Gegenübers, das heißt, es wird dargestellt, was das Gegenüber von einer Person erwartet, um sie eindeutig als Mann oder Frau anzuerkennen (vgl. Hirschauer 1992, S. 39). Dazu gehört die Wahl der ‚passenden‘ Kleidung ebenso wie die ‚richtige‘ Stimmlage oder die ‚angemessene‘ Art, körperliche Nähe zuzulassen. Die Geschlechtsdarstellungen sind habituell inkorporiert, das heißt, Erzieher ‚wissen‘, was sie tun müssen, um als männlich zu gelten. In der Darstellung präsentieren sie unter anderem ihren Männlichkeitstypus. Dieser wird, wie bereits gezeigt wurde, von Geschlechtsattributionen und feldspezifischen Annahmen über Männlichkeit beeinflusst.

In der Auswertung der Interviews wurde untersucht, inwieweit die Erzieher Männlichkeit darstellen, indem sie sich

- von Weiblichkeit abgrenzen,
- ihre Leitungsfunktion betonen,
- auf die (geringe) Bezahlung eingehen und
- sich selbst als Vorbild darstellen.

Es stellte sich heraus, dass sich die Zuordnungen zu den beiden Männlichkeitstypen in der Geschlechtsdarstellung bestätigen. Erzieher, die dem Typus der komplizenhaften Männlichkeit zugeordnet wurden, sind stärker bemüht, ihre Berufswahl dadurch zu legitimieren, dass sie auf die besondere Bedeutung von Männern im Erzieherberuf verweisen, während Erzieher des alternativen Männlichkeitstypus versuchen, sich vor allem als professionelle und kompetente Erzieher darzustellen, was zunächst einmal mit ihrem Geschlecht weniger zu tun zu haben scheint. Männlichkeiten unterscheiden sich also voneinander in der Art und Weise, wie sie die Männlichkeit verstehen, die sie darstellen möchten.

Die Analyse zur Abgrenzung von Weiblichkeit zeigte, dass sich die Erzieher, die der komplizenhaften Männlichkeit zugeordnet wurden, von Frauen und Weiblichkeit abgrenzen, aber auch von alternativen Männlichkeiten oder Homosexualität, während sich Männer der alternativen Männlichkeit viel weniger von Frauen, dafür umso stärker von der hegemonialen Männlichkeit abgrenzen. Es konnte außerdem herausgearbeitet werden, dass es feinere Unterschiede auch innerhalb der Männlichkeitstypen geben kann: So stellten zum Beispiel einige Erzieher des komplizenhaften Typus ihre Differenzierung von Kolleginnen und weiblich konnotierten Eigenschaften vor allem als gegenseitige Ergänzung von Weiblichkeit und Männlichkeit dar, während andere, des gleichen Typus, offensichtlich die Differenzierung mit einer Abwertung weiblich konnotierter Eigenschaften verknüpften, um die eigene Männlichkeit zu betonen.

Besonders untersucht wurden die Geschlechtsdarstellungen in Bezug auf die Vorbildfunktion der Erzieher. Vorbild-Sein kann als ein wesentliches Element des Berufsverständnisses von Erziehern/Erzieherinnen verstanden werden. Dabei ist nicht immer eindeutig, was die unterschiedlichen Akteure im Feld unter dieser Vorbildfunktion verstehen – besonders dann, wenn es um eine vergeschlechtlichte Vorbildfunktion geht. Tim Rohrmann hatte darauf hingewiesen, dass häufig nicht deutlich ist, wofür Männer im Erzieherberuf Vorbild sein sollen (Rohrmann 2006, S. 119). Die vorliegende Studie hat gezeigt, dass damit ein sehr einseitiges – häufig an hegemonialen Vorstellungen orientiertes – Bild von Männlichkeit gemeint sein kann. Erzieher sollen Vorbild für eine bestimmte Form von Männlichkeit sein, zum Beispiel als guter Fußballspieler, als strenger Erzieher, als handwerklich begabter Vaterersatz oder ähnliches. In der Auswertung der Interviews zeigte sich, wie unterschiedlich die Erzieher – je nach Männlichkeitstypus – mit diesen Anforderungen an ihre Vorbildfunktion umgehen. Während die Erzieher des komplizenhaften

Typus die Aufgabe gerne übernehmen, mit den Kindern zu werken, zu toben oder Sport zu machen, wehren sich die Erzieher des alternativen Typus dagegen, in männliche Stereotype gedrängt zu werden. Sie verstehen sich vielmehr als Vorbild für alternative Formen von Männlichkeit und leben den Kindern daher vor, dass auch sie weiblich konnotierte Tätigkeiten alltäglich tun. Die Zuschreibungen und Erwartungen lösen also typenspezifisch unterschiedliche Darstellungen aus.

Im letzten Teil der empirischen Analyse wurde die Typenzuordnung als Ausgangspunkt genommen, um zu untersuchen, ob sich entlang der Typen Unterschiede im körpernahen Handeln der Erzieher beschreiben lassen. Untersucht wurde, wie die Erzieher der verschiedenen Männlichkeitstypen körperliche Nähe aktiv herstellen und sie zulassen. Dazu wurden ihre Aussagen und die Beobachtungsprotokolle auf die folgenden Themen hin ausgewertet und verglichen:

• Zärtlichkeit und Nähe zulassen/herstellen,

• Pflegen und Versorgen und

• Trösten.

In der Auswertung zu diesen Themenfeldern zeigte sich, dass Erzieher, die der alternativen Männlichkeit zugeordnet wurden, aktiv und bewusst körperliche Nähe herstellen und diese für einen Vertrauensaufbau zwischen sich und den Kindern nutzen. Sie verstehen Nähe herzustellen, zu pflegen und körpernah zu handeln als selbstverständlichen Teil ihrer Arbeitstätigkeit. Demgegenüber stehen die Erzieher, die dem Typus der komplizenhaften Männlichkeit zugeordnet wurden. Auch sie bestätigen, dass körperliche Nähe zur Arbeit eines Erziehers dazugehört, sie sind jedoch darauf bedacht, von sich aus Grenzen zu setzen und nicht zu viel Intimität aufkommen zu lassen. Sie beteiligen sich daher zum Beispiel nur in Ausnahmefällen an der Betreuung des Mittagsschlafs und wussten zu Beginn ihrer beruflichen Tätigkeit nicht, wie sie mit der Wickelsituation umgehen sollten. Daher vermeiden sie intime Situationen bzw. sind sie nur dann bereit, solche Tätigkeiten zu übernehmen, wenn sie erlebt haben, dass das Umfeld ihnen genügend Vertrauen entgegenbringt.

In der Auswertung der Interviews und der Beobachtungsprotokolle zeigte sich, wie vor allem die Angst vor dem Pädophilieverdacht das körperliche Handeln der Erzieher beeinflusst. Besonders die Erzieher, die der komplizenhaften Männlichkeit zugeordnet wurden und bei denen bereits festgestellt werden konnte, dass sie die Zuschreibung als potenzieller Täter deutlich wahrnehmen, zeigt sich eine Unsicherheit im Umgang mit körperlicher Nähe zu den Kindern. Die Erzieher des komplizenhaften Männlichkeitstypus sind deutlich verunsicherter durch die möglichen Zuschreibungen von außen und versuchen daher ‚verdächtige' Situationen zu vermeiden. Der Vertrauensaufbau wird zum Beispiel durch Kolleginnen unterstützt oder auch durch institutionalisierte Maßnahmen, wie etwa, dass alle (auch die Kolleginnen) beim Wickeln die Tür offen stehen lassen, gefördert. Auf den Schoß nehmen oder durch Streicheln zu trösten, wird von diesen Erziehern eher vermieden oder durch die Darstellung der eigenen Person als väterlich-fürsorglich legitimiert. Erzieher, die dem Typus der alternativen Männlichkeit zugeordnet wurden, teilen diese Ängste nicht. Für sie ist das aktive Herstellen körperlicher Nähe ein zentrales Element ihres Berufsverständnisses, das sie nicht durch den Generalverdacht beeinflusst sehen. Sie fürchten sich weniger vor entsprechenden Anschuldigungen, entweder weil sie sich mit ihnen reflexiv auseinander gesetzt haben oder weil sie sie nicht als ausschließlich an sie selbst adressiert verstehen.

Dieser unterschiedliche Umgang mit körperlicher Nähe wirkt sich auch auf die Hexis der Erzieher aus. Unter Hexis wird dabei die körperliche Dimension des Habitus verstanden (vgl. Bourdieu 1987, S. 129). Mit Paula-Irene Villa wurde davon ausgegangen, dass die Hexis in mimetischen Prozessen gelernt wird. Dabei sind es nicht bewusste Lern- oder Kopierprozesse, in denen der Körper ein bestimmtes Verhalten lernt, sondern gesehenes Verhalten wird durch ‚Anähnlichung' auf den eigenen Körper übertragen. Das beobachtete Handeln wird mit dem eigenen Körper und seinen eigenen Fähigkeiten zu einer individuellen Ausprägung der Hexis verknüpft (vgl. Villa 2006b, S. 229). Eine körperliche Haltung, eine bestimmte Art, mit dem Körper umzugehen, ihn in der Arbeit mit Kindern einzusetzen, schreibt sich mimetisch in die Hexis von Erziehern ein. In mimetischen Prozessen eignen sich Erzieher eine bestimmte Körperlichkeit an, die immer auch geschlechtsspezifisch ist. Während die Erzieher des komplizenhaften Typus sich in ihrer Körperhaltung an hegemonialen Männlichkeitsmustern orientieren und die Handlungsweise von Kolleginnen als ‚weiblich' tendenziell eher ablehnen, wollen sich die Erzieher des alternativen Typus vor allem von hegemonialen Männlichkeiten unterschieden, während sie sich an Erzieher*innen* durchaus orientieren. Sie präsentieren entsprechend Offenheit für Kinder und körperliche Nähe in ihrer Körperhaltung.

Gleichzeitig werden durch das Handeln der Erzieher auch bestimmte Männlichkeitsstereotype reproduziert. Wenn die Erzieher den Kindern eher zurückhaltend begegnen, wird damit Männlichkeit für die Kinder, die dieses Handeln erleben, mit körperlicher Zurückhaltung und einer Angst vor zu viel Zärtlichkeit verknüpft. Kinder erleben im Umgang mit Erziehern des alternativen Männlichkeitstypus, dass Männer sie trösten oder wickeln, sie auf den Schoß nehmen oder beim Mittagsschlaf mit ihnen kuscheln. Erzieher des komplizenhaften Typus dagegen erleben sie in Abweichung zu Erzieherinnen zum Beispiel als Handwerker, Hausmeister oder strenge Aufsichtspersonen. Solche Erzieher, die den Anforderungen und Zuschreibungen des Feldes entsprechen, ohne sie kritisch zu hinterfragen, tragen damit möglicherweise stärker zu geschlechterstereotyper Erziehung bei, als dass sie diese verändern. In Kinderbetreuungseinrichtungen, in denen nur Frauen arbeiten, lernen Kinder möglicherweise, dass Frauen vielfältige Aufgaben übernehmen können, dass Frauen werken und Fußball spielen. Arbeitet ein Mann in der Einrichtung, kann dies bedeuten, dass alle Interaktionspartner/-innen in stereotype Muster verfallen,

die Männer für ‚männliches' Handeln zuständig sind und die Frauen weiblich konnotierte Tätigkeiten übernehmen. Sie entsprechen damit dem Wunsch vieler Eltern
und anderer Interaktionspartner/-innen, stellen jedoch hegemoniale Geschlechtervorstellungen nicht infrage. Die Zahl der Männer im Erzieherberuf zu erhöhen, wie
dies politisch gewünscht wird, ändert daran zunächst einmal nichts. Ob dies von
den politischen Entscheidenden anders gewünscht ist, ist eine offene Frage, die
sicher auch mit der jeweiligen Politikausrichtung zusammenhängt.

9.2   Diskussion der Ergebnisse

In diesem zweiten Teil des Ergebniskapitels werden einzelne Aspekte der theoretischen und empirischen Ergebnisse aufgegriffen und ausgehend von fünf übergreifenden Fragestellungen diskutiert. Dabei wird der Blickwinkel von der empirischen
Auswertungsarbeit ein Stück weit weggelenkt und für weitergehende Überlegungen
geöffnet.

Wieso zeigen sich zwei Männlichkeitstypen besonders deutlich?

Die Auswertung hat gezeigt, dass besonders zwei Typen von Männlichkeit bei den
Erziehern zu finden sind, der Typus der komplizenhaften Männlichkeit und der der
alternativen Männlichkeit. Beide Typisierungen wurden ausgehend von Connells
Modell entwickelt und konnten empirisch bestätigt werden. Dabei zeigte sich, dass
die Ausprägung einer komplizenhaften Männlichkeit im Erzieherberuf die konflikt-
freiere Variante zu sein scheint. Erzieher, die eine alternative Männlichkeit im Beruf
des Erziehers ausprägen und beibehalten wollen, benötigen offenbar eine stärkere
Auseinandersetzung über Männlichkeit und eine bewusstere Reflexion ihres eigenen
Status.
    Es ist anzunehmen, dass dies weitestgehend mit den Anforderungen des Fel-
des und den dortigen Akteuren/Akteurinnen zusammenhängt. Von Männern im
Erzieherberuf scheint zumindest in einigen Einrichtungen bzw. von einigen Eltern
erwartet zu werden, dass sie – auch wenn sie sich für einen weiblich konnotierten
Beruf entscheiden – Männlichkeit in einem hegemonialen Sinne vorleben und weitergeben. Dabei orientieren sich die Anforderungen an der Vorstellung, dass Männer gerne werken, Fußball spielen und wenig körperliche Nähe herstellen bzw.
zulassen. Für einige Erzieher scheint es passend zu sein, die Anforderungen als
handlungsleitend zu übernehmen. Sie handeln so, wie es von ihnen erwartet wird
und verinnerlichen dadurch einen komplizenhaft-männlichen Habitus. Durch Zuschreibungen von außen können besonders diese Erzieher in eine Situation geraten,
in der ihre Berufswahl nicht mit der eigenen Männlichkeitsvorstellung übereinzu-
stimmen scheint. Diesen Widerspruch versuchen sie durch die Übernahme männ-

lich konnotierter Tätigkeiten aufzulösen und legitimieren ihre Berufswahl durch den Hinweis darauf, dass es für Kinder wichtig ist, Männer und Frauen als Erzieher/-innen zu erleben. Sie nehmen wahr, dass sie ‚als Mann' in der Kinderbetreuung gebraucht werden und übernehmen die geforderten männlich konnotierten Tätigkeiten. Dadurch reproduzieren sie die eigenen Vorstellungen von Männlichkeit. Ihre komplizenhafte Männlichkeitskonstruktion festigt sich. Möglicherweise sind diese Erzieher selbst überrascht davon, wie gut sich der Erzieherberuf mit Männlichkeit vereinbaren lässt und sie sehen sich in ihrer Berufswahl dadurch bestärkt. Abwertende Zuschreibungen als ‚verweiblicht' empfinden sie möglicherweise gerade deswegen besonders schlimm, weil sie in ihren Augen nicht zutreffen, sondern sie sich selbst als besonders ‚männlich' erleben.

Angehende Erzieher, die sich eher mit einem alternativen Männlichkeitsbild für das Feld entscheiden, sehen diesen Widerspruch nicht. Sie gehen tendenziell eher davon aus, dass sie ein Feld gefunden haben, in dem sie ihre alternative Männlichkeit leben können. Sie haben sich für einen Beruf entschieden, von dem sie glauben, dort nicht mit hegemonialen Männlichkeitsvorstellungen konfrontiert zu werden. In einigen Einrichtungen, und dies scheinen besonders Elterninitiativen zu sein, stimmen diese Erwartungen mit der Realität überein. Die Erzieher nehmen entsprechende alternative Zuschreibungen an ihre Männlichkeit wahr und ihre alternative Männlichkeitskonstruktion festigt sich. Die Berufswahl und die Männlichkeitskonstruktion scheinen stimmig. Nehmen diese Erzieher dennoch hegemoniale Männlichkeitsattributionen wahr, lehnen sie diese häufig ab und versuchen über Gespräche mit den Kolleginnen deutlich zu machen, dass sie sich nicht als Vertreter der hegemonialen Männlichkeit verstehen.

Es gibt allerdings auch Erzieher, deren Männlichkeitskonstruktion zu Beginn der Ausbildung nicht so eindeutig ist. Am Beispiel der beiden jüngsten Interviewpartner konnte gezeigt werden, dass die Zuordnung zu einem der beiden Männlichkeitsmuster durch die Verweildauer im Feld gefestigt werden kann. Während Christian Jahn in einer Elterninitiative sich immer mehr von seinen hegemonialen Vorstellungen von Männlichkeit zu lösen scheint und er als Vertreter der alternativen Männlichkeit gilt, wird Max Schulze trotz leichter Tendenzen, sich zu einer alternativen Männlichkeit zu entwickeln, im Feld (zur Zeit noch) als Vertreter der komplizenhaften Männlichkeit angesprochen. Welchem der beiden Typen er in den nächsten Jahren zuzuordnen sein wird, ist noch nicht eindeutig absehbar. Das im Feld ausgeübte ‚doing gender' mit seinen Zuschreibungen an Männlichkeit trägt offensichtlich dazu bei, welche Form von Männlichkeit sich bei den Erziehern festigt.

Auffällig ist, dass die Erzieher des komplizenhaften Typus alle in öffentlichen oder kirchlichen Einrichtungen arbeiten, während sich die Erzieher des alternativen Typus auf Elterninitiativen und öffentliche Einrichtungen verteilen. Es ist nicht nachzuprüfen, aber eine durchaus berechtigte Vermutung ist, dass sich Erzieher des alternativen Männlichkeitstypus bewusst für ‚andere' Einrichtungsformen entscheiden, und sie gleichzeitig in den ‚anderen' Einrichtungen in ihrer alternativen Männlichkeit anerkannt und gefestigt werden.

Wieso betonen gerade die Vertreter der komplizenhaften Männlichkeit so sehr die Bedeutung ihres Geschlechts?

Die Untersuchung zeigt, dass sich Erzieher, die dem Typus der alternativen Männlichkeit zugeordnet wurden, häufig intensiver mit dem Thema ‚Männlichkeit' beschäftigt haben und daher reflektiertere Entscheidungen darüber treffen, wie sie als Männer wahrgenommen werden, als Erzieher des Typus der komplizenhaften Männlichkeit. Ihre häufig sehr bewusste Entscheidung, in ihrem Beruf eine alternative Form von Männlichkeit leben und weitergeben zu wollen, zeugt von einer Auseinandersetzung mit dem Geschlechterverhältnis, wie es auch in der ‚profeministischen Männerbewegung' üblich war und ist. Ein kritisches Verhältnis zur hegemonialen Männlichkeit, ein bewusster Umgang mit der männlichen Vorbildfunktion und eine weitestgehende Akzeptanz von ‚anderen' Männlichkeitsmustern scheint die logische Konsequenz zu sein. Männer, die diese Reflexion nicht erleben, so die gängige Vermutung auch der Männerbewegung, empfinden sich ‚allgemeinmenschlich' und tendenziell eher ‚geschlechtslos'. Eine solche Selbstwahrnehmung wäre eher von den Männern der komplizenhaften Männlichkeit zu erwarten. Diesen Annahmen entgegen steht die Beobachtung, dass es gerade die Erzieher des komplizenhaften Männlichkeitstypus sind, die ihre Männlichkeit im Interview und im Handeln ständig betonen und damit herausstellen, während die Erzieher der alternativen Männlichkeit sich bemühen, als ‚normal' angesehen zu werden, wobei ‚normal' hier eben durchaus als geschlechtslos verstanden werden kann. Damit entsprechen sie nicht dem Bild der ‚männerbewegten' Männer. Dies lässt sich vor dem Hintergrund der weiblichen Konnotation des Berufsfeldes und der Tätigkeiten erklären.

Alle Männer, die sich für einen weiblich konnotierten Beruf entscheiden, brechen zunächst einmal mit gesellschaftlich hegemonialen Vorstellungen, die darin bestehen, dass Männer weiblich konnotierte Tätigkeiten wie pflegen, versorgen, Zärtlichkeit vermitteln etc. nicht ausüben. Die befragten Erzieher sehen diesen Bruch und nehmen ihre Männlichkeit durch Interaktionspartner/-partnerinnen außerhalb des Feldes als potenziell gefährdet wahr. Gleichzeitig werden sie innerhalb des Feldes mit hegemonialen Zuschreibungen konfrontiert und als besonders ‚männlich' angesprochen. Erzieher finden sich also in einer paradoxen Situation wieder, in der einerseits ihre Männlichkeit infrage gestellt wird, andererseits jedoch die mit Männlichkeit verbundenen Erwartungen besonders deutlich an sie herangetragen werden. Ihre Männlichkeit wird damit potenziell ständig zum Thema und im

Zusammenspiel von Geschlechtsattribution und Geschlechtsdarstellung werden hegemoniale Männlichkeitsbilder reproduziert.

Die untersuchten Erzieher sind mit dieser paradoxen Situation auf unterschiedliche Art und Weise umgegangen. Die eher der komplizenhaften Männlichkeit zugeordneten Erzieher reagieren, indem sie beide Faktoren – Infragestellung einerseits, Zuschreibung andererseits – annehmen und versuchen, das eine mit dem anderen zu lösen: Sie nehmen die Zuschreibungen dankbar auf, um damit der von außen an sie herangetragenen Infragestellung entgegenzutreten. Sie nutzen diese Form des ‚doing masculinity‘, um auch in der Interviewsituation darzustellen, dass ihre Männlichkeit durch die Berufswahl nicht gefährdet, sondern verdeutlicht wird. Gleichzeitig tragen sie so dazu bei, dass ihre Männlichkeit innerhalb des Feldes ständig Thema bleibt, sie im Feld immer ‚besonders‘ bleiben.

Die Erzieher, die eine eher alternative Männlichkeit vertreten hingegen, verfügen aufgrund ihrer reflektierten Auseinandersetzung mit dem Geschlechterthema über die Möglichkeit, sowohl die Infragestellung von außen als auch die Zuschreibungen im Feld umzudeuten. Beides trägt dazu bei, dass sie als Vertreter einer alternativen Männlichkeit anerkannt werden. Sie sind bemüht, als ‚anders‘ männlich anerkannt zu werden, als an hegemonialen Mustern orientiert. Sie fühlen sich also in *ihrer* Form von Männlichkeit bestätigt. Durch die Umdeutung löst sich die paradoxe Situation aber tatsächlich auf und ihr Status ‚normalisiert‘ sich, sie fühlen sich weniger als ‚besonders‘ wahrgenommen und benötigen diese Wahrnehmung für ihre Männlichkeitsdarstellung auch nicht. Sie verstehen es als Anerkennung für ihre alternative Form von Männlichkeit, nicht als hegemonial-männlicher Mann angesprochen zu werden, sondern als ein Mann, der sich einfühlsam auf Kinder einlässt, sie pflegt, mit ihnen kuschelt und die weiblich konnotierten Hausarbeiten übernimmt. Das Geschlecht verliert an Bedeutung und es treten eher individuelle Unterschiedlichkeiten in den Vordergrund – wie bei den Kolleginnen auch. Voraussetzung dafür ist allerdings, dass dies durch die Einrichtung, die Eltern und Kolleginnen etc. akzeptiert wird.

Was gilt im Feld der Kindererziehung und -betreuung als männlich?

In Kapitel 5 wurden zahlreiche Studien vorgestellt, die darauf verwiesen, dass die Darstellung von Männlichkeit sich bis heute häufig an hegemonialen Vorstellungen von Männlichkeit orientiert und dass Männer sich in Peergroups darüber verständigen, was sie für männlich halten und was für weiblich. Männlichkeit wurde als das angesehen, was andere als ‚männlich‘ anerkennen, wobei ein wesentliches Kriterium die Ablehnung von Weiblichkeit und weiblich konnotierten Tätigkeiten ist. Einige der befragten Erzieher widersprechen jedoch diesem Bild. Deutlich wurde, dass sich besonders solche Männer ihrer Männlichkeit vergewissern müssen, die sie als bedroht oder unsicher erleben. Männer, die Angst haben, nicht als ‚männlich' zu gelten, stellen sich als besonders ‚männlich' dar, indem sie sich auf Muster der hegemonialen Männlichkeit beziehen, auch wenn sie sie selbst nicht leben (können). Ihr männlicher Habitus wird also von einem hegemonialen Männlichkeitsmuster geprägt.

Männlichkeiten konsequent im Plural zu denken, bedeutet auch, Männlichkeiten im Verhältnis zu anderen zu denken. Während es besonders für die Erzieher der komplizenhaften Männlichkeit extrem wichtig ist, sich von Frauen abzugrenzen und deren Handeln teilweise deutlich abzuwerten, haben beide Typen auch die Eigenschaft, sich von anderen Männlichkeiten abzugrenzen. Für die Erzieher der komplizenhaften Männlichkeit bedeutet dies vor allem eine Abgrenzung von anderen Männlichkeitsformen wie etwa von homosexueller Männlichkeit. Die Erzieher des Typus der alternativen Männlichkeit grenzen sich von der hegemonialen Männlichkeit ab.

Männlichkeit kann also im Feld der Kinderbetreuung, und sicher auch darüber hinaus, Unterschiedliches sein, allerdings nur, wenn man verschiedene Formen von Männlichkeit anerkennt und Männlichkeit nicht automatisch als Gegensatz von Weiblichkeit versteht. Es gibt Erzieher, für die es besonders männlich ist, Fußball zu spielen, für andere dagegen ist es selbstverständlicher Teil ihres männlichen Habitus, Kinder zu wickeln. Die Frage, was im Kindergarten ‚männlich' ist, lässt sich daher nicht losgelöst davon beantworten, was verschiedene Interaktionspartner/-innen als männlich anerkennen und wahrnehmen. Männlichkeit wird in jeder einzelnen Handlung hergestellt. Was als männlich gilt, wird damit nicht nur reproduziert, sondern auch immer wieder infrage gestellt und damit beständig neu verhandelt. Es gilt, sowohl hegemoniale als auch komplizenhafte und alternative Männlichkeiten als männlich anzuerkennen. Als Besonderheit liegt in diesem Feld die Möglichkeit, Bilder von unterschiedlichen Männlichkeiten bereits im Kindergarten an die nächsten Generationen weiterzugeben.

Welchen theoretischen Gewinn bringt die Erweiterung des Männlichkeitsmodells um den Typus der alternativen Männlichkeit?

In der vorhergehenden Untersuchung zeigte sich, dass in Connells Theorie der hegemonialen Männlichkeit die Darstellung der verschiedenen Männlichkeitstypen nützlich war, aber zu eng gefasst wurde. Connell beschreibt in ihrer Theorie neben den hegemonialen, marginalisierten und untergeordneten Männlichkeiten die komplizenhafte Männlichkeit als einen Typus, dem solche Männer angehören, die das hegemoniale System mehr oder weniger bewusst bestätigen und reproduzieren. Das Ursprungsmodell sieht keine Möglichkeit vor, Männer und Männlichkeitstypen zu beschreiben, die die hegemoniale Männlichkeit und die männliche Hegemonie ablehnen oder bewusst verändern wollen. In der Auswertung der Interviews und Beobachtungsprotokolle zeigte sich jedoch, dass es im Erzieherberuf solche Männer gibt und entsprechend wurde der Idealtypus der alternativen Männlichkeit theoretisch hergeleitet. Die Zuordnung zu diesem Typus wurde ausschließlich auf der Grundlage der Einstellung gegenüber der hegemonialen Männlichkeit vorgenommen. Erzieher, die sich als ablehnend gegenüber der hegemonialen Männlichkeit darstellten, wurden diesem Typus tendenziell zugeordnet. Der Typus der alternativen Männlichkeit wurde in mehreren Untersuchungsschritten verwendet und zeigte sich als sehr nützliche Kategorie, um die Unterschiedlichkeit von Männlichkeitstypen im Erzieherberuf abzubilden. Gleichzeitig zeigte sich auch, dass beide so entstandenen und entgegensetzten Typen nicht alle Formen von Männlichkeit umfassen können, sondern dass es zahlreiche Zwischentypen gibt, sodass das Modell eher als Kontinuum verstanden werden sollte und nicht als starre Typisierungen, denen Männer aufgrund bestimmter Eigenschaften zugeordnet werden können.

Das entwickelte und genutzte Modell von Männlichkeiten kann daher als eine theoretische Erweiterung von Connells Theorie verstanden werden. Die trennscharfe Typisierung löst sich auf, die Idee eines Kontinuums kann dazu beitragen, die Vielfältigkeit von Männlichkeiten besser einzuordnen, ohne sie Weiblichkeiten gegenüberzustellen. Mit diesem Modell kann Männlichkeit bedeuten, Kinder zu wickeln, körperliche Nähe zu Kindern aktiv herzustellen und empathisch mit Kindern umzugehen, ohne dass die Männlichkeit des Handelns infrage gestellt würde.

In der Untersuchung zeigten sich außerdem Männlichkeitsformen, die auch auf dem Kontinuum nicht oder nur schwer zu verorten waren. Männer, für die ihr Geschlecht nur wenig Bedeutung zu haben scheint, bei denen dies jedoch nicht auf eine reflexive Auseinandersetzung mit ihrer Männlichkeit zurückzuführen ist, sind in einem solchen Modell nur schwer einzuordnen. Die denkbare Weiterentwicklung zu einem Handlungsmodell von Männlichkeit könnte möglicherweise zu einer besseren Möglichkeit der Einordnung von Handeln beitragen. Damit könnte man sich zunehmend von der Idee lösen, dass Männer ihrem Typus entsprechend immer nur auf eine bestimmte Art und Weise handeln und es wäre präzisierter darstellbar, dass sie auch unterschiedlich handeln können. Sie können manche Handlungen eher an hegemonialer Männlichkeit orientiert durchführen und andere eher an alternativen Mustern und wieder andere möglicherweise auf weitere Arten. So wäre das Modell noch offener für die Unterschiedlichkeit, die bei Männern (und nicht nur von den Typen) in der Praxis zu beobachten ist. Es könnte untersucht werden, wie das Feld mit seinen Zuschreibungen auf konkrete Situationen einwirkt, auf andere dagegen vielleicht weniger.

Auch ‚doing masculinity' könnte damit ausdifferenziert werden. So gibt es beispielsweise ein ‚doing complicit masculinity' auf der einen und ‚doing alternative masculinity' auf der anderen Seite des Spektrums der Herstellung von Männlichkeit.

Eine solche Weiterentwicklung wäre für weitere Studien über Männlichkeit sicher ertragreich.

Mehr Männer in Kitas?

Immer wieder wird gefragt, ob es für Kinder gut sei, wenn mehr Männer in Kindertagesstätten arbeiten würden. Diese Frage stand nicht im Mittelpunkt der Untersuchung und darauf lässt sich mit einer Untersuchung über Männer auch keine umfassende Antwort geben, da der pädagogische und entwicklungspsychologische Diskurs nicht berücksichtigt wurde. Dennoch lassen sich durch die Auswertung des ‚doing masculinity' einige wichtige Aspekte zur Diskussion um (mehr) Männer im Erzieherberuf beitragen.

In der vorliegenden Untersuchung wurde sichtbar, zu welchen Stereotypisierungen Männer in Kindertagesstätten führen können. In einigen Einrichtungen tendieren Erzieherinnen dazu, sobald ein Mann dort anfängt zu arbeiten, solche Tätigkeiten, die als ‚männlich' angesehen werden, abzugeben. Endlich ist ein Mann vor Ort, der die Glühbirnen auswechselt und mit den Jungen Fußball spielt. Solche Stereotypisierungen können auch die Kinder betreffen: Auf einmal scheint es vor allem für ‚die Jungen' wichtig, einen männlichen Erzieher zu haben, denn Jungen würden schließlich – so eine Richtung der aktuellen Debatte – in feminisierten Bildungseinrichtungen systematisch benachteiligt. Sie dürften dort nicht laut sein, sich nicht ausreichend bewegen und würden ausschließlich an ‚weiblichen' Tugenden gemessen, die bedeuten still und kreativ zu sein. Dass einige Mädchen darunter genauso leiden und dass es für einige Jungen durchaus positiv sein kann, still und kreativ zu sein, wird in diesen Debatten unterschlagen (vgl. kritisch dazu Schutzbach 2010 und Connell 2008, S. 132). Stattdessen wird gefordert, mehr Männer in Kitas einzustellen – häufig ohne sich über mögliche Konsequenzen bewusst zu sein.

Auf der Grundlage der vorliegenden Arbeit scheint es dennoch sinnvoll zu sein, sich für mehr Männer in der Kinderbetreuung einzusetzen, allerdings mit dem Ziel, mehr als einen Mann je Kinderbetreuungseinrichtung einzustellen. Würden in einem Kindergarten ähnlich viele Männer wie Frauen arbeiten, bestünde die Sorge vor einer geschlechtsspezifischen Arbeitsteilung zwar weiterhin, die Kinder könnten jedoch vermutlich erleben, dass auch Männer unterschiedlich sind. Dazu gehört es, ein Wissen darüber zu entwickeln, dass es Männer gibt, die gerne kuscheln, kochen und basteln, dass es aber auch Männer gibt, die lieber Fußball spielen und wenig körperliche Nähe zu den Kindern zulassen möchten. Insofern lässt sich die Frage nach einer Steigerung des Erzieheranteils in der Kinderbetreuung folgendermaßen beantworten: Die Möglichkeit, mehrere Männlichkeiten und mehrere Weiblichkeiten in der frühkindlichen Erziehung kennenzulernen, dürfte keinem Kind schaden. Dazu müssen aber die Einrichtungen ebenso wie die Männer selbst offen für alternative Männlichkeitsmodelle sein. Dies fordert eine Sensibilisierung zum Thema Männlichkeit im Erzieherberuf – nicht nur im Sinne einer geschlechtergerechten Pädagogik, sondern auch vor dem Hintergrund, welchen Erwartungen und Bedürfnissen Männer im Erzieherberuf und in ihrem ‚doing masculinity' ausgesetzt sind. Hier wäre im Team und mit den Eltern die Frage zu erörtern, wie sich Männer im Erzieherberuf zwischen Vorbild und Verdacht so einbringen können, dass alle Akteure im Feld positiv davon profitieren können und entstehende Zuschreibungen von keinem der Beteiligten als Benachteiligung erlebt werden.

Solange dies nicht geschieht, besteht die Gefahr, dass Männer, die in Kindergärten arbeiten, von den ambivalenten Zuschreibungen und Erwartungen innerhalb und außerhalb des Feldes bei der Berufswahl abgeschreckt werden oder den Beruf relativ schnell wieder verlassen, vor allem dann, wenn sie für sich selber keine klare Positionierung als Mann im Erzieherberuf definieren können. Sie sollten daher bereits in der Ausbildung auf diese zahlreichen Anforderungen vorbereitet werden und sich dort intensiv mit Fragen und Erkenntnissen der Geschlechterforschung – nicht nur in Bezug zur geschlechtergerechten Pädagogik – auseinandersetzen. Dafür brauchen sie geschulte Lehrer und Lehrerinnen, die sie in dieser Phase der Reflexion über die eigene Männlichkeit unterstützen.

Literaturverzeichnis

Abels, Heinz (2009): Einführung in die Soziologie. Die Individuen in ihrer Gesellschaft. 4. Aufl. Wiesbaden: VS Verl. für Sozialwiss.

Abels, Heinz (2010): Interaktion, Identität, Präsentation. Kleine Einführung in interpretative Theorien der Soziologie. 5. Aufl. Wiesbaden: VS Verl. für Sozialwiss.

Abu-Lughod, Lila (2000): Writing women's worlds. Bedouin stories. (Original von 1993). [Nachdr.]. Berkeley: University of California Press.

Achatz, Juliane (2008): Die Integration von Frauen in Arbeitsmärkten und Organisationen. In: Wilz, Sylvia Marlene (Hg.): Geschlechterdifferenzen – Geschlechterdifferenzierungen. Ein Überblick über gesellschaftliche Entwicklungen und theoretische Positionen. 1. Aufl. Wiesbaden: VS Verl. für Sozialwiss., S. 105–138.

Acker, Joan (1990): Hierarchies, Jobs, Bodies: A Theory of Gendered Organizations. In: Gender & Society, Jg. 4, H. 2, S. 139–158.

Agentur für Arbeit (2011): Erzieher/in. Online verfügbar unter http://berufenet.arbeitsagentur.de/berufe/berufId.do;jsessionid=SNYnTknd7lvpBcRy1 kVf31vtCCJKS3Bj6LLdGnmyBchc1Wk5BGhr!1753176608?_pgnt_act=goToAnyPage& _pgnt_pn=0&_pgnt_id=resultShort&status=A01, zuletzt geprüft am 5.9.2011.

Alkemeyer, Thomas; Schmidt, Robert (2003): Habitus und Selbst. Zur Irritation der körperlichen Hexis in der populären Kultur. In: Alkemeyer, Thomas; Boschert, Bernhard; Schmidt, Robert; Gebauer, Gunter (Hg.): Aufs Spiel gesetzte Körper. Aufführungen des Sozialen in Sport und populärer Kultur. Konstanz: UVK-Verl.-Ges., S. 77–102.

Alkemeyer, Thomas; Villa, Paula-Irene (2010): Somatischer Eigensinn? Kritische Anmerkungen zu Diskurs- und Gouvernementalitätsforschung aus subjektivationstheoretischer und praxeologischer Perspektive. In: Angermüller, Johannes; van Dyk, Silke (Hg.): Diskursanalyse meets Gouvernementalitätsforschung. Perspektiven auf das Verhältnis von Subjekt, Sprache, Macht und Wissen. Frankfurt a.M.: Campus Verl., S. 315–335.

Amann, Klaus; Hirschauer, Stefan (1997): Die Befremdung der eigenen Kultur. Ein Programm. In: Hirschauer, Stefan; Amann, Klaus (Hg.): Die Befremdung der eigenen Kultur. Zur ethnographischen Herausforderung soziologischer Empirie. 1. Aufl. Frankfurt am Main: Suhrkamp, S. 7–52.

Amendt, Gerhard (2003): Pädophilie: Pathologie ohne Krankheitseinsicht. In: Braun, Gisela; Hasebrink, Marianne; Huxoll, Martina (Hg.): Pädosexualität ist Gewalt. (wie) kann die Jugendhilfe schützen? 1. Aufl. Weinheim: Beltz, S. 32–58.

Andresen, Sünne; Dölling, Irene (2004): Geschlechter-Wissen in Organisationen: Einblicke in die Deutungsmuster leitender Fachbeamter einer Berliner Kommunalverwaltung. In: Edeling, Thomas; Jann, Werner; Wagner, Dieter (Hg.): Wissensmanagement in Politik und Verwaltung. 1. Aufl. Wiesbaden: VS Verl. für Sozialwiss., S. 89–110.

Andresen, Sünne; Dölling, Irene; Kimmerle, Christoph (2003): Verwaltungsmodernisierung als soziale Praxis. Geschlechter-Wissen und Organisationsverständnis von Reformakteuren. Opladen: Leske + Budrich.

Aulenbacher, Brigitte (2008): Geschlecht als Strukturkategorie: Über den inneren Zusammenhang von moderner Gesellschaft und Geschlechterverhältnis. In: Wilz, Sylvia Marlene (Hg.): Geschlechterdifferenzen – Geschlechterdifferenzierungen. Ein Überblick über gesellschaftliche Entwicklungen und theoretische Positionen. 1. Aufl. Wiesbaden: VS Verl. für Sozialwiss., S. 139–166.

Aulenbacher, Brigitte; Funder, Maria; Jacobsen, Heike, et al. (Hg.) (2007a): Arbeit und Geschlecht im Umbruch der modernen Gesellschaft. Forschung im Dialog. Wiesbaden: VS Verl. für Sozialwiss.

Aulenbacher, Brigitte; Funder, Maria; Jacobsen, Heike; Völker, Susanne (2007b): Forschung im Dialog - Einleitung. In: Aulenbacher, Brigitte; Funder, Maria; Jacobsen, Heike; Völker, Susanne (Hg.): Arbeit und Geschlecht im Umbruch der modernen Gesellschaft. Forschung im Dialog. Wiesbaden: VS Verl. für Sozialwiss., S. 9–23.

Aulenbacher, Brigitte; Meuser, Michael; Riegraf, Birgit (Hg.) (2010): Soziologische Geschlechterforschung. Eine Einführung. 1. Aufl. Wiesbaden: VS Verl. für Sozialwiss.

Bartjes, Heinz; Hammer, Eckart (2006): Männer und Altenpflege. Analysen und Ansätze für mehr Männer in der Pflege. In: Krabel, Jens; Stuve, Olaf (Hg.): Männer in „Frauen-Berufen" der Pflege und Erziehung. Opladen: Budrich.

Baur, Nina; Luedtke, Jens (Hg.) (2008): Die soziale Konstruktion von Männlichkeit. Hegemoniale und marginalisierte Männlichkeiten in Deutschland. Opladen: Budrich.

BauSteine Männer (Hg.) (1996): Kritische Männerforschung. Neue Ansätze in der Geschlechtertheorie. 3. Aufl. Hamburg: Argument-Verl.

Beauvoir, Simone de (2000): Das andere Geschlecht. Sitte und Sexus der Frau. (Original von 1949). Neuübers. Reinbek bei Hamburg: Rowohlt.

Becker, Sophinette (1997): Pädophilie zwischen Dämonisierung und Verharmlosung. In: Werkblatt - Zeitschrift für Psychoanalyse und Gesellschaftskritik, H. 38, S. 5–21. Online verfügbar unter www.werkblatt.at/archiv/38becker.html, zuletzt geprüft am 11.5.2011.

Becker-Schmidt, Regina (1987): Die doppelte Vergesellschaftung – die doppelte Unterdrückung: Besonderheiten der Frauenforschung in den Sozialwissenschaften. In: Unterkircher, Lilo; Wagner, Ina (Hg.): Die andere Hälfte der Gesellschaft. [soziologische Befunde zu geschlechtsspezifischen Formen der Lebensbewältigung]. Wien: Verl. des Österr. Gewerkschaftsbundes, S. 10–25.

Becker-Schmidt, Regina (1993): Geschlechterdifferenz – Geschlechterverhältnis: soziale Dimensionen des Begriffs 'Geschlecht'. In: Zeitschrift für Frauenforschung und Geschlechterstudien, Jg. 11, S. 37–46.

Becker-Schmidt, Regina; Knapp, Gudrun-Axeli (1995): Einleitung. In: Becker-Schmidt, Regina; Knapp, Gudrun-Axeli (Hg.): Das Geschlechterverhältnis als Gegenstand der Sozialwissenschaften. Frankfurt/Main: Campus-Verl., S. 7–18.

Becker-Schmidt, Regina; Knapp, Gudrun-Axeli (2000): Feministische Theorien zur Einführung. 2., Aufl. Hamburg: Junius-Verl.

Becker-Schmidt, Regina; Knapp, Gudrun-Axeli (Hg.) (1995): Das Geschlechterverhältnis als Gegenstand der Sozialwissenschaften. Frankfurt/Main: Campus-Verl.

Beck-Gernsheim, Elisabeth (2008): Vom „Dasein für andere" zum Anspruch auf ein Stück „eigenes Leben": Individualisierungsprozesse im weiblichen Lebenszusammenhang.

(Nachdruck von 1983). In: Wilz, Sylvia Marlene (Hg.): Geschlechterdifferenzen – Geschlechterdifferenzierungen. Ein Überblick über gesellschaftliche Entwicklungen und theoretische Positionen. 1. Aufl. Wiesbaden: VS Verl. für Sozialwiss., S. 19–57.

Beer, Ursula (1990): Geschlecht, Struktur, Geschichte. Soziale Konstituierung des Geschlechterverhältnisses. Univ., Habil.-Schr.--Bielefeld, 1989. Frankfurt: Campus-Verl.

Behnke, Cornelia; Meuser, Michael (1999): Geschlechterforschung und qualitative Methoden. Opladen: Leske + Budrich.

Beier, Stefan (2006): Männerkörper vergesellschaftet. Bewegungserfahrung als Körperkonstruktion als Bewegungserfahrung. In: Gugutzer, Robert (Hg.): Body turn. Perspektiven der Soziologie des Körpers und des Sports. Bielefeld: Transcript, S. 163–186.

Bereswill, Mechthild (2006): Männlichkeit und Gewalt. Empirische Einsichten und theoretische Reflexionen über Gewalt zwischen Männern im Gefängnis. In: Feministische Studien, H. 2, S. 242–255.

Bereswill, Mechthild (2007): Sich auf eine Seite schlagen. Die Abwehr von Verletzungsoffenheit als gewaltsame Stabilisierung von Männlichkeit. In: Bereswill, Mechthild; Meuser, Michael; Scholz, Sylka (Hg.): Dimensionen der Kategorie Geschlecht: der Fall Männlichkeit. 1. Aufl. Münster: Verl. Westfälisches Dampfboot, S. 101–118.

Bereswill, Mechthild (2008): Geschlecht. In: Baur, Nina; Korte, Hermann; Löw, Martina; Schroer, Markus (Hg.): Handbuch Soziologie. 1. Aufl. Wiesbaden: VS Verl. für Sozialwiss., S. 97–116.

Bereswill, Mechthild; Meuser, Michael; Scholz, Sylka (2007a): Männlichkeit als Gegenstand der Geschlechterforschung. In: Bereswill, Mechthild; Meuser, Michael; Scholz, Sylka (Hg.): Dimensionen der Kategorie Geschlecht: der Fall Männlichkeit. 1. Aufl. Münster: Verl. Westfälisches Dampfboot, S. 8–21.

Bereswill, Mechthild; Meuser, Michael; Scholz, Sylka (2007b): Neue alte Fragen: Männer und Männlichkeit in der feministischen Diskussion. Ein Gespräch mit Lerke Gravenhorst, Carol Hagemann-White und Ursula Müller. In: Bereswill, Mechthild; Meuser, Michael; Scholz, Sylka (Hg.): Dimensionen der Kategorie Geschlecht: der Fall Männlichkeit. 1. Aufl. Münster: Verl. Westfälisches Dampfboot, S. 22–50.

Bereswill, Mechthild; Meuser, Michael; Scholz, Sylka (Hg.) (2007c): Dimensionen der Kategorie Geschlecht: der Fall Männlichkeit. 1. Aufl. Münster: Verl. Westfälisches Dampfboot.

Blase-Geiger, Peter (2000): Ein Mann fürs Kind. GEW-Zeitung Rheinland-Pfalz 6/2000, Seite 21-23. Online verfügbar unter www.kindergartenpaedagogik.de/460.html, zuletzt geprüft am 1.8.2011.

BMFSFJ, Bundesministerium für Familie Senioren Frauen und Jugend (2010a): Mehr Männer in Kitas: Modellprogramm gestartet. Online verfügbar unter http://www.bmfsfj.de/BMFSFJ/gleichstellung,did=150142.html, zuletzt geprüft am 27.8.2012.

BMFSFJ, Bundesministerium für Familie Senioren Frauen und Jugend (2011): Gute Kinderbetreuung. Online verfügbar unter http://www.bmfsfj.de/BMFSFJ/Kinder-und-Jugend/kinderbetreuung.html, zuletzt geprüft am 27.8.2012.

BMFSFJ, Bundesministerium für Familie Senioren Frauen und Jugend (Hg.) (2010b): Männliche Fachkräfte in Kindertagesstätten. Eine Studie zur Situation von Männern in Kindertagesstätten und in der Ausbildung zum Erzieher. Unter Mitarbeit von Michael Cremers, Jens Krabel und Stephan Höyng. Berlin.

Böhle, Fritz; Glaser, Jürgen (Hg.) (2006): Arbeit in der Interaktion - Interaktion als Arbeit. Arbeitsorganisation und Interaktionsarbeit in der Dienstleistung. Wiesbaden: VS Verl. für Sozialwiss.

Bohnsack, Ralf; Nentwig-Gesemann, Iris; Nohl, Arnd-Michael (2007): Einleitung: Die dokumentarische Methode und ihre Forschungspraxis. In: Bohnsack, Ralf; Nentwig-Gesemann, Iris; Nohl, Arnd-Michael (Hg.): Die dokumentarische Methode und ihre Forschungspraxis. Grundlagen qualitativer Sozialforschung. 2., erweiterte und aktualisierte Auflage. Wiesbaden: VS Verl. für Sozialwiss., S. 9–27.

Bourdieu, Pierre (1976): Entwurf einer Theorie der Praxis auf der ethnologischen Grundlage der kabylischen Gesellschaft. 1. Aufl. Frankfurt am Main: Suhrkamp.

Bourdieu, Pierre (1982): Die feinen Unterschiede. Kritik der gesellschaftlichen Urteilskraft. (Original von 1979). 4. Aufl. Frankfurt am Main: Suhrkamp.

Bourdieu, Pierre (1987): Sozialer Sinn. Kritik der theoretischen Vernunft. 1. Aufl. Frankfurt am Main: Suhrkamp.

Bourdieu, Pierre (1993): Soziologische Fragen. (Original von 1980). 1. Aufl. Frankfurt am Main: Suhrkamp.

Bourdieu, Pierre (1997a): Verstehen. In: Bourdieu, Pierre (Hg.): Das Elend der Welt. Zeugnisse und Diagnosen alltäglichen Leidens an der Gesellschaft. (Original von 1993). 2. Aufl. Konstanz: UVK Univ.-Verl., S. 779–802.

Bourdieu, Pierre (1998): Vom Gebrauch der Wissenschaft. Für eine klinische Soziologie des wissenschaftlichen Feldes. Konstanz: UVK Univ.-Verl.

Bourdieu, Pierre (2005): Die männliche Herrschaft. (Original von 1990). 1. Aufl. Frankfurt am Main: Suhrkamp.

Bourdieu, Pierre (2008): Junggesellenball. Studien zum Niedergang der bäuerlichen Gesellschaft. Konstanz: UVK-Verl.-Ges.

Bourdieu, Pierre (Hg.) (1991): Die Intellektuellen und die Macht. Hamburg: VSA-Verl.

Bourdieu, Pierre (Hg.) (1997b): Das Elend der Welt. Zeugnisse und Diagnosen alltäglichen Leidens an der Gesellschaft. (Original von 1993). 2. Aufl. Konstanz: UVK Univ.-Verl.

Bourdieu, Pierre; Wacquant, Loïc J. D. (1996): Reflexive Anthropologie. 1. Aufl. Frankfurt am Main: Suhrkamp.

Brandes, Holger (1998): ‚Problemfall' Mann. Plädoyer für einen männerorientierten Ansatz in der Sozialarbeit. In: Brandes, Holger; Roemheld, Regine (Hg.): Männernormen und Frauenrollen. Geschlechterverhältnisse in der sozialen Arbeit. 1. Aufl. Leipzig: Evang. Verl.-Anst., S. 99–113.

Brandes, Holger (2001): Männer unter sich. Männergruppen und männliche Identitäten. Opladen: Leske + Budrich.

Brandes, Holger (2010): Ersatzmuttis oder tolle Spielkameraden: Was bringen Männer in die Erziehung ein? In: Erziehung & Unterricht, Österreichische Pädagogische Zeitschrift, H. 5-6/2010, S. 484–496.

Brandes, Holger; Andrä, Markus; Röseler, Wenke (2012): Das „Männliche" in der Erziehung. Geschlechtsspezifisches Erziehungsverhalten und männliches Rollenvorbild. In: Koordinierungsstelle Männer in Kitas (Hg.): Männer in Kitas. Opladen: Verlag Barbara Budrich, S. 151–166.

Braun, Christina von; Stephan, Inge (2006): Gender-Studien. Eine Einführung. 2., aktualisierte Aufl. Stuttgart: Metzler.

Bublitz, Hannelore (2000): Geschlecht. In: Korte, Hermann; Schäfers, Bernhard (Hg.): Einführung in Hauptbegriffe der Soziologie. Wiesbaden: VS Verl. für Sozialwiss., S. 83–102.

Buchbinder, David (1998): Performance anxieties. Re-producing masculinity. St. Leonards, N.S.W.: Allen & Unwin.

Bundesagentur für Arbeit (Hg.) (2010): Erzieher/in. (Berufenet – Berufsinformationen einfach finden). Online verfügbar unter http://berufenet.arbeitsagentur.de/berufe/berufId.do?_pgnt_pn=0&_pgnt_act=goToA nyPage&_pgnt_id=resultShort&status=T01, zuletzt geprüft am 16.02.2010.

Buschmeyer, Anna (2008): Männlichkeitskonstruktionen Teilzeit arbeitender Väter. In: Baur, Nina; Luedtke, Jens (Hg.): Die soziale Konstruktion von Männlichkeit. Hegemoniale und marginalisierte Männlichkeiten in Deutschland. Opladen: Budrich, S. 123–140.

Butler, Judith (1991): Das Unbehagen der Geschlechter. Erstausg., 1. Aufl. Frankfurt am Main: Suhrkamp.

Caritas (2011): Erzieherinnen und Erzieher. Online verfügbar unter www.caritas-sozialeberufe.de/53506.html, zuletzt geprüft am 5.9.2011.

Carrigan, Tim; Connell, Robert W.; Lee, John (1996): Ansätze zu einer neuen Soziologie der Männlichkeit. In: BauSteine Männer (Hg.): Kritische Männerforschung. Neue Ansätze in der Geschlechtertheorie. 3. Aufl. Hamburg: Argument-Verl., S. 38–75.

Charité Berlin (2012): Internetangebot zum Thema Prävention von Kindesmissbrauch. Online verfügbar unter www.kein-taeter-werden.de/, zuletzt geprüft am 27.8.2012.

Colberg-Schrader, Heidi (1999): Erzieherinnen – Zukunftsberuf trotz leerer Kassen? In: Auernheimer, Richard (Hg.): Erzieherinnen für die Zukunft. Berufsrealität und Berufsprofil im Wandel. Baltmannsweiler: Schneider-Verl. Hohengehren, S. 119–131.

Connell, Raewyn (2005): Growing up masculine: rethinking the significance of adolescence in the making of masculinities. In: Irish Journal of Sociology, Jg. 14, H. 2, S. 11–28.

Connell, Raewyn (2008): Masculinity construction and sports in boys' education: a framework for thinking about the issue. In: Sport, Education and Society, Jg. 13, H. 2, S. 131–145.

Connell, Raewyn; Messerschmidt, James W. (2005): Hegemonic Masculinity. Rethinking the Concept. In: Gender & Society, Jg. 19, H. 6, S. 829–859.

Connell, Raewyn; Wood, Julian (2005): Globalization and Business Masculinities. In: Men and Masculinities, Jg. 7, H. 4, S. 347–364.

Connell, Robert W. (1987): Gender and power. Society, the person, and sexual politics. Stanford, Calif: Stanford University Press.

Connell, Robert W. (2006): Der gemachte Mann. Konstruktion und Krise von Männlichkeiten. (Original von 1995). 3. Aufl. Wiesbaden: VS Verl. für Sozialwiss.

Cremers, Michael; Krabel, Jens (2012): Generalverdacht und sexueller Missbrauch in Kitas: Bausteine für ein Schutzkonzept. Herausgegeben von 8. Tagung Arbeitskreis für interdisziplinäre Männer-und Geschlechterforschung. Online verfügbar unter www.fk12.tu-dort-mund.de/cms/ISO/de/soziologie/soziologie_der_geschlechterverhaeltnisse/Medienpo ol/AIM_8_Tagung/kremers_generalverdacht.pdf, zuletzt geprüft am 27.8.2012.

Dausien, Bettina (1998): Die biographische Konstruktion von Geschlecht. In: Schneider, Notker (Hg.): Einheit und Vielfalt. Das Verstehen der Kulturen. Amsterdam, Atlanta, Ga.: Rodopi, S. 257–277.

Deegan, Mary Jo (2001): The Chicago School of Ethnography. In: Atkinson, Paul; Coffey, Amanda; Delamont, Sara; Lofland, John; Lofland, Lyn (Hg.): Handbook of ethnography. London: Sage, S. 11–25.

Denkler, Thorsten (2012): Ringelreihen in der Schlecker-Kita. In: Süddeutsche Zeitung, Ausgabe Online, 10.06.2012. Online verfügbar unter http://www.sueddeutsche.de/politik/schleckerfrauen-zu-erzieherinnen-ringelreihen-in-der-schlecker-kita-1.1376781, zuletzt geprüft am 24.8.2012.

Der Paritätische Gesamtverband (2010): Schutz vor sexualisierter Gewalt in Diensten und Einrichtungen. Online verfügbar unter www.paritaet-hessen.org/fileadmin/dokumente/veroeffentlichungen/broschuere_schutz-sexuelle-gewalt_web.pdf, zuletzt geprüft am 12.5.2011.

Der Spiegel (1980): Mächtiges Tabu. Eine „Pädophilie-Debatte" ist entbrannt: Soll (wie Juristen es nennen) „Unzucht mit Kindern" straffrei sein? In: Der Spiegel, 21.7.1980, S. 148–154. Online verfügbar unter http://www.spiegel.de/spiegel/print/d-14316199.html, zuletzt geprüft am 12.5.2011.

Deutsches Statistisches Bundesamt (2010): Statistiken der Kinder- und Jugendhilfe. Kinder und tätige Personen in Tageseinrichtungen und in öffentlich geförderter Kindertagespflege. Deutsches Statistisches Bundesamt. Wiesbaden.

Diefenbach, Heike (2007): Die schulische Bildung von Jungen und jungen Männern in Deutschland. In: Hollstein, Walter; Matzner, Michael (Hg.): Soziale Arbeit mit Jungen und Männern. München: Reinhardt, S. 101–115.

Diefenbach, Heike (2010): Jungen – die „neuen" Bildungsverlierer. In: Quenzel, Gudrun; Hurrelmann, Klaus (Hg.): Bildungsverlierer. Neue Ungleichheiten. 1. Aufl. Wiesbaden: VS Verl. für Sozialwiss., S. 245–272.

Diefenbach, Heike; Klein, Michael (2001): Bringing Boys Back In: Soziale Ungleichheit zwischen den Geschlechtern im Bildungssystem zuungunsten von Jungen am Beispiel der Sekundarschulabschlüsse. In: Zeitschrift für Pädagogik, Jg. 48, H. 6, S. 938–958.

Dölling, Irene (1999): ‚Geschlecht' – eine analytische Kategorie mit Perspektive in den Sozialwissenschaften? In: Potsdamer Studien zur Frauen- und Geschlechterforschung, H. 1, S. 21–32.

Dölling, Irene (2004): Männliche Herrschaft als paradigmatische Form der symbolischen Gewalt. In: Steinrücke, Margareta (Hg.): Pierre Bourdieu. Politisches Forschen, Denken und Eingreifen. Hamburg: VSA-Verl., S. 74–90.

Dölling, Irene (2007): ‚Geschlechter-Wissen' – ein nützlicher Begriff für die 'verstehende' Analyse von Vergeschlechtlichungsprozessen? In: Gildemeister, Regine; Wetterer, Angelika (Hg.): Erosion oder Reproduktion geschlechtlicher Differenzierungen? Widersprüchliche Entwicklungen in professionalisierten Berufsfeldern und Organisationen. 1. Aufl. Münster: Verl. Westfälisches Dampfboot, S. 10–31.

Dölling, Irene; Krais, Beate (2007): Pierre Bourdieus Soziologie der Praxis: ein Werkzeugkasten für die Frauen- und Geschlechterforschung. In: Bock, Ulla; Dölling, Irene; Krais, Beate (Hg.): Prekäre Transformationen. Pierre Bourdieus Soziologie der Praxis und ihre Herausforderungen für die Frauen- und Geschlechterforschung. Göttingen: Wallstein-Verl., S. 12–37.

Eberle, Thomas Samuel (1991): Rahmenanalyse und Lebensweltanalyse. In: Hettlage, Robert; Lenz, Karl (Hg.): Erving Goffman. Ein soziologischer Klassiker der zweiten Generation. Bern: Haupt, S. 157–211.

Ebert, Sigrid (2006): Erzieherin – ein Beruf im Spannungsfeld von Gesellschaft und Politik. Freiburg i.Br., Wien u.a.: Herder.

Eggert-Schmid Noerr, Annelinde (2005): Junge Männer in männeruntypischen Studiengängen am Beispiel der Sozialen Arbeit. In: King, Vera; Flaake, Karin (Hg.): Männliche Adoleszenz. Sozialisation und Bildungsprozesse zwischen Kindheit und Erwachsensein. Frankfurt/Main: Campus-Verl.

Ernst, Stefanie (2010): Gekränkter Stolz? Prekäres Leben und Arbeiten jenseits des NAV: Zwischenrufe aus dem 'Niemandsland der (Dauer-)Arbeitslosigkeit'. In: Manske, Alexandra; Pühl, Katharina (Hg.): Prekarisierung zwischen Anomie und Normalisierung. Geschlechtertheoretische Bestimmungen. 1. Aufl. Münster: Verl. Westfälisches Dampfboot, S. 84–109.

Evatt, Cris (2005): Männer sind vom Mars, Frauen von der Venus. Tausend und ein kleiner Unterschied zwischen den Geschlechtern. Ungekürzte Taschenbuchausg., 2. Aufl. München u.a.: Piper.

Ford, Hannah (2006): Women who sexually abuse children. Chichester: Wiley.

Friis, Pia (2006): Männer im Kindergarten. Wie man sie anwirbt – und dafür sorgt, dass sie auch bleiben. In: Themenheft des norwegischen Kultusministeriums; Deutsche Fassung hg. vom Forschungsprojekt Elementar (2008).

Fröhlich, Gerhard (1999): Habitus und Hexis. Die Einverleibung der Praxisstrukturen bei Pierre Bourdieu. Online verfügbar unter www.iwp.jku.at/lxe/wt2k/pdf/FrohlichHabHex.pdf, zuletzt geprüft am 13.4.2010.

Fuchs-Heinritz, Werner; König, Alexandra (2005): Pierre Bourdieu. Eine Einführung. Konstanz: UVK-Verl.-Ges.

Garfinkel, Harold (1967): Studies on Ethnomethodology. Englewood Cliffs, N.J.: Prentice-Hall.

Gebauer, Gunter; Wulf, Christoph (1998): Spiel – Ritual – Geste. Mimetisches Handeln in der sozialen Welt. Orig.-Ausg. Reinbek bei Hamburg: Rowohlt-Taschenbuch-Verl.

Gebauer, Gunter; Wulf, Christoph (2003): Mimetische Weltzugänge. Soziales Handeln – Rituale und Spiele – ästhetische Produktionen. Stuttgart: Kohlhammer.

Gesterkamp, Thomas (2010): Geschlechterkampf von rechts. Wie Männerrechtler und Familienfundamentalisten sich gegen das Feindbild Feminismus radikalisieren. Herausgegeben von Friedrich-Ebert-Stiftung. Bonn. (Wiso Diskurs). Online verfügbar unter http://library.fes.de/pdf-files/wiso/07054.pdf, zuletzt geprüft am 27.8.2012.

GEW, Gewerkschaft Erziehung und Wissenschaft (2010): Mehr Männer in Kitas – Modellprogramm mit Nebenwirkungen. Online verfügbar unter www.gew.de/Mehr_Maenner_in_Kitas_-_Modellprogramm_mit_Nebenwirkungen.html, zuletzt geprüft am 23.07.2010.

GEW, Gewerkschaft Erziehung und Wissenschaft (2011): Entgelttabellen TVöD. Kommunen West/Ost (inkl. Sozial- und Erziehungsdienst) 2010/2011. Online verfügbar unter www.gew.de/Binaries/Binary60123/Entgelttabellen_TVoeD_2010-2011-final.pdf, zuletzt geprüft am 22.03.2011.

Gildemeister, Regine (1992): Die soziale Konstruktion von Geschlecht. In: Ostner, Ilona; Lichtblau, Klaus (Hg.): Feministische Vernunftkritik. Ansätze und Traditionen. Frankfurt: Campus-Verl., S. 220–239.

Gildemeister, Regine (2004): Doing Gender: Soziale Praktiken der Geschlechterunterscheidung. In: Becker, Ruth; Kortendiek, Beate (Hg.): Handbuch Frauen- und Geschlechterforschung. Theorie, Methoden, Empirie. 1. Aufl. Wiesbaden: VS Verl. für Sozialwiss., S. 132–140.

Gildemeister, Regine; Wetterer, Angelika (1992): Wie Geschlechter gemacht werden. Die soziale Konstruktion der Zweigeschlechtlichkeit und ihre Reifizierung in der Frauenforschung. In: Knapp, Gudrun-Axeli; Wetterer, Angelika (Hg.): Traditionen Brüche. Entwicklungen feministischer Theorie. Freiburg i.Br.: Kore, S. 201–254.

Girls' Day (2011): Mädchen wählen aus einem stark eingeschränkten Berufswahlspektrum. Online verfügbar unter www.girls-day.de/Daten_und_Fakten/Argumente, zuletzt geprüft am 8.8.2011.

Gläser, Jochen; Laudel, Grit (2009): Experteninterviews und qualitative Inhaltsanalyse als Instrumente rekonstruierender Untersuchungen. 3., überarb. Aufl. Wiesbaden: VS Verl. für Sozialwiss.

Goffman, Erving (1973): Rollendistanz. In: Steinert, Heinz (Hg.): Symbolische Interaktion. Arbeiten zu einer reflexiven Soziologie. Stuttgart: Klett, S. 260–279.

Goffman, Erving (1981): Geschlecht und Werbung. Dt. Erstausg. Frankfurt am Main: Suhrkamp.

Goffman, Erving (2001a): Das Arrangement der Geschlechter. (Original von 1977). In: Goffman, Erving; Knoblauch, Hubert A. (Hg.): Interaktion und Geschlecht. 2. Aufl. Frankfurt/Main: Campus-Verl., S. 105–158.

Goffman, Erving (2001b): Die Interaktionsordnung. In: Goffman, Erving; Knoblauch, Hubert A. (Hg.): Interaktion und Geschlecht. 2. Aufl. Frankfurt/Main: Campus-Verl., S. 50–104.

Goffman, Erving (2005): Wir alle spielen Theater. Die Selbstdarstellung im Alltag. (Original von 1959). 3. Aufl., ungekürzte Taschenbuchausg. München: Piper.

Goffman, Erving (2008a): Interaktionsrituale. Über Verhalten in direkter Kommunikation. (Deutsche Erstausgabe von 1971). 8. [Dr.]. Frankfurt am Main: Suhrkamp.

Goffman, Erving (2008b): Rahmen-Analyse. Ein Versuch über die Organisation von Alltagserfahrungen. (Original von 1974). 1. Aufl., [Nachdr.]. Frankfurt am Main: Suhrkamp.

Goffman, Erving (2009): Interaktion im öffentlichen Raum. (Original von 1963). Frankfurt am Main: Campus-Verl.

Gottschall, Karin (1995): Geschlechterverhältnis und Arbeitsmarktsegregation. In: Becker-Schmidt, Regina; Knapp, Gudrun-Axeli (Hg.): Das Geschlechterverhältnis als Gegenstand der Sozialwissenschaften. Frankfurt/Main: Campus-Verl., S. 125–162.

Gottschall, Karin (1998): Doing Gender While Doing Work? Erkenntnispotentiale konstruktivistischer Perspektiven für eine Analyse des Zusammenhangs von Arbeitsmarkt, Beruf und Geschlecht. In: Geissler, Birgit; Maier, Friederike; Pfau-Effinger, Birgit (Hg.): FrauenArbeitsMarkt. Der Beitrag der Frauenforschung zur sozio-ökonomischen Theorieentwicklung. Berlin: Ed. Sigma, S. 63–94.

Gottschall, Karin (2000): Soziale Ungleichheit und Geschlecht. Kontinuitäten und Brüche, Sackgassen und Erkenntnispotentiale im deutschen soziologischen Diskurs. Univ., Habil.-Schr.--Göttingen, 1998. Opladen: Leske + Budrich.

Gralla-Hoffmann, Kathrin; Antunes, Filipe Martins; Stoewer, Dirk; Tietze, Wolfgang (2010): Qualifizierung von langzeitarbeitslosen Männern zu Erziehern im Land Brandenburg. Evaluation ihrer pädagogischen Praxis im Berufsfeld. Online verfügbar unter www.mbjs.brandenburg.de/media_fast/4113/CB_Bericht20100422_korr.pdf, zuletzt geprüft am 2.8.2011.

Gramsci, Antonio (1991): Gefängnishefte. Kritische Gesamtausgabe. 1. Aufl. Hamburg: Argument-Verl. [u.a.].

Gugutzer, Robert (2004): Soziologie des Körpers. Bielefeld: Transcript-Verl.

Gugutzer, Robert (2006a): Der body turn in der Soziologie. Eine programmatische Einführung. In: Gugutzer, Robert (Hg.): Body turn. Perspektiven der Soziologie des Körpers und des Sports. Bielefeld: Transcript, S. 9–53.

Gugutzer, Robert (Hg.) (2006b): Body turn. Perspektiven der Soziologie des Körpers und des Sports. Bielefeld: Transcript.

Hagemann-White, Carol (1988): Wir werden nicht zweigeschlechtlich geboren… In: Hagemann-White, Carol; Rerrich, Maria S. (Hg.): FrauenMännerBilder. Männer und Männlichkeit in der feministischen Diskussion. Bielefeld: AJZ-Verlag, S. 224–235.

Hagemann-White, Carol (1993): Die Konstrukteure des Geschlechts auf frischer Tat ertappen? Methodische Konsequenzen einer theoretischen Einsicht. In: Feministische Studien, Jg. 11, H. 2, S. 68–79.

Hagemann-White, Carol; Rerrich, Maria S. (Hg.) (1988): FrauenMännerBilder. Männer und Männlichkeit in der feministischen Diskussion. Bielefeld: AJZ-Verlag.

Hall, Elaine J. (1993): Waitering/Waitressing: Engendering the Work of Table Servers. In: Gender & Society, Jg. 7, H. 3, S. 329–346.

Hank, Karsten (2005): Männer – das ‚vernachlässigte' Geschlecht in der Familienforschung: Untersuchungen zu Partnerschaft und Elternschaft bei Männern. In: Tölke, Angelika; Hank, Karsten (Hg.): Männer – das „vernachlässigte" Geschlecht in der Familienforschung. Wiesbaden: VS Verl. für Sozialwiss., S. 7–17.

Hark, Sabine (2007): Vom Gebrauch der Reflexivität. Für eine "klinische Soziologie" der Frauen und Geschlechterforschung. In: Bock, Ulla; Dölling, Irene; Krais, Beate (Hg.): Prekäre Transformationen. Pierre Bourdieus Soziologie der Praxis und ihre Herausforderungen für die Frauen- und Geschlechterforschung. Göttingen: Wallstein-Verl., S. 39–62.

Hark, Sabine; Völker, Susanne (2010): Feministische Perspektiven auf Prekarisierung: Ein „Aufstand auf der Ebene der Ontologie". In: Manske, Alexandra; Pühl, Katharina (Hg.): Prekarisierung zwischen Anomie und Normalisierung. Geschlechtertheoretische Bestimmungen. 1. Aufl. Münster: Verl. Westfälisches Dampfboot, S. 26–47.

Hartwig, Silvia (2009): Kita macht krank. In: Fokus Schule, 15.5.2009. Online verfügbar unter www.focus.de/schule/dossiers/fruehfoerderung/betreuung/erzieher-streik-kita-macht-krank_aid_399427.html, zuletzt geprüft am 25.9.2011.

Hauser-Schäublin, Brigitta (2003): Teilnehmende Beobachtung. In: Beer, Bettina (Hg.): Methoden und Techniken der Feldforschung. Berlin: Reimer, S. 33–54.

Hearn, Jeff (2004): From Hegemonic Masculinity to the Hegemony of Men. In: Feminist Theory, Jg. 5, H. 49, S. 49–72.

Hecht, Michael L.; Guerrero, Laura K. (1999): Perspectives on Nonverbal Research Methods. In: Guerrero, Laura K.; DeVito, Joseph A.; Hecht, Michael L. (Hg.): The Nonverbal Communication Reader. Classic and contemporary readings. 2. ed. Prospect Heights, Ill.: Waveland Press, S. 24–41.

Heintz, Bettina; Nadai, Eva; Fischer, Regula; Ummel, Hannes (1997): Ungleich unter Gleichen. Studien zur geschlechtsspezifischen Segregation des Arbeitsmarktes. Frankfurt/Main: Campus Verl.

Hering, Sabine (2004): „Frühe" Frauenforschung: Die Anfänge der Untersuchungen von Frauen über Frauen. In: Becker, Ruth; Kortendiek, Beate (Hg.): Handbuch Frauen-

und Geschlechterforschung. Theorie, Methoden, Empirie. 1. Aufl. Wiesbaden: VS Verl. für Sozialwiss., S. 285–293.

Hirschauer, Stefan (1989): Die interaktive Konstruktion von Geschlechtszugehörigkeit. In: Zeitschrift für Soziologie, Jg. 18, H. 2, S. 100–118.

Hirschauer, Stefan (1992): Die soziale Konstruktion der Transsexualität. Über die Medizin und den Geschlechtswechsel. 2. Aufl. Frankfurt am Main: Suhrkamp.

Hirschauer, Stefan (1994): Die soziale Fortpflanzung der Zweigeschlechtlichkeit. In: Kölner Zeitschrift für Soziologie und Sozialpsychologie, Jg. 46, H. 4, S. 668–692.

Hirschauer, Stefan (1996): Wie sind Frauen, wie sind Männer? Zweigeschlechtlichkeit als Wissenssystem. In: Eifert, Christiane (Hg.): Was sind Frauen? Was sind Männer? Geschlechterkonstruktionen im historischen Wandel. Erstausg., 1. Aufl. Frankfurt am Main: Suhrkamp, S. 240–256.

Hirschauer, Stefan (2001a): Das Vergessen des Geschlechts. Zur Praxeologie einer Kategorie sozialer Ordnung. In: Heintz, Bettina (Hg.): Geschlechtersoziologie. Wiesbaden: Westdt. Verl, S. 208–235.

Hirschauer, Stefan (2001b): Ethnografisches Schreiben und die Schweigsamkeit des Sozialen. Zu einer Methodologie der Beschreibung. In: Zeitschrift für Soziologie, Jg. 30, S. 429–451.

Hirschauer, Stefan (2008): Körper macht Wissen. Für eine Somatisierung des Wissensbegriffs. In: Wetterer, Angelika (Hg.): Geschlechterwissen und soziale Praxis. Theoretische Zugänge – empirische Erträge. Königstein/Taunus: Helmer, S. 82–95.

Hirschauer, Stefan; Knapp, Gudrun-Axeli (2006): Wozu Geschlechterforschung? Ein Dialog über Politik und den Willen zum Wissen. In: Aulenbacher, Brigitte; Bereswill, Mechtild; Löw, Martina; Meuser, Michael; Mordt, Gabriele; Schäfer, Reinhild; Scholz, Sylka (Hg.): FrauenMännerGeschlechterforschung. State of the Art. 2. Aufl. Münster: Westfälisches Dampfboot, S. 22–63.

Holzmüller, Maria (2010): Erzieher in Kitas – „Das sind doch keine richtigen Männer". In: Süddeutsche Zeitung, 27.8.2010. Online verfügbar unter www.sueddeutsche.de/karriere/ erzieher-in-kitas-das-sind-doch-keine-richtigen-maenner-1.991919, zuletzt geprüft am 3.8.2011.

Höyng, Stephan (2011): Was wollen wir mit Männern in Kindertagesstätten? In: Jungk, Sabine; Treber, Monika; Willenbring Monika (Hg.): Bildung in Vielfalt. Inklusive Pädagogik in der Kindheit. Freiburg: Verlag des „Forschungs- und Innovationsverbundes an der Evangelischen Hochschule Freiburg", S. 215–232.

Höyng, Stephan; Puchert, Ralf (1998): Die Verhinderung der beruflichen Gleichstellung. Männliche Verhaltensweisen und männerbündische Kultur. Bielefeld: Kleine.

Huxoll, Martina; Hasebrink, Marianne (2003): Pädosexualität in Institutionen – Prävention und Intervention. In: Braun, Gisela; Hasebrink, Marianne; Huxoll, Martina (Hg.): Pädosexualität ist Gewalt. (wie) kann die Jugendhilfe schützen? 1. Aufl. Weinheim: Beltz, S. 118–129.

Icken, Angela (2012): Das Bundesprogramm 'Männer in Kitas' - ein gleichstellungspolitischer Ansatz. In: Koordinierungsstelle Männer in Kitas (Hg.): Männer in Kitas. Opladen: Verlag Barbara Budrich, S. 17–26.

Ihsen, Susanne; Buschmeyer, Anna; Skok, Robert (2008): Ingenieurinnen und Ingenieure im Spannungsfeld zwischen Beruf, Karriere und Familie. Herausgegeben von Verein Deutscher Ingenieure VDI. Online verfügbar unter www.gender.edu.tum.de

/Dokumente/200806_Studie_-_Beruf_Karriere_Familie__Abschlussbericht-final_.pdf, zuletzt geprüft am 9.8.2011.

Innere Mission München (2011): Fachakademie für Sozialpädagogik. Online verfügbar unter www.im-muenchen.de/weiterbildung/fachakademie_sozialpaedagogik/index.php, zuletzt geprüft am 5.9.2011.

Jäger, Ulle (2004): Der Körper, der Leib und die Soziologie. Entwurf einer Theorie der Inkorporierung. Königstein/Taunus: Helmer.

Jurczyk, Karin (2008): Geschlechterverhältnisse in Familie und Erwerb: Widersprüchliche Modernisierungen. In: Wilz, Sylvia Marlene (Hg.): Geschlechterdifferenzen – Geschlechterdifferenzierungen. Ein Überblick über gesellschaftliche Entwicklungen und theoretische Positionen. 1. Aufl. Wiesbaden: VS Verl. für Sozialwiss., S. 63–103.

Kahlert, Heike (2004): Differenz, Genealogie, Affidamento. Das italienische 'pensiero della differenza sessuale' in der internationalen Rezeption. In: Becker, Ruth; Kortendiek, Beate (Hg.): Handbuch Frauen- und Geschlechterforschung. Theorie, Methoden, Empirie. 1. Aufl. Wiesbaden: VS Verl. für Sozialwiss., S. 91–98.

Karremann, Manfred (2007): Es geschieht am helllichten Tag. Die verborgene Welt der Pädophilen und wie wir unsere Kinder vor Missbrauch schützen. 1. Aufl. Köln: DuMont.

Kasiske, Jan; Krabel, Jens; Schädler, Sebastian; Stuve, Olaf (2006): Zur Situation von Männern in „Frauen-Berufen" der Pflege und Erziehung in Deutschland. Eine Überblicksstudie. In: Krabel, Jens; Stuve, Olaf (Hg.): Männer in „Frauen-Berufen" der Pflege und Erziehung. Opladen: Budrich, S. 11–110.

Kassner, Karsten (2008): Männlichkeitskonstruktionen von ‚neuen Vätern'. In: Baur, Nina; Luedtke, Jens (Hg.): Die soziale Konstruktion von Männlichkeit. Hegemoniale und marginalisierte Männlichkeiten in Deutschland. Opladen: Budrich, S. 141–163.

Kaufman, Michael (1996): Die Konstruktion von Männlichkeit und die Triade männlicher Gewalt. In: BauSteine Männer (Hg.): Kritische Männerforschung. Neue Ansätze in der Geschlechtertheorie. 3. Aufl. Hamburg: Argument-Verl., S. 138–171.

Kaufmann, Jean-Claude (1999): Das verstehende Interview. Theorie und Praxis. Konstanz: UVK Univ.-Verl. Konstanz.

Kelle, Udo; Kluge, Susann (1999): Vom Einzelfall zum Typus. Fallvergleich und Fallkontrastierung in der qualitativen Sozialforschung. Opladen: Leske + Budrich.

Keller, Reiner; Meuser, Michael (2011): Wissen des Körpers - Wissen vom Körper. Körper- und wissenssoziologische Erkundungen. In: Keller, Reiner; Meuser, Michael (Hg.): Körperwissen. 1. Aufl. Wiesbaden: VS Verl. für Sozialwiss., S. 9–27.

Kessler, Suzanne J; McKenna, Wendy (1978): Gender. An ethnomethodological approach. Chicago: Univ. of Chicago Press.

Klammer, Ute; Klenner, Christina (2004): Geteilte Erwerbstätigkeit – gemeinsame Fürsorge. Strategien und Perspektiven der Kombination von Erwerbs- und Familienleben in Deutschland. In: Leitner, Sigrid; Ostner, Ilona; Schratzenstaller, Margit (Hg.): Wohlfahrtsstaat und Geschlechterverhältnis im Umbruch. Was kommt nach dem Ernährermodell? 1. Aufl. Wiesbaden: VS Verl. für Sozialwiss., S. 177–203.

Koch, Bernhard; Strubreither, Barbara; Schauer, Gabriele; Rohrmann, Tim (2010): Männer in der Kinderbetreuung: neue Perspektiven für die Elementarpädagogik. In: Erziehung & Unterricht, Österreichische Pädagogische Zeitschrift, H. 5-6/2010, S. 435–442.

Kontos, Silvia; May, Michael (2008): Hegemoniale Männlichkeit und männlicher Habitus: Überlegungen zu einem analytischen Bezugsrahmen zur Untersuchung von Geschlechterverhältnissen. In: Zeitschrift für Frauenforschung und Geschlechter-studien, Jg. 26, H. 1, S. 3–14.

Koordinierungsstelle Männer in Kitas (2011): Fachkräftemangel in Kitas. Online verfügbar unter www.koordination-maennerin-kitas.de/aktuelles/einzelansicht/?tx_ttnews[tt_news]=228&cHash=69e357f47455e6b371fa1c71a6822ceb, zuletzt geprüft am 7.9.2011.

Kotthoff, Helga (2001): Geschlecht als Interaktionsritual? In: Goffman, Erving; Knoblauch, Hubert A. (Hg.): Interaktion und Geschlecht. 2. Aufl. Frankfurt/Main: Campus-Verl.

Krafft-Ebing, Richard von (1896): Psychopathia sexualis. Eine klinisch-forensische Studie. Stuttgart: Verlag von Ferdinand Enke.

Krais, Beate (2003): Körper und Geschlecht. In: Alkemeyer, Thomas; Boschert, Bernhard; Schmidt, Robert; Gebauer, Gunter (Hg.): Aufs Spiel gesetzte Körper. Aufführungen des Sozialen in Sport und populärer Kultur. Konstanz: UVK-Verl.-Ges., S. 157–168.

Krais, Beate (2004a): Habitus und soziale Praxis. In: Steinrücke, Margareta (Hg.): Pierre Bourdieu. Politisches Forschen, Denken und Eingreifen. Hamburg: VSA-Verl., S. 91–106.

Krais, Beate (2004b): Soziologie als teilnehmende Objektivierung der sozialen Welt: Pierre Bourdieu. In: Moebius, Stephan; Peter, Lothar (Hg.): Französische Soziologie der Gegenwart. Konstanz: UVK Verl.-Ges.

Krebs, Angelika; Neubauer, Gunter (2010): Männer für erzieherische Berufe gewinnen: Perspektiven definieren und umsetzen. Impulse und Anregungen für eine größere Vielfalt in Tageseinrichtungen für Kinder. Stuttgart: Baden-Württemberg-Stiftung.

Krüger, Helga (2003): Professionalisierung von Frauenberufen – oder Männer für Frauenberufe interessieren? Das Doppelgesicht des arbeitsmarktlichen Geschlechtersystems. In: Heinz, Kathrin; Thiessen, Barbara (Hg.): Feministische Forschung - nachhaltige Einsprüche. Opladen: Leske + Budrich, S. 123–143.

Kuhlmann, Martin (2002): Beobachtungsinterview. In: Kühl, Stefan; Strodtholz, Petra (Hg.): Methoden der Organisationsforschung. Reinbek bei Hamburg: Rowohlt, S. 103–138.

Lamnek, Siegfried (2002): Qualitative Interviews. In: König, Eckard; Zedler, Peter (Hg.): Qualitative Forschung. Grundlagen und Methoden. 2., völlig überarb. Aufl., Dr. nach Typoskr. Weinheim: Beltz, S. 157–193.

Lautmann, Rüdiger (1994): Die Lust am Kind. Portrait des Pädophilen. Hamburg: Klein.

Leitner, Sigrid; Ostner, Ilona; Schratzenstaller, Margit (2004): Was kommt nach dem Ernährermodell? Sozialpolitik zwischen Re-Kommodifizierung und Re-Familialisierung. In: Leitner, Sigrid; Ostner, Ilona; Schratzenstaller, Margit (Hg.): Wohlfahrtsstaat und Geschlechterverhältnis im Umbruch. Was kommt nach dem Ernährermodell? 1. Aufl. Wiesbaden: VS Verl. für Sozialwiss., S. 9–27.

Lewis, Jane (2004): Auf dem Weg zur ,Zwei-Erwerbstätigen-Familie'. In: Leitner, Sigrid; Ostner, Ilona; Schratzenstaller, Margit (Hg.): Wohlfahrtsstaat und Geschlechterverhältnis im Umbruch. Was kommt nach dem Ernährermodell? 1. Aufl. Wiesbaden: VS Verl. für Sozialwiss., S. 62–84.

Liebold, Renate; Trinczek, Rainer (2009): Experteninterview. In: Kühl, Stefan; Strodtholz, Petra; Taffertshofer, Andreas (Hg.): Handbuch Methoden der Organisationsforschung. Quantitative und qualitative Methoden. 1. Aufl. Wiesbaden: VS Verl. für Sozialwiss., S. 32–56.

Lindemann, Gesa (1993): Das paradoxe Geschlecht. Transsexualität im Spannungsfeld von Körper, Leib und Gefühl. Univ., Diss.--Bremen, 1993. Orig.-Ausg. Frankfurt am Main: Fischer-Taschenbuch-Verl.

Lorber, Judith (2003): Gender-Paradoxien. 2. Aufl. Opladen: Leske + Budrich.

Lüders, Christian (2006): Teilnehmende Beobachtung. In: Bohnsack, Ralf; Marotzki, Winfried; Meuser, Michael (Hg.): Hauptbegriffe qualitativer Sozialforschung. 2.Aufl. Opladen: Budrich, S. 151–153.

Luedtke, Jens (2008): Gewalt und männliches Dominanzverhalten bei Schülern. In: Baur, Nina; Luedtke, Jens (Hg.): Die soziale Konstruktion von Männlichkeit. Hegemoniale und marginalisierte Männlichkeiten in Deutschland. Opladen: Budrich, S. 167–182.

Lutz, Helma; Herrera Vivar, Maria Teresa; Supik, Linda (Hg.) (2010): Fokus Intersektionalität. Bewegungen und Verortungen eines vielschichtigen Konzeptes. 1. Aufl. Wiesbaden: VS Verl. für Sozialwiss.

Marburger Gender-Kolleg (Hg.) (2008): Geschlecht, Macht, Arbeit. Interdisziplinäre Perspektiven und politische Intervention. 1. Aufl. Münster: Verl. Westfälisches Dampfboot.

Matzner, Michael (2004): Vaterschaft aus der Sicht von Vätern. 1. Aufl. Wiesbaden: VS Verl. für Sozialwiss.

Mead, Margaret (1992): Mann und Weib. Das Verhältnis der Geschlechter in einer sich wandelnden Welt. (Original von 1949). Neuausg. Frankfurt/M: Ullstein.

Meuser, Michael (2001): „Das heißt noch lange nicht, dass sie die Peitsche in der Hand hat". Die Transformation der Geschlechterordnung und die widersprüchliche Modernisierung von Männlichkeit. In: Diskurs, Jg. 11, H. 1, S. 44–50.

Meuser, Michael (2003): Bekommt der Mann einen Körper? Geschlechtersoziologische und modernisierungstheoretische Aspekte der Körperaufwertung in aktuellen Männlichkeitsdiskursen. In: Alkemeyer, Thomas; Boschert, Bernhard; Schmidt, Robert; Gebauer, Gunter (Hg.): Aufs Spiel gesetzte Körper. Aufführungen des Sozialen in Sport und populärer Kultur. Konstanz: UVK-Verl.-Ges., S. 169–185.

Meuser, Michael (2005): Strukturübungen. Peergroups, Risikohandeln und die Aneignung des männlichen Geschlechtshabitus. In: King, Vera; Flaake, Karin (Hg.): Männliche Adoleszenz. Sozialisation und Bildungsprozesse zwischen Kindheit und Erwachsensein. Frankfurt/Main: Campus-Verl., S. 309–323.

Meuser, Michael (2006a): Geschlecht und Männlichkeit. Soziologische Theorie und kulturelle Deutungsmuster. 2., überarbeitete und aktualisierte Auflage. Wiesbaden: VS Verl. für Sozialwiss.

Meuser, Michael (2006b): Hegemoniale Männlichkeit. Überlegungen zur Leitkategorie der Men's Studies. In: Aulenbacher, Brigitte; Bereswill, Mechthild; Löw, Martina; Meuser, Michael; Mordt, Gabriele; Schäfer, Reinhild; Scholz, Sylka (Hg.): FrauenMännerGeschlechterforschung. State of the Art. 2. Aufl. Münster: Westfälisches Dampfboot.

Meuser, Michael (2006c): Körper-Handeln. Überlegungen zu einer praxeologischen Soziologie des Körpers. In: Gugutzer, Robert (Hg.): Body turn. Perspektiven der Soziologie des Körpers und des Sports. Bielefeld: Transcript, S. 95–116.

Meuser, Michael (2007a): Herausforderungen. Männlichkeit im Wandel der Geschlechterverhältnisse. Köln: Köppe.

Meuser, Michael (2007b): Männerkörper. Diskursive Aneignungen und habitualisierte Praxis. In: Bereswill, Mechthild; Meuser, Michael; Scholz, Sylka (Hg.): Dimensionen der Katego-

rie Geschlecht: der Fall Männlichkeit. 1. Aufl. Münster: Verl. Westfälisches Dampfboot,
S. 152–168.

Meuser, Michael (2008): Ernste Spiele. Zur Konstruktion von Männlichkeit im Wettbewerb
der Männer. In: Baur, Nina; Luedtke, Jens (Hg.): Die soziale Konstruktion von Männlichkeit. Hegemoniale und marginalisierte Männlichkeiten in Deutschland. Opladen: Budrich, S. 33–44.

Meuser, Michael (2010): Geschlecht, Macht, Männlichkeit – Strukturwandel
von Erwerbsarbeit und hegemoniale Männlichkeit. In: Erwägen Wissen Ethik, Jg. 21, H.
3, S. 325–336.

Meuser, Michael; Nagel, Ulrike (2002): ExpertInneninterviews – vielfach erprobt, wenig
bedacht. Ein Beitrag zur qualitativen Methodendiskussion. In: Bogner, Alexander; Littig,
Beate; Menz, Wolfgang (Hg.): Das Experteninterview. Theorie, Methode, Anwendung.
Opladen: Leske + Budrich, S. 71–93.

Meuser, Michael; Nagel, Ulrike (2004): ExpertInneninterview: Zur Rekonstruktion speziali-
sierten Sonderwissens. In: Becker, Ruth; Kortendiek, Beate (Hg.): Handbuch Frauen-
und Geschlechterforschung. Theorie, Methoden, Empirie. 1. Aufl. Wiesbaden: VS Verl.
für Sozialwiss., S. 326–335.

Mies, Maria (1978): Methodische Postulate zur Frauenforschung – dargestellt am Beispiel der
Gewalt gegen Frauen. In: Beiträge zur feministischen Theorie und Praxis, Jg. 1, H. 1, S.
41–63.

Moebius, Stephan (2006): Pierre Bourdieu: Zur Kritik der symbolischen Gewalt. In: Moebius,
Stephan; Quadflieg, Dirk (Hg.): Kultur: Theorien der Gegenwart. Wiesbaden: VS Verl.
für Sozialwiss., S. 51–66.

Müller, Anna-Lisa (2009): Sprache, Subjekt und Macht bei Judith Butler. Marburg: Tectum-
Verl.

Müller, Christa (2004): Parteilichkeit und Betroffenheit: Frauenforschung als politische Praxis. In: Becker, Ruth; Kortendiek, Beate (Hg.): Handbuch Frauen- und Geschlechterforschung. Theorie, Methoden, Empirie. 1. Aufl. Wiesbaden: VS Verl. für Sozialwiss., S.
294–297.

Müller, Ursula G. T. (1988): Neue Männerforschung braucht das Land! In: Hagemann-White,
Carol; Rerrich, Maria S. (Hg.): FrauenMännerBilder. Männer und Männlichkeit in der feministischen Diskussion. Bielefeld: AJZ-Verlag, S. 98–119.

Murray, Susan B. (1997): It's Safer This Way. The Subtle and Not-So-Subtle Exclusion of
Men in Child Care. In: Benokraitis, Nijole V. (Hg.): Subtle sexism. Current practices and
prospects for change. Thousand Oaks, Calif.: Sage, S. 136–151.

Neuer, Anke (2008): Gewalt und Männlichkeit bei inhaftierten Jugendlichen. In: Baur, Nina;
Luedtke, Jens (Hg.): Die soziale Konstruktion von Männlichkeit. Hegemoniale und marginalisierte Männlichkeiten in Deutschland. Opladen: Budrich, S. 201–221.

Oberhuemer, Pamela (1999): Europa: Berufsprofile im Vergleich. In: Auernheimer, Richard
(Hg.): Erzieherinnen für die Zukunft. Berufsrealität und Berufsprofil im Wandel. Baltmannsweiler: Schneider-Verl. Hohengehren, S. 7–16.

Oberhuemer, Pamela; Ulich, Michaela (1997): Kinderbetreuung in Europa. Tageseinrichtungen und pädagogisches Personal. Eine Bestandsaufnahme in den Ländern der Europäischen Union. Weinheim: Beltz.

Papilloud, Christian (2003): Bourdieu lesen. Einführung in eine Soziologie des Unterschieds.
Bielefeld: Transcript-Verl.

Parsons, Talcott (1976): Zur Theorie sozialer Systeme. Opladen: Westdt. Verl.

Pease, Allan; Pease, Barbara (2008): Warum Männer nicht zuhören und Frauen schlecht einparken. Ganz natürliche Erklärungen für eigentlich unerklärliche Schwächen. Dt. Erstausg., 34. Aufl. Berlin: Ullstein.

Perner, Rotraud A. (Hg.) (2010): Missbrauch: Kirche – Täter – Opfer. Wien: Lit.

Peter, Astrid; Verbeet, Lisa (2003): Machtmissbrauch und sexualisierte Gewalt in Einrichtungen sozialer und pädagogischer Arbeit. In: Braun, Gisela; Hasebrink, Marianne; Huxoll, Martina (Hg.): Pädosexualität ist Gewalt. (wie) kann die Jugendhilfe schützen? 1. Aufl. Weinheim: Beltz, S. 130–142.

Pollner, Melvin; Emerson, Robert M. (2001): Ethnomethodology and Ethnography. In: Atkinson, Paul; Coffey, Amanda; Delamont, Sara; Lofland, John; Lofland, Lyn (Hg.): Handbook of ethnography. London: Sage, S. 118–135.

Pongratz, Hans J. (2003): Die Interaktionsordnung von Personalführung. Inszenierungsformen bürokratischer Herrschaft im Führungsalltag. 1. Aufl. Wiesbaden: Westdt. Verl.

Pongratz, Hans J; Voß, G. Günter (2003): Arbeitskraftunternehmer. Erwerbsorientierungen in entgrenzten Arbeitsformen. Berlin: Ed. Sigma.

Quenzel, Gudrun; Hurrelmann, Klaus (2010): Geschlecht und Schulerfolg: Ein soziales Stratifikationsmuster kehrt sich um. In: Kölner Zeitschrift für Soziologie und Sozialpsychologie, H. 62, S. 61–91.

Quenzel, Gudrun; Hurrelmann, Klaus (Hg.) (2010): Bildungsverlierer. Neue Ungleichheiten. 1. Aufl. Wiesbaden: VS Verl. für Sozialwiss.

Raab, Jürgen (2008): Erving Goffman. Konstanz: UVK-Verl.-Ges.

Rabe-Kleberg, Ursula (1999): Zum veränderten Berufsprofil der Erzieherinnen. In: Auernheimer, Richard (Hg.): Erzieherinnen für die Zukunft. Berufsrealität und Berufsprofil im Wandel. Baltmannsweiler: Schneider-Verl. Hohengehren, S. 17–23.

Rabe-Kleberg, Ursula (2005): Gender Mainstreaming und Kindergarten. 3. Aufl. Weinheim: Beltz.

Rendtorff, Barbara (2003): Kindheit, Jugend und Geschlecht. Einführung in die Psychologie der Geschlechter. Weinheim: Beltz.

Riedel, Matthias (2008): Alltagsberührungen in Paarbeziehungen. Empirische Bestandsaufnahme eines sozialwissenschaftlich vernachlässigten Kommunikationsmediums. Univ., Diss.--Freiburg (Breisgau), 2007. Wiesbaden: VS Verl. für Sozialwiss.

Rohrmann, Tim (2001): Wofür ein Mann gebraucht wird. In: KiTa spezial, H. 2, S. 35–38.

Rohrmann, Tim (2006): Männer in Kindertageseinrichtungen und Grundschulen: Bestandsaufnahme und Perspektiven. In: Krabel, Jens; Stuve, Olaf (Hg.): Männer in „Frauen-Berufen" der Pflege und Erziehung. Opladen: Budrich.

Rohrmann, Tim (2008): Zwei Welten? Geschlechtertrennung in der Kindheit; Forschung und Praxis im Dialog. Univ., Diss.--Oldenburg, 2008. Opladen: Budrich UniPress.

Rohrmann, Tim (2012): Warum mehr Männer? In: Koordinierungsstelle Männer in Kitas (Hg.): Männer in Kitas. Opladen: Verlag Barbara Budrich, S. 115–129.

Rosenthal, Gabriele (2011): Interpretative Sozialforschung. Eine Einführung. 3., aktualisierte und erg. Aufl. Weinheim: Juventa-Verl.

Roth, Eva (2009): Verdammt anstrengender Job. In: Frankfurter Rundschau, 6.5.2009. Online verfügbar unter www.fr-online.de/wirtschaft/verdammt-anstrengender-job/-/1472780/3311398/-/index.html, zuletzt geprüft am 5.9.2011.

Rudlof, Matthias (2005): Männlichkeit und Macht. Jugendsozialarbeiter und ihre gewaltbereite männliche Klientel. Gießen: Psychosozial-Verlag.

Rudzio, Kolja (2009): Der Kita-Kampf. Erzieherinnen werden selbstbewusster. Sie streiken zu Recht für bessere Arbeitsbedingungen und mehr Geld. In: Die Zeit, 26.5.2009. Online verfügbar unter www.zeit.de/2009/22/Argument-Kita-Streik, zuletzt geprüft am 5.9.2011.

Saalmann, Gernot (2009): Praxeologie (Praxéologie). In: Fröhlich, Gerhard; Rehbein, Boike (Hg.): Bourdieu-Handbuch. Leben – Werk – Wirkung. Stuttgart: Metzler, S. 196–199.

Sachße, Christoph (2003): Mütterlichkeit als Beruf. Sozialarbeit, Sozialreform und Frauenbewegung 1871 - 1929. 1. Aufl. Weinheim: BeltzVotum.

Saradjian, Jacqui; Hanks, Helga (1996): Women who sexually abuse children. From research to clinical practice. Chichester: Wiley.

Sargent, Paul (2000): Real Men or Real Teachers?: Contradictions in the Lives of Men Elementary Teachers. In: Men and Masculinities, H. 2, S. 410–433.

Schirmer, Dominique (2005): Konstruktive Widersprüche. Inkonsistenzen als qualitatives Analysewerkszeug am Beispiel von Gruppendiskussionen. In: Degele, Nina; Penkwitt, Meike (Hg.): Queering gender - queering society. Freiburg i.Br.: Fritz, S. 93–113.

Schmidt, Robert (2009a): Praktischer Sinn (Sens Pratique). In: Fröhlich, Gerhard; Rehbein, Boike (Hg.): Bourdieu-Handbuch. Leben – Werk – Wirkung. Stuttgart: Metzler, S. 193–196.

Schmidt, Robert (2009b): Symbolische Gewalt (Violence Symbolique). In: Fröhlich, Gerhard; Rehbein, Boike (Hg.): Bourdieu-Handbuch. Leben – Werk – Wirkung. Stuttgart: Metzler, S. 231–235.

Schmincke, Imke (2009): Gefährliche Körper an gefährlichen Orten. Eine Studie zum Verhältnis von Körper, Raum und Marginalisierung. Univ., Diss.--Hamburg, 2007. Bielefeld: Transcript-Verl.

Schmincke, Imke (2010): Gefährliche Körper - gefährliche Räume. Eine körpersoziologische Rekonstruktion in geschlechterbezogener Perspektive. In: Wetterer, Angelika (Hg.): Körper Wissen Geschlecht. Sulzbach: Helmer, S. 61–78.

Schmollack, Simone (2010): Männer in Kitas – „Ich hätte gern mehr". In: taz, 8.12.2010. Online verfügbar unter www.taz.de/!62444/, zuletzt geprüft am 3.8.2011.

Scholz, Sylka (2004): Männlichkeit erzählen. Lebensgeschichtliche Identitätskonstruktionen ostdeutscher Männer. Univ., Diss.--Potsdam, 2004. 1. Aufl. Münster, Westf.: Verl. Westfälisches Dampfboot.

Scholz, Sylka (2007): Der soziale Wandel von Erwerbsarbeit. Empirische Befunde und offene Fragen. In: Bereswill, Mechthild; Meuser, Michael; Scholz, Sylka (Hg.): Dimensionen der Kategorie Geschlecht: der Fall Männlichkeit. 1. Aufl. Münster: Verl. Westfälisches Dampfboot, S. 51–67.

Scholz, Sylka (2008): Gewaltgefühle. Überlegungen zum Zusammenhang von Männlichkeit, Gewalt und Emotionen. In: Feministische Studien, H. 1, S. 106–121.

Schöne, Helmar (2005): Die teilnehmende Beobachtung als Datenerhebungsmethode in der Politikwissenschaft. Methodologische Reflexionen und Werkstattbericht. In: Historical Social Research, Jg. 30, H. 1, S. 168–199.

Schrep, Bruno (2006): „Es ist einfach Schicksal". In: Der Spiegel, Ausgabe 40, 2.10.2006. Online verfügbar unter www.spiegel.de/spiegel/0,1518,440934,00.html, zuletzt geprüft am 11.5.2011.

Schroer, Markus (2005): Einleitung. Zur Soziologie des Körpers. In: Schroer, Markus (Hg.): Soziologie des Körpers. 1. Aufl.,[Orig.-Ausg.]. Frankfurt am Main: Suhrkamp, S. 7–47.

Schutzbach, Franziska (2010): Erziehung: Kummerbuben. Online verfügbar unter http://www.annabelle.ch/liebe/familie/erziehung-kummerbuben-11796, zuletzt geprüft am 13.6.2011.

Simmel, Georg (1985): Schriften zur Philosophie und Soziologie der Geschlechter. Erstausg., 1. Aufl. Frankfurt am Main: Suhrkamp.

Skeggs, Beverley (2001): Feminist Ethnography. In: Atkinson, Paul; Coffey, Amanda; Delamont, Sara; Lofland, John; Lofland, Lyn (Hg.): Handbook of ethnography. London: Sage, S. 426–442.

Stadelbacher, Stephanie (2010): Die klassische Soziologie und der Körper. Handlungstheoretische Zugänge und ihr Verhältnis zur Körperlichkeit der Akteure. In: Böhle, Fritz; Weihrich, Margit (Hg.): Die Körperlichkeit sozialen Handelns. Soziale Ordnung jenseits von Normen und Institutionen. Bielefeld: Transcript-Verl., S. 35–58.

Stöckel, Matthias (1998): Pädophilie: Befreiung oder sexuelle Ausbeutung von Kindern. Fakten, Mythen, Theorien. Frankfurt/Main: Campus-Verl.

Strauss, Anselm (1978): Negotiations. Varieties, contexts, processes, and social order. 4. Aufl. San Francisco Calif.: Jossey-Bass.

Strauss, Anselm; Corbin, Juliet (1996): Grounded theory. Grundlagen qualitativer Sozialforschung. Unveränd. Nachdr. der letzten Aufl. Weinheim: Beltz Psychologie Verl.-Union.

Strauss, Anselm; Schatzman, Leonard; Ehrlich, Danuta; Bucher, Rue; Sabshin, Melvin (1963): The Hospital and its Negotiated Order. In: Eliot Freidson (Hg.): The Hospital in Modern Society. London: Collier-Macmillan, S. 147–169.

Strohmaier, Jürgen (2003): Sind Sozialpädagogen „neue" Männer? Konstruktion von Männlichkeit im Feld sozialer Arbeit. Pädag. Hochschule, Diss.--Ludwigsburg, 2003. Hamburg: Kovac.

Stuve, Olaf; Krabel, Jens; Kasiske, Jan; Schädler, Sebastian (o.J.): Zur Situation von Männern in „Frauen-Berufen" der Pflege und Erziehung in Deutschland. Eine Überblicksstudie. Herausgegeben von Bildungsnetz Berlin. Online verfügbar unter www.bildungsnetz-berlin.de/download/studie_dissens.pdf, zuletzt geprüft am 19.6.2011.

Suderland, Maja (2009a): Disposition (disposition). In: Fröhlich, Gerhard; Rehbein, Boike (Hg.): Bourdieu-Handbuch. Leben – Werk – Wirkung. Stuttgart: Metzler, S. 73–75.

Suderland, Maja (2009b): Hysteresis (hystérésis). In: Fröhlich, Gerhard; Rehbein, Boike (Hg.): Bourdieu-Handbuch. Leben – Werk – Wirkung. Stuttgart: Metzler, S. 127–129.

Tervooren, Anja (2007): Männlichkeiten und Sozialisation. Die allmähliche Verfertigung der Körper. In: Bereswill, Mechthild; Meuser, Michael; Scholz, Sylka (Hg.): Dimensionen der Kategorie Geschlecht: der Fall Männlichkeit. 1. Aufl. Münster: Verl. Westfälisches Dampfboot, S. 84–100.

Teubner, Ulrike (1988): Männerleid und Männerfreud. Zu einigen Aporien von Macht und Individuum. In: Hagemann-White, Carol; Rerrich, Maria S. (Hg.): FrauenMännerBilder. Männer und Männlichkeit in der feministischen Diskussion. Bielefeld: AJZ-Verlag, S. 26–40.

Thürmer-Rohr, Christina (2004): Mittäterschaft von Frauen: Die Komplizenschaft mit der Unterdrückung. In: Becker, Ruth; Kortendiek, Beate (Hg.): Handbuch Frauen- und Geschlechterforschung. Theorie, Methoden, Empirie. 1. Aufl. Wiesbaden: VS Verl. für Sozialwiss., S. 85–90.

...

Tölke, Angelika; Hank, Karsten (Hg.) (2005): Männer – das „vernachlässigte" Geschlecht in der Familienforschung. Wiesbaden: VS Verl. für Sozialwiss.

Ver.di: Erzieher-Streik ausgeweitet – 15 000 im Ausstand. Pressemitteilung vom 19.5.2009. Online verfügbar unter http://presse.verdi.de/service_neu/dpa2009/05/18_4, zuletzt geprüft am 5.9.2011.

Villa, Paula-Irene (2003): Judith Butler. Frankfurt/Main: Campus-Verl.

Villa, Paula-Irene (2004): ‚Sich bewegen um die Verhältnisse zu verändern.' Räumliche, subjektbezogene und politische Dimensionen des Bewegungsbegriffs in der feministischen Theorie und Praxis. In: Klein, Gabriele (Hg.): Bewegung. Sozial- und kulturwissenschaftliche Konzepte. Bielefeld: Transcript-Verl., S. 239–262.

Villa, Paula-Irene (2006a): Bewegte Diskurse, die bewegen. Überlegungen zur Spannung von Konstitution und Konstruktion am Beispiel des Tango Argentino. In: Gugutzer, Robert (Hg.): Body turn. Perspektiven der Soziologie des Körpers und des Sports. Bielefeld: Transcript, S. 209–232.

Villa, Paula-Irene (2006b): Scheitern – ein produktives Konzept zur Neuorientierung der Sozialisationsforschung? In: Bilden, Helga; Dausien, Bettina (Hg.): Sozialisation und Geschlecht. Theoretische und methodologische Aspekte. Opladen: Budrich, S. 219–238.

Villa, Paula-Irene (2006c): Sexy Bodies. Eine soziologische Reise durch den Geschlechtskörper. Univ., Diss.--Bochum, 1998. 3., aktualisierte Auflage. Wiesbaden: VS Verl. für Sozialwiss.

Villa, Paula-Irene (2007a): Der Körper als kulturelle Inszenierung und Statussymbol. In: Aus Politik und Zeitgeschichte, H. 18, S. 18–26.

Villa, Paula-Irene (2007b): Soziale Konstruktion: Wie Geschlecht gemacht wird. In: Hark, Sabine (Hg.): Dis/Kontinuitäten: feministische Theorie. 2., aktualisierte und erw. Aufl. Wiesbaden: VS Verl. für Sozialwiss., S. 19–26.

Villa, Paula-Irene (2008a): „Endlich normal!". Soziologische Überlegungen zur medialen Inszenierung der plastischen Chirurgie. In: Thomas, Tanja; Wischermann, Ulla (Hg.): Medien – Diversität – Ungleichheit. Zur medialen Konstruktion sozialer Differenz. Wiesbaden: VS Verl. für Sozialwiss., S. 87–104.

Villa, Paula-Irene (2008b): Körper. In: Baur, Nina; Korte, Hermann; Löw, Martina; Schroer, Markus (Hg.): Handbuch Soziologie. 1. Aufl. Wiesbaden: VS Verl. für Sozialwiss., S. 201–218.

Villa, Paula-Irene (2010a): Subjekte und ihre Körper. Kultursoziologische Überlegungen. In: Wohlrab-Sahr, Monika (Hg.): Kultursoziologie. Paradigmen - Methoden - Fragestellungen. Wiesbaden: VS Verl. für Sozialwiss., S. 251–274.

Villa, Paula-Irene (2010b): Verkörperung ist immer mehr. Intersektionalität, Subjektivierung und der Körper. In: Lutz, Helma; Herrera Vivar, Maria Teresa; Supik, Linda (Hg.): Fokus Intersektionalität. Bewegungen und Verortungen eines vielschichtigen Konzeptes. 1. Aufl. Wiesbaden: VS Verl. für Sozialwiss., S. 203–222.

Vinken, Barbara (2001): Die deutsche Mutter. Der lange Schatten eines Mythos. München: Piper.

Visvanathan, Nalini; Duggan, Lynn; Nisonoff, Laurie, et al. (Hg.) (2000): The women, gender, and development reader. 3. impr. London, Atlantic Highlands, N.J.: Zed Books [u.a.].

Voß, G. Günter (1994): Das Ende der Teilung von „Arbeit und Leben"? Die Schwelle zu einem neuen gesellschaftlichen Verhältnis von Betriebs- und Lebensführung. In: Soziale Welt, H. Sonderband 9: „Umbrüche gesellschaftlicher Arbeit".

Voß, G. Günter; Weiss, Cornelia (2005): Ist der Arbeitskraftunternehmer weiblich? In: Lohr, Karin; Nickel, Hildegard Maria (Hg.): Subjektivierung von Arbeit – riskante Chancen. 1. Aufl. Münster: Verl. Westfälisches Dampfboot.

Wagener, Uta (1999): Fühlen - Tasten - Begreifen. Berührung als Wahrnehmung und Kommunikation. Univ., Diplomarbeit--Oldenburg. [Elektronische Ressource]. Oldenburg: Bibliotheks- und Informationssystem der Univ. [Host].

Weber, Max (1921): Wirtschaft und Gesellschaft. Grundriß der verstehenden Soziologie. 5. rev. Auflage. Tübingen: Mohr.

Wedgwood, Nikki; Connell, Robert W. (2004): Männlichkeitsforschung: Männer und Männlichkeiten im internationalen Forschungskontext. In: Becker, Ruth; Kortendiek, Beate (Hg.): Handbuch Frauen- und Geschlechterforschung. Theorie, Methoden, Empirie. 1. Aufl. Wiesbaden: VS Verl. für Sozialwiss., S. 112–121.

West, Candance; Zimmerman, Don H. (1987): Doing Gender. In: Gender & Society, Jg. 2, H. 1, S. 125–151.

Wetterer, Angelika (2002): Arbeitsteilung und Geschlechterkonstruktion. „Gender at work" in theoretischer und historischer Perspektive. Konstanz: UVK-Verl.-Ges.

Wetterer, Angelika (2004): Konstruktion von Geschlecht: Reproduktionsweisen der Zweigeschlechtlichkeit. In: Becker, Ruth; Kortendiek, Beate (Hg.): Handbuch Frauen- und Geschlechterforschung. Theorie, Methoden, Empirie. 1. Aufl. Wiesbaden: VS Verl. für Sozialwiss., S. 122–131.

Wetterer, Angelika (2008a): Geschlechterwissen & soziale Praxis: Grundzüge einer wissenssoziologischen Typologie des Geschlechterwissens. In: Wetterer, Angelika (Hg.): Geschlechterwissen und soziale Praxis. Theoretische Zugänge – empirische Erträge. Königstein/Taunus: Helmer, S. 39–63.

Wetterer, Angelika (2008b): Geschlechterwissen: Zur Geschichte eines neuen Begriffs. In: Wetterer, Angelika (Hg.): Geschlechterwissen und soziale Praxis. Theoretische Zugänge – empirische Erträge. Königstein/Taunus: Helmer, S. 13–36.

Wetterer, Angelika (2009): Gleichstellungspolitik im Spannungsfeld unterschiedlicher Spielarten von Geschlechterwissen. Eine wissenssoziologische Rekonstruktion. In: Appelt, Erna (Hg.): Gleichstellungspolitik in Österreich. Eine kritische Bilanz. Innsbruck: StudienVerl., S. 9–24.

Wetterer, Angelika (Hg.) (1992): Profession und Geschlecht. Über die Marginalität von Frauen in hochqualifizierten Berufen. Frankfurt/Main: Campus-Verl.

Widmer, Jens (1991): Goffman und die Ethnomethodologie. In: Hettlage, Robert; Lenz, Karl (Hg.): Erving Goffman. Ein soziologischer Klassiker der zweiten Generation. Bern: Haupt, S. 211–242.

Williams, Christine L. (1991): Gender differences at work. Women and men in nontraditional occupations. 1. paperback pr. Berkeley: Univ. of California Press.

Williams, Christine L. (1992): The glass escalator. Hidden advantages for men in the 'female' professions. In: Social Problems, H. 39, S. 253–267.

Wilz, Sylvia Marlene (2002): Organisation und Geschlecht. Strukturelle Bindungen und kontingente Kopplungen. Opladen: Leske + Budrich.

Winker, Gabriele; Degele, Nina (2010): Intersektionalität. Zur Analyse sozialer Ungleichheiten. 2. Aufl. Bielefeld: transcript Verl.

Wolter, Jürgen (1985): Pädophilie. Die verbotene Liebe. Flensburg.

Wulf, Christoph (2001): Mimesis und Performatives Handeln. Gunter Gebauers und Christoph Wulfs Konzeption mimetischen Handelns in der sozialen Welt. In: Wulf, Christoph;
Göhlich, Michael; Zirfas, Jörg (Hg.): Grundlagen des Performativen. Eine Einführung in
die Zusammenhänge von Sprache, Macht und Handeln. Weinheim: Juventa-Verl., S.
253–272.

Internetlinks

http://berufenet.arbeitsagentur.de/berufe/docroot/r2/blobs/pdf/recht/r_00210.pdf, Schulordnung für die Fachakademien für Sozialpädagogik, letzter Zugriff am 1.10.2011

www.ardmediathek.de/ard/servlet/content/3517136?documentId=8117634, Informationen zur Sendung „Männer in Kitas" eine Sendung in der ARD vom 6.9.2011, letzter Zugriff am 7.9.2011

www.bmfsfj.de/BMFSFJ/kinder-und-jugend,did=118994.html, Zahlen und Statistiken zum Ausbau der Kinderbetreuung, letzter Zugriff am 1.10.2011

www.bmfsfj.de/BMFSFJ/Service/themen-lotse,did=166702.html, Informationen zu den Pilotprojekten zu „Mehr Männer in Kitas", letzter Zugriff am 7.9.2011

www.boys-day.de, Internetauftritt des ,Boy`s Day', letzter Zugriff am 1.10.2011

www.girls-day.de, Internetauftritt des ,Girl`s Day', letzter Zugriff am 1.10.2011

www.kein-taeter-werden.de, Informationen über das Forschungs- und Präventionsprojekt an der Berliner Charité am Institut für Sexualwissenschaft und Sexualmedizin zum Thema Kindesmissbrauch und Nutzung von Kinderpornografie, letzter Zugriff am 29.4.2011

www.koordination-maennerinkitas.de, Internetauftritt der Koordinierungsstelle ,Männer in Kitas", letzter Zugriff am 1.10.2011

www.koordination-maennerinkitas.de/aktuelles/einzelansicht/?tx_ttnews[tt_news]=20&c Hash=bb78f66827314293b05eb88f00f7d745, Stellungnahme der Koordinierungsstelle „Mehr Männer in Kitas" zum Thema: „Umschulung von erwerbslosen Männern zu Kita-Erziehern", letzter Zugriff am 1.10.2011

www.muenchen.de/Rathaus/por/erzieher_in/276857/index.html, Internetseite der Stadt München zur Anwerbekampagne für Erzieher/-innen, letzter Zugriff am 1.10.2011

www.opsy.unisg.ch/Research/Gender+and+Diversity/UnDoing+gender+in+the+nursery.a spx, Informationen zum Forschungsprojekt „UnDoing Gender in the nursery" der Universität St. Gallen, letzter Aufruf: 27.7.2011

www.stern.de/tv/sterntv/neue-maenner-braucht-das-land-mehr-erzieher-in-die-kitas-1612980.html, Informationen zur Dokumentation „Mehr Männer in Kitas" in der Sendung Stern TV vom 13.10.2010, letzter Zugriff am 1.10.2011

www.uibk.ac.at/psyko/forschung/aktuelle_projekte.html, Informationen zum Forschungsprojekt „Innsbrucker Wirkungsstudie", letzter Aufruf am 27.7.2011.

www.uibk.ac.at/psyko/forschung/elementar/home/stand-forschungsprojekt/, Informationen zum Forschungsprojekt „elementar" der Universität Innsbruck, letzter Aufruf am 27.7.2011.

www.wdr.de/tv/westpol/sendungsbeitraege/2011/0403/maenner-in-kitas.jsp, Informationen zur Sendung „Mehr Männer in Kitas" im WDR vom 3.4.2011, letzter Zugriff am 1.10.2011

VS Forschung | VS Research
Neu im Programm Soziologie

Ina Findeisen
Hürdenlauf zur Exzellenz
Karrierestufen junger Wissenschaft-
lerinnen und Wissenschaftler
2011. 309 S. Br. EUR 39,95
ISBN 978-3-531-17919-3

David Glowsky
Globale Partnerwahl
Soziale Ungleichheit als Motor
transnationaler Heiratsentscheidungen
2011. 246 S. Br. EUR 39,95
ISBN 978-3-531-17672-7

Grit Höppner
Alt und schön
Geschlecht und Körperbilder
im Kontext neoliberaler Gesellschaften
2011. 130 S. Br. EUR 29,95
ISBN 978-3-531-17905-6

Andrea Lengerer
Partnerlosigkeit in Deutschland
Entwicklung und soziale Unterschiede
2011. 252 S. Br. EUR 29,95
ISBN 978-3-531-17792-2

Markus Ottersbach /
Claus-Ulrich Prölß (Hrsg.)
**Flüchtlingsschutz als globale
und lokale Herausforderung**
2011. 195 S. (Beiträge zur Regional-
und Migrationsforschung) Br. EUR 39,95
ISBN 978-3-531-17395-5

Tobias Schröder / Jana Huck /
Gerhard de Haan
Transfer sozialer Innovationen
Eine zukunftsorientierte Fallstudie zur
nachhaltigen Siedlungsentwicklung
2011. 199 S. Br. EUR 34,95
ISBN 978-3-531-18139-4

Anke Wahl
Die Sprache des Geldes
Finanzmarktengagement
zwischen Klassenlage und Lebensstil
2011. 198 S. r. EUR 34,95
ISBN 978-3-531-18206-3

Tobias Wiß
**Der Wandel der
Alterssicherung in Deutschland**
Die Rolle der Sozialpartner
2011. 300 S. Br. EUR 39,95
ISBN 978-3-531-18211-7

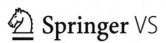

VS Forschung | VS Research
Neu im Programm Politik

Michaela Allgeier (Hrsg.)
Solidarität, Flexibilität, Selbsthilfe
Zur Modernität der Genossenschaftsidee
2011. 138 S. Br. EUR 39,95
ISBN 978-3-531-17598-0

Susanne von Hehl
Bildung, Betreuung und Erziehung als neue Aufgabe der Politik
Steuerungsaktivitäten
in drei Bundesländern
2011. 406 S. (Familie und Familien-wissenschaft) Br. EUR 49,95
ISBN 978-3-531-17850-9

Isabel Kneisler
Das italienische Parteiensystem im Wandel
2011. 289 S. Br. EUR 39,95
ISBN 978-3-531-17991-9

Frank Meerkamp
Die Quorenfrage im Volksgesetzgebungsverfahren
Bedeutung und Entwicklung
2011. 596 S. (Bürgergesellschaft und Demokratie Bd. 36) Br. EUR 39,95
ISBN 978-3-531-18064-9

Martin Schröder
Die Macht moralischer Argumente
Produktionsverlagerungen zwischen wirtschaftlichen Interessen und gesellschaftlicher Verantwortung
2011. 237 S. (Bürgergesellschaft und Demokratie Bd. 35) Br. EUR 39,95
ISBN 978-3-531-18058-8

Lilian Schwalb
Kreative Governance?
Public Private Partnerships in der lokalpolitischen Steuerung
2011. 301 S. (Bürgergesellschaft und Demokratie Bd. 37) Br. EUR 39,95
ISBN 978-3-531-18151-6

Kurt Beck / Jan Ziekow (Hrsg.)
Mehr Bürgerbeteiligung wagen
Wege zur Vitalisierung der Demokratie
2011. 214 S. Br. EUR 29,95
ISBN 978-3-531-17861-5

Erhältlich im Buchhandel oder beim Verlag.
Änderungen vorbehalten. Stand: Juli 2011.

Einfach bestellen:
SpringerDE-service@springer.com
tel +49 (0)6221 / 3 45 – 4301
springer-vs.de

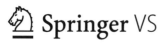

Printed by Printforce, the Netherlands